当代旅游研究译丛

旅游地理学
——地域、空间和体验的批判性解读
（第三版）

Stephen Williams and Alan A. Lew

〔英〕斯蒂芬·威廉斯 著
〔美〕刘德龄

张凌云 译

Tourism Geography:
Critical Understandings of Place,
Space and Experience, 3rd Edition

商务印书馆
2018年·北京

TOURISM GEOGRAPHY: CRITICAL UNDERSTANDINGS OF PLACE, SPACE AND EXPERIENCE, 3rd EDITION
Stephen Williams and Alan A. Lew
Original work copyright ©2015 Stephen Williams and Alan A. Lew
All Rights Reserved. Authorised translation from the English language edition published by Routledge, a member of the Taylor & Francis Group.
Copies of this book sold without a Taylor & Francis sticker on the cover are unauthorized and illegal.

本书中文简体翻译版授权由商务印书馆有限公司独家出版并限在中国大陆地区销售。未经出版者书面许可，不得以任何方式复制或发行本书的任何部分。本书封面贴有泰勒·弗朗西斯集团防伪标签，无标签者不得销售。

本书简介

对于人文地理学家来说，这个学科的一个核心主题就是解释和理解我们这个不断变化的世界——一个地理模式不断被改变着的世界。改变这个世界的力量源自人口的流动，新的生产和消费模式，不断演变的社会和政治架构，新型城市主义，全球化和不断压缩时空的信息技术和通信技术。本书力图说明旅游也已经成为推动这种变化的主要力量之一，它已经成为我们的生活、经济、社会和户外休闲的一部分，这都与空间关系密不可分。现今全球几乎没有一个角落是旅游所没有触及的，这种现象我们已经不可能忽视了。

旅游也是一种地理现象，它的存在是因为人们希望通过移动寻求在异地的不同体验，这种移动的规模可能是个人也可能是大众，其范围已经遍及全球。旅游使人与人之间产生了独特的关系，包括旅游者之间和旅游者与目的地居民之间，这种关系对目的地发展和资源的利用产生了深远的影响，这种影响又会波及经济、社会和文化等领域，对当地地理环境均有重要意义。

本书针对旅游地域和空间如何产生和保持，提供了基础性解读。基于地理学整体性的本质，书中涉及很多社会科学领域的观点与视角，既有历史上的观点也有现行的观点。本书力求把旅游与全球化、流动性、生产和消费、自然地貌和后工业化变化等地理学主要概念与理论结合起来。本书分为五个部分。第一部分是对旅游基础概念定义方面的概述，同时介绍了旅游研究中与当前地理学相关的一些核心主题与理论，这些理论与本书后面章节都有关联。第二部分主要讨论了现代旅游业空间布局的变化，随着时间的推移这种空间布局模式已经从区域性向全球化转变。第三部分讨论了旅游与地域之间的关系，以及对当地经济地理、环境和社会文化变迁的影响。第四部分探讨了旅游地理的很多相关话题，包括旅游地的形成与推广，都市旅游的转型，遗址与旅游地的形象，通过消费和与自然的相遇，以及其他形式的旅游体验塑造旅游地的个性化形象。第五部分侧重地理在旅游规划中的应用，即利用空间手段规划活动。另外，这部分也讨论了当前对于地理学的一些批判性的观点，以及旅游地理学的未来走向。

第三版由刘德龄（Alan A. Lew）博士修订，他是《旅游地理学》新的合作者。本书新增的很多案例研究内容可以从网站（http://tourismgeography.com）上找到，里面有很多近期更新的案例。本书内容有很多更新，整体结构也有所调整，涉及更多的话题，一些新增章节介绍了旅游地理学方面新出现的一些争论和观点，另外文字表述也使全球英语读者更容易理解。本书仍然是斯蒂芬·威廉斯（Stephen Williams）博士的著作，书中保留了他原版的基础和精髓，但融入了更多旅游地理学的新理论和对当前全球现象的新解读。本书是学生的入门读物，也可以为深入研究某个议题提供指导。也非常欢迎将本书作为教材的教师对本书内容提出建议，通过网站随时与作者联系。

欲知本书英文版更多详情，请访问网站 http://tourismgeography.com。

斯蒂芬·威廉斯（Stephen Williams），英国斯坦福郡大学人文地理荣誉教授。他的主要研究方向是休闲与旅游，在这方面的主要出版物包括劳特雷奇（Routledge）出版的《户外休闲与城市环境》，普伦蒂斯·霍尔（Prentice Hall）出版的《旅游与休闲》，以及劳特雷奇（Routledge）出版的四卷本编著《旅游：社会学中的批判观点》。

刘德龄（Alan A. Lew），美国北亚利桑那大学规划与休闲系地理学教授，《旅游地理》杂志创刊主编，其著述包括《世界区域地理：旅游目的地、人的移动与可持续的环境》，由肯德尔-亨特（Kendall-Hunt）出版，《理解与管理旅游影响：综合法》，由劳特雷奇（Routledge）出版。

目　录

插图目录 ·· v
图目录 ·· vii
表目录 ·· ix

第一部分　引言——旅游与地理

第一章　旅游、地理和旅游地理 ·· 3

第二部分　全球旅游的兴起

第二章　现代旅游业的诞生 ··· 33
第三章　旅行与旅游的国际模式 ··· 56

第三部分　旅游的经济、环境与社会关系

第四章　收入与成本——本地旅游经济景观 ·································· 85
第五章　旅游、可持续性和环境变化 ··· 111
第六章　社会文化关系与旅游体验 ·· 134

第四部分　理解旅游地与空间

第七章　文化建构与地方虚构 ·· 161

目录

第八章　都市景观的主题化 …………………………………………… 189

第九章　作为异域的过去——遗址旅游 ………………………………… 217

第十章　旅游中的自然、风险与地理探索 ……………………………… 237

第十一章　消费、形象和特种旅游 ……………………………………… 257

第五部分　应用旅游地理与未来旅游地理

第十二章　规划与旅游开发管理 ………………………………………… 281

第十三章　旅游地理的现在与未来 ……………………………………… 305

附录：在互联网上使用《旅游地理学》的指南 ………………………… 322

术语表 ………………………………………………………………………… 325

参考文献 ……………………………………………………………………… 328

后记 …………………………………………………………………………… 371

插图目录

1.1 在新加坡唐人街的地铁站入口，旅游是人们日常生活不可分割的一部分（刘德龄 摄）……8

2.1 加拿大不列颠哥伦比亚省弗雷泽（Fraser）的白隘口和育空铁路附近地区。以前人们总是避开荒野环境，但浪漫主义运动之后荒野摇身变成旅游者崇尚的目标（刘德龄 摄）……40

2.2 19世纪后半叶被旅游者发现的、风景如画的布列塔尼一隅：欧赖河边（斯蒂芬·威廉斯 摄）……41

3.1 日本新干线子弹头列车是一种高速交通工具，适用于中等距离的旅行，即乘飞机太近而开车太辛苦的距离（刘德龄 摄）……68

4.1 严酷环境下的旅游开发：瑞士采尔马特山地度假村（斯蒂芬·威廉斯 摄）……91

4.2 英国伊斯特本海滨的饭店和景区——一种传统的线性开发模式（斯蒂芬·威廉斯 摄）……95

5.1 中国新疆喀纳斯国家公园里的旅游者，走步道者和不走步道者兼而有之（刘德龄 摄）……124

6.1 南非德班为旅游者打造的丰富多彩的传统文化体验（刘德龄 摄）……142

7.1 创新者与创新：洛杉矶迪士尼乐园的沃特·迪士尼与
　　米老鼠迎宾像 ·· 180
8.1 旧金山市中心的金融区（斯蒂芬·威廉斯 摄）············ 194
8.2 一座迷人城市里的饭店开发：拉斯维加斯大道上的
　　"纽约，纽约"赌场饭店 ····································· 199
8.3 城市中心基于休闲旅游的升级改造：英国伯明翰布林德利大厦 ······ 208
8.4 39号码头：从旧金山废弃码头改造而成的节庆市场
　　（斯蒂芬·威廉斯 摄）······································ 211
9.1 历史城镇遗址的吸引力：法国圣米歇尔勒蒙地区
　　（斯蒂芬·威廉斯 摄）······································ 230
9.2 另类遗址：亚利桑那州圣沙维尔的西班牙古教堂
　　（斯蒂芬·威廉斯 摄）······································ 230
10.1 基纳巴唐干河边的生态营地和生态屋让人与北婆罗洲
　　 雨林亲密接触（刘德龄 摄）································ 240
11.1 沙滩表演（服饰与行为）与非沙滩不同，图示为
　　 巴西里约热内卢伊帕内玛（Ipenema）海滩（刘德龄 摄）···· 264
12.1 波多黎各圣胡安老城旅游规划的主要任务是平衡商业
　　 利益和遗址保护之间的关系（刘德龄 摄）················· 290
13.1 柬埔寨乡村农家院里也有免费无线网（刘德龄 摄）········ 317

图 目 录

图 1.1 根据时间和距离对旅游者的一般分类 ……………………………… 7
图 1.2 休闲、娱乐和旅行／旅游之间的关系 ……………………………… 10
图 1.3 旅游者动机的社会心理学 …………………………………………… 13
图 1.4 对比人类基本需求和旅行职业阶梯 ………………………………… 15
图 1.5 旅游与旅游者分类框架 ……………………………………………… 18
图 1.6 旅游者体验的结构 …………………………………………………… 20
图 2.1 巴特勒旅游地生命周期（TALC）的改进版 ……………………… 35
图 3.1 1950—2012 年国际游客人数的增长 ……………………………… 59
图 3.2 2004 年欧洲接待国际游客情况的地域分布差异 ………………… 62
图 3.3 1979—2012 年中国接待过夜外国游客人数的增长情况 ………… 76
图 4.1 影响旅游发展模式的要素 …………………………………………… 92
图 4.2 传统海滨度假社区土地使用模式 …………………………………… 96
图 4.3 部分国家国际游客的季节性模式 …………………………………… 99
图 4.4 旅游发展与经济纽带的形成 ………………………………………… 103
图 5.1 踩踏对旅游地的影响 ………………………………………………… 118
图 5.2 英国达特姆尔国家公园的客流管理战略 …………………………… 126
图 6.1 多克西（Doxey）厌烦指数的扩展版 ……………………………… 153
图 6.2 文化"距离"和旅游的社会文化影响 ……………………………… 155

图 目 录

图 7.1　英格兰的虚构旅游"国" ································ 173
图 7.2　主题旅游地的分类 ·· 177
图 7.3　日本主题乐园的发展 ····································· 182
图 7.4　1993 年美国主题乐园的接待人数 ··················· 184
图 8.1　城市旅游空间的概念模型 ······························ 197
图 8.2　城市旅游景区的概念模型 ······························ 200
图 8.3　伦敦的主要文化和遗址类景区 ························ 201
图 8.4　伦敦"西区"电影院和剧场分布图 ·················· 203
图 8.5　伦敦各区饭店床位数的分布 ··························· 204
图 8.6　英国伯明翰布林德利广场的城市改造工程 ········ 207
图 9.1　遗产涉及的关系 ··· 219
图 9.2　遗址类景区的分类 ·· 228
图 10.1　探险旅游的理论框架 ··································· 252
图 11.1　文化、生产、消费和旅游之间的关系 ············· 262
图 11.2　法国主要葡萄酒产区 ··································· 272
图 11.3　葡萄酒旅游"产品"的结构 ·························· 274
图 12.1　理性规划流程的标准模型 ····························· 284
图 12.2　旅游规划考虑的要素 ··································· 288
图 12.3　规划的地理层级 ·· 293
图 12.4　社区观点与旅游规划过程的结合 ··················· 299
图 13.1　旅游的规模、变化和弹性 ····························· 310
图 13.2　从地理定位照片看布达佩斯的旅游者与城市空间 ·········· 317

表 目 录

表 1.1　旅游"反转"的例子 ………………………………………………… 14
表 2.1　2012 年英国部分城市景区的年接待游客水平 …………………… 45
表 2.2　1872—1940 年美国国家公园的建设 ……………………………… 49
表 3.1　2012 年国际旅游主要目的地国（地区）和客源国（地区）…… 61
表 3.2　1960—2012 年国际游客地区分布情况的变化 …………………… 64
表 4.1　海滨度假区形成的阶段 …………………………………………… 97
表 4.2　2004 年国际旅游贸易平衡情况 …………………………………… 100
表 5.1　旅游环境影响的"正负平衡表" ………………………………… 118
表 5.2　"可持续工具" …………………………………………………… 124
表 5.3　可接受变化极限法的几个关键步骤 ……………………………… 129
表 5.4　环境影响评估的主要原则 ………………………………………… 130
表 6.1　旅游对目的地社会和文化的主要正负面影响 …………………… 140
表 8.1　后工业 / 后现代城市的基础特征 ………………………………… 192
表 8.2　2004—2006 年一些大城市的旅游接待人数估算 ………………… 197
表 8.3　2005 年伦敦主要付费及免费景区的游客接待水平 ……………… 200
表 10.1　旅游的认知体验 …………………………………………………… 244
表 12.1　旅游规划的差异 …………………………………………………… 291
表 12.2　49 个国家的国家旅游规划与政策主要决定因素
　　　　（根据重要程度依次排列）………………………………………295

第一部分

引言——旅游与地理

  本书第一部分对旅游这种社会现象进行了概述性介绍，特别是其中地理学家们感兴趣的地方。伊恩·马特勒（Ian Matley，1976：5）指出，"旅游中很难找到与地理没有关系的部分，而且也很难找出地理学哪些分支理论对旅游现象的研究没有贡献的"。米切尔和墨菲（Mitchell & Murphy，1991）进一步指出环境问题、区域开发、空间研究和历史进程都是地理学家对旅游研究的重要贡献。这些话题贯穿全书，尽管我们围绕这些话题也提出了很多批评观念。要理解旅游业，我们必须先理解什么是旅游。这显然是关于人口流动这个大话题中的重要部分。不论从统计学，还是从批评性的定性角度理解，我们都需要有清晰的边界。界定旅游现象和理解其中的地理观念是第一章的主要目的。

第一章 旅游、地理和旅游地理

核心概念
- 地理
- 全球化
- 休闲
- 移动性
- 娱乐
- 相关地理
- 可持续性
- 旅游
- 旅游倒置
- 旅游动机

全球每年数十亿游客的国内和国际移动，是社会学家和规划者不可忽视的基本地理现象，因为这是人与人，人与空间、环境的一种基础互动方式。旅游是一种地理现象，可以从以下几方面说明：
- 人与环境的互动和景观；
- 保护和管理空间和环境；
- 环境观念和空间感；
- 空间行为和人口移动。

旅游目前受到越来越多的关注，这主要是源于国际旅游的迅速增长。

2012年，国际旅游人数（至少在境外停留一晚）已经超过10亿，这个数字是从二战以后的2500万一路飙升而至（UNWTO，2013a）。2012年，全球旅游收入达1075亿美元，占全球服务贸易GDP的3%（WTTC，2013），成为世界上最大的服务产业（见Lew，2011）。另外，旅游不仅指这些国际旅游者，而且还有很多国内游客（未出境）和一日游客（未过夜），这两类游客在很多国家的数量要远高于国际旅游者。

旅游意味着大量的人在本地、区域内、国内和国家间的不同层级上的移动，它必然带来不同程度的经济、社会和环境影响。除了上述影响，旅游作为一种流行文化，反映了现代人的生活方式、品位和偏好。社会学家约翰·厄里（John Urry）指出，不论以什么形式出现的移动，旅游都是其中关键的组成部分，旅游已经成为21世纪构建社会生活和文化形象的核心（Urry，2000）。

旅游影响遍及经济、社会、文化和环境各个方面。从全球来看，旅游业带来的直接就业数量超过1亿，包括旅行和交通运输、住宿、市场推广、娱乐、景区和旅游零售（WTTC，2013）。旅游在社会和经济全球化进程中起到了重要作用（Shaw & Williams，2004），其作用正日益受到关注：它促进了全球经济与欧盟（EU）和东南亚等区域之间的交流互通；它是新兴国家实现经济快速发展和繁荣的催化剂（Britton，1989）；它也是发展中经济步入后工业经济时代的通道（Robinson，1999）。它能帮助一些地方在全球一体化的背景下保留一些本地文化，而且也有助于保护一些环境敏感地和环境修复（Hall & Lew，2009），而且还能促进国际理解与和平（Higgins-Desbiolles，2006）。

从另一方面讲，旅游也会带来一些负面影响，如对于环境的压力，包括空气和水的污染，越来越拥挤的交通，景区自然环境的退化，物种栖息地的破坏和生活规律的打扰，欠妥的规划和设计丑陋的建筑带来的视觉污染。向游客展示当地的风俗和文化是保持传统仪式的一种方式，但旅游也同样可能成为一种改变文化的推动要素，它会推动信仰的退化、价值观和行为模式的改变，让当地文化更多地融入全球大众文化。同样从经济影响上看，尽管旅游能带来很多就业机会，带来流行与时尚，也同样会带来环境的恶化和不可避免地被全球经济衰退所牵连，让目的地国的经济增长建立在一个不稳定的基础上。另外，旅游行业就业机会的质量（即业绩和报酬）也常受人诟病，它可能带来经济上的不平等，对发达国家过度依赖，形成发展中国家和发达国家之间的新殖民主义（Higgins-Desbiolles，2006）。

虽然其他经济活动也能带来同样的全球化机会与影响，但旅游是最显著的一个行业，也是最容易进入的一个行业。旅游影响研究已经成为理解旅游业意义的一种传统手段（Mathieson & Wall，1982；Hall & Lew，2009）。旅游和旅游体验现在已经成为加剧社会差异的一个重要因素（Ateljevic & Doorne，2003）；是我们发现和强化自我意识并把我们自己置身于现代世界的一种手段（Franklin，2004）；获得布尔迪厄（Bourdieu，1984）所谓的"文化资产"的主要来源；成为人们应对和适应现代社会的流动性与变化性的一个关键要素（Franklin，2004）。富兰克林和克朗（Franklin & Crang，2001：19）对当前旅游研究归纳如下：

旅游者和旅游消费风格不仅代表现代生活的很多特征（如移动、躁动、寻求本真与解脱），还越来越成为经济重构、全球化和对空间的消费以及日常生活美学化的核心。

如果忽略自然、社会、文化和经济的发展，等于否认我们所生活的世界正在发生改变。现代旅游业是一个宏大叙事，需要地理学家为之做出贡献，特别是旅游业的性质总是与地理环境密不可分的，不论是其发展过程中还是在其实践中，空间和地域是旅游发生的背景，也是旅游体验的基础，而空间和地域正是人文地理研究的核心。

旅游依情况而定的性质决定了这方面的研究要摆脱二元思维，采用更多的相关性视角。例如，现在的旅游地理研究不再单纯地把旅游影响视为正面的或负面的，而是更多地指向细微差异研究和模糊理解，它能更深刻地说明旅游者与周边世界的关系。

本书旨在帮助大家理解旅游地理是如何形成的，它是如何解释人与空间这种越来越复杂的关系，以及这种关系在不同地理空间中的发展变化。作为出发点，要想了解旅游地理必须先了解旅游，因此下面主要介绍有关一些主题的基础理论与观点：

● 理解什么是旅游及旅游研究的相关问题；

- 旅游者是如何区分的（由于群体数量众多，很难用统一的特征分析去概括这个庞大的群体）；
- 理解旅游动机与体验。

我们介绍这些内容不是因为其与地理相关，而是因为不同类型的旅游者出于不同的动机或寻求不同的体验会造成不同的地理分布形态和行为模式。当然地理学家在这方面的核心理论研究上并没有太明显的贡献（特别是旅游者分类和旅游动机理论，以及旅游体验理论），但了解其他相关学科的发展是理解旅游地理的基础。

一、什么是旅游？

什么是旅游？旅游与娱乐和休闲之间有什么联系？

"旅游"这个词很常用，但是定义起来非常困难（Leiper，1993），定义的难点在于"旅游"不仅是一个词，还是囊括很多学科的一个研究领域（Gilbert，1990），这些学科包括地理学、经济学、商学和市场营销、社会学、人类学、历史学和心理学。不同学科的理论框架和认识论必然导致其各自观点与关注重点的迥异。另外，尽管旅游的"官方"定义较为一致（如常被旅游组织、政府和联合国之类的国际论坛引用的），但公众对于旅游者和旅游行为的认知可能存在很大的差异。

旅游者和旅游的传统定义（如常见于一些字典的定义）一般把旅游者描述为一个旅行的人，其中旅游是指出于商务、娱乐或受教育的目的进行的往返旅行，旅行最后会回到始点，而这个始点一般是指家。旅游这个词一般指一种综合的概念，包括但不仅限于人离开其惯常居住地，去往目的地的移动，还指这种旅行活动的组织及其所涉及的设施和服务。

下面几个核心特征能有助于人们了解和定义旅游行为：
- 旅游必须包括旅行，但这种人的位置的移动是暂时的。
- 旅游可以有一个或多个动机，包括愉悦、商务、教育、社交、健康或宗教。
- 旅游活动需要一定的交通基础设施、住宿、营销系统、娱乐和景区服务的支持,这一切构成了旅游产业的基础。

官方对于旅游的定义也十分宽泛,例如联合国世界旅游组织(UNWTO)1994年公布的旅游定义为:

人们旅行到一个其惯常居住环境以外的地方并停留不超过一年的各种活动,其目的主要是休闲、商务等(UNWTO, 1994)。

这个定义囊括了国际和国内旅游者,也包括了过夜游客和一日游游客(Lickorish & Jenkins, 1997)。把一日游游客列为旅游的一部分是非常重要的,因为一日游游客的行为和影响都与过夜游客没有太大差异。如果只把旅游研究限定在过夜游客身上,就等于忽略了旅游的一个重要组成部分(见Williams, 2003)。也就是说,大部分旅游统计数据,不论国际还是国内的,都只统计过夜游客,而把一日游游客排除在外。霍尔和刘(Hall & Lew, 2009)用图表展示了距离和时间对旅游者分类概念的影响(见图1.1)。

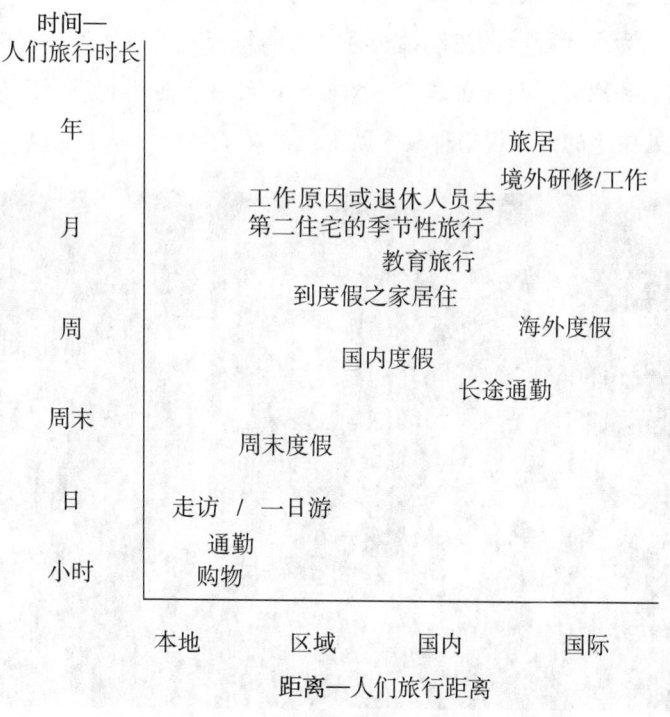

```
时间—
人们旅行时长

年                        旅居
                          境外研修/工作
            工作原因或退休人员去
月           第二住宅的季节性旅行
                 教育旅行
                 到度假之家居住
                              海外度假
周               国内度假
                         长途通勤
周末
            周末度假
日
    走访 / 一日游
       通勤
小时    购物

       本地    区域    国内    国际
       距离—人们旅行距离
```

图1.1 根据时间和距离对旅游者的一般分类

资料来源:Hall & Lew, 2009。

随着旅游批判分析的发展，这些旅游的传统定义饱受争议，因为旅游批判分析已经改变了很多这些传统定义的前提假设。本章后面关于旅游动机和体验的讨论可以证明旅游已经发展成为一种逃离的方式，一种对不同体验的追求和对日常生活中无处可寻的真实性的一种寻求（MacCannell，1973，1989）。但自20世纪80年代以来，后工业化对全球经济、社会和文化的改变已经逐渐形成了一种所谓"去差异化"的趋势，即以往清晰的边界（如工作与休闲、在家和在外、公开和私密）变得越来越模糊了，甚至是逐渐消退（Lash & Urry，1994；Urry，1994a；Rojek & Urry，1997）。在全球化社会中，曾经的差异现在变成了同化，人们不再需要旅行很远去体验不同的东西，因为外国的文化体验、活动、美食和时尚都已经成为人们日常生活的一部分。富兰克林（Franklin，2004：24）指出从空间意义上定义旅游很难（而且也没有意义）：因为那不是一种离开家的行为，厄里（Urry，2000）也有同样的看法，他认为现代社会的流动性极强，人们每天就是以一种旅行的方式在生活。因此家和离开（及相关体验）的概念已经变得越来越没有意义了，对于那些有多处住宅的人来说这种概念就更没意义了。

插图1.1 在新加坡唐人街的地铁站入口，旅游是人们日常生活不可分割的一部分（刘德龄 摄）

最后，肖和威廉斯（Shaw & Williams，2004：9）指出旅游的定义是一种"无聊的讨论"，因为旅游与日常生活边界的日益模糊。富兰克林（Franklin，2004：27）甚至公开指出传统定义的局限性，那只是把旅行和住宿相关的供给和购买行为界定为旅游，而不是真正描述旅游行为和文化。他指出这种定义，"使旅游脱去了其最有意义和最重要的特性"。富兰克林认为应该把旅游放在个性活动的核心，带有现代社会的流动性和多变性，他反对以产业为核心去定义一个非常多面的事物，旅游可以被形容为"现代社会的游牧特性，人们有不同的角度和观点并乐在其中"（Franklin，2004：64）。

近年来提出的旅游是我们日常生活体验中的一部分的观点引发了更广泛的关于旅游、休闲、娱乐之间关系的讨论。作为一个学术研究领域（超过了地理学之类单学科的研究范围），三个研究领域都出现了不同的研究模式，其侧重点是旅游与其他两者之间的区别。不过从"休闲"和"娱乐"两个词的产生背景来看（见 Rojek，1993a，1997），旅游与两者有很大部分的重合，"休闲"是指自由的时间和/或自认为"处于休闲"的一种状态（Patmore，1983），"娱乐"是指"利用休闲时间满足自己愉悦目的而自愿参加的活动"（Pigram，1983：3）。旅游活动利用的是休闲时间，而大量旅游活动的核心就是娱乐活动和体验（如观光、休闲购物、餐饮、社交）。

同样，如上文所说，旅游已渗透到人们的日常生活方式中，包括休闲和工作。我们在报纸、杂志上阅读旅游的文章，在电视上看旅游风光片，我们利用休闲时间翻看以往旅游拍的视频和照片并积极地计划下一次旅行，我们把我们的旅游体验带到我们的家庭和工作生活中去（如吃外国风味餐或用异域服饰充实我们的衣橱）。不过凯尔（Carr，2002）指出很多旅游行为是人们日常生活中在休闲环境中的行为的拓展与延伸，所以旅游与休闲并不是对立的两极，而是一个序列中的不同阶段。这个论点涉及一个有趣的问题，即旅游在地理意义上的家与离家的序列中应处于什么位置呢？

因此，要研究旅游，我们需要搞清楚休闲、娱乐和旅游之间的关系。它们是密不可分的，不像很多教科书和学者所说的是相对独立的。三者的密切关系可以从休闲、娱乐和旅游活动的主要参与动机（目的地的景点、活动和体验，社会接触，探奇等）、所需条件（可支配收入、流动性和对有关机会的了解）和从中得到的收获（愉悦、经历、知识或回忆）中看出。图1.2说明了三者之间的关系，在体验上有很大的重合，有些地方是相触的，有些地方是偏离。不过，与其将它们都视为独立线性的实践与体验区域，不如更强调边界的渗透性（即用虚线标出的地方）和不同要素之间的流动关系。

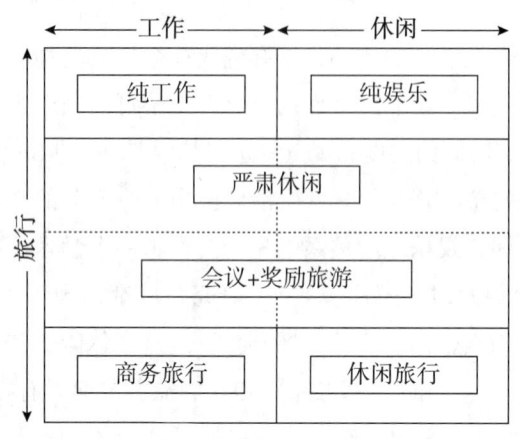

```
                ←—— 工作 ——→ ←—— 休闲 ——→
            ┌─────────────────┬─────────────────┐
            │     纯工作      │     纯娱乐      │
            ├─────────────────┴─────────────────┤
         ↑  │            严肃休闲               │
         │  ├───────────────────────────────────┤
        旅行│         会议+奖励旅游              │
         │  ├─────────────────┬─────────────────┤
         ↓  │    商务旅行     │    休闲旅行     │
            └─────────────────┴─────────────────┘
```

图1.2　休闲、娱乐和旅行/旅游之间的关系

资料来源：本书作者。

二、旅游研究涉及的问题

旅游定义的复杂性，旅游与娱乐及休闲研究领域相互关系的不确定性是学习旅游地理面临的基本问题，但不是唯一的难点，旅游研究所面临的以下三个问题也值得在这里提出。

首先，我在后面的章节中会根据统计数字画出旅游的基本维度和模式。我们首先要认识到旅游的地理范围，因为接待人数和离境人数都是在不同的地理范围内统计的（如洲际、全国、区域和目的地），因此首先要划定范围才能描述旅游者的移动和集散。但有些情况下，跨时空的比较是困难的，因为不同层级的政府对旅游行为的定义是不同的。

从全球来讲就有存在两种不同的统计方式，一种是联合国世界旅游组织（UNWTO）的，另一种是世界旅行及旅游理事会（WTTC）的。后者比较侧重于企业，力推旅游卫星账户（TSA），使之成为衡量旅游对国家经济贡献的指标体系。不同的经济活动（如餐馆、酒店、旅行社和航空公司）对旅游业会有不同的贡献。与之相对的是联合国世界旅游组织的统计，它主要基于各国旅游接待和离境旅游人数的统计，然后基于人数估算旅游花费来说明旅游的经济影响。由于这两种国际范围的数据采用不同的统计方式，因此得出的世界旅游版图也是不相同的。

以国家为单位进行比较可能比较容易，但也存在问题。例如一个国家计算的旅游卫星账户的行业综合体可能与另一个国家不同，因此也不可能直接进行国别对比（Hall & Lew, 2009）。即使是人数统计的国别对比也是困难的，因为有些国家并不在边境统计过境的外国人。

欧盟国家间的边境管制放松，特别是申根协议国（1995年由五个国家签约发起）之间旅游者可以自由出入境而不必查验签证。还有很多国家只在游客入境时做一下记录，不询问来访动机，从而使旅游数据很难得到完整统计。例如有些国家把商务旅行者也算作旅游者，但有些国家则不把商务旅行者列入游客行列。相对于边境数据，更完整的旅游统计来源于抽样调查或酒店的入住登记，但这两者都会把统计范围缩小，因此也是不够精确的。基于酒店的数据无法记录投宿在亲戚朋友家的旅游者。在一些发展中国家旅游统计更多地靠估测。不同国家和目的地之间的数据很难直接对比，因此在使用时都需要非常谨慎。

除了旅游接待人数和经济影响数据的问题外，旅游行业的定义也很难界定。旅游业是多种服务活动的集合，这种组合而成的"行业"构成了一个方便统计记录的框架，同时也能使旅游行业具有更大的政治和经济影响力。但现实中旅游业的边界非常模糊，没有具体的产品和清晰的物流、劳动力和资金流。

传统上，一个行业是指从事某种产品或服务的生产的企业集合体。旅游业中包括很多有形（住宿、娱乐和纪念品）和无形（与体验、记忆或社交相关）的产品与服务，而且很多旅游企业还同时为很多旅游者以外的当地顾客服务，显然旅游业不是传统意义上的行业，更确切地说它是一系列行业的集合，这些行业对游客有不同程度的依赖程度，而且这种依赖会因时空的变化（不同的地点，一周中不同的时间或一年中不同的季节）而发生转变。为了解决这个问题，世界旅行及旅游理事会编制的旅游卫星账户提取每个行业对旅游贡献的年度百分比，如餐厅占 50%，当然这个比例因国家或因目的地而异。这种方法能有效地衡量旅游业的年度变化，但不能有效地对不同地点进行对比。

第三个现实问题是旅游研究缺乏统一的理论基础（Williams，2004a）。米特汉（Meethan，2001：2）就曾指出旅游研究是"理论上的、折中的和各自为政的"。这个批评是有道理的，因为如果缺乏理论和相关方法论的支撑，旅游研究就是走向经验主义/描述法（这是旅游研究常被诟病的地方）。旅游研究需要更有结构性的分析和坚实的理论基础，但这些实现起来都有难度。

这并不是说旅游研究缺乏相关的理论，如后面章节所展现的。旅游研究的很多方面都得益于很多不同学科的理论思维和观点，但真正缺乏的是一种全面同步的理论来囊括各个方面和各种观点（Llewellyn Watson & Kopachevsky，1994）。

作为一个综合学科，地理能比其他学科更好地全面解释旅游业所提出的涉及各个学科各个方面的问题。这是本书的一个核心观点，尽管单纯一个学科仍然存在不同程度的局限。因此学习旅游地理学，必须站在多学科的角度来理解旅游这种充满矛盾冲突，有时甚至是难以琢磨的现象。

三、旅游动机

人们为什么要旅游是了解旅游行为及其结果的一个基础性问题，这也是旅游地理研究的一个重要基础。旅游者移动的空间模式和到某个目的地的集散模式并不是偶然的，而是受个人和群体动机及对目的地预期的影响，这些就是动机。影响动机的还有其他因素，如旅游设施的供给和旅游目的地市场营销，这些都与动机相关，而且反映在旅游者的兴趣上且影响他们的目的地及活动体验的选择。

肖和威廉斯（Shaw & Williams，2004）指出很多动机理论是基于"需求"概念，这是最初由马斯洛（1954）提出的。这在早期关于旅游动机的文献中常被提及（如 Compton，1979；Dann，1981），旅游动机的核心往往是逃离家庭、工作等日常自然和社会环境的需求。这种需求是个人努力平衡和稳定自己生活的一种方式（也被称为"自我平衡"）。日常的常规一旦被打破，这种需求就显现了,一旦这种需求得到了满足,自我平衡就得到了恢复。于是有很多文章论述通过度假使休息和放松的需求得到满足。这些核心动机中还包括一系列相关动机要素。如康普顿(Compton,1979)提出的旅游者寻求放松的机会,提升与其他社会的亲近度,体验异域风情和娱乐自己,寻求放任回归的(通常不被接受的)行为模式,同时也实现一种自我发现。比尔德和拉吉卜(Beard & Ragheb,1983)也强调了动机的四个组成部分:智力动机(旅游者需要获得知识),社交动机(保持和扩大社交网络),能力动机(学习或发展某种技能)和刺激-逃避动机(求得压力的释放,如脱离工作,获得休息和放松)。

所有这些动机理论可以分两个主要类型。第一类旅游动机是一种刺激的组合,一方面是鼓励旅游者行为因素(推动因素),另一方面是吸引旅游者到某个目的地或参与某项活动的因素(拉动因素)。第二类是旅游者希望从活动中获益(或得到回报)。这两种理论被伊索-阿荷拉(Iso-Ahola,1982)整合到一个旅游社会心理模型中。在这个模型中,伊索-阿荷拉将摆脱惯常环境与将到访目的地的环境所给人带来的回报列为同等重要的因素,并根据两者的不同程度的组合列出了四个理论"象限区间"(见图1.3)。在这个模型中,可根据旅游的具体情况和目的在四个项限中寻找动机组合。

		寻求内在的收获	
		个人	人际
逃离日常环境	个人环境	1)个人在一个独立空间内的体验(如家庭海滩度假)	2)在一个独立空间内的社交体验(如团体露营旅行)
	人际环境	3)在一个社会空间内的个人体验(如异国城市目的地)	4)在一个社会空间内的社交体验(如城市观光团)

图1.3 旅游者动机的社会心理学

资料来源:节选自 Iso-Ahola(1982)。

有一些理论是通过分析旅游者的行为模式去了解旅游者的动机,其中格拉伯恩(Graburn,1983a)的理论比较有代表性。格拉伯恩认为旅游者会有一些与其惯常行为相对的反常行为,如放松/休闲时间的延长(而不是工作),增加对食品、饮品和消费品的消费,到与惯常环境截然相反的气候环境特征的地方去，着装习惯不同程度的改变，甚至可以裸体。格拉伯恩将这些反常行为分为环境、生活方式、礼节和健康等几类（见图表1.1）。格拉伯恩指出在一次旅行中，只会有某几类行为是反常的，这也就能说明为什么同样的人会在不同时期到不同地方去参加不同类型的度假。旅游者的实际行为模式会反映出一定程度的反常而不是完全与惯常行为的极端相对。这种行为模式的差异程度也反映了大部分旅游者的主要出游动机是为了逃避惯常的生活环境和寻求与之截然不同的环境。

表1.1 旅游"反转"的例子

类型	两极	旅游者行为模式
环境	冬季对夏季	旅游者为了逃避寒冷而偏爱温暖的地方。
	寒冷对温暖	城市里的人会选择偏僻的乡村或偏远地区。
	拥挤对独立	历史遗址会吸引生活在现代环境中的旅游者。
	现代对古老	取代熟悉的故乡环境的是"异域"环境。
	故乡对异国	
生活方式	节俭对奢侈	用于节庆活动或购物的花费会增加。
	豪华对简单	人们选择与日常工作不同的有益休闲体验。
	工作对休闲	
礼节	繁文缛节对自由灵活	与平日的守时、严谨的着装习惯和循规蹈矩社会行为完全不同的行为模式，更随意的不正式的行为。
	正式对非正式	
	严格禁止对授权许可	
健康	节食对贪吃	旅游者会增加消费。
	紧张对安逸	放松平日的紧张心情。
	懒散对锻炼	选择与日常生活以坐为主的生活方式不同的活动丰富的运动型度假。
	衰老对"返老还童"	通过保健温泉和体育锻炼延缓衰老进程。

资料来源：Graburn(1983a)。

动机决定旅游者的行为模式会随时间和情景的变化而变化。皮尔斯（Pearce，1993）提出了一个旅游职业阶梯（见图1.4），他在马斯洛需求理论（1954）的基础上提出了五个层次动机并对应了不同层次的需求（另见Cohen，1979——下文）。较低层次的需求首先得到满足，随之深入更高层次的旅游体验需求依次得到满足。尽管这个模型在分析体验对旅游者动机及行为的影响力方面很有价值，但是体验沿着旅游职业阶梯上升的现象在现实中并不明显,现代旅游者寻求不同的体验,不论他/她是新手还是有经验的旅游者。而且,现在的趋势是旅游者在一次度假中同时满足多种动机,而不是如模型所说的先后满足不同的动机。

这些模型都来自关于旅游动机的"传统"文献。自20世纪90年代以来,文化研究等方面的文章对于人们为什么旅行及如何选择目的地有了新的解读与观点。如克劳奇(Crouch,1999),富兰克林和克朗(Franklin & Crang,2001)及富兰克林(Franklin,2004)都强调人们已经日益把旅游融入日常生活,因此旅游已经不仅是一种寻求放松、娱乐、社交发展和身体恢复的行为,而更多是身份认同和确认社会地位的方式。因此旅游已经不仅是一种通过旅行接触世界的方式,而更多地成为一种定义自我的方式。

不论人们(作为旅游者)是否意识到影响自己选择的这些动机,但如果我们认同富兰克林(2004)的说法,即旅游已经成为一种连接现代世界而不是逃避它的方式,那么很多现有的动机理论需要重新改写。从地理学的角度看,这种变化也带来旅游空间布局的改变(如新目的地、新景区、新体验和新旅游模式),同时也造就了人与人(旅游者)、人与空间和地域关系的改变。关于这些内容我们将在本书第三部分进行更详细的阐述。

马斯洛的需求层次		旅游职业阶梯(度假类型)
5. 自我实现	有创造力、自我成就、自主	梦寐以求的假期、冥想退隐
4. 自我尊重	信心、获得别人的尊重、满足感	特殊兴趣旅游、志愿者旅游、硬探险旅游
3. 情感与依赖	社会成员的认同、不被异化	团圆寻根之旅
2. 个人安全	免受灾害恐惧等侵扰	有导游带着的软探险、生态旅游、贫民窟旅游
1. 基本生理需求	氧气、食物、水等基本生存要素	放松、水疗、海滩度假

图 1.4　对比人类基本需求和旅行职业阶梯

资料来源:节选自 Maslow(1954)& Pearce(1993)。

四、旅游分类

墨菲(Murphy,1985:5)指出,"有多少种旅游动机就有多少类旅游者"。旅游的复杂性催生了各种旅游类型和各类旅游者。分类是理解旅游的一种途径,但每一种分类都受不到同程度的批评,因为旅游实在是与后现代生活结合得太紧密了，对于体验的界定与划分结构往往成为我们理解这一现象的掣肘而不是通途（Franklin，2004）。事实上，理解旅游的多元性需要了解一种活动与其他类型活动的区别，因此了解一些分类方法是有必要的。

旅游者和旅游的分类分析能从以下几个方面帮助我们：
- 认识旅游的不同类型（如娱乐或商务旅游）；
- 认识不同类型的旅游者（如有组织的大众旅游者或散客）；
- 考察不同的旅游动机；
- 根据动机和旅游形式考察旅游对接待地区的不同影响；
- 根据不同的旅游者类型对旅游的结构要素（如住宿、旅行和娱乐）进行调整。

从地理学角度讲，我们主要关注的是旅游发生的不同类型的地理空间，以及旅游与这些空间的关系。我们知道旅游是以不同类型存在的，如商务旅游者前往复杂的城市目的地，充分开发的度假区吸引大众旅游者，比较偏远的欠发达地区吸引那些散客和追求探索之旅的游客。

对旅游者进行分类主要依据整个旅游行程中的核心活动。因此我们首先可以将旅游者分为娱乐型旅游（即活动主要追求娱乐，如观光客一样地被动娱乐或如参加运动一样主动娱乐）和商务旅游（以商务活动或专业考察为主要目的）两大类。当然还有的旅游是出于医疗保健、教育、社交、宗教朝觐等目的。同时很多分类还可以进一步细分，当然在进行深入细分时必须保持谨慎，因为大部分旅游者在选择目的地时都有多种目的，而且会将多种体验结合在一次旅游之中。

旅游分类中非常棘手的一个问题是现实世界旅游在动机行为方面非常复杂，往往是同一行程有多重动机，如商务旅游者可能走访朋友，观看表演或参观博物馆，也同时参加旅行主要目的商务会议。

最早也是最有影响力的旅游者分类是由科恩（Cohen，1972）提出的。他提出旅游者可以根据其组织形态（如从是否通过旅游行业有效地管理到非常松散的个人旅游）分为四类，其中两种有组织的旅游者类型是有组织的大众旅游和小规模大众旅游，另外两种没有组织的旅游者类型，科恩称之为探险者和漂泊者。

有组织的大众旅游：这类旅游者一般都会选择自己所熟悉的目的地（这种熟悉可能来源于自己以往的经历，也可能源于其他人的介绍和大量的媒体宣传），寻求熟悉的服务（包括住宿和餐饮口味，如英国大众旅游目的地之一的西班牙地中海沿岸地区为游客提供英国茶点、英国啤酒和英式炸鱼薯条快餐等服务），这类旅游者对旅游服务行业和基础设施依赖性较强，一般会选择比较有价格竞争力的全包价旅游，初次出国旅游的人通常都是这类旅游者，直到他们获得一定的旅游经验。

个人或小规模大众旅游：这类旅游者会部分地依靠大众旅游基础设施的服务，一般是交通和住宿服务，但旅行的其余部分根据需要自行安排。这类旅游者仍选择自己熟悉的体验，但会增加一点探奇性。这类旅游者既包括娱乐休闲旅游者也包括商务旅游者，这类旅游的活动安排中都会包括某种形式的文化或教育旅游。

孤独的旅行者和探索者：这类旅游者更注重的是自己安排旅游行程，他们一般追求新奇的体验，即大众旅游体验不到的东西。他们会更密切地与接待地社会进行接触，这类旅游的动机比较多样化（有相当一部分是商务旅游者或宗教、保健旅游者）。这些旅游者仍依赖少量的服务，一般是在交通和住宿的预订方面。

漂泊者：有些学者将一部分人列为第四类旅游者，而在传统意义上这些人往往不被归入旅游者范畴，因为他们独自安排旅游行程，避开其他旅游团队，希望能融入接待地的文化和社会体系。这类旅游者多是一些先驱，是一些未开发的旅游地最早的旅游者。

人们对上述旅游者的分类从动机角度做了进一步的分析。有组织的大众旅游者所需要的娱乐是来自一种对乏味重复的日常生活的摆脱和通过休息、放松和娱乐实现一种精神和体力上的恢复；个人或小规模团体旅游者在具备上述动机的同时，还兼有一种体验动机，即了解不同的文化和习俗，也有学者将其称为寻找现代工业化社会越来越缺少的一种真实感和生命意义的人（MacCannell，1973）。这种动机在探索者和漂泊者中体验得最为突出，他们寻求的是一种全新的生活方式和另一种自我实现的形式。不过我们也不能过分强调动机与旅游形态的关系，正如乌列尔利（Urierly，2005：25）所说的，

"抗拒将外部行为与内在需要结合在一起的倾向"。

显然，不同的旅游活动形式和旅游者行为模式会对接待地及旅游产业结构造成不同的影响。有组织的大众旅游对接待地区的设施要求很高，需要大量的饭店和公寓、娱乐设施、便利的交通系统和公用设施等，这无疑会改变接待地的自然环境和生态系统。大批的旅游者还会对当地人的生活方式产生影响。数量较小的探险者对基础设施的需求较少，而且对接待社区持有不同的态度，因此对当地人生活的影响较小。

图1.5对上述论述进行了总结。这是一个根据科恩的分类建立的旅游和旅游者分类框架。在解读这个总结框架时我们需要注意，一次旅游中可能包含多个不同的旅游类型，而且作为个人，我们也会在这个框架中移动以寻求适合我们的兴趣点的活动并利用一些机会。另外，人的不同生命阶段也会影响旅游模式，有些人在年轻时是坚定的个体旅游者，但年龄大了以后就成为大众旅游者，特别是组成了家庭以后，个人旅游的可能性就逐渐消失了。

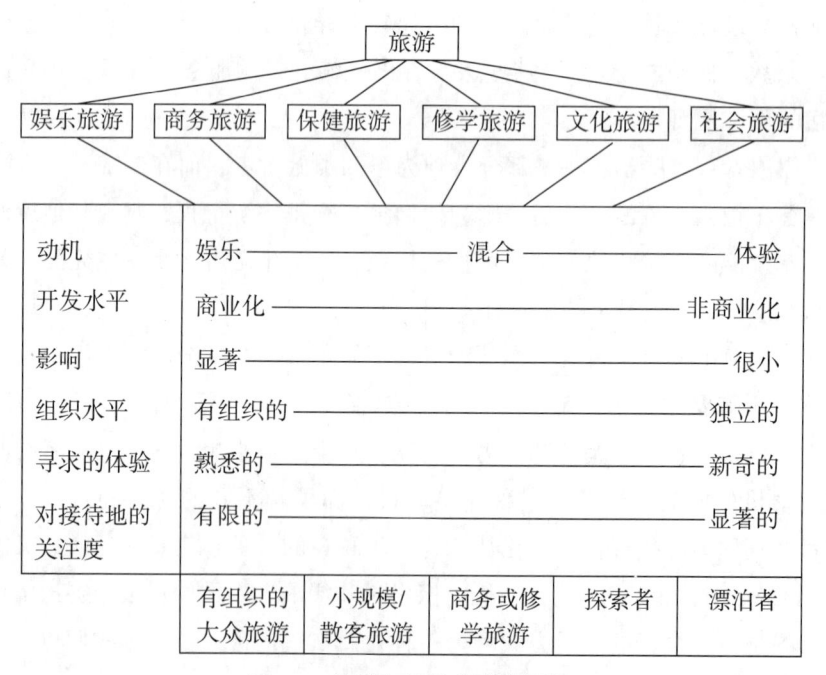

图1.5 旅游与旅游者分类框架

科恩的文章是对旅游形式的一种有益总结，它反映了现代化传统，即所谓的"福特主义"模式的大众生产与消费（亨利·福特倡导的流水线生产模式），强调旅游产品的标准化和大众化包装。但旅游不是一成不变的。普恩（Poon, 1989）指出自20世纪80年中叶起旅游已经发生了很大的变化，新旅游模式的特征是旅游市场高度细分，要求市场更多地定制以满足超细分市场的需求（另见Urry, 1994a; Ioannides & Debbage, 1997, 2014）。这些"后福特主义"旅游形态无法有效地归入科恩的旅游分类中去（尽管大众旅游和个人旅游仍然是两种不同的旅游类型，但差异已经不那么明显了）。最近关于旅游分类的文章主要关注市场细分及后福特主义模式的特征。肖和威廉斯（Shaw & Williams, 2004）围绕现在越来越流行的生态旅游（见本书第五章）举出了大量的例子说明分类需要建立在旅游者兴趣水平、对自然环境的知识水平、他们的投入程度、体能挑战程度和组织形式等变量基础上。不同的分类观点不仅是因为旅游性质的变化，也是因为旅游研究必须用更灵活的方式去满足现实的需要。

五、旅游体验

了解了旅游的动机和分类结构后，我们需要了解旅游体验的性质，这也是旅游研究和旅游分类的一个常被提及的主题（见Cohen, 1979; Urierly, 2005）。旅游体验也发生了很大的改变，乌列尔利（Urierly, 2005）指出现在旅游体验已经从过去的旅游是与日常生活截然不同的观念转变为旅游已融入生活方方面面的后现代主义观念，旅游已经越来越成为个人层面事务。

比较重要的现代主义传统文献当属科恩（1979）关于旅游体验现象的论文，其中科恩提出了五种体验"模式"（娱乐、排遣、体验、试验和存在）。这五种模式是一种由外而内螺旋上升的递进关系，从最外在的通过不同的体验获得单纯的愉悦（娱乐模式）到最内在的追求生命的意义（存在模式）。科恩关于试验和存在模式的阐述与麦坎内尔（MacCannell, 1973: 591）对旅游体验是追求真实感的解读不谋而合，所谓追求真实感是指"了解生命真实存在现状"，追求化解现代生活中的不真实感，而这种现代生活正是旅游者在自己家里的日常生活。

科恩和麦坎内尔等学者提出的理论框架说明旅游体验与人们日常生活是有很大反差的。了解旅游体验的构成要素及其相互关系也是很重要的，图1.6归纳了这些要素和关系，根据此图旅游体验主要由以下要素构成：

- 旅游计划安排：包括选择目的地、交通工具和住宿类型，这个阶段包括很多潜在的影响要素，包括以往的经验、目的地形象和其他人的建议，所有这些因素反映出旅行的各种动机。

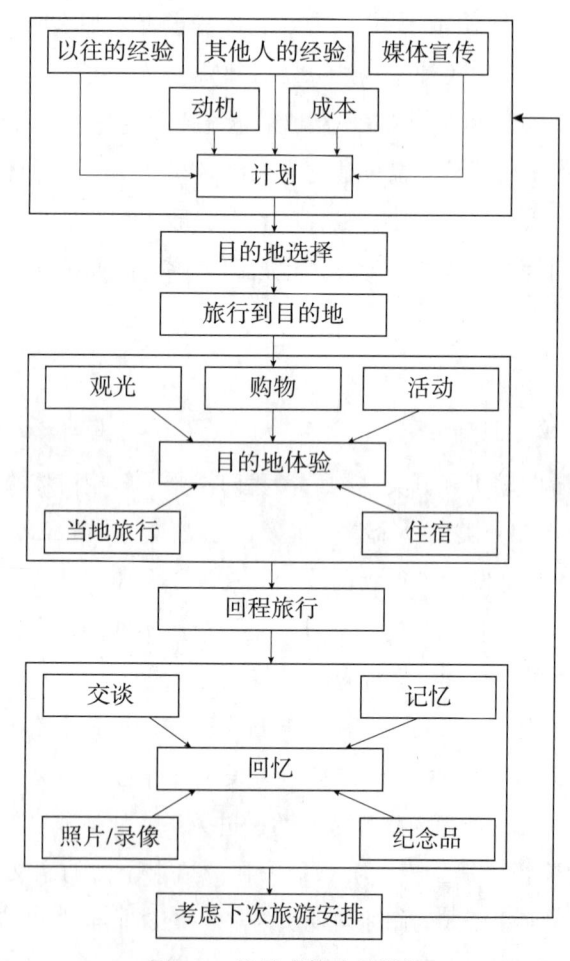

图1.6 旅游者体验的结构

第一章 旅游、地理和旅游地理

- 出行：所有旅游都包括旅行交通，到达目的地的过程在很多情况下本身就是外出旅游的乐趣之一，有时交通工具（如游船）甚至是整个旅游的中心要素。
- 在目的地的体验：这一般是旅游的主要构成要素，是旅游分类和旅游者动机分析的主要依据。目的地体验一般包括观光、休闲购物和购买纪念品等内容，可能还包括与接待地民众一定程度的接触和文化交流活动。
- 返程：和出行一样，这是任何旅游体验中不可或缺的一部分，当然由于旅游临近尾声和游客的疲劳，这个要素所带来的享受程度可能会有所折扣。
- 回忆：旅游者返回后可能与人谈及此次旅游，或不时欣赏拍回的照片和/或录像，另外驻地附近出现的某些特色物品也可能唤醒有关的记忆。这个构成要素会对下一次旅游安排产生影响，这种影响积极与否主要取决于旅游体验的质量。

这个关于旅游体验的框架对旅游活动提出了三个要点。首先，强调实际游览是经过了前期计划的活动，而且旅游体验是可以通过记忆复现的，这个模型说明体验具有完整性的特点，而且事实上全面的旅游体验要比游览本身丰富得多。其次，这个模型说明体验对地理空间的依赖度很高，因为地点是体验的载体，地理位置的移动变化是整个体验过程的核心。最后，这个模型说明旅游体验对人们的日常家庭生活的影响很大。

如前所述，当前越来越多的旅游研究学者和文章质疑强调旅游体验与日常生活存在反差的传统理论。很多文献指出全球化（特别是在媒体和物质消费文化发达的地区）正将类旅游体验融入不同地方不同文化背景的人们的日常生活中。同时，日常生活也在塑造我们的旅游体验。瑞泽尔和利斯卡（Ritzer & Liska，1997：99）指出，"人们旅行到另一个地方寻求不同的体验，但实际得到的是与自己的日常生活没有太大差别的体验"。富兰克林（Franklin，2004：10）也指出我们大部分的旅行都在"相似的体验领域内"。另外，我们的社会也越来越适应流动（Urry，2000），旅游已经成为一种生活方式的表达。

旅游体验越来越具有显著的感观性（MacNaghten & Urry，2000；Crouch & Desforges，2003）（如旅游中的探险和极限运动）和多元化（如走亲访友、海滨度假、自然旅游、活跃型度假和走访主题乐园）而不再简单地追求传统意义上的真实性（"真实的"和"不真实的"）。其实，当今世界有数千万人追求的旅游体验是埃科（Eco，1986）所说的"超现实"，如迪士尼主题乐园和拉斯维加斯的人造度假环境，因此从某种意义上说，"真实体验"已经过时了。不过，王（Wang，1999）指出这些旅游形式寻求的是真实性的另一种形式，它对于旅游体验来说仍然很重要（见第六章）。

尽管我们已经进入到了一个新时代，旅游已经融入后现代生活方式中，旅游与生活其他方面的边界已经变得模糊了，但这并不意味着旅游已经失去意义，已经完全与日常生活无异。尽管很多旅游形式已经越来越趋同，但大部分旅游仍然能改变我们的日常生活规律，给我们带来不同程度的不同感受。最后，旅游仍然让大部分人体验到不同，形成记忆并在回归日常生活后的很长时间内不断回味。

六、地理与旅游研究

尽管旅游（强调旅行和人、商品和服务随时空的转移）本质上是一种地理现象，但科尔斯（Coles，2004：137）却称之为人文地理中"受到疏离的一支"。最初，很多人觉得用严肃的学术研究去探讨与娱乐相关的活动非常令人难以置信，虽然后来人们慢慢接受了这一事实，但旅游研究在人文地理学术文献中的分布仍然很不均衡。所幸的是已经有越来越多的人认识到了旅游在人文地理学科中的重要性（如 Aitchison et al.，2001；Crouch，1999），它既是一个独立的值得研究的方向，更重要的是它能折射出很多当代社会面临的问题。

用地理学的方法研究旅游经历了几个阶段。巴特勒（Butler，2004）认为可以分为三个不同发展阶段：1950年以前，20世纪50年代至20世纪80年代，20世纪80年代到现在。1950年以前被巴特勒称为"描述时期"，这阶段的旅游研究在人文地理研究中非常少见，是一个比较边缘的研究方向。这个时期的文献基本是在传统学科理论下对这一现象的描述。吉尔伯特（Gilbert，

1939）对于海滨度假区是城市地理的一部分的研究就属于这一范畴。

第二阶段是从 1950 年（随着二战结束后旅行的快速增长，首次出现了可靠的旅游统计数据）到 20 世纪 80 年代初。巴特勒（2004）认为在这个阶段，地理对于旅游的研究进入了"主旋律时期"，即把旅游与地理学更多的理论广泛地结合起来。如阿泰列维奇（Ateljevic，2000）指出的，这个时期的地理学方法更注重空间理论，采用大量的量化观点去描述和记录旅游地理。这一阶段提出的论题包括规模效应、旅游现象的空间分布、旅游者的位移、人与土地的关系，以及旅游影响，旅游发展的空间模式等，这些议题形成了旅游地理研究的基础方法，其影响一直波及 20 世纪 90 年代（见 Boniface & Cooper，1987；Burton，1991；Lew，1987；Mathieson & Wall，1982；Pearce，1987，1989；Williams，1998）。这些地理研究主要围绕以下几个问题：

- 旅游发展（包括旅游需求的产生和旅游设施的供给）会在什么条件（包括自然、经济和社会条件）下产生？
- 旅游发展会发生在什么地方？以什么形式进行？（前一个问题的重点在于发展的地域范围，后一个问题与基础设施的提供有关。）
- 旅游如何发展？（这个问题不仅关乎旅游发展的速度和特征，而且涉及谁是开发者的问题。）
- 谁是旅游者（以其数量、特征、旅行模式等界定）？他们的动机是什么？
- 旅游对接待地的自然、经济和社会文化环境有什么影响？

第三阶段，巴特勒（2004）将 20 世纪 80 年代中期以后的阶段称为"分化时期"。旅游的规模已经扩展到全世界，其构成也越来越多元化（如出现了健康旅游和生态旅游这些超细分市场，以及越来越受欢迎的遗址旅游），因此旅游研究方法也随之越来越多元化。研究中心已经超越巴特勒所谓的"主旋律"期，出现了很多新的研究方向，如旅游与社区（Murphy，1985）、旅游与资本主义政治经济（Britton，1991），旅游、生产、消费和"新"经济地理（Shaw & Williams，1994），文化交流与旅游的新文化解读（Crouch，1999），旅游作为城市升级和区域推广的手段（Gold & Ward，1994；Law，1992，2000），以及旅游作为可持续发展的一种形式（Hall & Lew，1998；

Mowforth & Munt，2003）。

在巴特勒所说的"分化时期"，旅游地理研究出现了一些重要的实质性变化，反映在更广的人文地理研究领域。有三方面的改变特别值得关注。首先，也是最有影响力的变化就是旅游影响研究，也就是所谓的"文化转向"及相关的人文地理学界涌现的后现代批评观点（Ioannides & Debbage，2014）。新文化地理不断挑战着我们对自己所生活世界的传统政治经济的理解，提倡从全新的视角解读人文地理。这方面涉及的议题包括空间及其所代表的人，形象的构成（特别是从文化研究表述中与"他者"之间的差异与关系），以及消费模式是如何更多地根植于文化而非经济，这一切都构成了这个学科新的议题（Crang，1998）。这种批判思维上的转变直接影响了旅游研究，这不仅仅是因为旅游的核心是人与空间基于消费的文化与身份认知，更重要的是旅游已经成为一种主动塑造和重造人与社会对话关系的行为（Crouch，1999）。

第二，与这些新文化视角相关的是理解旅游的方式在本质上具有关联性。传统的旅游影响研究主要是解读旅游与目的地空间、人、社会和文化的交流。直到最近社会学家（包括人文地理学家）才提出旅游者与当地居民的接触是一种"主客"关系（Smith，1977），或经济学意义上的生产者与消费者之间的关系。不过主客关系的提法也受到质疑，如卡斯特利斯（Castells，1997）及舒默-史密斯和韩南（Shurmer-Smith & Hannam，1994）指出这是一种权力关系的构建，其结果不是一种可以预见的固定关系（由旅游者主导），而是一种相互博弈的过程。

张和米勒（Cheong & Miller，2000）指出人们常认为旅游的结果是旅游者驱动的，但实际上是旅游者、当地居民和经纪人（导游和旅行社）共同构建的权力架构，三者之间的关系不是固定的，而是相互影响相互作用的。事实上，在大部分情况下，旅游者处于不确定的环境，而不是去施加影响，他们可能会置身于不熟悉的政治、文化和地理环境中，面对新的社会规则，而且必须用不熟悉的语言去沟通。阿泰列维奇（2000）（引用 Johnson，1986 和 du Gay et al.，1997 年的著作）指出人们曾认为旅游者是被动地消费专为他们生产的"产品"，但这种单向关系已经被新的解读所取代，生产者与消费者的关系是一种循环的过程。产品会随着消费者在消费过程中所表达出的品位、喜好，甚至是意义而不断地被改造。第九章将讨论的拉斯维加斯的塑造和再造就是这方面很好的一个例子。

最后，对旅游的解读已经被极大丰富，吸纳了人文地理和其他社会科学学科的新理论。从这个意义上讲，旅游已经成为一个"棱镜"，折射出很多学科的研究成果，特别是下面五个相关的人文地理研究方向。

现代化与移动：厄里（Urry，2000）的文章认为移动作为现代化的象征与进程，它已经成为社会生活的核心，是社会生活和文化形象不断形成和再造的一种手段。移动的主体包括商品、信息、形象、思想、服务、货币和人（Shaw & Williams，2004），所有这些移动都在厄里（2000）所说的"逃离"和"流动"的复杂系统中（"逃离"是由机器、技术和基础设施构成的网络，它使移动成为可能，包括机场、公路和计算机网络；而"流动"指人、物、思想或形象的移动）。旅游和旅游地是直接由逃离和流动模式所构建的。作为现代移动领域中的最重要组成部分，旅游业正成为推动变化的主流。

全球化：厄里移动理念中最重要的一方面是跨越国境的逃离与流动。因此，移动直接与全球化进程相关联，其主要结果就是时空距离被压缩，从而加速移动（Harvey，1989）。不过，全球化不只是更高水平的物理互联，更重要的是指一种经济和文化现象，这种现象为复杂而广布的生活和消费的跨国交互网络系统所左右（Robin，1997）。旅游是全球化进程的一个主要组成部分，是经济和文化交换的主要渠道，但它也受全球化的影响。

生产与消费的新地理：全球化与生产和消费的新地理关系密切。生产模式的变化是复杂的，包括空间和产业的演变发展。例如，手工生产中心从以往的西欧转向东南亚等新的中心区域。与之相关的是西欧的行业转型，手工制造业的衰退和服务行业的扩张。同时我们也看到生产模式从以大众生产和标准化生产为特征的福特主义向根据不同市场按需定制和灵活生产为特征的后福特主义的转变。

不过也存在一些消费方面的抵制，因为在消费领域有广泛证据证明，随着全球资本的扩张，它带来的强大的消费文化在不断地侵蚀当地的传统文化和磨灭掉区域差异（Crang，2005）。瑞泽尔（Ritzer，1998）著名的关于"麦当劳主义"的论文明确表达出了这方面的担忧，特别是在当代旅游文献中。

消费与身份认知：尽管消费是一种经济现象，但也不尽然，其实消费也是一种社会文化产物（Crang，2005）。虽然我们消费的很多商品和服务是大众化生产的，但在人们消费和使用的过程中对会其赋予个性化的意义。克朗（Crang，2005）以小型摩托车为例。这是一种意大利生产的都市交通工具，很受女性城市旅行者欢迎，而在20世纪60年代，它在英国被视为一种现代文化的标志而受到男性消费者的欢迎。从这个例子可以看出，消费已经成为一种身份的代表，而旅游不论是作为一种显性消费还是一种时尚的社交方式，它都日益成为消费模式变化的核心。

可持续性：沙普利（Sharpley，2000：1）指出，自世界环境与发展委员会（1987）在名为"我们共同的未来"的报告中提出可持续发展的概念以来，它已经日渐成为旅游学界和业界越来越关注的话题。首先，旅游是人与环境互动交流的重要领域，因此旅游具有显著的政治意义。其次，尽管克拉克等（Clarke et al.，1997）学者指出可持续性的意义很难界定，但学界仍然持续关注旅游业的可持续性质，并将其作为传统旅游影响研究的延续。可持续性无疑为我们分析旅游者对目的地影响方面带来了新的视角。本书后面章节（特别是第二部分）将介绍可持续性在旅游影响研究方面的成果。

七、本书概览

科莱斯（Coles，2004：140）指出，"旅游的知识构成既包括最近的研究成果……也基于长期以来我们关于基础理论、研究方法与传统观点的成果"。旅游地理主要关注的是人（旅游者）是如何与旅行地发生关系的。不过这种外在表现掩饰了这种现象的内在复杂性和细节，而这些内在问题也都是旅游地理学者需要关注的，只有这样我们才能从简单的旅游空间描述（旅游地理研究方面的最简单表述）深入到更有意义的话题，包括这种行为的内在模式、意义和价值观。

为帮助读者更好地理解，本书的部分内容是介绍传统地理学对旅游发展的研究，在此基础上形成了现代地理学的旅游空间概念。大部分旅游空间模型都是历史地理的结合体。这方面的研究为我们理解当代旅游地理学提供了背景知识和理解基础。

本书第二部分的主题是"全球旅游业的兴起"。这部分我们主要介绍当前的旅游空间模型，以及与之相关的旅游地及其发展模式。这部分的讨论围绕着人们熟悉的地理问题和对规模的关注，审视国内和国际旅游中不断发展变化的各种模式。研究方法主要是广义的历史地理结合法，即把当前的问题放在全球化影响的大背景下进行讨论。

第二部分所讨论的空间模型显示出旅游发展与空间和地域发展之间存在复杂和不断变化的关系。这种关系是旅游存在的物质背景，包括目的地的环境、经济、社会和文化。这些关系既不是固定，也不是在时空上延续的。旅游地理学者所面临的一个基本问题就是孤立起来解释旅游现象和进程，其实旅游业的影响在每个地方都是不一样的。

第三部分几章的主题是"旅游业的经济、环境和社会关系"，主要涉及旅游与目的地社区的自然环境、经济和社会之间的关系。旅游"关系"（而不是传统意义上的影响）的概念主要强调旅游与目的地是如何发生关系的，这种关系涉及更大的话题，如可持续性、生产和消费的循环、空间商品化和权力关系。

第二部分和第三部分的内容是传统旅游地理和旅游学的研究内容，在很多教科书里都能找到。本书的第四部分"理解旅游地与空间"力求引入一些新观点，特别是从不同的角度分析旅游地的营造和旅游者的体验和解读（如遗址旅游的兴起或城市再造成为旅游地）。第四部分还涉及人文地理的一些新观点，如生产、消费、形象和体验之间关系的变化，相关议题包括：旅游的性质，旅游在形象塑造方面的作用，旅游对日常生活体验的渗透，旅游对人们探索身边世界的作用。

从地理学角度去理解旅游主要是作为一种社会科学，从人文地理角度去研究的，不过旅游也是政府和私人规划和开发中比较活跃的领域。第五部分"旅游地理的应用与未来"介绍了规划在旅游开发和管理方面的作用。这部分详细介绍了批判旅游地理研究中出现的新方向和理论框架，包括经济地理的发展演变、政治生态和移动信息技术。这些方面都有很大的潜力可能会完全改变旅游业在本地和全球的格局。

八、小结

旅游已经成为一种具有全球意义的活动，作为以研究人、物和服务的运动为中心的地理现象，地理学家早已介入到旅游研究中。旅游定义的复杂性、这种活动形式的多样性、旅游者分类复杂多变而且旅游研究的多学科性质都影响了我们对旅游的理解。地理学作为一个能综合各种不同观点的传统框架性学科，比其他学科能更好地综合解释旅游者活动的模式。作为一个重要的当今全球现象，旅游折射出当前地理学研究的很多议题，包括现代化与移动之间的新型关系，全球化，生产与消费的新模式，消费与形象之间的关联，以及可持续性。

讨论题：

1. 为什么给"旅游"下定义是困难的？
2. 是什么引起地理学家的兴趣，让他们研究旅游的？
3. 说明为什么区分不同类型的旅游和旅游者是重要的。
4. 为什么说了解旅游动机有助于说明旅游的地理模式？

延伸阅读

近来出现了不少从地理学角度研究旅游的概论性著作：

Hall, C.M. (2005) *Tourism: Rethinking the Social Science of Mobility*, Harlow: Prentice Hall.

Hall, C.M. and Page, S.J. (2006) *The Geography of Tourism and Recreation: Environment, Place and Space*, London: Routledge.

Hannam, K. and Knox, D. (2010) *Understanding Tourism: A Critical Introduction*, London: Sage.

Lew, A.A., Hall, C.M. and Williams, A.M. (eds) (2014) *The Wiley-Blackwell Companion to Tourism Geography*, Oxford: Blackwell.

Nelson, V. (2013) *An Introduction to the Geography of Tourism*, Lanham, MD: Rowan & Littlefield.

Nepal, S. (2003) 'Traditions and trends: a review of geographical scholarship in tourism', *Tourism Geographies: An International Journal of Tourism Space, Place and Environment*, Vol. 11(1): 2-22.

Williams, S. (2003) *Tourism and Recreation*, Harlow: Prentice Hall.

更多关于旅游动机的经典论文：

Cohen, E. (1972) 'Towards a sociology of international tourism', *Social Research*, Vol. 39: 164-182.

Compton, J.L. (1979) 'Motivations for pleasure vacation', *Annals of Tourism Research*, Vol. 6 (4): 408-424.

更多近期观点请参考：

Franklin, A. (2004) *Tourism: An Introduction*, London: Sage.

Bowen, D. and Clarke, J. (2009) *Contemporary Touirst Behaviour: Yourself and Others as Tourists*, Wallingford, UK: CAB International.

旅游体验的经典文献：

Cohen, E. (1979) 'A phenomenology of tourist experiences', *Sociology*, Vol. 13: 179-201.

MacCannell, D. (1973) 'Staged authenticity: arrangements of social space in tourist settings', *American Journal of Sociology*, Vol. 79 (3): 589-603.

对现代生活中越来越显著的移动现象的分析：

Urry, J. (2000) *Sociology Beyond Societies: Mobilities for the 21st Century*, London: Routledge.

Cresswell, T. and Merriman, P. (eds.) (2011) *Geographies of Mobilities: Practices, Spaces, Subjects*, Farnham: Ashgate.

对用最新的地理研究方法分析旅游进行述评的极佳文献：

Butler R. (2004) 'Geographical research on tourism, recreation and leisure: origins, eras and directions', *Tourism Geographies*, Vol. 6 (2): 143-162.

第二部分

全球旅游的兴起

本书第一部分讨论了旅游的地理学解读的一个基本问题,即"各种旅游地理模式是如何发展的?"这是旅游地理最初源起时就开始关注的核心问题,其中的一部分是侧重于对旅游活动的空间模式的描述,更重要的是对这些地理学模型进行解释的发展过程的侧重。这也是后面两章的主线,介绍地理研究在现代国内及国际旅游要素研究方面的成果与发展变化。读者在了解一些基本历史描述的基础上,可以再进一步了解现象以下隐藏的地理学本质,包括:空间渗透,环境观念,地域性质,时空压缩,移动和全球化。

早期旅游地的历史变迁形成了一种基本的活动空间理论模型,该模型现在仍然存在并具有影响力。当然随着新旅游活动地理位移到新旅游中心,这些模型也得到了发展和修正,我们能很清晰地看到旅游地理研究的过去和现在的关联。从这个意义上讲,旅游发展的故事是理解当今世界各地旅游模式的基础。

第二章介绍的海滨度假区和乡村旅游很好地说明了人们对自己所处环境的看法与评价,以及这种看法与评价的改变及其对旅游活动新地理模式的影响。这也印证了地域的持续重要性。之后第二章的内容关注国家公园的建立,这种模式快速在英语国家的推广始于19世纪末。尽管旅游发展有一些共性,但不同地区发展模式的差异还是非常显著的,具有明显的本地特征。这些话题也直接影响到我们对第三章国际旅游的理解,第三章重点讨论的话题包括:时空压缩的影响(交通工具的创新),人类跨地域的移动越来越多,以及全球信息通讯技术和关联经济活动的发展。时空的压缩和移动量的提升也是国内旅游发展的重要特征,只是从地域范围上有别于国际旅游。

第二章 现代旅游业的诞生

核心概念
- 经济重构
- 现代性
- 国家公园
- 自然保护区
- 浪漫主义/浪漫主义运动
- 乡村旅游
- 海滨度假区
- 水疗城镇
- 大旅游
- 旅游地生命周期
- 城市旅游
- 荒野

　　旅游地理的一个基础问题是，"一个地方如何发展成为一个旅游中心？"本章从历史地理学角度讨论旅游的空间、社会和结构发展。在这里我们以英国为例，辅之以欧洲、北美和亚洲的一些案例讨论两种截然不同的旅游地类型：城市海滨度假区和风景如画的乡村。英国是研究旅游发展的一个很好的案例，因为在这里人们能清晰地看出旅游地理所要研究的各个要素和模式。当然英国的发展路径并不是独有的，法国、德国和美国等具有本地旅游传统的国家也有很多值得借鉴的经验。旅游的社会地理发展是受很多因素影响的，而其中有四个要素对于理解旅游活动的空间变化形式和原因有更重要的意义。

首先，我们应该知道，随着时间的推移，人的态度和动机是会发生显著变化的。在现代社会里，旅游已成为全世界数百万人生活密不可分的一部分，而且大部分人都希望至少每年成为一次旅游者。但这个愿望并不总能实现，有史以来旅行一直是难以实现、比较昂贵、艰辛甚至是危险的，因此要实现旅行的愿望必须有强有力的动机推动。因此不难发现，早期的旅行多带有朝圣性质，这种旅行是被人们强烈的精神需求所驱动的，当然也有些旅游者是为了健康的目的出行的，这也是人类的基本需求之一。随着旅行变得越来越容易、越来越便宜，出于其他动机的旅游者开始出现，这里最突出的一支就是休闲娱乐旅游者。随着不同的旅游动机出现，游客的需求、期望值和态度也发生了变化，这种变化必然引起旅游地理的重新布局和旅游体验特征的变化。

其次，城市中产阶级和无产阶级社会和经济地位的提高，使旅游成为普通人生活中的一部分。在人们的生活方式普遍发生变化的同时，人们的休闲时间也越来越充裕。当然同样重要的是人们可以积累起来用于购买度假旅游产品的可支配收入也越来越高。

再者，大众旅游发展的另一个重要前提是交通系统变得更快捷，价格能为大众所接受。19世纪后半叶，铁路使大众旅游成为现实，并将休闲旅游者带到了更广的地域范围内。同样，二战后民航业的发展也推动了现代国际旅游业的发展（见第三章）。

最后，现代旅游业的发展还需要系统的组织体系，包括各类企业、各类持续基础设施和懂旅游操作和旅游地推广的专业人员。当然第一章中所列举的孤独旅游者和漂流者等比较倾向于探险的旅游者可能是例外，但一般旅游者都会需要比较完善的基础设施。这些基础设施包括住宿、交通、娱乐、零售和包价旅游服务等，各个要素的变化也同样与旅游地理的变化有关。

一、旅游地的发展：一个概念视角

当代旅游地发展的多元化和复杂性吸引了很多学者的关注，体现在平洛特（Pimlott，1947）、索恩（Soane，1993）、陶纳（Towner，1996）、特纳和阿什（Turner & Ash，1975）、沃尔顿（Walton，1983a，2000）和瓦尔万（Walvin，1978）等学者的重要著作中。通过对这些文献的过滤，我们发现旅游地都是经历了一些连续的发展阶段的，这一点巴特勒（Butler，1980）在他著名的旅游地生命周期（TALC）模型中做了精准的描述。这个旅游地发展模型是营销理论中的产品生命周期模型在旅游地上的应用，而巴特勒把旅游地比作新进入市场的一种新产品。

TALC模型描述的旅游地最初处于探索阶段，这时只有极少数的旅游者光顾，这些旅游者被科恩称为"探索者"（Cohen，1972），是发现新目的地的先驱。约翰斯顿（Johnston，2001）称之为前旅游发展阶段（见图2.1）。如果这种活动持续下去，一些当地居民开始对这些新经济机会做出反应，给旅游者提供一些基本的设施（如住宿），从而触发介入阶段，其中可能出现旅游季等特征。这个阶段就是旅游目的地旅游时代的开端，因为这个地区已经被视为一个目的地了，不论是通过口口相传还是通过广告和推广。它开始吸引投资（和越来越多的外部控制和影响），推出更多越来越复杂的基础设施和可以营销推广的景区，以及开拓迅速增长的客户群体和吸引更广区域范围内的市场。这个阶段被巴特勒称为发展阶段。

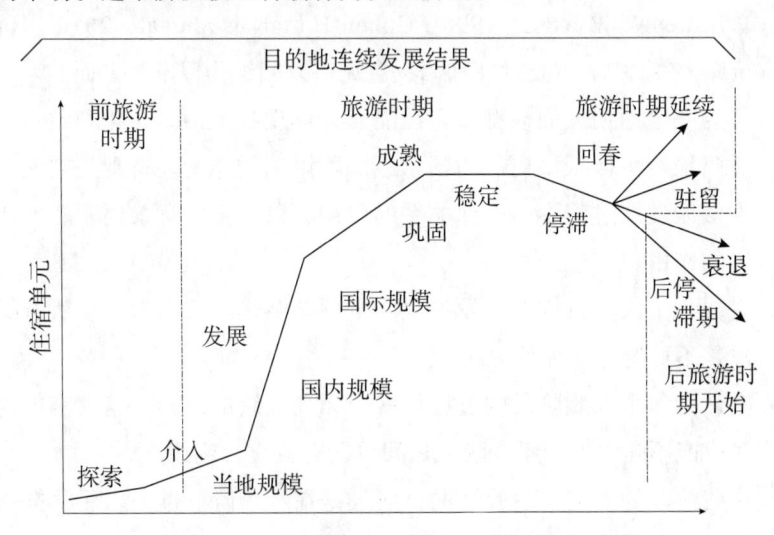

图2.1 巴特勒旅游地生命周期（TALC）的改进版（Johnston，2001）

最后，游客的增长慢慢放缓（尽管旅游人数可能仍在增长），目的地进入巩固阶段，到此旅游业已经是当地经济中成熟和重要的一部分，为当地带来了繁荣。旺季时，旅游者人数可能会超过当地居民人数，从而引发旅游者与当地人的矛盾。大量的资金和推广活动旨在力求保持度假区在竞争激烈的市场上的份额。接下来的阶段巴特勒称为停滞阶段，此时目的地已经达到了容量的极限，接待量驻足不前，需求停止增长。持续的繁荣有赖于吸引回头客和对负面影响的控制力度，这些负面影响包括基础设施的老化、过度开发和拥挤，以及旅游地形象的退化。

旅游地生命周期（TALC）模型的最后阶段（现在这个阶段被普遍称为后停滞阶段，尽管巴特勒实际上没有用这个词），目的地出现分化的走向，可能是回春或衰退。自然的趋势是衰退，因为所有旅游目的地最终都会失去吸引力，除非外力干预（如通过有规划的投资）。约翰斯顿（Johnston，2001）把这个阶段归入后旅游时期，以夏威夷为例进行说明。不过，如果目的地通过改造和创新重新吸引新市场（见 Agarwal，2002），它可能会经历新一轮的成长和发展周期。

巴特勒模型的一些细节受到了批评和修正，特别是后停滞阶段（这方面文献很多，如 Agarwal，1994，1997；Cooper & Jackson，1989；Haywood，1986；Priestley & Mundet，1998；Cohen-Hattab & Shoval，2010；Hamzah & Hampton，2013）。主要批评和修正意见可以归纳为以下几方面：

- 作为一个通用发展模型，它没能充分体现各地的多元化和独特性，以及当地经济体抵御更广的国家或国际影响的能力。特别是它无法体现度假区发展过程中内外部关系的作用，以及不同背景要素对度假区发展的作用。
- 它弱化了人类机构对开发过程的干预调节作用，因为并非所有结果都总是不可避免和可预测的。
- 它认为每个发展阶段的过渡是一个无缝连续的过程，但现实中这种过渡可能不是线性，不同阶段之间可能有所重合或往复。
- 这些阶段的确定是后验性的，而且是在某个阶段过去以后根据一些现实特征进行判断的（从这方面讲，有些阶段很难区分，如停滞和后停滞阶段，因为这两个阶段都具有衰退的特征和当地人对衰退的反应）。
- 它无法区分前因后果，特别是在衰退阶段。衰退是生产和消费模式的变化造成的，还是生产和消费模式的变化是错误的政治决策等其他原因引起的衰退的结果？
- 有人（如 Priestley & Mundet，1998）批评这个模型涉及的发展过程是单向的，走向衰退几乎是不可避免的极度悲观的结果。

虽然有各种保留意见，但这个模型仍然一直沿用下来，成为一个了解旅游地发展过程的非常有用的理论框架。因此，后面的章节中，我们将使用这个旅游地生命周期模型去分析海滨度假区和风景如画的乡村旅游的发展模式。

二、探索与介入：度假区的形成与乡村旅游的兴起

尽管现代大众旅游已经广布于城市、乡村和海滨，但从旅游发展的历史看，旅游最初主要是集中于度假区的，而这种历史影响一直延续到现在，现代旅游布局仍能看出当初度假区旅游布局的痕迹，世界如此，英国亦如此。英国最初的旅游度假区是在内陆的一些有温泉的城镇和乡村，这些地方的温泉因含有矿物质而令人相信它是有治疗保健功效的，因此吸引了一些需要矿泉疗养的人。矿泉疗养并不是什么新事物，古罗马人在欧洲各地留下的澡堂遗址就证明了这种活动由来已久。温泉洗浴在一些地方不时大受欢迎的情况也是16、17世纪英国和欧洲生活的一种特征，但到了18世纪中期，巴克斯顿（Buxton）、哈罗盖特（Harrogate）、斯卡伯勒（Scarborough）、坦布里奇韦尔斯（Tunbridge Wells）和英国的巴斯（Bath）等温泉度假地已经声名远播，吸引了大批旅游者，这主要是由于矿泉疗养旅游在当地的富人群体中非常流行。在欧洲，德国的巴登和法国的维希（Vichy）等水疗城镇发展兴旺。最初，温泉疗养地只是那些有病和需要治疗的人的目的地，但由于一些精明的企业家的推广，加上贵族人士的示范效应，温泉度假区逐渐发展成为一种吸引休闲旅游者的时尚去处。为了更好地接待这些旅游者，人们在这些度假区开发出了更多的娱乐设施，让人们在享受矿泉的同时可以听音乐

会、看戏、跳舞和散步，一些著名的温泉度假地很快就成了时尚都市生活的缩影。

洗浴度假旅游从内陆温泉转移到海滨主要是由于人们开始认识到海水洗浴比温泉有更好的疗养效果。海水浴其实不是什么新现象，科尔宾（Corbin，1995）和陶纳（Touner，1996）指出海水浴其实是欧洲的古老传统，也是英国的精英文化。陶纳（1996：171）在书中写道："沿着波罗的海、北海和地中海的海岸线是传统的海水浴场"，而"地中海海滨在统治阶级在此享乐之前是农民娱乐洗浴的地方"。

在英国，沃尔顿（Walton，1983a：11）发现在 1800 年度假区扩展之前，兰开夏海滨就已经存在非常流行的海水浴文化了，尽管不是为了效仿富人但也有其"先在和独立的存在"。无独有偶，西班牙北部海滨桑坦德和圣塞巴斯蒂安也有同样的文化（Walton，1997a）。然而，这种度假行为其实大部分不涉及医疗目的，因而不能吸引专业人士的支持和富人阶层的赞助，而这两点对海滨地区后续有组织的发展和形象塑造是至关重要的。

海水浴的新时尚（同时也包括海滨度假）很快就成为沃尔顿（Walton，1997a：37）所说的"主流文化输出"，从英国流向法德等国，然后向低收入国家继续流动，如西班牙和意大利。科尔宾（1995）介绍了早期的海水浴场 1785 年在迪耶普、布伦和奥斯坦德等地形成，德国最早的度假区是在德柏兰 1794 年开发的（也就是广为人知的斯赫弗宁恩的开发）；西班牙北部的圣塞巴斯蒂安的源起可以追溯到 1828 年的西班牙王室（Walton & Smith，1996）。这种融合模式不仅限于欧洲大陆，随着英国对北美的殖民统治（北美当地的水疗网络已经形成），带动了美国东海岸的早期海滨度假区的开发。波士顿北面的纳罕、纽约南面的长滩和费城南面的开普梅等地都是在 1800 年前就成为时尚的海水浴度假区了（Towner，1996）。

这些早期的海滨度假区基本符合巴特勒的模型，一般都规模较小，依赖于一些小型游客团体，这些小团组是海水浴时尚的"早期迎合者"。度假区提供一些基础的设施，如住宿的客房，设施规模比较有限，因为这些海滨游客季节性很强，受限于迎合这种时尚的精英阶层的时间。

精英阶层的休闲行为从内陆的水疗转向海水浴不仅是一种地理转移的

过程，也反映了当地公众对海岸的态度。从 21 世纪的观点看，海的吸引力是她完全地自然，但在历史上人们对海和海岸的看法完全不同。科尔宾（1995）曾指出海洋曾经是恐怖和令人排斥的，与海盗、私运、海难和侵略有关，而且海洋本身深不可测，非常神秘，是怪兽和洪水灾难的发源地，会给海岸带来巨大的破坏。这可以从早期游客的晕船和海滨居民需要安置保护等方面看出当时的海滨并不像我们现在想见的那样令人愉悦（Urry，1990）。

19 世纪初，海洋和海岸已经成为流行时尚，而这种态度的转变主要源于欧洲的享乐主义盛行，以及自然疗法走红的新潮流（海水等自然物质是上帝的杰作）；地理和自然历史等学科的"新"兴趣点也转向海岸，把这里作为新实验基地；另外公众品位也受 18 世纪中晚期风景画派和 19 世纪初浪漫主义运动的影响（见 Corbin，1995，关于这种品位改变的详细阐述）。

公众品位的转变不仅影响了海岸地区，也使乡村地区进入旅游者的视野。18 世纪中叶以前，乡村——特别是山区荒野——跟海岸一样，一般都不会成为吸引人为了愉悦目的前去旅行的目的地。人们对乡村风景的普遍喜爱反映在陶纳（Towner，1996：139）的描述中，即："这是人类的耕作景象……是自然界独占世界的见证"。这种对乡村地区的感情体现在笛福（Defoe，1724）和科贝特（Cobbet，1830）等作家笔下所描写的早期乡村之旅中。从另一方面来看，人们认为山区是未被文明人有组织地开垦过的地带，那里的原著居民非常蛮荒，人们避之唯恐不及（插图 2.1）。不过，18 世纪是人们对自然系统和人与自然的关系有了全新认识的关键时期，在富裕的欧洲和北美社会，荒野成为有品位人士追求的景观（Bunce，1994；William，2003）。

对于荒野的新品位把旅游者带入一些新的目的地，并最终使这些目的地成为炙手可热的旅游目的地，例如英国的湖区、威尔士高地和苏格兰高地（Andrews，1989；Urry，1994c），还有美国的卡茨基尔（Catskill）山区也迅速成为赶时髦的纽约人和波士顿人常去的地方（Demars，1990）。不过与海滨度假地不同，乡村旅游由于旅行路途的艰难，在铁路非常发达以前仍然非常小众，直到 19 世纪后半叶，像英国湖区这样的乡村度假区才真正发展起来。

插图 2.1 加拿大不列颠哥伦比亚省弗雷泽（Fraser）的白隘口和育空铁路附近地区。以前人们总是避开荒野环境，但浪漫主义运动之后荒野摇身变成旅游者崇尚的目标（刘德龄 摄）

三、开发：十九世纪海滨和乡村旅游的盛行

虽然 19 世纪初海滨和风景如画的乡村吸引了越来越多人的关注，但这些地方的可进入性都非常差。在道路条件很差，旅行（主要是马车）费用很高且慢的情况下，到海滨旅游仍是很难实现的，因此不论是出于治疗还是出于休闲娱乐目的，到海滨旅游的人还是非常少的。到乡村地区的旅游就更局限于非常小众的范围内。但在 19 世纪初的几年里，几大变化彻底改变了海滨旅游的性质，并最终也影响到了乡村旅游。

首先是交通方式的变革。19 世纪初英国工业革命中蒸汽船的发明带动了泰晤士河和苏格兰克莱德河上的航运，也带动了沿度假区的开发（如泰晤士河畔的马尔盖特和克莱德河畔的福斯）。到 19 世纪末，这些苏格兰度假区已经形成了休闲娱乐综合体（Durie，1994）。在美国，蒸汽船的应用也带动了纽约周边康尼岛的兴起。不过，随着 1830 年后客运铁路的开发，一些更为重要的变化出现了。

铁路缩短了旅行时间,大大提高了单程载客量,从而改变了旅游的性质。铁路的出现使越来越多的城市人口能很快到达度假区。这一切大大降低了休闲旅游的成本,带动了一批新旅游区的开发(Urry,1990;Towner,1996)。例如,美国大西洋城随着连接费城的铁路于1860年完工迅速发展成为热门的目的地(Towner,1996)。一些国家的全国铁路网还带来了一些新目的地。例如在法国,布列塔尼被浪漫主义艺术家1820年"发现",但这个地方直到1850年开通了通往巴黎的火车后才系统地开发了布列塔尼海滨(Towner,1996)。法国铁路网的扩张也引发了西诺曼底地区度假地的开发。同样的开发进程也出现在西班牙,随着马德里和塞巴斯蒂安和桑坦德等北部城镇被铁路连接到一起,旅游人潮很快就扩展到了西班牙的海岸线(Walton,1997a)。

随着交通工具的变革,参加旅游的社会阶层也开始发生变化。虽然大部分工薪阶层由于受经济条件和时间的限制还不能大规模地参加旅游,但19世

插图2.2 19世纪后半叶被旅游者发现的、风景如画的布列塔尼一隅:欧赖河边(斯蒂芬·威廉斯 摄)

纪英国的工业革命造就了一批新兴的中产阶级。尽管这些新出现的旅游者不像早期贵族那样奢侈，但他们也在效仿贵族的时尚，加入到海滨度假的行列中，或者是到海滨一日游（Soane，1993）。这个趋势也造就了一些新的旅游度假区，新度假区与原先的度假区在区位分布上有差别，精英群体引领着度假区的开发进入一些更加远离城市的地方。因此从某种意义上说，度假区距离成为评价旅游者社会阶层的一个重要因素。

到19世纪最后的25年，度假的习惯从中产阶级进一步普及到工人阶层。在英国，随着《卢布克（Lubbock）银行假期法案》在1871年的出台，工人阶层开始拥有法定假期，另外工人的每周工作时长也在不断缩减，工人有更多的时间能去海滨旅行。19世纪80年代和90年代，随着工资水平的逐步提高，加上维多利亚时代为了维持在城市工业化初期的基本生存而形成的节俭社会风气，很多工人家庭都能够攒下钱外出度假。沃尔顿（Walton，1981）指出19世纪最后的25年，随着人们生活水平的提升，一大批技术工人家庭成为海滨度假的新游客潮。在工业化社会里，特别是英格兰北部，社区合作社和互惠性质的存款机构大量出现，带来了诸多益处，其益处之一就包括外出度假。这一地区的工人阶层度假潮使得一些传统宗教节日和假期成为工人群体的度假旺季，像奥尔德姆这种工人聚居的城镇（Poole，1983），这种假期的海滨短期度假更趋大众化（Freethy & Freethy，1997；Hudson，1992）。

第三类重要变化是旅游行业和度假区设施发生的结构性变化，反映在以下三个方面：

- 度假区设施的开发
- 当地政府对度假区开发的调控作用
- 旅游行业的早期组织

随着英国维多利亚时代中叶海滨旅游需求的激增，度假区的饭店和其他住宿设施开始大批兴建，娱乐设施和服务旅游者的公共服务设施也开始出现，这说明旅游已经从保健性质向娱乐性质转移。这个时期海滨的主要地标是码头和步道，一些更时尚的度假区还有亭台、公园、剧场和音乐厅，一些热门的度假小镇还有游乐场、音乐厅、娱乐设施和价廉物美的餐饮小店。在19世纪中叶的英国，海滨度假区成为各类中心城市中增长最快的城镇，这些中心城市包括伦敦和北部的主要工业城市。这也是英国（以及美国）很多海滨度假区达到了巴特勒 TALC 模型中的发展最高点的成熟期（见图 2.1）。

1. 乡村旅游近年来的成长

尽管旅游者开始放弃传统海滨度假目的地，更加青睐新的休闲场所，但有趣的是，一些海滨度假区的维持竟是它们已逐渐转变为广大乡村内陆和其他城市空间开发所依托的基地。乡村旅游并没有像传统海滨度假区那样经历停滞，而是自 1920 年以来一直在不断扩张，特别是 20 世纪 70 年代以后私家车的普及更是带动了公众对乡村的兴趣不断拓展和深入。

寻求享乐不是近期的事。从托马斯·库克第一次组织旅行开始，很多旅行是去乡村而非海滨。在英国，随着铁路的日益发达，带来了湖区或斯诺登尼亚山区及威尔士中部地区的开发，以及紧随其后的维多利亚时代短途旅游的兴起。甚至在一战前，自行车（19 世纪 90 年代以后大量出现）也拓展了英国、法国和美国海滨和乡村度假区的范围，提供了一些负担得起的旅行探索方式（Tobin，1974；Lowerson，1995；Williams，2003）。一战以后，巴士旅游也对度假区的分布带来了影响。两次世界大战之间的几年里，巴士旅行是工人家庭度假的主要形式，使得更多人到海滨和乡村度假，而这些人一般是由教会、工厂或邻里社区组织的旅游团体。随着乡村旅游在这一个时期的发展，人们开始更多地追求户外活动，因此步道、露营地和青年旅舍也开始开发（Walker，1985）。

1945 年以后乡村旅游的发展还主要受下面五个要素影响：
- 参与层次和频度越来越高——以英国为例，每年约有 900 万人次参与乡村短期度假（Beioley，1999），乡村一日游或半日游人数超过 10 亿次，尽管很多这类出游更多是娱乐性质而非旅游性质（SCPR，1997）。
- 构成乡村旅游基础的各种活动和空间的多元化——主题乐园、遗址地、综合度假村和越来越多的户外活动和新型运动方式令乡村地区越来越有吸引力。
- 体验的日益商业化和商品化使很多乡村地区成为有市场的景区。
- 旅游与乡村广义的生产和消费框架的结合，特别是与林业和农业的结合——以美国为例，国家森林系统每年吸引超过 3.4 亿人次游客（美国商务部，2002）。
- 越来越多的乡村地区被划定为保护区以满足游客的需求——2000年美国国家公园及各级公园、国家纪念馆、娱乐区和海滩接待游客超2.85亿人次（美国商务部，2002）。

这些变化是由很多因素促成的。私家车的拥有量不断增加让人们能便捷地到达一些以往依靠铁路网络和巴士服务较难到达的地方。乡村旅游的基础是城乡差异，这种反差类似于之前促成工业城市和海滨度假区之间的关系的重要因素。乡村体验的商品化（一些乡村景区与度假村、农场或手工艺中心的结合）让乡村成为城市游客更容易进入的地方。另外乡村旅游通过电视等媒体的传播，一方面使乡村度假更深入人心，另一方面也激发了人们对传统生活方式的怀旧向往。很多学者都撰文论证这一点，即这是压力下的（后）现代人生活的正常反弹（Urry，1990；Hopkins，1999）（类似的话题将在第十章关于遗址景区的讨论中进一步阐述）。这些变化的结果是让乡村旅游成为全世界发达国家国内休闲的一种主要模式。

2. 城市再造成为旅游地

传统度假区在与大型城市竞争的过程中也丧失了部分市场。历史上，旅游一般指逃离城镇的藩篱，但现在很多城市本身也变成旅游目的地。当然，国际化大都市（如伦敦、巴黎、罗马和威尼斯）一直以来都是旅游重镇，但是近年来一些省级或区域级城市，特别是一些有历史渊源的城市也受到旅游者的青睐，如英国的爱丁堡和约克。这些传统上没有旅游吸引力的城市通过宣传推广、开发旅游景区和原景区形象重塑等手段也能发展自己的旅游产业了（如英国的利兹和利物浦，美国的巴尔的摩，加拿大的维多利亚）。

我们将在第九章详细阐述的是推动这种变化的背后是当代城市环境的重大变化，包括：
- 全球化的影响改变了城市之间的关系，加剧了城市之间的竞争；
- 经济的转型弱化了生产在城市经济中的作用，提升了消费的重要性；
- 城市及其形象的再造（通过城市改造和宣传推广）。

旅游已经成为这种进程的核心，因为旅游能有效地再造城市形象的吸引力,也能直接或间接地推动基于消费的城市经济的发展。城市成为可以营销推广的"产品"(Law,2000),她可以被推广,可以积极地产生新景点和消费中心,如大型商圈周边的开发,滨水区域的改造,精致的博物馆、画廊或音乐厅,时尚商街,咖啡生活和娱乐中心,这些都是提升城市吸引力的要素。

在这个过程中,城市目的地不可避免地要与传统海滨城镇度假区发生竞争,因为大家都是吸引类似的市场(特别是短期度假市场)。我们在第九章会介绍,城市旅游水平的提高其实并不容易,但如表 2.1 所示,英国的很多城市景点在旅游业中都非常活跃。

表 2.1 2012 年英国部分城市景区的年接待游客水平

景区 / 位置	2012 年游客人数
大英博物馆,伦敦	5 575 946
泰特现代艺术馆,伦敦	5 318 688
国家美术馆,伦敦	5 163 902
自然历史博物馆,伦敦	5 021 762
维多利亚和阿尔伯特博物馆,伦敦	3 231 700
科学博物馆,南肯辛顿	2 989 000
伦敦塔,伦敦	2 444 296
国家肖像美术馆,伦敦	2 096 858
苏格兰国家博物馆,爱丁堡	1 893 521
圣保罗大教堂,伦敦	1 789 974
威斯敏斯特教堂,伦敦	1 776 369
大英图书馆,伦敦	1 413 967
爱丁堡城堡,爱丁堡	1 230 177
国家海事博物馆,伦敦	1 128 944
凯文葛罗夫美术馆,格拉斯哥	1 037 594
议会大厦,伦敦	1 024 890
利物浦博物馆,利物浦	1 011 056
河滨博物馆,格拉斯哥	1 008 092
坎特伯雷大教堂,坎特伯雷	969 088
苏格兰国家美术馆,爱丁堡	961 311
国际奴役博物馆,利物浦	845 709
皇家植物园,爱丁堡	721 827
国家铁道博物馆,约克	716 000

资料来源:英国旅游景区协会(Association of Leading Visitor Attractions)(ALVA,2013)。

四、国际旅游：大旅游

我们已经看出国内旅游的发展遵循一个比较明显的轨迹，这个过程包括几个主要阶段：

- 随着时间的推移，旅游地空间的扩张，从最初的一个小型度假区最终发展成一个由海滨或内陆乡村多个旅游点组成的大型度假区。
- 旅游的动机从追求健康到追求愉悦（至少在欧洲是这样的）。
- 旅游的民主化进程，即从最初少数精英层的专属活动沿社会阶层不断沉降，逐渐成为大众参与的一项重要活动。

国际旅游的发展也反映出上述几个核心进程，即曾经为少数人专有的一些旅游形式逐渐普及，为大众所广泛参与。

很多学者认为现代国际旅游业的起源是17、18世纪的大旅游（如Pimlott 1947），即陶纳（Towner，1996：97）所谓的在欧洲主要旅游客源地形成的国际"旅游文化"。大旅游最初的目的是把富有的、受过基础教育的、社会阶层高的年轻人送到当时欧洲的文化中心进行深造，这些文化中心包括法国、德国、奥地利，尤其是意大利。欧洲的文艺复兴让很多国家在艺术、科学和文化方面处于领先地位，而意大利则结合了传统遗产和现代思潮与发明，是欧洲学术中心，当时精英阶层的年轻人如果没去过威尼斯、帕多瓦、佛罗伦萨和罗马，简直就等于没完成学业。当然具有同等地位的中心还有巴黎和维也纳，这些城市构成了大旅游的地理框架。

一般认为，大旅游的黄金时期是在1760—1790年，但这类旅行的开始其实远早于这个年代。伊丽莎白女王的侍臣菲利浦·悉尼爵士1572年就进行过这样的旅行，建筑师伊尼哥·琼斯（Inigo Jones）是1613年到的欧洲，哲学家托马斯·霍布斯的旅行是在1634年，诗人约翰·弥尔顿是1638年旅行的。这些旅行时间都比较短，而到了18世纪中叶，大旅游经历的时间一般长达几年。尽管这种旅行的主要目的是接受正规教育，但观光也显然是这期间的重要活动。进行大旅游的人会造访古董店、画廊、大宅、剧院和音乐厅。而且当时的风尚是在旅行过程中购买和收集艺术品：画作、雕塑、书籍和手稿。这有点类似早期的"旅游纪念品"。

不过，这种精英阶层的旅行并没有维持太久，1815年欧洲拿破仑战争末年，已经明显有新的社会阶层加入国际旅游者行列，这些人不是贵族而是资本家。由于后者预算有限，这些新旅游者不得不缩短旅游时间，活动也安排得更紧凑，观光是更重要的活动内容，而非接触社会和体验文化。

新的社会思潮的出现让旅游者更关注新的资源和新旅游地，如阿尔卑斯山脉曾被认为是荒野和可怕的地方，住着蛮荒的山民，是进入意大利最难克服的屏障。不过如前文所述，随着19世纪初浪漫主义运动的兴起，这些风景转变了公众对山地的态度，很快瑞士和法国、意大利、奥地利的阿尔卑斯山区成为新兴的国际旅游目的地。这些地方的兴盛也得益于1855年托马斯·库克开启的团队旅游模式。

随着欧洲大陆成为越来越多普通阶层游客的目的地，精英阶层开始探索新的目的地，包括法国尼斯和蒙特卡洛之间的里维埃拉。由于缺少文化中心，法国地中海地区没能成为大旅游的中心，因而错过了欧洲第一波旅游者，但其美丽的海岸线和宜人的气候使之在19世纪末迅速崛起成为欧洲贵族的新娱乐区。特别是居住在欧洲北部的人把法国里维埃拉地区视为冬季避寒的去处，欧洲各大皇室成员和贵族纷纷到此度假。

旅游的发展证实大众旅游必然会尾随精英阶层，一战摧毁了旧的社会秩序，但保留了法国里维埃拉地区，20世纪20年代以来，该地区的海岸旅游模式最终与其他地中海沿岸的目的地一样，成为吸引国内和国际旅游者的目的地。

最初，里维埃拉地区主要居住着作家、画家和美国电影造就的明星，这使得此地的吸引力难以抗拒。继而是海滨旅游新形式（如日光浴）让这些地区的夏季也成为旅游旺季，新的服装形式（如泳装）也反映了公众的一种自由的态度。到1939年，法国的带薪休假鼓励法国低阶层度假客涌入地中海地区，里维埃拉很快被阳光、海水和沙滩的基础旅游模式所替代（Turner & Ash, 1975；Soane, 1993；Inglis, 2000）。

1. 保护公园与荒野

欧洲的旅游发展重点是围绕着度假区、水疗、乡村和海滨旅游的，而北美现代旅游业的发展则主要围绕建立公园保护自然奇观和荒野（Towner & Wall, 1991）。跟其他旅游形式一样，我们的人类祖先早就开始设立自然保护区了。自然资源保护区最早的目的是保护宗教圣地，一般是由当地社会或皇室所管理，早在公元4世纪印度就根据印度教和佛教圣地设立了保护区（Nene, 2012）。宗教圣地保护区是南太平洋和南部非洲早期文化历史的一部分。英格兰的诺曼王（1066年以后）建立了皇家森林，管理起来用于皇家狩猎（主要是鹿和野猪）（Grant, 1991）。同样的皇家狩猎园在文艺复兴时期在欧洲大陆各地都有。

工业革命以后，人们对自然的休闲娱乐景区越来越有兴趣，因为自然是工业城市的对立面（见第十章），很多古老世界的保护区逐渐转型成为私人和公共的保护区。1810年，浪漫主义运动期间，诗人威廉·华兹华斯（1770—1850）写的关于英格兰北部湖区的一本导游书指出这个地区应该成为"一个国家产业"（Whyte, 2002：1）。这常被引用为国家公园体系的第一例。

华兹华斯的文字带动了北美浪漫主义者和环境主义思潮，包括拉尔夫·沃尔多·爱默生，亨利·大卫·卢梭，约翰·穆尔和奥尔多·利奥波德。其中明确呼吁建立国家公园的文字源于1832年浪漫主义画家及诗人乔治·卡特林关于美国大平原的一段话，当时大平原是一片开阔的荒原，有丰富的印第安文化，但这个文化正受欧美移民的威胁：

> 多么美丽和精彩的美洲物种值得保护，保留给未来这个世界的公民们去欣赏！一个国家公园，人与兽共存，在大自然美丽和原始的荒野中！（1841：261—262）

苏格兰出生的约翰·穆尔（1838—1914）可能是最有影响力的北美环境主义者，作为塞拉俱乐部（也被译为山岳协会——译注）的创办人，他被誉为美国的国家公园之父（Worster, 2008）。他雄辩的表述和倡议成就了加州约塞米蒂峡谷保护区，这是第一块被划定为联邦土地并作为公园被保护起来的地方，尽管那时还不叫国家公园。1864年，美国议会把约塞米蒂还给加州用于"公共度假和娱乐用途"。这在美国是可能的，因为各州都是加入联邦的（得克萨斯除外），所有非私人拥有的土地都是属于联邦政府的，联邦政府必须用这些土地造福于民。这片土地根据美国的《移居法》通过拍卖得以归还,但仍有些保护区仍属于联邦政府,包括一些国有林地,国土管理局拥有土地(大部分是草原)和国家公园。

世界上第一个真正的国家公园是黄石国家公园,建立于 1872 年,这片地被"保护起来,不能移居、定居或出售……作为公园或休闲娱乐用地供人们享受"(引自 Nash,1970:733)。美国这个"公园"的新概念和传统概念最大的区别在于新概念更适用于荒野,而在欧洲和东亚的传统公园更像是有人管理的花园。不过在黄石以后,国家公园这个概念直到几十年后才在美国扎下根,详见表 2.2。美国的大部分国家公园都建在有极高风景价值却不太适宜居住的极端环境中。

华兹华斯对美国浪漫主义和环境主义的影响在 19 世纪初也波及整个英语世界。在澳大利亚,1879 年在悉尼南部设立了皇家国家公园,成为世界上的第二个国家公园。1885 年,加拿大在洛基山弓河温泉设立保护区,后来在 1887 年改名为班芙国家公园。在新西兰,1894 年根据政府与毛利人的协议,将毛利人视为圣地的火山确立为汤加里罗国家公园。1895 年,南非设立了大圣露西亚湿地公园——非洲第一个湿地保护区,以及赫卢赫卢韦乌姆福洛济(Hluhluwe-Umfolozi)游猎保护区——非洲最大的野生动物保护区。

如前文关于约塞米蒂和黄石所述,这些土地被划定为保护区,娱乐是其唯一目的。美国国家公园体系至今仍备受诟病的主要一点就是如何平衡其作为旅游景区的作用和环境及历史保护的作用。这是全世界自然保护区所面临的共同挑战,不同的公园管理目标不同,当然也取决于保护区资源的脆弱性,旅行公众对资源的体验,以及当地社区的生存需要。

表 2.2　1872—1940 年美国国家公园的建设

国家公园名称	所在州	设立年份
黄石	怀俄明、蒙大拿、爱达荷	1872
红杉	加利福尼亚	1890
约塞米蒂	加利福尼亚	1890
雷尼尔山	华盛顿	1899
火山口湖	奥列根	1902

续表

国家公园名称	所在州	设立年份
风洞	南达科他	1903
弗德台地	科罗拉多	1906
冰河	蒙大拿	1910
洛基山	科罗拉多	1915
哈里阿卡拉	夏威夷	1916
夏威夷火山	夏威夷	1916
拉森火山	加利福尼亚	1916
德纳里峰	阿拉斯加	1917
阿卡迪亚	缅因	1919
大峡谷	亚利桑那	1919
锡安	犹他	1919
温泉	阿肯色	1921
谢南多厄	弗吉尼亚	1926
布莱斯峡谷	犹他	1928
大提顿	怀俄明	1929
卡尔斯巴德洞窟	新墨西哥	1930
皇家岛	密歇根	1931
大沼泽	佛罗里达	1934
大烟山	北卡罗来纳、田纳西	1934
奥林匹克	华盛顿	1938
国王峡	加利福尼亚	1940

资料来源：美国国家公园管理局（US National Park Service，NPS，2005）。

今天，几乎每个国家都有被政府保护起来的土地，以自然保护区为主，当然也有一些文化保护区。国际自然保护区联合会（IUCN）根据管理目标把保护区分为六类（Dudley，2008）：

1）严格保护区：这类保护区有两种，第一种是严格自然保护区（Ia），主要是出于科研目的管理起来的保护区，一般用于观察物种基因（生物多样性）。第二种是荒野保护区（Ib），对其进行管理是为了保持荒野的品质，即大面积的土地不被人类开发，包括保护当地生态系统，如干净未被污染的水和传统的食物供应。旅游和娱乐及大部分人类活动在这里一般会被禁止，或被限制在一个很小的区域范围内。

2）生态系统保护区：世界上有一些大型国家公园有自己独特的生态系统。当然也有些例外，一些公园面积不大，更主要的是基于文化而不是自然系统。这种公园一般有双重管理目标，既保护生态系统也允许公众进入和娱乐。生物多样性、荒野保护、科研和生态系统观测等环境利益要重于经济活动。旅游、娱乐和公共教育活动常被归入"牺牲地带"，那里保护措施不那么严格。

3）自然特征保护区：也被称为"自然纪念碑"（美国称"国家纪念碑"），它们与国家公园类似，只不过它们只有一些具体的自然特征而不是广义的生态系统。这些自然特征可能是岩石的形成、考古发掘或独特的生物。自然纪念碑的管理目标与国家公园接近，只是缺少大型生态系统和荒野的保护，管理目标略偏重旅游和教育（文化遗址纪念碑也存在，但一般不被归入 IUCN 的分类体系）。

4）管理干预保护区：也被称为物种聚居管理区，主要管理目标是物种聚居区的保护和自然区域内的生物多样性及生态系统的保护，这种自然区包括湿地、草地或林地。公众教育也是重要的管理目标，特别是争取公众对保护的支持。商业旅游不在允许之列，除非是某种形式的生态旅游（见第十章）。

5）地貌风景和海景保护及娱乐区：这些自然区域一般都有明显的人类文明痕迹，这些人文印记与自然风光并存，如传统的渔村和风景优美的海岸线，以及美丽的河谷等。这些风景保护区的管理目标是保护自然环境、当地传统的生活方式和生物多样性。这种管理通常伴随着土地开发的控制和限制，包括建筑设计管控，而旅游和娱乐是这些地区的主要活动，但必须与保护相适应。

6）可持续资源利用自然保护区：最后一类保护区的重点在保护人类可以利用和消费的生态系统资源。以美国自然林地管理为例，美国林地管理局管理着可持续性砍伐和出于经济目的的林地再造。因此管理目标包括通过平衡资源的经济利益与保护，最大限度地利用生态系统。由于过度砍伐，美国西部的林地正在大面积减少，很多以往的林场都转型为旅游目的地了（Lew，1989）。

早期的国家公园多建于19世纪末、20世纪初，大部分是由政府管理向公众开放的自然保护区。这些公园的建立源于浪漫主义运动，旨在让欧美对自然世界有更优质的文化。当然休闲、娱乐和旅游是这些环境保护的基石之一，因为这样保护这些土地才有潜力促进经济发展。另外，自然让人有机会逃离城市环境的压抑，获得精神上的愉悦。

关于自然资源管理的争议始于我们采用比较实用主义的方法进行管理。人们常说的"聪明地利用"资源主张土地的私有化，减少政府对自然资源管理的干预，认为经济驱动的管理体系才能更长期有效地管理和保护资源（McCarthy，2002b）。这种理论的优势在于它最终引向了自然区域的可持续资源利用，使得当今世界的大部分土地能得到某种程度的自然保护。但另一方面，也有人认为这种"聪明利用"理论恰恰错误地利用了自然资源，导致自然资源的商品化、退化和过度开发（Grumbine，1994）。

关于自然区域保护是应该严格保护还是聪明利用的争议不仅仅存在于国家公园兴起的最近这一个世纪（Beder，2006）。尽管各方用很多科学根据支持自己的观点，但旅游和娱乐始终是这场论战中的核心焦点。越来越高的受教育水平和收入水平，更经济便捷的交通方式，对于世界更多的了解，这些都驱动着旅游者前往世界上更有吸引力的自然景区，同时更年轻更无畏的旅游者也在越来越多地探寻着世界上尚未被市场普遍认知的新奇自然奇观。

很多发展中国家的自然景观成为景区，成为它们在国际旅游市场上的品牌。尽管理论上国家公园的管理目标应该以生态系统保护为主，但实际上很多公园的管理更多地受利益驱动。发展中国家的政府通常认为环境的退化和生态系统的丧失是全球化和经济发展不可避免的副产品。他们认为通过工业化和城市化带来的经济发展最终会随着经济成熟带来自然系统的修复（Mather，1992）。尽管这种现代化理论尚未完全被废除（Rudel et al.，2010），新自由主义政策继续占上风，使得全球国际利益不断驱动着新兴经济自然保护区的政策发展，特别是那些以牺牲环境品质为代价的政策（Sunderlin et al.，2008）。这种潮流的结果是加剧了自然区域社区各方利益的冲突，这种混乱的局面不断地被各种内外部力量所影响和左右。

旅游也许可以提供解决方案，或者至少是解决这些问题的驱动力。自然区域通过争取进入 UNESCO 世界自然遗产名录能有效地提高自然区域在国际旅游市场上的知名度，同时还可能获得国际专业管理方面的支持（Harrison & Hitchcock，2005）。通过这种形式的全球化，推动人们更关注旅游市场，为世界上最值得珍视的自然提供适当的保护，这将有助于为我们的子孙提供更可持续的环境。

五、小结

　　本章把一个非常复杂综合的话题进行了浓缩介绍。首先本章概括地介绍了国内旅游地理发展及其一些主要进程，包括：精英群体的资助模式；公众及相关品位的变化带来的新目的地区域。交通工具的变革让很多地方的可进入性更强，随着中产和工人阶层的参与，旅行的社会可进入性也在不断地拓宽，继而有更多的私人和政府经营的企业加入到目的地开发和旅游基础的建设中。旅游的空间渗透从最初的旅游点开发到更广阔的目的地区域，很多后来开发的目的地成为最初目的地竞争对手，这也促使传统旅游目的地重新定位和再度发掘自己的特征和潜力。

　　本章继而转向讨论国家公园和自然保护区的发展历史。随着浪漫主义运动的出现和欧洲及北美对工业化城市的厌倦，旅游和娱乐的一个重要组成部分是建设覆盖整个生态系统的公园，这方面的讨论最早始于19世纪。不同的自然保护区根据自己所处的环境有不同的管理目标，这些目标主要是受聪明利用和严格保护这两种争议理论所左右，很多地方都希望在这两难境地中寻求最佳平衡。在发展中国家，这些方法会妥协于经济发展，尽管旅游可能最终能推动更可持续的行为。

讨论题：

1. 以一个国家为例，看看交通技术的发展对国内旅游地理的影响是什么。
2. 国内旅游地理模式的发展演变是如何受社会态度和预期影响的？
3. 如何用巴特勒模型描述1750年以来英国海滨度假区的发展？
4. 以你熟悉的一个乡村或山地度假区为例，说明当地采取了什么措施应对其他地区新旅游带来的竞争。
5. 为什么说欧洲和北美的自然旅游历史是不同的？有什么不同？
6. 旅游在自然保护区聪明利用和严格保护这两种方法的争议中起到了什么作用？

延伸阅读

关于早期旅游发展的概述：

Shackley, M. (2012) *Atlas of Travel and Tourism Development*, Oxford: Butterworth-Heinemann.

欧洲和北美旅游发展史：

Towner, J. (1996) *An Historical Geography of Recreation and Tourism in the Western World, 1540—1940*, Chichester: John Wiley.

Rugh, S.S. (2008) *Are We There Yet? The Golden Age of American Family Vacations*, Lawrence: University of Kansas Press.

关于人们对海岸和海洋态度的变化：

Corbin, A. (1995) *The Lure of the Sea: The Discovery of the Seaside 1750—1840*, London: Penguin.

关于新兴乡村旅游的比较讨论：

Andrews, M. (1989) *The Search for the Picturesque: Landscape Aesthetics and Tourism in Britain, 1760—1800*, Aldershot: Scolar Press.

综合分析度假区的发展：

Soane, J.V.N. (1993) *Fashionable Resort Regions: Their Evolution and Transformation*, Wallingford: CAB International.

Walton, J.K. (2000) *The British Seaside: Holidays and Resorts in the Twentieth Century*, Manchester: Manchester University Press.

关于英国度假区发展周期的论文集：

Shaw, G. and Williams, A.M. (eds) (1997) *The Rise and Fall of British Coastal Resorts*, London: Pinter.

从全球视野看海滨度假区的发展：

Agarwal, S. and Shaw, G. (eds) (2007) *Managing Coastal Tourism Resorts: A Global Perspective*, Clevendon: Channel View Publications.

Hamzah, A. and Hampton, M.P. (2013) 'Resilience and non-linear change in island tourism', *Tourism Geographies: An International Journal of Tourism Space, Place and Environment*, Vol. 15 (1): 43-67.

讨论英国19世纪工业化社会对度假和短途旅游的需求：

Urry, J. (2002) *The Tourist Gaze: Leisure and Travel in Contemporary Societies*, London: Sage, Chapter 2.

巴特勒的目的地发展模型在很多旅游地都进行过讨论，这里收录了最近和最全面的讨论：

Butler, R.W. (ed.) (2006) *The Tourism Area Life Cycle* (2 volumes), Clevedon: Channel View Publications.

关于自然保护区的概述和应用指南：

Dudley, N. (ed.) (2008) *Guidelines for Applying Protected Area Management Categories*, Gland, Switzerland: IUCN.

第三章　旅行与旅游的国际模式

核心概念
- 电脑预订系统（CRS）
- 福特主义
- 全球分销系统（GDS）
- 全球化
- 大众旅游
- 移动
- 旅游空间
- 旅游盈余/赤字
- 旅行风险/安全
- 旅行/旅游产业

　　第二章介绍了旅游发展的历史。国内和国际旅游发展有着类似的模式，最初是海滨度假区，后来发展为乡村、城市和海滨等多类型旅游度假区，形成了当今发达国家的旅游地理分布格局。旅游的一个显著特征是跨时空流动性，显然现在的旅游者的分布和特征相比20世纪70年代定型的模式已经发生了很大的改变，这不仅表现在新兴目的地的出现，也反映在旧目的地的改造和转型。这些变化都说明现代旅游业是现代交通和通信系统使时空距离相对缩短的产物，也是全球化进程的基础要素。

　　本章主要研究现代国际旅游的发展进程，这也是人类移动和全球化的一个组成部分。本章涉及的国际旅游层次包括次大陆（如欧洲或东南亚的旅游）、洲际或全球范围。虽然国际旅游并不是一个新事物，但 1945 年以后的当代国际旅游无论从增长速度和需求规模来看都是以往所不可比拟的，因此也更值得旅游地理学家关注。

一、全球化与移动

全球化的主题我们在第一章已简要地提过，但作为专门讨论国际旅游发展的章节的前言，我们有必要再详细地介绍一下这个概念。一般来说，全球化指世界各个不同部分的紧密联系，这种联系包括人、资本、产品、服务和信息在全球范围内越来越频繁的交互与流动。这种跨国的人口、经济和文化的交流形成了一个全球生产网络，而这个网络又极大地影响了全球的经济格局。人、财和文化理念在全球范围的移动也给人的需求和消费模式带来了改变，形成了更高层次的和谐与统一，甚至有人认为是超越文化边界的统一。

全球体系的发展演变因传统的旅游与交通模式（如铁路和飞机）而得以加速，当然最主要的推动力源于更新形式的互联互通，就是互联网和通信设施。这些技术让社会、机构和国家之间以更新的方式连接在一起，进一步压缩了时间和空间，消除了人与人、地与地之间的隔阂与屏障。越来越频繁的国际贸易和国际投资把世界上绝大部分国家都卷入了全球贸易体系，同时有很多新的机构组织致力于解决"全球化"的问题（如气候变化），这削弱了传统意义上国家的势力，进一步消除人与物移动的障碍。随着人的流动性越来越强，与之伴生的是文化的交流，继而带来的是文化和认知方面的全球一体化（Lechner & Boli，2000）。

人、物和思想的移动是全球化的核心。国际化进程实际始于 16 世纪欧洲的商业和殖民扩张。赫尔德（Held，2000）（源引自 Shaw & Williams，2004）指出早期的国际化与当代的全球化之间的区别是质的区别，主要反映在日益提升的互动密度及地理和社会心理触角所"触及"的范围遍及全球网络（厄里的"范围"与"流量"）。但重要的是这种进程在不同时期不同地域是不均衡的，这造成了在全球互联体系中持续不断的不均等模式。

第二部分 全球旅游的兴起

全球化在人口结构、经济、社会、文化及政治进程方面都有所不同（Hall，2005）。上述各方面的不同，造成了人与人、地与地之间关系基础的结构性变化。哈维（Harvey，2000）指出，全球化已经成为人们世界观的一个核心观念，但这个词的概念一直都不够严谨（Shirato & Webb，2003）。外在而言，这个概念是融入当代生活的一个统一进程，但实际上全球化在各地的进程完全不统一、不协调，其中的悖论之一就是全球化体系在不断发生的各地抵制下曾一度濒临瘫痪。这方面的例子比比皆是，如很多地方重新唤起本地特色的认知和呼唤消费模式的个性（Hall，2005）。两种趋势都在影响着旅游发展，包括各地的品牌形象和旅游者个性化体验。

另外，全球化既是一个进程也是一种环境（Hall，2005），国际旅游同时就是"全球"的一个指标（从规模、范围和结构上讲），也是"全球化进程"的一部分（从交流网络上讲）。旅游的全球环境见证了旅游行业那些很早就制定并一直坚持全球战略的跨国企业成为了行业的领头羊，如航空企业和酒店集团，类似美国运通和假日酒店连锁。旅游业的全球化表现在以下几个方面：

- 旅游发展模式通常是先将投资引入发展中国家的新目的地，创造就业，并吸引国际劳工的流动，包括固定工和季节工；
- 现代旅游目的地地域范围广布——如长线目的地和靠近现有客源市场的近距离新兴目的地（如东欧）同步兴盛；
- 旅游的主要作用是文化交流——旅游者与当地居民的接触加速了全球文化价值观和行为模式在当地的融入与渗透。

因此，全球化概念是多元的，有时是难懂甚至有些自相矛盾的，同时也不可否认对理解当今世界体系是至关重要的，同样也是理解国际旅游结构和运营模式的基础。

本书后面的章节将更深入地介绍全球化对旅游的影响，而本章重点让大家理解旅游发展全球模式的架构和组织框架。

二、1945年以后的国际旅游发展

国际旅游地理的最显著发展阶段是第二次世界大战以后，这期间国际旅游人数不断增长，同时随着新旅游目的地的开发和兴起，国际旅游空间范围不断扩大。

1. 国际旅游的增长

根据联合国世界旅游组织（UNWTO，1995）的数据，1950年全球的国际旅游者（跨越国境并至少在他国停留一个晚上的旅游者）人数是2500万，这个人数与英国一个国家当年的国内旅游人数基本相当。到了2012年，这个数字已经超过10亿（UNWTO，2013a）（图3.1）。

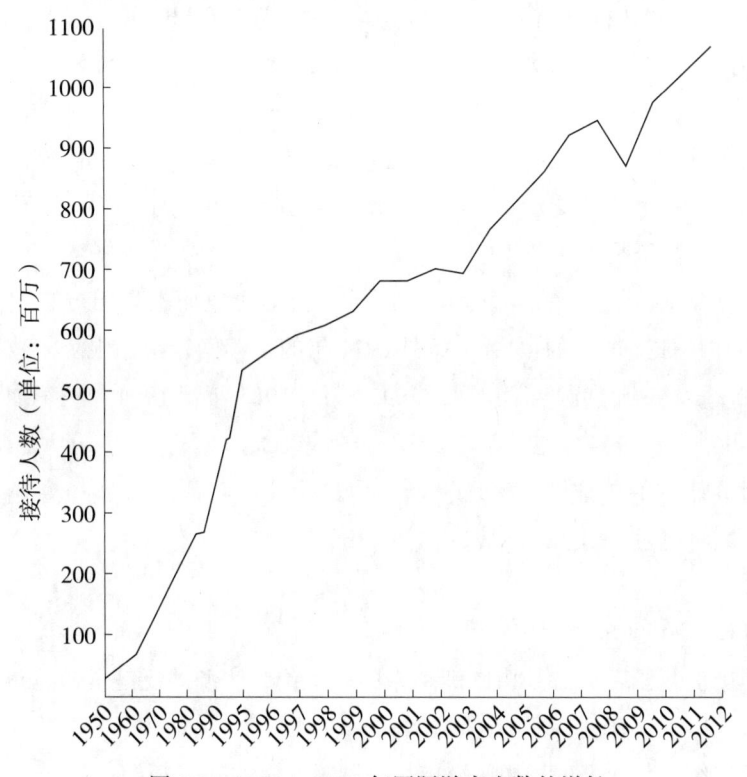

图3.1 1950—2012年国际游客人数的增长

自第二次世界大战结束以来，国际旅游一直保持着高速扩张的态势。这种增长不仅表现在人数上，更重要的是反映了旅游在旅游者生活方式中的重要地位。从全球范围来看，国际旅游的发展具有一定的抗风险能力。重大的政治、经济、环境和健康事件会暂时使区域内旅游增长放缓，但对于国际旅游者来说只是流向不同的地区而已。全球重大事件只是暂时放缓旅游增长的脚步而不会使其停滞。这样的例子很多，如20世纪70年代中期的石油危机，20世纪90年代末亚洲的金融危机，20世纪80年代和2008年以后欧洲和美国经历的经济衰退，20世纪90年代初以来中东经历的阶段性的战争和政治动荡，20世纪90年代末和21世纪初东亚和东南亚的传染病流行（非典和禽流感），以及21世纪初以来连续不断的各种自然灾害和恐怖袭击事件。旅游客流会因这些事件影响而转向，国际客流会避开有问题的地区，但总体来看这些危险对全球旅游的影响几乎可以忽略（UNWTO，2005c）。

年增长率有时会反映出一些国际环境的变化，特别是经济环境（比如20世纪80年代的需求量显示暂时持平，但接着就进入了下一轮的增长）。在经济状况不佳的时候，旅游需求更多地转向国内或本地。不过国际旅游的总体发展几乎是一个不太受外界影响的趋势，而且可以抵抗通货膨胀、汇率波动、政治动荡，甚至是失业潮。

国际旅游接待人数也显示国际旅游（指绝对值而不是相对数）是随着时间的推移加速增长的。1965年到1974年的十年间，国际旅游人数增加了9280万，1975到1984年间增加了9470万，1985年到1994年间增加了2.01亿，1995年到2004年增长了2.25亿（UNWTO，1995，2005a）。自1990年以来世界旅游的年均增长率是3.8%，以这个速度，预计到2030年国际旅游接待人数将超过18亿（UNWTO，2013b）。

2. 国际旅游的空间分布

历史上，国际旅游是由欧洲主宰的，不论是客源地还是目的地，这种主宰反映在以下一系列特征中：
- 传统上，成熟的国内旅游市场是国际旅游的基础；
- 要具备发达完善的旅游基础设施，包括交通、住宿和旅行社等；
- 有比较丰富的旅游吸引物，包括海滩环境、山区及历史文化遗迹；
- 有相当规模的就业人群，这些人相对富有而且喜爱旅行，是活跃的国际旅游客源市场基础；

- 有较丰富的气候带分布，能满足夏季旅游和冬季旅游的需要；
- 自二战以后，很多不同的国家能够和平共处在一个相对集中的区域内。

虽然欧洲人的旅游密度较高，但欧洲的区域地缘政治结构是国际旅游水平偏高的一个主要因素（Jansen-Verbeke，1995），欧洲某些小国家的人可能只需短途旅行就已经跨过了国界，而美国和中国的度假者需要比欧洲旅游者走得远得多才可能跨越国境成为国际旅游者。

欧洲在国际旅游中的占比近几年一直在下降，而亚洲旅游者的人数在相对增长。但欧洲的目的地仍然在全球占据主导地位。表3.1中列出了前15位的旅游目的地国（人数和收入）和主要国际旅游客源国。从全球市场份额上看，2013年欧洲国家共接待了全球52%的国际旅游者，国际旅游收入占全球总收入的43%，全世界47%的国际旅游者来自10个西欧国家（UNWTO，2013a）。

表3.1 2012年国际旅游主要目的地国（地区）和客源国（地区）

国家排名	接待人数（百万）	排名	收入（亿美元）	排名	花费（亿美元）
法国	83.0	美国	126.2	中国	102.0
美国	67.0	西班牙	55.9	德国	83.8
中国	57.7	法国	53.7	美国	83.5
西班牙	57.7	中国	50.0	英国	52.3
意大利	46.1	澳门	43.7	俄罗斯	42.8
土耳其	34.7	意大利	41.2	法国	37.2
德国	30.4	德国	38.1	加拿大	35.1
英国	29.3	英国	36.4	日本	27.9
俄罗斯	25.7	香港	32.1	澳大利亚	27.6
马来西亚	25.0	澳大利亚	31.5	意大利	26.4

资料来源：UNWTO（2013a）。

欧洲内部的旅游空间布局与国际旅游有些不同，主要是在入境和出境旅游之间平衡方面。图3.2显示了2004年欧洲各国国际旅游接待的空间布局，图上显示的是各国国际旅游人数分布情况（UNWTO，2005b），可以明显地区分出四个类别：

- 首要目的地，即有发达的夏季和冬季旅游景区的目的地大国（或人口大国）。这一类比较集中分布在地中海沿岸。
- 第二梯度目的地，也是重要的地中海目的地及一些中欧国家，即原来的东西欧分界线上的国家。
- 第三梯度目的地主要是北欧国家，这主要是由于那里的生活成本高且夏季时间短。
- 第四梯度目的地是一些欧洲核心国家周边的小国。

如果根据出境和入境旅游者的综合数据重新计算，欧洲国家的旅游分布就显示出不同的布局模式了。各国可以根据旅游接待入境人数和出境旅游人数（收入和花费）的对比看出自己属于"盈余"国还是"赤字"国。换句话说，旅游收入和旅游花费相互抵减后可以看出某个国家在旅游外汇收入和本国公民出境旅游花费方面是赚了还是亏了。例如，美国是盈余国，有4.27亿美元的收入盈余，而中国则有7亿美元的赤字（表3.1），而澳大利亚则基本持平。

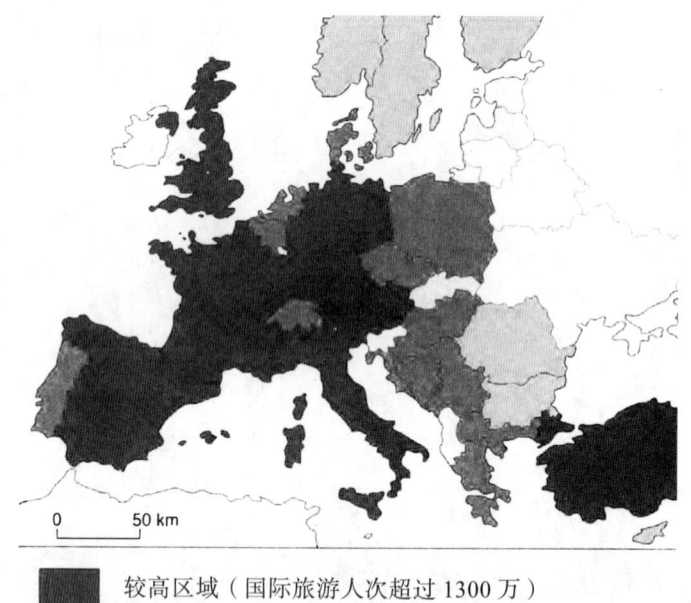

较高区域（国际旅游人次超过1300万）
中上区域（国际旅游人次1290万—850万）
中下区域（国际旅游人次840万—500万）
较低区域（国际旅游人次不足500万）

图3.2　2004年欧洲接待国际游客情况的地域分布差异

在欧洲，大部分南部国家有旅游收入盈余，而北部国家则有赤字。这种模式反映了欧洲长期以来的旅游流向模式，即自北向南流动，从高度城市化、工业化和气候比较寒冷的欧洲北部流向温暖的地中海沿岸（Burton，1994）。这使地中海之滨成为欧洲的核心度假旅游带，这个包括法国、西班牙和意大利在内的旅游带几乎主导着欧洲的度假旅游市场，其主要客源来自德国、英国和北欧斯堪的纳维亚半岛上的国家。其次的旅游流是向山区流动（冬季和夏季度假）及常年吸引客流的欧洲文化、历史及商业中心城市。这第二种趋势使得奥地利跻身于世界前15位目的地的行列，而英国的旅游主要有赖于后者。

欧洲的旅游目的地区域也在不断扩张，法国地中海地区有一百多年的旅游接待历史。20世纪60年代初，旅游客流波及西班牙和意大利亚得里亚海滨，20世纪70年代初前南斯拉夫海滨和希腊诸岛都成了旅游度假目的地，20世纪80年代背包海滨旅游者还将足迹散播到了土耳其。

最近旅游者大量涌向原东欧国家。20世纪90年代末，随着东欧社会主义阵营的普遍解体，这些东欧国家的旅行控制放松，原社会主义国家的公民可以更加自由地旅行移动，同时波兰、匈牙利、捷克等国家迅速成为欧洲的主要目的地。约翰逊（Johnson，1995）指出波兰和捷克因为价格比较便宜成为德国、荷兰和英国游客的重要目的地。另外，罗马尼亚的黑海海滨也吸引了越来越多俄罗斯游客。

尽管波兰、俄罗斯和乌克兰现在也已跻身全球前20名旅游目的地，但它们是否能成为真正的旅游大国目前还不明朗。很多研究显示，东欧引入自由市场经济以来，触发了很多国家的通货膨胀、商品和服务供应短缺，以及失业等社会问题。因此，如威廉斯（Williams，2003）指出的，很多"旅游"是发生在东欧各国之间的一日游，这些人跨越国境主要是为了做边境贸易或去找工作，而不是出于休闲旅行的目的。当然，不能忽视的是这些国家确实有丰富的历史、文化和景观资源，从长远来看这个区域的旅游会日益繁荣的。

3. 新旅游区

欧洲旅游业的空间布局特征和新旅游目的地的涌现趋势也同样反映在全

球范围内。从全球范围来看，尽管欧洲仍占有全球旅游的最大份额，但过去的三十年显现出的明显趋势是远距离和极富异国情调的目的地开始吸引越来越多的旅游者。表3.2说明了自1960年以来国际旅游的空间布局发生了哪些变化。这期间的变化呈现出几个重要趋势：

- 欧洲、美国和澳新等成熟旅游地区的份额在下降。
- 近期发展最强劲的地区是传统上国际游客接待量最少的非洲次撒哈拉地区、南亚、中南美洲和中东（尽管后者近期因为国内局势的不稳接待量有所下降）。
- 东亚太地区的旅游业异军突起，特别突出的是作为十大目的地之一的中国，以及受区域内旅游带动的马来西亚、泰国、新加坡、印尼、日本和澳大利亚，以及越来越多来自欧洲和北美的长线游客。

旅游空间距离的延长和旅游规模的扩大使得全球旅游市场发生了这些变化，东亚太地区的旅游接待人数从1960年的69万一路攀升到2013年的2.336亿（UNWTO），这一事实有力地说明了现代旅游业正在利用甚至是推动全球化的进程。

表3.2 1960—2012年国际游客地区分布情况的变化

地区	1960		1980		1990		2000		2012	
	百万	%	百万	%	百万	%	百万	%	百万	%
非洲	1.8	1.1	7.0	2.5	15.2	3.4	28.2	4.1	52.4	5.1
美洲	16.5	24.1	59.2	21.3	92.8	21.0	128.2	18.8	163.1	15.8
欧洲	50.0	72.5	183.5	66.0	264.8	60.0	384.1	56.4	534.2	51.6
中东	0.6	1.0	5.8	2.1	10.0	2.3.6	25.2	3.7	52.0	5.0
南亚	0.2	0.3	2.2	0.8	3.2	0.7	6.1	0.9	14.1	1.4
东亚太	0.6	1.0	20.3	7.3	54.5	12.4	108.8	16.0	219.5	21.2
合计	69.7	100.0	278.0	100.0	440.5	100.0	680.6	100.0	1035.3	100.0

注：每年的份额比例加总未必都是100%。

资料来源：UNWTO（2005a，2013a）。

三、影响国际旅游发展的要素

国际旅游规模和空间范围的扩大是如何产生的呢？要解释国际旅游的增

长，需要考虑很多要素，其中比较主要的有以下几个方面。

1. 资本在旅游地产出方面的作用

推动国际旅游发展，特别是需求和供给空间布局的变化背后的推手主要是资本的作用。如我们将在第四章详细介绍的，旅游发展取决于目的地及其通路上产品和服务的供给，即被定义为旅游"产品"的要素。供应商的产品和服务会很大程度上影响旅游的发展模式并间接影响旅游地理。另外，肖和威廉斯（Shaw & Williams，2004）指出，大部分情况下旅游生产的模式是资本导向的。首先，独立企业的投资决策与利润相关；其次，旅游开发地的政策会影响企业的投资决策。

旅游产业呈现出明确的两极架构，大规模的跨国企业（特别是在航空运输、酒店住宿和包价旅游行业内）数量很少，同时存在大量独立经营的中小企业。不过在全球化进程加速的大环境下，大型跨国企业在重塑国际旅游模式方面起到了更关键的作用。

它们的影响力至少表现在三个方面。首先，由于旅游企业在高度竞争的市场上经营，因此企业必然会力求保持（最好是扩大）在现有目的地的市场份额。这会推动企业寻求这样的目的地：

- 有吸引力，与众不同；
- 能以相对较低的成本提供高容量业务；
- 相对限制和制约较少。

因此，国际旅游的空间扩张部分与这些要求类型相关，如20世纪60年代兴起的地中海包价旅游，以及20世纪90年代泰国等长线目的地的兴起，就体现出了类似的市场模式。其次，大型跨国企业有能力在开发新目的地方面走在前面，它们可以通过兼并、收购与其他企业结成战略联盟。新兴市场，特别是发展中国家的外国投资常被诟病，加勒比海区域由美国的跨国企业投资的封闭式豪华度假区就是这种发展模式的典型。

最后，大型旅游企业（特别是旅行社）的市场营销决策会很大程度上影响消费者的决策。价格联盟能极大地增强旅游目的地的吸引力，作为一种有效的营销工具，它能有效地影响旅游者的实际旅行模式。

2. 旅行业的发展

与资本在旅游地创造旅游者空间中所起作用相关的是广义现代旅行产业的发展。国际旅游增长的一个先决条件就是建立成熟的旅行社产业，特别是约20世纪60年代以后。起初，旅游行业的重点是推广和提供基础服务，包括住宿、交通和当地娱乐。继而发展到包价旅游，并在服务方面越来越专业，如威廉斯（Williams, 2003 : 71）指出的，"旅游行业通过灵活和综合的服务，有效地促进了国际旅游的发展，使得之前具有较高风险和难度的出境旅游变得越来越容易和便捷。"

包价旅游是整个旅游行业发展进程中的关键，它的出现让海外旅行"产品化"，让人能在一笔交易中预先购买旅行、住宿和度假服务，就像买其他有形商品一样。旅行社会大量购进机位和酒店客房，组合成标准化的度假产品，从而有效地控制包价产品的成本。尽管包价旅游是19世纪的产物，但大部分含机票的包价产品是二战后的产物——其重要贡献者是俄罗斯移民弗拉基米尔·穆科梅利（Vladimir Raitz），即第一家专门经营包价旅游产品的旅游公司（地平线假日）的创始人。受20世纪50年代到60年代福特主义对大规模生产和大众消费的影响，新兴的包价旅游特征是标准化、低成本的出境度假，它吸引了很多新兴的发展中市场（Williams, 1996）。

海外包价旅游的进一步流行得益于以下几个相关方面的发展：
- 大量的零售网点（旅行代理商）使出国旅游度假的安排和购买非常简单；
- 包价旅游的开发，通过将旅行、住宿和度假服务结合起来使海外旅游"商品化"，提供当地旅游安排和联系游客和当地的导游，这可以最大限度地减少海外旅游可能面临的语言和习俗差异方面的障碍；
- 目的地以免费发放小册子和提供咨询服务积极地宣传推广，这种宣传主要是利用旅行代理商、杂志和报纸进行。

上述服务部分地提高了组织和向潜在旅行者提供海外旅游的专业性。专业化的服务让海外旅行更可靠和更高效，而且也让公众对海外旅行有了更大的信心，这一点不是那么明显。厄里（Urry, 1994a : 143）指出人们的旅行意愿有赖于"人们对组织旅游机构的信任，因为人们对目的地的知识非常有限"。现代旅游行业让人们有信心去旅行，弱化了国际旅游的神秘感，更重要的现实意义是，行业的专业化使营销战略越来越复杂，相对地降低了国际旅行的成本，扩大了产品和服务的供应范围。威廉斯（Williams，2003）把这方面的发展归纳为以下几方面：

- 市场越来越细分，旅游服务针对不同类型的旅游者提供不同的定制服务——如家庭度假和修学旅行；
- 越来越多的独立公司结成战略联盟，整合资源，共同开发新市场或提供新服务——如全欧洲境内的铁路联运；
- 制定更有竞争力的价格战略，如早订折扣或预购旅行优惠价。

（更多相关内容见 Horner & Swarbrook，1996；Knowles et al.，2001；Shaw & Williams，2004）

3. 技术的影响

技术对出境旅游有很多直接影响，其中最重要的技术因素与交通和电信的逐步全球化有关。在交通领域，对出境旅游影响最大的是商业性航空服务的发展和近年来国际铁路和高速公路的修建和延伸，把各大旅游目的地连接起来，如在欧洲大陆。在电信方面，对全球影响最大的是基于电脑的信息技术系统。

在全球范围内，虽然所有的交通方式都很重要，但对于旅游来讲，飞机对压缩旅游时空跨度和对旅游模式的影响是其他交通方式所无法比拟的，它使人能在 24 小时（飞行时间）内到达地球上的任何地方。喷气式客机（如波音 707），特别是宽体客机的出现提高了单位飞行的搭乘量并有效地提升了飞行距离（如波音 747 和现在的空客 A380），极大地节省了飞行时间和费用，而且如果没有飞行和较大众化的机票价格，很难想象一些远程目的地能有今天这样的发展。

不过航空业对国际旅游的影响并不均衡，在一些主要目的地，空中旅行在旅游市场上份额位居第二。佩奇（Page，1999）指出，在欧洲，尽管空中旅行是旅游的重要组成部分，特别是在北欧国家的低价地中海度假旅游市场上，但欧洲目的地空中旅行接待量仅占国际旅游接待量的30%。当然，随着像易捷航空（Easy Jet）这样的低成本航空公司的盛行，这个份额会有所扩大（Child，2000；Donne，2000；Mintel，2003a），但事实是欧洲境内的旅游仍然由汽车主导。当然出欧洲的旅行中有85%是靠飞机。

在欧洲，飞机相对不重要的部分原因是欧洲其他旅行方式比较发达，如欧洲的跨国高速公路和高速铁路有效地提升了像意大利阿尔卑斯山区之类区域的可进入性。法国的TGV高铁、西班牙的AVE大鸟高速铁路及德国的ICE高铁，以及连接英国和欧洲大陆的欧洲之星列车，这些都是欧洲短途跨国旅行中与飞机有力竞争的交通方式，在伦敦、巴黎、布鲁塞尔和阿姆斯特丹这种中心城市的短期度假市场上尤其如此。

飞机、高速公路和高速铁路提高了人们旅行的速度，扩大了人们旅行的范围，而全球信息系统的创新给信息通信领域带来了变革。信息是国际旅游

插图3.1 日本新干线子弹头列车是一种高速交通工具，适用于中等距离的旅行，即乘飞机太近而开车太辛苦的距离（刘德龄 摄）

的基础，新的信息技术不仅促进了国际旅游，也改变着这个行业的运营模式和供应商与消费者之间的关联方式。布哈里斯（Buhalis，1998）指出信息技术在旅游业的应用发展可分为三个阶段：

- 电脑预订系统（20 世纪 70 年代）；
- 全球分销系统（20 世纪 80 年代）；
- 互联网（20 世纪 90 年代以后）。

电脑预订系统（CRS）最早应用于航空公司，用于集中控制机位的销售，系统通过信用卡可以实现实时的预订确认，这种方式很快被旅游行业的其他部门（如酒店集团、租车公司，甚至一些娱乐设施）借用（Go，1992；Knowles & Garland，1994）。全球分销系统（GDS）是 CRS 发展升级的结果，它有更强大的能力处理同时来自旅行代理商的预订信息，可以支持根据旅游者的个性化需求进行包价产品的定制。GDS 系统可以提供信息，支持航空公司、铁路系统、轮渡、租车公司、酒店和其他住宿设施，以及一些娱乐演出的预订和出票。目前四大 GDS 系统——伽利略（Galileo）、艾玛迪斯（Amadeus）、萨布雷（Sabre）和世通（Worldspan）——统治着整个市场。

信息系统最显著的发展是互联网，这项技术让旅游者（国内和国际）掌握更多信息和工具，从根本上改变了旅游者与业界的关系。最重要的是，互联网让个人有能力查找信息并完成在线预订，从而有效地弱化了旅行代理商等中介的作用。互联网的多媒体性质使之能更有吸引力地展现目的地，而且可以通过社交媒体进行分享与推广，这基本上取代了宣传小册子的功用。另外，在线预订通常价格更优惠（包括机票和酒店客房），因此使得旅游产品的价格更加亲民（我们会在第十三章再次详细介绍信息技术在旅行和旅游行业的应用与发展情况）。

4. 经济发展与政治影响

国际旅游的发展也在很大程度上取决于客源国和接待地区的经济繁荣和地缘政治的稳定。旅游一直是受费用水平所影响的，特别是旅行费用。1945年以后，随着人们可支配收入水平的提高，旅行费用的下降及包机包价旅游项目的兴盛，国际旅游成为普通人均可消费得起的产品。

繁荣更进一步促进了国家之间联盟的建立，特别是贸易联盟，如欧盟基本上消除了联盟内各国之间的贸易壁垒，使旅游企业能更多地提供国际产品和服务（Davidson，1992）。不过，由于欧洲自由贸易区有较高的消除管制度（如空中旅行的开放），因此竞争非常激烈，这影响了旅游产品的价格水平。欧盟统一使用单一货币欧元的做法对旅游产品的价格也有影响，这使得各国之间的交易不再存在换汇的问题，也免除了各国货币汇率的波动影响。从全球来看，国际信用卡（如万事达卡、威士卡和美国运通卡）的普及也起到了作用，旅游者不需要再携带大量现金，也不必为换汇操心了。

政治的稳定也是一个重要的影响因素。以欧洲为例，欧洲国际旅游自1945以来的迅速发展主要得益于二战以后整个地区的和平与政局的稳定。唯一的政治分割是西欧与前东欧社会主义国家，但随着社会主义制度的没落，东西欧之间的隔绝正逐渐消除，使两个区域之间的游客流动迅速增加。欧盟的扩大和越来越多欧洲国家之间取消边境控制，促进了欧洲国际旅游的发展。

5. 生活方式变迁

前面说的四个方面的发展都是国际旅游发展的基础，但可能最重要的影响要素是生活方式的变迁。出国旅游已经成为现代生活的一部分，不仅在发达国家，在发展中国家也呈现同样的趋势。这些生活方式的变迁包括：

- 假期越来越多；
- 出国旅游成为时尚，而且人们对境外景区的了解越来越多；
- 旅游者出国旅行经验越来越丰富，体验能力也越来越强。

越来越多的度假是人们越来越富有、移动越来越便捷、公众对旅游的认知和欣赏度越来越高的产物，旅游已经根植于人们的生活方式中。频繁的旅行使之成为人们的一种常规行为，旅游越来越多地融入人们的日常生活而不是被割裂开的一部分（见第一章）。

国际旅游已经成为一种时尚，旅游与时尚结合得越来越紧密，现代社会的主要特征就是都市化与移动（Urry，2000），无疑出国旅游仍然是社会地位的象征。国际旅游时尚的形成主要得益于各类媒体和旅行社的宣传促销所制造的公众影响,这些宣传促销使人们意识到一些远距离目的地的存在并帮助人们形成心目中对这些异国风情目的地的形象认知。更好的气候条件、完全不同的风景和娱乐及独特的历史文化都是国内度假区无法与国外目的地相比拟的。

旅游者总体能力的提高和旅行经验的丰富也促进了国际旅游的扩张。经常旅行的人会非常有经验而且也会对出游自信,即使是不常旅行的人也会因整个旅游行业的发展而对旅行充满信心,行业的发展让这种移动更贴近人们的生活方式。如前文所说,生活方式对旅游的影响可以表现为以下几方面:

- 1945年以后教育水平的提高使酒店业的从业人员受到了更好的培训,语言已经不再是国际旅游的障碍;
- 旅行手续(通关、登机等手续)变得越来越简化,越来越快捷,越来越标准化和为游客所熟知;
- 全球电子通信技术的发达使旅游者与家乡联系更方便;
- 标准化住宿和其他服务机构(指连锁饭店、餐厅和租车公司)减轻了出国旅游可能造成的陌生感。

对某种要素的熟悉增加了旅游者出国旅游的自信,而这种自信又促进了出国旅游的个性化趋势。越来越多的出国自由行反映了公众对包价旅游方式的抵触,旅游需求越来越多元化。普恩(Poon,1989)指出消费者有更多的选择是后工业化社会人们休闲生活方式的特点,也反映出旅游者更希望通过长距离的旅行寻求与众不同的异域,追求更个性化、适合自己的生活方式和偏好的旅游活动。正如威廉斯(Williams,2003:85)指出的,"现代旅游业更加灵活、选择性更强,而且与个人的生活方式有更多交互,已经成为一种自定义的活动。"

6. 旅行安全

前面说的大部分要素都对国际旅游发展有积极的影响,不过最后我们要提一下对国际旅游发展有负面影响的旅行安全问题。20世纪70年代以后,特别是"9·11"事件以后,政局的不稳定,区域战争和国际恐怖主义问题,使得旅游安全成为人们关注的头号问题。

森梅兹和格雷费（Sonmez & Graefe，1998）指出，旅游者的直觉逻辑就是对比潜在目的地给自己带来的收益和成本付出，成本的实质就是旅游者旅行到某个目的地的风险，因为这种风险是旅游者日常生活中一般不会遇到的。风险包括自然灾害、疾病、食品安全和犯罪（这些风险都是长久以来与旅行相伴的），还有政治局势动荡的影响，特别是恐怖主义（近年来恐怖主义袭击有所抬头，成为人们担忧的重点）。恐怖主义对旅游业的影响有直接的和间接的。直接影响指旅游者本身成为袭击目标，旅游者之所以成为袭击目标是因为他们地位的象征意义（是资本主义的代表），也因为其对很多国家和地区的经济意义重大。间接影响指旅游者在针对其他平民的恐怖袭击中被波及。

个人安全的风险（不论是真实的还是人们认为的）均会显著地改变国际旅游布局与模式，因为旅游者会避开一些他们认为有风险的目的地，转而选择一些他们认为"安全"的目的地。例如，20世纪90年代的恐怖主义和一些国家的政局不稳影响了旅游者对以下目的地选择：埃及、以色列、北爱尔兰、西班牙、土耳其和津巴布韦（Arana & Leon, 2008；Sonmez, 1998）。森梅兹和格雷费（1998）关于美国国际旅游者的旅行模式研究发现：

- 88%的人会避开政局不稳的国家；
- 57%的人表示恐怖主义会限制他们的旅游选择；
- 77%的人只会去那些他们认为安全的国家。

"9·11"事件以后，美国政府建议美国公民不要到28个中东和非洲国家旅行，但美国人去欧洲等其他目的地的人数也明显下降（Goodrich，2002）。上述作者指出还存在下列附带影响：

- 各大交通枢纽（特别是机场）提升了安保级别，造成了出入境手续办理时间的延长；
- 乘飞机人数的减少造成了中短期内航空公司的收入损失和裁员；
- 在恐怖袭击后的6个月内，美国的酒店和餐饮业因游客减少，预订量锐减了50%；

- 加强安检等措施带来的额外成本被转嫁到旅游者头上，拉高了旅行成本。

所有这些影响都压制了"9·11"以后进出美国的旅游需求，说明了旅行安全对国际旅游的影响。

不过，由于政局不稳和恐怖主义威胁不是某个国家的常态，所以安全问题对旅游业的影响是"潮起潮落"的波动。从短期影响来说，恐怖事件是种突发事件，除非频繁在一地反复发生，否则其对目的地形象的负面影响会很快消退。同样，政治冲突和恐怖袭击在事件过去问题解决以后，旅游需求会释放出巨大的增长能量。例如，奥尼尔和菲茨（O'Neil & Fitz，1996）的研究发现，北爱尔兰停火以前的准军事管理使当地成为一个缺乏吸引力的地方，但20世纪60年代停火以后旅游呈现明显增长（我们在第十章会从不同角度分析旅游体现中的风险要素）。

四、发展模式的不同

虽然上述因素对于国际旅游的发展有很大影响，但不同地区的增长和发展模式是有很大差异的。为说明这一点，下面举出两个案例，分别是成熟大型旅游目的地西班牙和新兴旅游目的地中国。

1. 西班牙

西班牙是一个1945年以后发展成为大众化的国际旅游目的地的典型。到2013年，西班牙年接待国际旅游者5770万人次（UNWTO，2013a），说明这个成熟的旅游目的地已经达到了巴特勒模型中的最后阶段。西班牙在接待量达到饱和后所遇到的问题也具有一定的代表性。

虽然自19世纪中叶起，西班牙的一些富人就到马拉加（Málaga）、阿里坎特（Alicante）和马略卡岛帕尔马（Palma de Mallorca）等度假区去进行小规模的度假旅游，但现代西班牙旅游业明显是航空业和国际包价旅游兴起的产物。西班牙由于进入大众国际旅游市场较早而受益匪浅，自1960年起旅游人数保持着不断增长的势头。1950年，西班牙接待国际旅游者不到100万人，而 1975 年接待人数达到 300 万，到 2005 年接近 540 万（Albert-Pinole，1993；UNWTO，2006）。2004 年西班牙旅游外汇收入为 452 亿美元（UNWTO，2005a），占西班牙 GDP 的 6%（Garin Munoz，2007）。

西班牙大众旅游业兴起的因素包括：
- 宜人的天气；
- 绵长的海岸线，其中包括加纳利和巴利阿里群岛等岛屿；
- 北欧国家到西班牙的良好的可进入性，特别是方便的航空；
- 西班牙旅游产品（特别是住宿）有竞争力的价格；
- 西班牙特有的文化。

尽管西班牙是主要的旅游目的地国，仅次于法国和美国，位居全球第三（表 3.1），但近年来的发展凸显出一些问题。从宏观层面看，国际旅游接待量的增长出现停滞，特别是在 1970 年到 1995 年间，希腊、土耳其和佛罗里达等新兴目的地大有取而代之的势头。西班牙本国的统计显示近年来旅游业仍保持着一定水平的增长，但主要指标（如酒店入住率）显示这种增长更多地是得益于西班牙国内旅游的增长而不是国际旅游的增长（INE，2006a）。

其次，西班牙旅游从行业到空间布局都很不均衡。2004 年，超过 66% 到西班牙旅游的旅游者来自英国、德国和法国这三个国家，这部分旅游者选择西班牙明显是冲着廉价的阳光、海水和沙滩型度假而来的。这也导致了西班牙旅游空间布局上的不均衡，国际游客明显集中在西班牙的地中海沿岸及所辖的两组群岛上（巴利阿里群岛和加纳利）。除了马德里，西班牙内陆地区和北部地区开发严重不足。能接待外国游客的乡村旅游设施严重不足，与其近邻法国相比（Mintel，2003b）更是如此。西班牙国家统计局（INE）的数据（2006b）显示，西班牙 78% 的客房集中在西班牙的六个地区——安达卢西亚、巴利阿里群岛、加纳利群岛、加泰罗尼亚、马德里和瓦伦西亚（图 3.2）。其他类型的住宿设施（公寓、别墅、第二住宅和分时度假村）也集中分布于上述地区，加剧了旅游发展空间布局的不均衡。

第三个问题是高速发展和空间分布过于集中加剧了旅游业的无序发展，而这种无序发展反过来降低了目的地的吸引力，造成了市场消费能力的下滑，特别是 1960 年到 1975 年间，廉价包价产品左右了整个西班牙旅游的发展。举个例子来说，波利亚德和罗德里格斯（Pollard & Rodriguez，1993）指出一度辉煌的托雷莫利诺斯（Torremolinos）度假区就因缺乏规划而日趋没落。1960 年前托雷莫利诺斯是一个小渔村，一个只有少数当地团体旅游者和极少数的海外艺术家和作家光顾的度假区，不过随着该地被编入包价旅游目的地，当地开始了迅速和无度的开发，各种无序和毫无特色的建筑造成了严重的视觉污染，公众开放区域极为缺乏，停车场不足和海滩的可进入性差使这个度假区的形象日益衰落。

不幸的是，托雷莫利诺斯的例子在西班牙并不是个例而是具有一定普遍性的，这些过度开发和非常商业化的度假区里，海滩和街道上充斥着拥挤的酒吧，受到污染的海水，由于基础设施的扩张赶不上旅游接待规模的扩大而造成了垃圾污染海滩，同时当地酗酒和犯罪现象的增加使西班牙作为目的地的形象越来越差。第二章中，阿拉瓦尔和布伦特（Agarwal & Brunt，2006）指出旧有的西班牙度假村面临游客人数下降、过度依赖某个单一客源市场、自然环境和建筑环境的退化等问题。经济学人智库（EIU，1997）的一个报告指出当地有太多的老城中心周边围绕着丑陋的新建筑，老城被淹没在花哨的商店和广告牌中。

这些问题成了西班牙旅游发展的心病，西班牙旅游未来的发展必须想办法对传统度假区加大投入升级改造，同时要想办法引导游客转向地中海海滩以外的其他地区（如通过发展城市旅游和乡村旅游）。西班牙旅游发展迫切需要结构性的和更有效的规划体系。在后佛朗哥时期，西班牙规划已经把重点放在去中心化的开发上（基于自治地区），同时强调旅游发展与更广义的土地规划的紧密联系。不过这些变化的作用在不同地区也不一样，有些地方在旅游发展规范方面的合作水平不足（Baidal，2004）。

2. 中国

如果说西班牙是国际旅游成熟目的地典型国家的话，中国就是新兴旅游地的代表。中国旅游的增长不仅反映了国际旅游的全球化，也反映出中国所在的东亚太地区的快速兴起，反映出这个地区已在全球旅游业中占据主导地位。张和刘（Zhang & Lew，2003）指出中国旅游资源非常丰富（包括长城和兵马俑等独特的景观），而且这个行业的发展也得益于中国经济的持续增长，以及在过去20年中政府对这个行业的支持。2012年，中国与西班牙并列为世界第三大旅游目的地国（表3.1），据预测到2020年中国将成为世界第一大入境目的地，同时成为全球四大客源国之一（UNWTO，2001）。

要分析中国的旅游发展不能脱开中国的政治环境。尽管到中国旅行由来已久，但20世纪30年代到40年代中国的连年战争，使得同期在欧洲和北美盛行的国际旅游基本上没有触及中国。当时的中国基本上是一个封闭的国家。

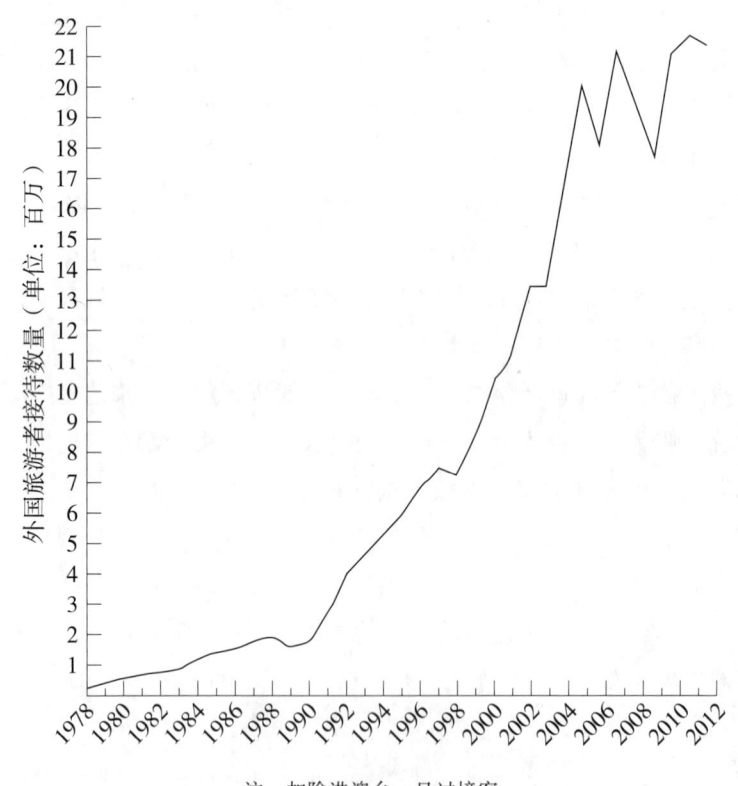

注：扣除港澳台一日过境客。

图3.3　1979—2012年中国接待过夜外国游客人数的增长情况

资料来源：TravelChinaGuide.com—www.travelchinaguide.com/tourism/2012statistics/inbound.htm.

中国的现代旅游业发展起源可以追溯到 1978 年。在这关键的一年中，中国开始由邓小平领导（Xiao，2006）。通过"开放"政策，邓把重点放在使中国摆脱贫困状况上，并强化了中国与国际社会的联系。他逐渐把政策转移到社会主义建设上，逐步消除之前封闭中国建立经济、社会和政治壁垒的做法。旅游业由于能赚取国家缺少的外汇而受到重视，西方资本主义社会不再被过分"妖魔化"，而是转变成为现代中国经济社会发展的核心要素。

在这种政治变化下，国际旅游得到了快速发展。根据中国国家旅游局的统计，到 2012 年中国接待国际游客人数超过 1.32 亿。这个数字有点误导，因为它包括了一日游游客及大量被中国政府称为"侨胞"的人，而这些人大部分是港澳台的过境客人（Guo et al.，2006），基本上是每天都过境到中国大陆走亲访友、购物或工作。联合国世界旅游组织（UNWTO，2013a）的统计数字是 5770 万。这个数字剔除了一日游游客，统计的是在中国至少过一夜的国际游客。如果把华侨也去掉的话，2012 年到中国的"真正意义上的外国游客"人数是 2190 万人次。

如图 3.3 所示，自 1978 年中国改革开放以来，游客人数呈现非常高速的增长，这个高速增长一直持续到差不多 2004 年。中国最近的旅游接待人数的增长多来自于侨胞。这种形势与欧洲非常类似，欧洲国际旅游者人数众多的主要原因是欧洲国家小，欧洲各国之间的游客流动量大，特别是申根协议使各国之间的边境检查基本上已取消，客流更加便捷。全球各个地区都存在这种地区内国家间的高密度流动，这种趋势会影响国际旅游人数统计和国家的排名。

尽管一部分国际游客是来自长线的欧洲和北美，但大部分游客来自东亚太地区。2005 年，亚洲游客占 2030 万外国游客的 12%，欧洲（以英国、德国和法国为首）游客为 260 万，北美和俄罗斯游客为 220 万。近几年亚太游客的增长速度也超过了欧美，因此尽管中国整体接待入境游客人数是增长的，但欧美游客数量是下降的。如 1990 年中国接待游客中有 17.4% 来自美国，到 1997 年这个份额下降到 11.7%。

虽然中国旅游发展迅速（特别是由于中国国内旅游市场的迅速发展，目前这个群体已经是全世界最大的市场；除了国际旅游者，中国国内旅游者人数约 8.7 亿）（Messerli & Bakker，2004），但这种高速发展也带来了一系列问题：

- 发展速度超过了管理能力。很多方面的旅游规划明显滞后和对旅游现状估计不足（Kun et al.，2006）。
- 住宿和交通等基础设施薄弱。1978 年全国仅有 203 家酒店，后来快速的建筑发展使酒店数量增长到 1999 年的 7000 多家，即使这样住宿的供给仍然不能满足旅游者的需求（Messerli & Bakker，2004）。同样，中国国内的交通供给严重不足，包括火车和飞机，另外管理不善、维护不足、设施不当和安全问题也严重困扰着这个行业（Mark，2003）。
- 旅行社也存在着缺乏有技能的劳动力、管理能力低下和服务水平不足的问题。中国的大部分旅行社是国有的，服务零散，经营环境"混乱"（Qian，2003）。
- 形象问题（Shao，2003）。中国多年以来给外界的形象是贫穷、封闭的国家，与外界交流少，具有神秘感。
- 旅游空间分布明显不均衡，过度集中于东部沿海城市，乡村地区和广大的西部内陆地区旅游发展缓慢（Jackson，2006）。这种情况部分源于游客有限的时间、资金和面临的进入困难问题，使得他们无力去探索广大的中国（Shao，2003），但这也反映出中国政府对外国游客开放新旅游目的地的速度迟缓（尽管现在大部分地方都可以接待外国游客了）。

不过，尽管 1978 年以来中国经济发生了巨大的变革，但希望旅游这种新事物能完全无缝地融入一个新经济秩序的想法是不现实的。但是，随着中国不断致力于项目工程的建设与完善，我们能看到上述问题正在得到有效的解决：

- 航空业的现代化，包括基础设施的兴建，机队的现代化和国内及国际航线的丰富。1978 年，中国只有 70 条国内国际航线，1999 年航线增至 1100 条（Mark，2003）。
- 酒店业和旅游行业的员工教育和培训计划正在落实。

- 中国市场对外国资本开放，包括合资企业和中国2001年加入世贸组织，以及允许外资饭店进入中国。
- 积极推广中国的新旅游地和旅游区，包括投资重修中国古代皇家遗址（如北京的故宫），很多遗址在"文革"期间都遭到了破坏，而现在中国正在靠这些遗址重塑自己的国家形象（Sofield & Fung, 1998）。

据近期的估计（Messerli & Bakker, 2004），中国旅游直接从业人员约为564万人，2005年入境旅游（不含港澳台）外汇收入290亿美元（CNTO, 2006）。无疑，旅游业将对中国改革起到重要作用，当然前提是中国能解决好目前面临的问题，并能找到可持续的解决方案。中国是否能应对全球竞争是其旅游业未来成功与否的关键，而这种成功还要取决于体制改革、旅游产品的开发和满足现代国际旅游者的需求和期望（Yu et al., 2003）。

3. 案例研究结论

西班牙和中国的国际旅游发展经验验证了本章所提及的大部分关键要素。两个案例都见证了国际旅游的高速发展，特别是中国的例子，同时也说明了旅游业组织管理的重要性。这两个例子——特别是中国的例子——都说明经济增长和地缘政治的稳定是旅游发展的前提基础，同时也说明政府必须在规范旅游发展方面有所作为，而不能任由这个行业放任自流地发展，否则负面影响会超出这个行业所带来的利益。作为一个社会主义国家，中国体现了政府对国际旅游发展的高度管控，同时像西班牙这样的资本主义国家，开放的管控与规划也非常重要，早期地中海度假区的无序开发造成了严重的问题与后果。这些与开发和影响有关的话题我们会在本书的第三部分深入讨论。

五、小结

本章的主题是国际旅游业的空间拓展。国际旅游虽然已经有几个世纪的历史，但现代国际旅游主要是1945年以后休闲生活模式的产物，其增长是由一系列因素带动的，其中包括：

- 经济的全球化和旅游行业的发展；

- 交通和通信技术革新的影响;
- 世界大部分地区经济形势和政治局势的稳定;
- 时尚和海外旅游手续的简化。

尽管欧洲和北美仍是国际旅游市场的主力,但近年来东亚太地区等新兴旅游区的发展使全球和区域旅游地理出现了新格局,而且这种格局仍将不断发展演变。

讨论题:

1. 国际旅游的空间布局在多大程度上能反映出品位和时尚的变化?
2. 交通和信息技术的发展对国际旅游的增长有哪些影响?
3. 1978年以后中国旅游业的发展如何印证了全球化进程的影响?
4. 1980年以后西班牙和中国的旅游发展有些哪些异同?
5. 考虑到成熟旅游目的地旅游增长相对于新兴目的地来说速度会放缓,到2030年全球20多亿国际游客的国际旅游地理分布会是什么样的?

延伸阅读

下面这本书虽然年代久远了一些,但它仍是描述国际旅游发展的一本好书:

Turner, L. and Ash, J. (1975) *The Golden Hordes: International Tourism and the Pleasure Periphery*, London: Constable.

讨论近现代(截至1940年)旅游发展的代表作有:

Towner, J. (1996) *An Historical Geography of Recreation and Tourism in the Western World, 1540-1940*, Chichester: John Wiley.

较新的关于国际旅游发展过程的概述:

Williams, S. (2003) *Tourism and Recreation*, Harlow: Prentice Hall.

分析影响国际旅游结构性调整的关键要素:

Duval, D.T. (2013) 'Critical issues in air transport and tourism', *Tourism Geographies: An International Journal of Tourism Space, Place and Environment*, Vol. 15(3): 494-510.

Lew, A.A. (2008) 'Long tail tourism: new geographies or marketing niche tourism products', *Journal of Travel and Tourism Marketing*, Vol. 25 (3/4): 409-419.

Shaw, G. and Williams, A.M. (2004) *Tourism and Tourism Spaces*, London: Sage.

关于世界各主要地区国际旅游发展的分析:

Harrison, D. (ed.) (2001) *Tourism and the Less Development World:Issues and Case Studies*, Wallingford: CAB International.

Lew, A.A., Yu, L., Ap, J. and Zhang, G. (eds) (2003) *Tourism in China*, Haworth: New York.

Williams, A.M. and Shaw, G. (eds) (1998) *Tourism and Economic Development: European Experiences*, Chichester: John Wiley.

第三部分

旅游的经济、环境与社会关系

在本书的第二部分，我们从大的编年史角度介绍了旅游空间发展，这是理解旅游地理的基本背景。第三部分我们进一步讨论旅游者和旅游与旅游地之间的关系，特别是旅游地和当地居民与旅游之间的关系。度假区的开发，国际旅游空间变迁模式都是旅游地理研究的核心。由于旅游高度依赖其发生地的背景，因此不同地域的旅游发展模式差异也很大。地理研究的核心就是分析旅游与地域之间的关系。

这部分中，我们借鉴了很多关于旅游对目的地影响的地理文献（自然和经济发展、环境变化和旅游的社会文化影响）。我们努力避免把旅游看成一个简单的、线性的事物，即影响非负即正，我们尽量从所有相关的角度去理解旅游，因为影响的标签很难简单地归类，也不能割裂因果或不顾地域差异地去看待。

每一章不仅介绍基本地理描述，而且进行充分的展开解释。这种解释主要从两方面展开。首先，我们会分析与旅游有关的各种核心概念与话题，包括当代批判人文地理研究的新成果，如全球化、生产与消费关系的变化、可持续性和权力关系概念等。通过一些说明能让读者把旅游地理与更广的地理学研究话题联系起来。

其次，这些章节把人文地理与很多相关学科联系起来，借用其他学科的理论来解释说明，如人类学、文化研究、经济、政治、规划与社会学等。这些学科的观点都有助于我们更全面地理解相关的主题。本书不希望人们只单纯地从地理学角度去理解旅游地理，因为这种做法无助于全面理解旅游地理，而是通过多学科的视角去加强对旅游地理的理解。

第四章 收入与成本——本地旅游经济景观

核心概念
- 贸易 / 收支平衡
- 经济发展
- 经济乘数
- 经济再造
- 福特主义
- 细分市场
- 物质开发
- 规制理论
- 度假村
- 旅游开发
- 旅游就业 / 劳动力
- 旅游区
- 旅游飞地
- 跨国企业

在旅游给接待地区所带来的各种影响之中,其对当地经济布局的影响可能是最显著的一种。这种影响可以反映在旅游基础设施(住宿、零售、娱乐、景点、交通服务等)的发展,旅游相关就业,以及不太容易直接看到的对国内生产总值、国际收支平衡和吸引投资方面的影响。对于发展中国家或地区来说，旅游所带来的投资使本来闲置的资源得到了利用，而因过度开发造成的不稳定和负面效应不应被忽略。旅游业发展在带给我们各种收益的同时也会造成巨大的成本代价。

对于旅游地理学生来讲，"发展"一词本身就是一个充满问题的概念。这个词用在不同的地方有不同的含义，它可以用来形容一种变化的过程（如推动和影响政府改变投资政策），也可能是某个发展阶段（如发达目的地和欠发达目的地）（Pearce，1989）。第二章里我们讨论的巴特勒（Butler，1980）给出的度假区生命周期模型描述的就是一种连续的发展过程，而不是发展政策和进程的详解。不过这种发展的阶段不仅有明显的区别，而且整个过程的特征也存在不同的解释，包括：

- 发展作为一种经济的增长过程，是用产品和财富的增长及就业的增加来衡量的；
- 发展作为一种社会经济的转变过程，是指经济增长带动地域之间（特别是在发达和不发达地区之间）关系的改变和社会经济团体之间关系的改变，从而使生产和消费模式发生根本转变；
- 发展作为一种人和生产区域的空间重组过程，是一种社会经济转型的有形结果，这往往与旅游发展有关，这种发展倾向于将原本闲置或利用率不高的资源加以利用。

在地理学领域，发展研究传统上主要是探讨发达国家和欠发达国家之间的关系及所带来的相关问题（见 Potter et al.，1999；Hodder，2000；Harrison，2014）。这个研究传统也被移植到了旅游地理研究上（如 Britton，1989；Harrison，1992，2001a；Oppermann & Chon，1997；Scheyvens，2002），但值得注意的是旅游的发展过程对于发达国家也非常重要。本章所探讨的旅游问题，部分是以欠发达国家为背景的，但大部分内容也是关于旅游发展对发达国家经济发展的影响。

本章两个相互独立而又相互关联的主题是：

- 影响旅游发展的要素及所形成的空间格局；
- 旅游与经济发展之间的基本关系。

这两个主题应放在更广的背景下讨论，既看到影响旅游发展方式的特定旅游维度，也认识到与全球化进程及围绕所谓的"后福特主义"生产消费模式形成的不断变化的各种关系有关的发展过程的根本变迁。这点是非常重要的。

一、旅游开发：特征与背景

要理解旅游与经济发展之间的地理关系，必须了解旅游生产过程的三个核心特征。首先也是最重要的是旅游的生产与消费是基于具体地点的。与制造业的产品从生产地运送给消费者不同，旅游的生产与消费发生在同一地点，旅游者必须旅行到某个地点（如度假区）去消费产品（如海滩、表演或历史遗址）。由于旅游的生产与消费在同一地点，旅游者会参与生产的过程，他们在目的地的出现会影响共享同样空间的其他人的产品体验，旅游者会通过他们的偏好影响生产决策。另外，旅游行业有很强的季节性，这种时空的局限形成了肖和威廉斯（Shaw & Williams，2004）所谓的很多旅游形式在"空间与时间上的定式"。

其次，旅游生产中劳动力是关键。劳动力的组织是任何企业的核心竞争力，但这对于旅游显得更为重要，因为它所涉及的几个行业都是劳动密集的服务行业（如酒店和餐饮），人工成本占总成本的比重极高。另外，由于旅游的季节性问题，很多企业管理层都面临随时雇用和解雇员工的问题，因此旅游企业的劳动力中会有大量的季节工、临时工和移民工。从这个角度看，旅游也在影响着劳动力流动的地理模式。

最后，尽管旅游企业中也有很多有影响力的大型跨国企业，但整个行业还是非常分散的，由大量的中小企业组成。旅游生产的不是无差异化的产品，而是由大量细分市场组成，每个细分市场需要不同的服务，这种特性刺激了小企业的生存与发展。这意味着旅游业的成功与否与这些中小企业是否能为游客提供对路的产品和服务体验（Shaw & Williams，2004）息息相关。不过旅游市场的高度竞争也意味着会有大量的中小企业被淘汰，从而可能会引发当地社会的不稳定。

如第三章提及的，企业的产品与服务构成了旅游"产品"（旅游产品越来越商品化了），这种产品是在一个竞争的市场中销售的。由于每个单一企业是没有足够实力去影响整个经济体系的，因此有必要建立一种规则框架（如金融体系或法律管控）去规范行业的发展方向。调节论认为需要一系列的原则去规范行业系统的运作，这个系统包括生产、分销、社会交流和消费（见 Ateljevic, 2000; Dunford, 1990; Milne & Ateljevic, 2001; Shaw & Williams, 2004; Tickell & Peck, 1992）。

20 世纪旅游发展的主流是福特主义/凯恩斯主义模式的大众化生产与大众化消费。旅游发展基于标准化的包价产品，这些产品更多是由生产者而非消费者决定的，即用很少的产品服务于全体大众消费群体（Ioannides & Debbage, 1997）。不过，20 世纪后期，福特主义/凯恩斯主义模式逐渐被更灵活动态的生产与消费模式所取代，后者常被称为后福特主义（Milne & Ateljevic, 2001）。这种模式的转变给旅游业带来的是产品的差异化和更多新景点的引入，以及对市场细分和变化（旅游者类型）更高的敏感度，同时也带来了更多新目的地的开发，市场更多地远离标准化的包价产品（Ioannides & Debbage, 1997），尽管大众旅游仍然一如既往地盛行（Shaw & Williams, 2004）。后福特主义生产和消费模式的转变并不是一种资本积累体制向另一种体制转变的简单线性改变，事实上在旅游行业中福特主义与后福特主义普遍共存，大众产品仍然大量存在，只是生产变得越来越灵活和有弹性，这是保持市场利润的前提，因为市场的品位和偏好也越来越善变，人们的选择也比以前丰富得多（Poon, 1989）。

调节理论的核心前提是民族国家（一般以国家政府的形式存在）在调节框架中起基础作用。在旅游开发方面政府能起到以下作用：

- 调节国家经济和全球经济之间的关系；
- 控制劳动力和资本的移动；
- 执行地区发展政策；
- 管理国家安全（Shaw & Williams, 2004）。

旅游与全球化的联系越来越密切，出现了越来越多的旅游跨国企业和越来越多的国际旅游投资，这其实弱化了政府对旅游资本积累体制的管控与调节作用。这一方面是由于全球化是对各国边境的挑战（Shaw & Williams,

2004),另一方面是由于全球框架下的财经交易与控制,以及与之相关的各类机构(如国际货币基金组织和世界银行)也在改变着政府调控的背景环境。

例如,欧盟采用单一货币欧元以后,欧盟各成员国政府独立调控的能力就被极大地削弱了,成立欧洲议会及更大程度的欧盟集权化更直接地影响了很大的政策领域,改变着各成员国的调控机制和能力。同样,北美自由贸易区(NAFTA)、东盟自由贸易区(AFTA)和西非国家经济体(ECOWAS)等国际贸易组织等国际贸易协定组织也会在某种程度上影响相关各国的发展和财经政策。

尽管调节框架规模越来越全球化,但现实的旅游发展仍然集中在地区和本地层面,因此这是个"全球-本地联接"(Milne & Ateljevic,2001),全球化力量影响下的旅游发展与本地化的地区和社区产品供给进程。这种关系不可避免地让旅游发展的具体情况更复杂和更独特,如果我们具体去看旅游地的开发实例,这种复杂性体现得更明显。

二、旅游地的物质开发

从地理角度讨论旅游发展(以及一系列空间模型)在旅游研究方面已经有一段时间(见 Britton,1989;Miossec,1997;Pearce,1987,1989),这些研究一般都把旅游发展放在具体的地理环境中进行研究,因为增长是有一定前提的,所有发展都有一定的空间形式和地理特征反映在相互关联的一些要素中,而正是这些要素决定了发展的方向。

基本前提包括:
- 资源和景区,包括气候、土地形态、风景和野生动物等自然禀赋;目的地区域内的社会文化遗址(如景点、历史遗址、当地菜系及当地的手工艺);娱乐设施、主题乐园或综合休闲区等体验性景区也属于人文环境的一部分;
- 基础设施,主要是住宿、交通服务和公共设施(如供水、卫生和供电);
- 投资资本来源,以及与目的地营销推广有关的劳动力和劳动力结构。

图 4.1 力求概括地介绍一个复杂的过程,说明各种空间布局可以被看作

是一个各"要素和影响因素"之间相互作用的产物。这个模型提出了五个主要影响因素：

- 自然条件限制；
- 旅游资源和吸引物的性质；
- 旅游市场的现状；
- 规划和投资条件；
- 整合或关联水平。

这些要素单独作用或相互作用形成的空间形式可以分为四类旅游开发形式：飞地、度假胜地、旅游带和旅游区。从空间术语上讲，这些形式与集中或分散程度有关，而且可能涉及一个或多个地理"环境"。这里的"环境"指城市／乡村、海滨／内陆、低地／山地等。与前面说的"发展"概念相关，这些要素既指发展的状态也指发展的过程。自然限制、自然资源和景区及旅游市场状态反映了发展的状态，而规划、投资和整合或关联水平的影响则更多反映在发展的过程中。

1. 自然条件局限会直接影响旅游发展，继而影响地理布局，如地形会影响适于发展的地点，可进入性水平和是否便于公用设施（水、电、排污等）的改扩建，当地居民安置及基础设施建设。"困难"的环境包括乱石嶙峋的海岸线或山区（如瑞士的阿尔卑斯山区——见插图4.1），这些环境中的一些自然障碍会将开发地切割开来，使之不像平坦的开放式海滩那样易于进入。

2. 发展模式要反映旅游资源和吸引物的特点，这是旅游发展的基础且直接决定着旅游发展的分散或集中程度，特别是独特的自然或人文景观往往是开发区的中心，而空间范围较广的资源（如可进入的海岸线或高质量的乡村景观）则具有一种发散效应。以观光为主的乡村旅游是一种在各个层面向小规模地点渗透的开发模式，这类旅游活动往往能利用农场旅游和第二住宅等现有设施（即现有设施的改造）。

3. 发展模式会受旅游市场的影响，即要确定目标市场是国内旅游者还是国际旅游者，是大众旅游市场还是所谓的"另类"旅游形式。因为不同的规模会直接反映到旅游行业所提供的活动和产品体验。

插图 4.1　严酷环境下的旅游开发：瑞士采尔马特山地度假村（斯蒂芬·威廉斯 摄）

4. 历史上，很多类型的旅游都是自发的，几乎没有受到任何控制，而要利用旅游作为一种有价值的地区和国家发展工具，就必须对现代旅游业进行更严密的控制。因此，当地规划和投资条件是第三个条件，如图 4.1 所示，这个要素包括对旅游发展的政治态度和政治控制水平（包括土地规划程序），地区投资中当地和外来投资的比例，以及旅游企业的利益和所有权形式等。像旅游这种高速全球化的产业，外部投资和外国独资设施会极大影响发展的布局。当地和社区也常急于对内投资，因此通常的情况是外部投资者需要花一定的代价保证投资的安全。

影响要素 / 发展结果

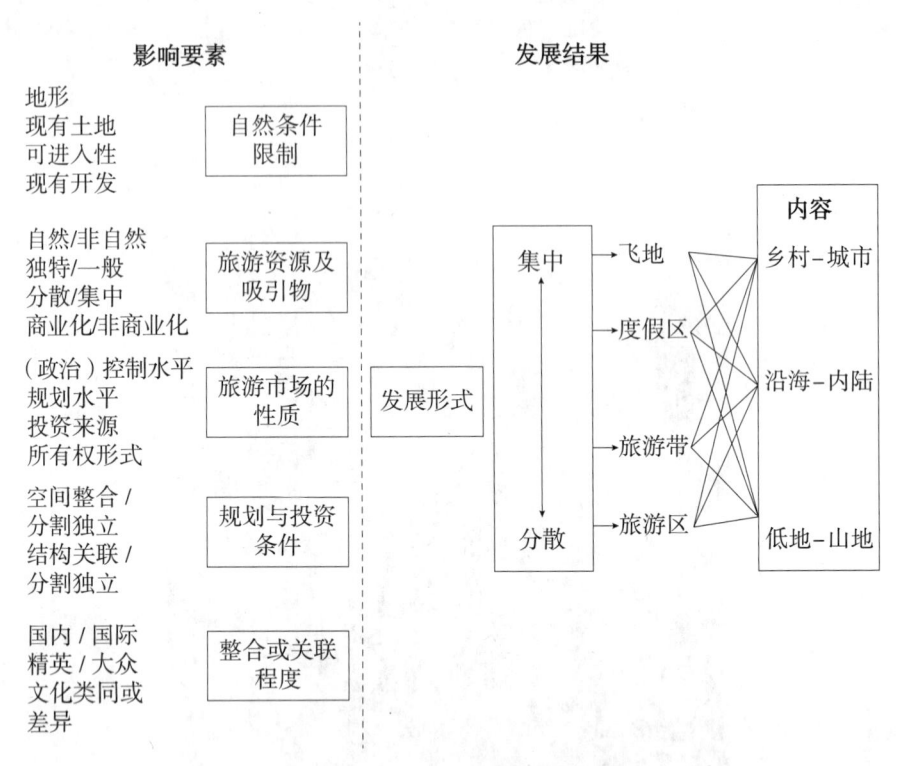

影响要素：
- 地形 / 现有土地 / 可进入性 / 现有开发 → 自然条件限制
- 自然/非自然 / 独特/一般 / 分散/集中 / 商业化/非商业化 → 旅游资源及吸引物
- （政治）控制水平 / 规划水平 / 投资来源 / 所有权形式 → 旅游市场的性质
- 空间整合/分割独立 / 结构关联/分割独立 → 规划与投资条件
- 国内/国际 / 精英/大众 / 文化类同或差异 → 整合或关联程度

发展形式：
- 集中 ↔ 分散
  - 飞地
  - 度假区
  - 旅游带
  - 旅游区

内容：
- 乡村—城市
- 沿海—内陆
- 低地—山地

图 4.1　影响旅游发展模式的要素

5. 规划和投资条件与最后一个关键要素——关联程度与性质——密切相关，旅游发展中的"关联性"问题的讨论有两个含义。其一是指空间意义上旅游发展与当地发展现状、非旅游发展形式之间的关联度，换言之，旅游业是应与其他土地使用功能相结合还是应在空间上独立出来。这里的关联度是指发展的结构关联度，结构上的关联发展是指在一个综合开发中将住宿、交通、零售、娱乐和公用设施等所有要素结合起来。这种发展模式有时也称为"催化"开发模式（Pearce，1989），即由少量的外资支持的龙头项目吸引当地企业加入到旅游产业中来带动当地的发展。

三、旅游开发形式的对比

我们将举例说明各种要素是如何互相作用形成不同的旅游开发模式，主要说明三种模式：旅游飞地、度假区和旅游带。

1. 旅游飞地

飞地是最集中的旅游发展形式，而且最能反映以下几方面的情况：
- 一个地方的基础设施条件和地理条件限制；
- 当地企业家投资旅游产业的相对较少，大部分旅游开发资金来源于外部；
- 重点开发某个细分市场（一般是小规模精英团体，不过也存在背包客飞地）而且旅游活动相对集中于某种特定资源（一般是但绝不仅仅是海滨度假区）。

单纯从形式上来讲，飞地开发是完全封闭和区域自给的，不仅是物质上的，而且也是社会和经济意义上（Pearce，1989）。这种开发具有几个特征（Jenkins，1982）：
- 脱离现有社区及其他开发项目，二者不一定能从飞地开发获得直接收益，尽管它们一般都会有间接收益；
- 飞地与当地居民社区极少有经济和其他方面的结构性联系，因为通常这两类人群之间存在明显的社会和文化距离；
- 完全依赖于外国旅游者，这点可以反映在价格上，这也突出了飞地的排他性；
- 飞地内的生活方式与飞地外居民的生活方式截然不同。

飞地开发通常反映出当地旅游行业的不成熟（或处于早期阶段），当地的旅游产业还有待于发展，尚不能为国际和国内旅游提供大量的服务和设施。这种现象在早期的旅游产业中常见于欧洲和北美，现在则常见于欠发达经济体。旅游目的地和产品的排他性形象仍然有市场号召力，包括发达和欠发达地区，尽管旅游已经越来越民主化（Gorden，1998）。

新兴国家的旅游发展采用飞地模式具有几个明显的好处。首先，投资集中于少量的封闭项目可以解决如何较快地为现代旅游者提供满足他们需要的高档设施，并推出可用于销售的特色新产品的实际问题。其次，飞地内的这些外资公司的投资和经营的成功会吸引资金向发展中国家流动，而且能为当地人创造就业机会。最后，飞地发展模式可能会比较受当地政府欢迎，因为这种做法能通过控制游客与当地居民的接触机会而限制旅游发展可能会造成的不良社会、文化或政治影响，这一点虽然不是那么明显但也是确实存在的。

不过相对上述优势而言，这种开发模式也存在几个严重的弊端，其中包括使发展中国家经济对外国公司和投资者的依赖性增强；"漏损"严重（尤其是支付海外公司和投资人的利润部分）；物资和服务供应上对当地的依赖程度较低；可能会造成就业的季节性波动。

2. 度假区

人们最熟悉的旅游开发形式莫过于度假区。度假区一词既指住宿、休闲、娱乐综合设施，也指提供这些设施服务的目的地。酒店与度假区的最主要区别在于后者更强调休闲服务，不过有些地方几乎所有酒店都说自己是"度假区"。度假区一词的确应用广泛，既指单体酒店也指综合性目的地。海滨度假区可能是最常见的度假区，当然还有很多度假区是围绕天然温泉建立的（如英国的巴斯、日本的别府），还有山地度假区（如法国的拉普拉涅、新西兰的皇后镇），甚至沙漠腹地度假区（如阿联酋的迪拜和美国内华达州的拉斯维加斯）。下面的讨论都是围绕度假区作为休闲目的地展开的。

度假区开发是受自然资源影响最大的一种旅游开发形式，因为自然资源是度假区开发的基础，这类开发都是围绕着某些关键资源进行的。度假区的开发也受以下因素影响：一个地区的可进入性、土地供给情况、规划和管理政策、投资来源和各方（包括非旅游方）的综合互动程度。

普里多（Prideaux，2000，2004）指出度假区是一个经济体，它受需求、供给等市场力量所驱动和左右，其结果会影响度假区的价格和服务。普里多的度假区开发谱系模型指出，度假区的发展路径是与需求水平和供给水平的发展相关的，在这个递进的过程中，每个阶段价格的变化都受供需间的不平衡关系所影响，同时也受目的地间的竞争，以及当地社区的投资或规划决策所影响。当然，有些度假区能发展成国际型度假区，但有些就只能停留在地方度假区的水平。

由于海滨度假区是这类开发中最成熟的一类，因此我们重点介绍这类度假区的开发模式。欧洲海滨度假区的历史发展我们已经在第二章中介绍过了。从海滨度假区的发展历史上看，传统的度假区以海水为资源。这类度假区的土地使用模式是一种一味增长的模式，这反映出早期这类度假区开发的自发性和无序性，这类投资开发多是小规模的，投资多来源于当地投资者。

由于这类度假区中海水是非常重要的，因此度假区多为带状沿海岸线开发（插图 4.2），度假区的地价呈发散式递减，即越远离海岸价格越低，越偏离度假中心价格越低。出于商业的考虑，度假区的一些功能性设施如住宿、旅游零售和娱乐设施都组合到一起成为传统度假区中的一种空间分区模式，当然这些旅游设施是与为当地人服务的设施相互交错融合的，如当地的各种产业和民用住宅。

插图 4.2 英国伊斯特本海滨的饭店和景区———一种传统的线性开发模式（斯蒂芬·威廉斯 摄）

这种分区逐渐形成了"娱乐商务区（RBD）"，这与一般城市中常见的"中央商务区（CBD）"是有区别的。在旅游区中，对优势位置的竞争逐渐将大企业与小企业区分开来，一些有特色的小规模住宿设施（如床铺加早餐的家庭旅馆）往往集中在一些通往旅游中心区的道路沿线，而一些占地较大的低成本设施（如度假村和旅游车停车场）则逐渐退居到度假区的边缘地区，因为那里的地价相对便宜。图4.2是对这种模式的一种描述性直观图示概括。

随着旅游业的发展，有别于传统开发模式的新型海滨度假区开始出现。表4.1概括了海滨度假区发展的不同阶段，从最初的发源到成为大众型综合目的地。这种比较复杂的值得强调的度假区开发模式包括以下几个特点：

- 度假区早期开发阶段的第二住宅开发的作用；
- 沿海岸线的带状开发因第一期的饭店开发而被强化；
- 随着旅游开发的深入，沿海岸的居民住宅需要搬迁；
- 当海滨沿线已经被完全开发时，度假区内地开始出现第二批饭店开发；
- 在度假区成熟阶段，CBD最终从RBD中分离出来。

虽然这个开发模式是根据对马来西亚、泰国和澳大利亚等地度假区开发现状的观察总结出来的，但这个模式也同样适用于一些其他地区目的地的近期开发。

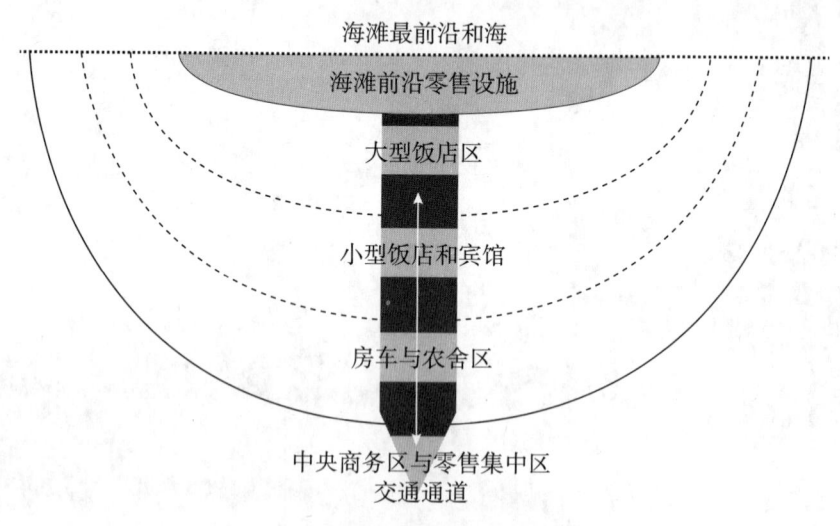

图4.2 传统海滨度假社区土地使用模式

资料来源：节选自史密斯（Smith，1991）。

第四章 收入与成本——本地旅游经济景观

表 4.1 海滨度假区形成的阶段

第一阶段：旅游者进入之前
没有旅游业；有些度假区此时已有部分定居居民

第二阶段：第二住宅
最早的旅游开发；低预算旅游；沿海滨出现第二住宅；基本道路设施；沿海滩或海滨的带状开发

第三阶段：最早的饭店
游客的可进入性有所改善；第一批饭店开业；无计划性开发；高预算游客光顾；旅游创造就业

第四阶段：建成度假区
更多的饭店出现；带状开发密度加大；有些居住建筑被拆迁；当地居住人口增长；饭店成为当地的主要工作机会

第五阶段：建成商务区
更多不同住宿设施出现；游客类型更加多元化；饭店以外的其他企业开始增多；旅游业成为主要产业；涌入大量外来劳动力；文化开始转变；海滨变得拥挤并受到污染；周边环境开始退化

第六阶段：内陆饭店
酒店开始远离海滩；居民人数激增；商业区形成；存在洪水和水土流失的潜在危险；旅游文化占据主导地位；传统的生活模式逐渐退化；创业精神推动下的开发；政府总体规划

第七阶段：转型
度假区城市化；自然环境恢复；住宿结构的改变；游客类型和花费结构的改变；度假区"政府"失灵

第八阶段：城市度假区
完全城市化；发展流通/交通系统来缓解拥堵；明显区分的娱乐区和商务区；度假区扩展边缘化；污染加剧；政治权力收归高一级政府

资料来源：改编自史密斯（Smith, 1991）。

3. 旅游带

在成熟的旅游目的地中，各种开发模式的边界往往是模糊的，一个目的地可能兼有多种开发模式，包括飞地、度假区和其他开发类型（如别墅群、度假村、旅游房车停车场、景区、高尔夫球场等）。与上面所讨论的其他开发模式不同的是，地带式开发的重点是设施和景点的分散性，尽管可能有一些活动设施是集中在地带内的，现在通常是围绕在城市度假区周边。

这类地带的形成原因可以是多方面的，包括地形、可进入性、可供开发的土地、规划和投资条件等。地带式开发的一个最有代表性的形式就是根据可进入性条件在沿海滨地区出现的带状开发。在某些情况下，开发区的形状受地形限制，使设施必须集中在一个带状地区内，而联系各设施的滨海公路也促成了这种旅游地带的出现。大部分发达国家的主要旅游目的地都有很多景观海滨公路的案例，因为发达国家的私家车较多。

景观公路可能在海滨，也常建在自然农业区或山区。通过这些旅游地带的旅游路线一般都是线性的，即从一个点向另一个点移动。冈恩（Gunn，1994）称这些地带为"流动的"目的地，这是与全包的度假区目的地相对的。究竟是目的地带还是度假目的地，这完全看当地的规划控制，如果控制不好，都会产生负面影响。

四、旅游与经济发展

旅游发展会带来一系列的环境和社会影响（见第五章和第六章），但与旅游联系最紧密的还是其经济影响。旅游可以：

- 通过赚取外汇拉动经济发展；
- 有利于平衡收支；
- 创造大量就业机会；
- 有利于贫富地区间的财富再分配；
- 促进和资助基础设施状况的改善；
- 使经济多元化，创造新的经济联系形式。

旅游也会造成一些相对负面的经济影响：

- 加大经济对外国投资者和外国企业的依赖性；
- 造成劳动力市场的不稳定性和脆弱性；
- 从其他经济部门分流资金。

旅游的正面和负面影响之间的相对平衡很大程度上取决于每个目的地的背景环境，不同的地理和文化环境会带来完全不同的结果。旅游业的经济影响是非常复杂的，而且难以从其他部门中分离出来进行独立测量和研究，但有一点是非常肯定的，那就是这种影响具有明显的空间差异性，这一点可以从以下几个方面看出：

- 发展的地域范围，如国际的、国内的、地区的或地方的；
- 旅游花费量的差异。花费是受旅游人数和细分市场影响的，如经济型旅游和豪华型旅游的花费是不同的，大众旅游和散客旅游的花费也是有差别的；
- 经济的规模和成熟度的差异，这会影响到旅游供给有多少可由本地经济解决，有多少需要依靠外来经济；
- 经济的漏损程度。漏损是指所得到的收入中流出本地经济体系以外的那一部分的比例，这些漏损的造成包括维持旅游企业所需要的进口货物和服务，向海外投资人支付利润分成或红利。总的来讲，越大越发达的经济漏损程度越低，反之亦然。

还有一些不稳定性会影响旅游经济的表现，大部分地区的旅游业都受制于需求的季节性，如有些目的地只针对夏季和冬季市场（如欧洲的阿尔卑斯山地区）。图 4.3 所示为欧洲目的地的旅游季节性。从经济角度讲，很多旅游设施在淡季时利用不足甚至关闭。除了季节因素，还有很多要素会影响旅游需求，包括：

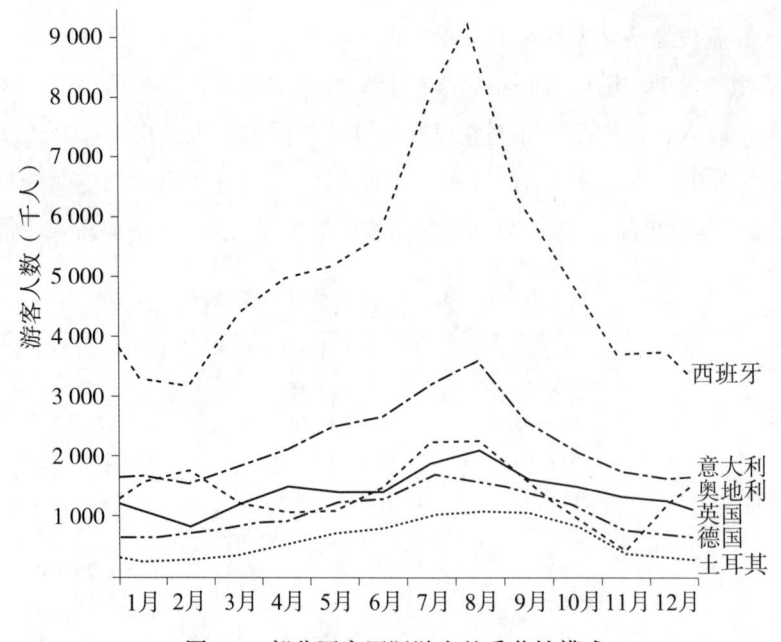

图 4.3　部分国家国际游客的季节性模式

- 客源国经济衰退；
- 国际货币汇率的波动和旅游行业的价格战引起的包价旅游的价格变化；
- 因油价和其他相关成本的变动引起的交通运输成本的变化；
- 目的地中短期经济和政治的不稳定；
- 战争和内乱；
- 目的地一系列潜在问题（包括犯罪率、瘟疫甚至是潮流的过时）引起的负面形象。

下面的几个部分将分别介绍旅游对经济的影响，特别是对国际收支平衡、经济增长、就业等方面的影响。

1. 旅游对贸易平衡和对内投资的影响

国际旅游业对目的地国经济的一个重要积极影响是可以赚取外汇，这有助于改善一个国家的国际收入平衡状况。截至2012年，全世界旅游业的总"贸易"额达每年1.3万亿美元，包括国际运输和旅游业的收入（UNWTO，2013a），旅游业对地区财富积累的影响显而易见。

旅游业被经济学家称为"无形"的贸易部门，即这种贸易并不一定存在有形货物的流动，因此也是难以准确测知的。如果说这是一种出口，因其会产生外汇收入，但产品实际上并没有离开这个国家。不过我们可以通过考虑各国旅游外汇收支情况（有时也称为"旅游账户"）了解旅游的空间分布。表4.2列出的是世界前20旅游目的地国（按旅游总收入排名）的旅游收支情况。

表 4.2　2004 年国际旅游贸易平衡情况

国家	收入（百万美元）	总盈余（百万美元）	总赤字（百万美元）
美国	74 481	17 037	
西班牙	45 248	36 187	
法国	40 842	17 411	
意大利	35 656	15 026	
德国	27 657		37 032
英国	27 299		20 630
中国	25 739	10 552	
土耳其	15 888	13 775	

第四章　收入与成本——本地旅游经济景观

续表

国家	收入（百万美元）	总盈余（百万美元）	总赤字（百万美元）
奥地利	15 351	3 590	
澳大利亚	12 952	5 661	
希腊	12 872	10 456	
加拿大	12 843		579
日本	11 202		17 617
墨西哥	10 753	4 500	
瑞士	10 413	2 942	
荷兰	10 260		4 339
泰国	10 034	6 539	
比利时	9 185		2 991
马来西亚	8 198	5 352	
葡萄牙	7 788	5 378	

资料来源：UNWTO（2005a）。

有两点值得注意。其一，德国、日本、荷兰和英国等主要客源国在旅游收支方面会出现"赤字"情况。其次，欧洲有一个明显的旅游地理模式，即旅游者从北部高度城市化和工业化的国家流向南部或阿尔卑斯山区比较乡村化和经济不太繁荣的国家。也有一种说法是旅游发展是一种促使财富从较富有的地区向较贫困地区流动的媒介，如从北欧向南欧流动。

不过表4.2只体现了旅游收支情况的一个侧面，因为它无法反映出与旅游相关联的"无形"收入及其次生影响。这些不可见收入包括旅行社、航空公司、交通运输企业、国际饭店连锁的所有权和控制权，甚至还包括不太明显的与国际旅游业相关的保险企业和银行。因此，德国和英国之类的旅游客源国可以通过拥有或管理上述跨国企业通过不可见的收入将赤字转变为盈余。另外，上面的数字也无法反映收入带来的次生效应，即旅游收入的再分配，如通过商品和服务的购买及消费，或通过支付给旅游行业从业人员的工资实现的收益再分配。如果这种交易发生在本国经济以外，也会有自己对国际收支平衡的影响。

旅游的另一个好处是能吸引投资，虽然旅游业以小规模的本地企业为主，但目前的趋势是旅游行业全球化程度越来越高，大型跨国旅游公司不断涌现，新投资会大量地向新兴目的地流动。这些大型旅游集团在横向联合（同行业的兼并和收购）和纵向联合（如航空公司发展自己的旅行社或收购饭店，如大都会集团就在国际饭店连锁、度假营地、旅行代理商、包价旅游旅行社和餐厅业都有自己的投资）的过程中不断扩张规模。

对于发展中国家来说，外来投资是启动旅游业发展的基础，必须先有外来投资建设饭店和度假区，然后才能培育出本地旅游行业的发展。虽然外来投资会伴随漏损的出现，但没有这些投资，本地就缺乏旅游发展的资金，而外来投资带动的旅游业发展能培育出新的本地旅游企业和推动基础设施（道路、水电供应等）的建设，而这一切又是旅游业进一步发展所必不可少的。

尽管旅游能促进本土旅游经济的增长，但也存在经济越来越依赖于外国企业和投资的风险。最理想的是，外国投资助推本地企业的形成与发展，但在很多新兴经济体中，外资企业长期统治着旅游企业，造成大量的收益漏损，压缩了当地经济从旅游获利的空间。小国，特别是岛国，过度依赖问题尤为突出（Harrison，2001b），这方面的案例遍及加勒比海和南太平洋地区（Archer，1989，1995；Britton，1982；Freitag，1994；Lockhart，1993；Weaver，1998；Wilkinson，1987）。例如，20 世纪 80 年代末关于库克岛的案例研究显示，当地人从旅游业中的收益仅占当地旅游花费的 17%，其中瓦努阿图 90% 的旅游花费流入外资企业（Milne，1992）。这种情况下，旅游收入对当地经济的影响明显弱于旅游客流量。

2. 旅游与经济增长

与吸引投资密切相关的是旅游可以带动一些新的相关经济部门的发展，从而对国内生产总值（GDP）做出贡献。旅游对 GDP 的贡献主要反映在给一个国家带来收入，当然贡献程度取决于一个国家经济的多元化程度和各经济部门之间的相互关联度。在发达国家，旅游的贡献度往往很小，因为这些国家的经济高度多元化和具有综合性。相反，在一些新兴发展中国家，由于经济结构比较单一，旅游业对国内生产总值的贡献非常突出。根据沃尔（Wall）和马西森（Mathieson）的数据（2006），高度发达的经济体如加拿大和美国，旅游对 GDP 的贡献分别是 2.4% 和 2.2%，而在一些小国如塞舌尔和马尔代夫，2004年旅游对GDP的贡献值分别是28.6%和41.8%。

旅游的发展可以培育新企业，发展新的经济产业链，图4.4是一个简化的模式。这个简单的模型是伦德格伦（Lundgren，1973）提出的，它将新兴旅游经济体中企业活动的发展归纳为几个阶段，主要用来反映新兴目的地区域的发展与经济模式的关系。在发展中国家，旅游发展最初都是严重依赖海外供应商的，因为本地的供给非常有限。一段时间后，旅游企业的数量会增加，而且空间分布范围更广，会有更多的利润留在本地经济中，当地开始出现供给市场，因而对外国投资的依赖程度会减弱。最后到了成熟阶段，目的地已经出现一个完整的旅游经济，本地供给模式已经形成，对外国供应商的依赖降到最低水平。

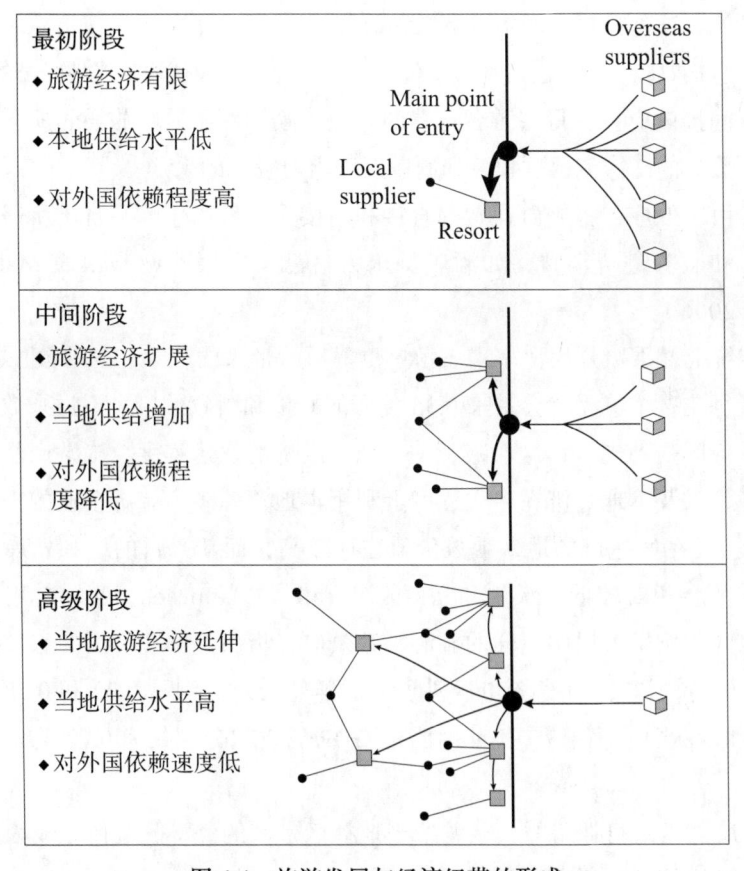

最初阶段
◆ 旅游经济有限
◆ 本地供给水平低
◆ 对外国依赖程度高

中间阶段
◆ 旅游经济扩展
◆ 当地供给增加
◆ 对外国依赖程度降低

高级阶段
◆ 当地旅游经济延伸
◆ 当地供给水平高
◆ 对外国依赖速度低

图 4.4　旅游发展与经济纽带的形成

第三部分 旅游的经济、环境与社会关系

旅游发展对广义经济增长、企业间关系链和创造收益方面的贡献主要是通过所谓的"乘数效应"实现的。最早是阿彻（Archer, 1973, 1977, 1982）将乘数分析应用于旅游，之后它普遍应用于各国和各地，用以分析和评价旅游业的经济影响（见 Archer, 1995; Huse et al., 1998; Khan et al., 1990）。

乘数是用来量化旅游花费在当地经济体系内再循环所带来的影响的。旅游者花费的最初用途是直接用于购买当地产品和服务（住宿、餐食、当地交通、纪念品等），接着这些产品和服务供应商又会将所得的一部分再花出去用于自己的采购，支付员工工资和向当地政府交税。这些交易使资金进一步流通并流入与旅游业有间接关系的企业，超出旅游业的核心范围。通过这种消费，大部分资金流入了当地经济体系用于购买材料、支付运输及外部生产者的利润。这种循环会产生以下三种效应：

- 直接效应：指旅游者通过支付酒店账单等行为最初注入当地经济的收入；
- 间接效应：获得旅游者花费的企业将收入用于采购旅游者所需商品与服务的二次流通过程，如酒店用于店内餐厅的采购；
- 引致效应：指旅游花费的直接和间接受益者用于购买自己所需的商品和服务进行消费，如酒店员工为自己买衣服（见 Wall & Mathieson, 2006）。

传统上，乘数是用比率来表示单位货币所带来的收入，如乘数 1.35 是指旅游者每花费 1 美元就会带来 0.35 美元的间接和引致效应。不过乘数的作用范围在各国是不同的，这取决于一个地区经济的发达程度、旅游产品和市场的类型，以及本地经济在多大程度上利用本地资源满足旅游企业的需求（减少漏损）。在发达目的地，乘数价值往往较高，而新兴目的地和发展中经济体的乘数会相对较低。沃尔和马西森（Wall & Mathieson, 2006）用一些国家和地区的例子来说明不同的旅游乘数效应，指出美国和英国的旅游乘数分别是 1.92 和 1.73，而斐济和不列颠维京群岛的乘数则是 0.72 和 0.58（即国际旅游者在当地每花费 1 美元对当地 GDP 的贡献分别仅为 0.72 美元和 0.58 美元）。

跟所有出口行业一样，旅游给当地社区带来的经济收益使之成为推动当地经济发展的一个诱人选择。不过，问题是旅游是否能真正如愿地有力推动

地区发展，实现财富的再分配，从而惠及当地经济。旅游也同样会带来土地价格、劳动力成本和当地物价的上涨与通货膨胀，对英国和马来西亚的研究显示，旅游并不能让经济利益惠及不发达地区，而是反而更有利于发达地区的进一步发展。在英国，传统国内旅游地如德文郡和康沃尔郡，由于国内度假客越来越多地去国外度假，当地旅游业受到很大冲击，本来希望这种市场空白能够被入境国际游客所填补，但事实上国际游客到英国的首选仍然是伦敦，只有非常少量的外国旅游者会光顾康沃尔郡乡村。所以从区域上讲，一个地方持续不断的国际客流并不能弥补另一个地方在国内旅游市场上蒙受的损失。旅游不但没能缩小地方差异，反而加剧了这种差异（Williams & Shaw，1995）。同样，奥普曼（Oppermann，1992）对马来西亚旅游业的研究发现，尽管国家规划的初衷是推动旅游收益的再分配，但实际上旅游发展仍然集中在全国 14 个地区中的 3 个地区（吉隆坡、槟榔屿和彭亨州），这三个地区的国际游客接待量占到全国的 67.5%。

3. 旅游与就业

旅游能创造的最大的经济收益就是就业。作为现代消费产业，旅游能带来很多直接就业机会，如在饭店和航空公司等旅游企业中就业，以及间接就业，即能从旅游中获益的企业（如零售企业）。不过旅游就业在很多目的地并不稳定，这个行业会根据需求的变化而不断调整劳动力和就业人数（Shaw & Williams，2004），因为大部分旅游企业的主要成本都是劳动力成本。

与很多其他现代行业相比，旅游业对劳动力的需求相对较高，特别是那些以提供服务为主的饭店、餐饮和当地交通类企业。21 世纪初的数据显示，加拿大旅游行业直接创造就业岗位 54 万个，其中 62% 的就业来自上面所说的三个类企业（Wall & Williams，2006）。除了酒店餐饮业和本地交通，其他相对较小的旅游就业方向还有旅行社、导游、活动管理公司、目的地营销机构和旅游信息服务等。以加拿大为例，后面这些就业方向仅占旅游就业总量的 2%。整个行业的主要劳动力是临时工和季节工，长期固定工的比例较小，担任管理岗位的人数更少。

肖和威廉斯（Shaw & Williams，2002）针对旅游就业建立了一个概念模型，这个模型是在阿特金森（Atkinson，1984）早期的劳动力市场核心与外围关系的理论研究基础上发展而来的。在他们的模型中，旅游劳动力市场的核心是少量固定的、有技术的管理人员和工作人员，这些人是能胜任多种工作（即工作职能可以灵活多变）的首要劳动力来源。核心层之外有一个规模较大的第二群体和第三群体，这类劳动者是技术水平相对较低、能力有限的人员（即工作职能不灵活），但这些人可能是业余时间打零工的，因此其规模和构成会随时发生变化。第二群体中会有一部分外来劳工，就业移民是旅游经济的一个突出的地理特征。随着旅游业的运营越来越全球化，旅游劳工移民的地域范围也在扩大。

这种劳动力结构特征说明旅游劳动力中有很大部分是相对快速形成的，受过的培训非常有限，而且这个市场的流动性也很强。从开发者和雇主的角度来讲，这种特征也是旅游业的一种优势所在。而且旅游行业能为就业提供相对容易的准入条件和较低的门槛，这在劳动力市场上也是一个优势。

旅游在就业领域的优势与劣势在很多旅游文献中有所讨论（如Mathieson & Wall，1982；Choy，1995；Thomas & Townsend，2001；Rileyt et al.，2002；Wall & Mathieson，2006；Hall & Lew，2009）。旅游工作的相对劣势包括：

- 收入低；
- 手工劳动，没有技术含量；
- 临时性和季节性；
- 很强的性别倾向，过度依赖女性劳动力。

旅游就业的季节性是旅游活动节奏不可避免的产物，是随一年的气候变化和度假周期而变的，而大量的临时工是旅游行业应对这种需求波动的主要机制。低工资也反映了两个因素：首先，劳动力成本是旅游企业成本中占比最大的一部分（Shaw & Williams，2004）；其次，工资水平往往与技能水平相关，因此像打扫客房这样的低端服务，其工资肯定不会高的。

这种描述过于简化地说明了一个非常复杂的劳动力市场，而且没能触及雇员的核心，很多旅游业工作确实受到这种结构特征的困扰。以非洲的旅游就业研究为例，当地低工资低技术要求的工作基本上都不断由当地劳动力补充进去，而负较大责任、报酬较高和提升空间较大的工作则基本上由外国人担当（Dieke，1994，2002；Poirer，1995）。这些问题不仅出现在发展中国家，在欧洲和北美的旅游就业也同样显现出同样的问题（Baum，1996；Thomas and Townsend，2001）。

尽管存在低工资、低技能和高季节流动性等问题，但旅游就业对当地的利益仍然突出，从雇员的角度来看更是如此。蔡（Choy，1995）在研究夏威夷的旅游就业时发现，如果一个地区高度依赖旅游就业，其他行业会很难找到劳动力，而且旅游行业的劳动力满意度较高。同样，匹赞姆等（Pizam et al.，1994）对佛罗里达和斐济的旅游就业进行了对比研究，发现农业等非旅游产业给劳动力的回报和前景更糟糕。赖利等（Riley et al.，2002）指出对低收入的抱怨可能会因为工作环境等优越条件（如有吸引力的目的地、高档酒店和餐厅）所缓和，当然不是所有目的地都有吸引力，也不是所有酒店都很高档。作为一个劳动力流动水平高的全球性产业，我们必须认清旅游就业的质量取决于劳动力产生的条件及其工作的条件。

旅游就业还面临着多临时工和过度依赖女工的问题，不过这个提法忽略了一个事实，即对于不断增长的人口来说，在更多地由消费和休闲，而非由工作所决定的生活方式下，兼职常常是一种更好的就业方式（Haworth，1986；Reid & Mannell，1994；Franklin，2004）。旅游就业的性取向也是值得商榷的，因为尽管女性在旅游业中大量从事低技能、低收入的工作，但事实上旅游行业的各种层次和类型的工作也给女性带来了家庭以外的更多工作机会和职业独立，特别是在希腊和塞浦路斯等地中海国家及加勒比地区（Tsartas，1992；Leontidou，1994；Sinclair & Stabler，1997）。

4. 旅游作为改造要素

旅游除了能从宏观层面对国民经济和就业有很大影响外，还能通过使商业活动多元化，在经济改造、更新和商业活力再造方面发挥关键作用（Lew，1988），特别是在一些乡村经济体中。以发达的欧洲、北美和澳大利亚为例，不太挣钱的农场、牧场可以通过开发各类旅游活动项目（包括钓鱼、骑马、打猎、自助餐饮设施、床铺加早餐的家庭旅馆、房车和露营等）实现转型和增加更丰富的收入来源（Busby & Rendle, 2000; McNally, 2001）。

同样，基于旅游的再造和多元化也能带来城市旅游新形态。随着工业和制造业的衰落和服务经济的兴起，发达国家的很多城市都有改造的压力，这些改造项目有很浓厚的旅游色彩，能给城市带来很多有形和无形的利益，包括：

- 创造就业；
- 出现新企业和新的投资机会；
- 提升一个地方的形象、吸引力和机会；
- 在改造区开创新的经济空间；
- 环境的改善。

尽管改造有时也被诟病为不能提供合适的投资回报或缺少当地人的认知和支持，但这不影响旅游引领的改造一如既往地受城市开发者的欢迎。

旅游引领的改造中最引人注目的是对城市商业旅游（又称会议、奖励旅游、大会及展览，或简称 M.I.C.E.）、体育和节事旅游的发展和促进，以及围绕休闲购物设施和工业遗址地开发的新景区，让那些传统上没有旅游的地方开发出一个新产业，从而盘活当地或区域经济（Goss, 1993; Hiller, 2000; Jackson, 1991; Lew & Chang, 1999; Page, 1990; Robinson, 1999）。旅游对这种改造的贡献作用，最初是在美国的一些城市再造中引起人们注意的，包括20世纪60年代旧金山吉拉德里广场和20世纪70年代的巴尔的摩内港（Blank, 1996），之后这种模式被广泛应用于世界上其他退出工业化的地区（Williams, 2003）。我们将在第九章对这方面进行深入讨论。

四、小结

经济发展是旅游业对接待地区影响中最显而易见的一种。本章首先介绍了主要的旅游开发空间模式，这些形式的开发不仅改变了目的地的自然环境，而且还带来了一系列的经济影响。旅游对各地的经济影响是不同的，取决于各地的经济发达程度，这些影响涉及国际收支平衡、国家和地区的经济增长和创造就业。

但由于旅游业具有不稳定性，会受到很多因素的影响（如汇率和油价的波动、政局的影响、公共卫生危机、自然灾害和时尚的变迁等），因此这个行业不能成为经济发展的稳定基础。对于发展中国家来说，旅游可能会增加这些国家对外国的依赖程度，而且旅游所创造的就业往往都是低质量的就业。因此要评估旅游经济影响的正负两面，而这种评价与当地环境及评价者的观点（雇主、雇员、旅游者和目的地居民）有关。

讨论题：

1. 旅游目的地的发展必须具备哪些要素？
2. 为什么说旅游发展的空间布局是受各地条件影响的？
3. 通过成熟和新兴度假区的例子说明图 4.2 和表 4.1 所说明的度假区结构模型的有效性。
4. 作为经济发展的一种手段，旅游业具有那些优缺点？
5. 分析旅游业作为一种当地就业来源的潜力及其面临的挑战。

延伸阅读

虽然这不是一本最近才出版的著作，但它很好地介绍了度假区和旅游地带的发展进程：

Pearce, D.G. (1989) *Tourism Development*, Harlow: Longman.

全面讨论旅游业的经济影响：

Hall, C.M. and Lew, A.A. (2009) *Understanding and Managing Tourism Impacts: An Integrated Approach*, Oxford: Routledge.

Shaw, G. and Williams, A.M. (2004) *Tourism and Tourism Spaces*, London: Sage（特别是其中的第 2—4 章）.

Wall, G. and Mathieson, A. (2006) *Tourism: Economic, Physical and Social Impacts*, Harlow: Prentice Hall.

关于发达国家和发展中国家一系列背景下的旅游经济和发展方面的综述，其中包含大量案例研究：

Cochrane, J. (2008) *Asia Tourism: Growth and Change*, Oxford: Elsevier.

Harrison, D. (ed.) (2001) *Tourism and the Less Developed Countries*, Wallingford: CAB International.

Williams, A.M. and Shaw, G. (eds) (1998) *Tourism and Economic Development: European Experiences*, Chichester: John Wiley.

关于旅游就业的相关问题：

Riley, M., Ladkin, A. and Szivas, E. (2002) *Tourism Employment: Analysis and Planning*, Clevedon: Channel View.

Shaw, G. and Williams, A.M. (2002) *Critical Issues in Tourism: A Geographical Perspective*, Oxford: Blackwell, 第7章。

不同目的地国家旅游和经济发展具体方面的案例研究：

Church, A. and Frost, M. (2004) 'Tourism, the global city and the labour market in London', *Tourism Geographies*, Vol. 6 (2): 208–228.

Diagne, A.K. (2004) 'Tourism development and its impacts in the Senegalese Petite Cote: a geographical case study in centre-periphery relations', *Tourism Geographies*, Vol. 6 (4): 472–492.

Mbaiwa, J.E. (2005) 'Enclave tourism and its socio-economic impacts in the Okavango Delta, Botswana', *Tourism Management*, Vol. 26 (2): 157–172.

Nepal, S.K. (2005) 'Tourism and remote mountain settlements: spatial and temporal development of tourist infrastructure in the Mt Everest region, Nepal', *Tourism Geographies*, Vol. 7 (2): 205–227.

Sarrasin, B. (2012) 'Ecotourism, poverty and resources management in Ranomafana, Madagascar', *Tourism Geographies: An International Journal of Tourism Space, Place and Environment*, Vol. 15 (1): 3–24.

第五章 旅游、可持续性和环境变化

核心概念
- 替代旅游
- 生物多样性影响
- 承载力（CC）
- 环境变化
- 环境影响报告（EIS）
- 环境影响
- 全球变暖
- 温室气体（GHG）
- 粉饰
- 整体论
- 可接受变化极限（LAC）
- 空间区域
- 可持续性/可持续发展
- 可持续旅游
- 旅游/游客管理
- 视觉污染

"环境，不论是自然环境还是人造环境，都是旅游业的核心资源和旅游产品的核心要素"（Wall & Mathieson, 2006: 154）。环境是目的地吸引力的决定要素，是主要旅游景点的基础"背景"（Farrell & Runyan，1991）。从历史上看，享受"环境"（包括人文和自然环境）一直左右着旅游的地理分布。随着公众品位的改变，不断有新的休闲环境出现，从海滨度假到19世纪人们推崇自然风景使度假区开始形成，而20世纪人们度假追求更多的是宜人的气候和吸引人的历史遗址，每个阶段都会形成新的人与自然的互动模式。

　　旅游与环境的关系非常复杂，而且随着时间的变化和空间的不同，这种关系变得更加复杂。佩奇和道林（Page & Dowling，2002）指出早在大众旅游之前，这种旅游与环境之间的相互依存关系可以被称为"共存"。这意味着，旅游不仅从高质量的环境中获益，同时环境也应因其具有旅游资源价值而受到保护，即环境也应从旅游的开展中获益。到20世纪70年代，国际旅游大众化的扩张让人们越来越深入地认识到旅游在促进环境变化方面的作用，而且也越来越多意识到旅游对其依赖的资源的破坏力。从此意义上讲，旅游与环境的关系正从共生关系发展成一对"矛盾"（Page & Dowling，2002）。旅游与环境之间的冲突大量见诸20世纪80年代到90年代的旅游对环境的影响文献，其中有分水岭意义的是马西森和沃尔（Mathieson & Wall，1982）的文章，以及后续同类的文章（如Hunter & Green，1995；Hall & Lew，2009）。

　　巴特勒（1991）提醒我们，因为旅游不是一个单元素行为，不同类型的游客具有不同的需求，所以对地区和资源的影响也不同。另外，由于旅游地本身也存在很大的差异性，因此不同地方旅游与环境的关系特征也很难统一（Wall & Mathieson，2006）。这让我们认识到旅游与环境的第三种关系——"共生"，即这种关系能同时让旅游和环境获益（Romeril，1985）。例如世界上很多国家公园的建立就是因为考虑到这些优质环境是有价值的旅游景区，应得到保护和更好的管理（MacEwan & MacEwan，1982）。同样，东非的野生动物也因游猎假日的日渐盛行，以及旅游带给当地社区的经济利益得以实现而得到加强（Sindiga，1999）。

　　尽管旅游与环境之间有共存、矛盾与共生三种特征不同的关系，道林（Dowling，1992）指出这三种关系很可能同时存在，更强调哪种关系主要取决于如何管理两者的关系。这种理念贯穿本章，而本章旨在说明旅游与自然环境的关系不是简单、线性的、非正即负的影响关系，管理手段也不是要么可持续要么不可持续。这种关系是无限多元变化的，它取决于旅游开发地当地的条件和具体情况。目前的兴趣和关注点让我们必须在可持续发展的框架下讨论旅游与环境变化。

一、可持续发展理论

现代可持续发展理念是由世界环境与发展委员会（1987）（又称布伦特兰委员会）最早提出的，其对可持续性的定义是"能满足当前一代的需求且不影响未来代际满足其需求的发展"。沃尔和马西森（Wall & Mathieson, 2006：289）认为布伦特兰关于可持续发展的定义包括以下要素：

- 保持生态统一性与多样性；
- 满足人类基本需求；
- 让未来几代人有选择；
- 减少不公平；
- 提升自我决策力。

可持续发展的原则让人们有能力参与那些影响自己生活质量和文化可持续性的决策。因此，真正的可持续发展是指能同时满足经济可行性、环境敏感性和文化适度标准的发展。

从某种意义上讲，可持续发展的概念似乎只是一些成熟行为的新解读，其中一些原则只是长期以来在农业等行业已经长期实践的谨慎资源管理形式的复述。巴特勒（1991）曾指出12世纪英格兰的皇家狩猎林的管理方式正是我们现在所定义的"可持续"。有趣的是，可以说1850年以后发展起来的以城市海滨度假区为中心的大众旅游也是高度可持续的，因为它吸纳了快速增长的市场需求，而且在之后的几十年仍保持增长和发展。

不过，现代可持续旅游的概念是一个比较宏观的发展观，它结合了时尚、政治、社会、文化、经济和生态环境等方面。可持续性也有很强的伦理性，它强调发展观及其潜在影响（Sharpley, 2000）。发展过程是一种满足人们基本需要（如食、衣、住）和高层次期望（如较高的生活水平、安全和不受约束地得到旅游之类的享受）的过程。同时这种发展水平又受到环境的限制，而环境的限制最终影响发展水平，发展水平又受可持续性对平等获取资源和共享其成果的保障所制约。因此要实现可持续发展需要人们统一观念，尝试一种与以往不同的资源管理和保护方式。

尽管可持续发展理论存在一定的逻辑性，但这个概念也饱受诟病。布伦特兰委员会的定义本身就有自相矛盾和容易引发争议的地方，如谁来认定可持续性？什么是可持续的？什么不是？从现实意义上讲到底什么是可持续发展？现在人们普遍认为这个词已经成为一种政治演讲的说辞，是"毫无意义的安慰剂"（Mowforth & Munt, 2003：80）。有些批评家认为这个词本身就概念不清晰，"可持续"指的是稳定的状态，而"发展"指的是成长和变化（Page & Dowling, 2002）。沃尔和马西森（Wall & Mathieson, 2006）指出要调和这一对明显的矛盾，唯一的方法就是强调该词的组合部分的一方面，从而厘清这一方法。

因此可持续性概念有很多不同的解释。一个极端是"零增长"，即认为一切发展本质上都是不可持续的，要抵制的，另一种完全不同的观点认为成长型的资源管理是依靠技术解决环境问题，确保一个可持续的未来。可持续性也是一个文化理念，它基于盎格鲁-欧罗巴传统，但在解释过程中杂糅了很多其他文化背景。还有很多解释常被认为是披着可持续性外衣来达到不可持续的目标（也被称为"刷绿粉饰"）。

不过多样化的解释既是缺点也是优势，即它使不同观点能共存于"可持续性"这个概念伞下。完全放弃可持续性观念更会滋长不可持续发展，可以说这是一种政治上的机敏与狡猾。亨特（Hunter, 1997）和沙普利（Sharpley, 2000）均指出可持续发展概念可以被标签为"适应性范式"，它由一系列大原则和目标组成，它让各种不同发展路径能合法地共存。

1. 可持续旅游

从前面的讨论我们可以看出，可持续发展模式与旅游有很大关联度，旅游行业对"环境"的依赖度很高，环境资源是这个行业的基础吸引力。旅游开发也有相当的能力来刺激环境发生显著的改变。可持续发展是一个较宽泛的概念，要想把可持续旅游从理论转变为现实，还有相当大的困难和挑战。

第五章　旅游、可持续性和环境变化

可持续旅游面临很多困难。第一，沃尔和马西森（Wall & Mathieson, 2006）指出可持续发展是一个整体论概念，任何针对某一个行业（如可持续旅游）的路径都对整个系统的可持续性存在风险，因为它可能意味着以牺牲另一个行业的可持续性为代价。亨特（Hunter, 1995）也批评说很多早期的可持续旅游动议实际上并没有把旅游发展放在发展和环境变化的大背景下考虑。

第二点是第一点的延续，沙普利（Sharpley, 2000）指出整体论很难应用于旅游这样的行业，因这个行业的特性就是区块化，整个行业依托于大量独立的中小企业（暂不提及顾客的情况），而可持续原则和行为是必须在一个协作的状态下贯彻执行的。这也是为什么很多可持续旅游项目只在地方层面执行，就像维尔（Wheeler）说的，"用微观解决方案去应对宏观问题"（援引自 Clarke, 1997）。其实更多针对可持续旅游的批评是它拒绝认为大众旅游是可持续的，把大众旅游和可持续旅游对立起来，把它们划分为"好的"和"坏的"旅游。

第三，由于可持续旅游的双重解读，这个概念被大量各种形态的旅游及其标签所混淆。在后面的章节中我们会介绍很多替代旅游形式，其重点大多放在对自然环境的享用方面。这些旅游形态大部分都出现在 20 世纪 80 年代以后，而且大部分都与可持续旅游相互混用。这些较新形态的旅游体验包括"负责任的旅游"、"软性旅游"、"绿色旅游"、"生态旅游"、"自然旅游"、"伦理旅游"，当然也包括"可持续旅游"，但很多形式的旅游也确实具备可持续旅游的一个正面特征。可持续性不仅限于替代旅游，也不是替代旅游的必要特征，而且已经有越来越多的文章揭示替代旅游的不可持续性（这些问题会在本章的最后一部分进行详细介绍。）

最后，旅游可持续发展的一个主要现实障碍在于旅游消费的本质。如我们在第一章中提到的，旅游是一种逃避日常生活，寻求享乐体验的活动，旅游者在旅游时会一反日常行为模式，而倾向于过度消费。在这种情况下，旅游者的行为可能会不顾社会责任，即常人理解的可持续性原则遭到破坏。这方面的文章很多，如麦克切尔（McKercher, 1993a）指出，尽管旅游目的地会采取可持续政策鼓励旅游者改变行为方式，但事实上旅游者可能采取可持续旅游生活方式的证据仍然非常少。

尽管真正的可持续旅游可能更多见诸学术文献（见 McKercher，1993a；Weaver，2000；Hardy & Beeton，2001），但这个概念仍然是当前关于旅游和环境变化的核心论调。尽管观念不尽相同，但人们的共识是可持续旅游方式是一种管理方式，这种管理方式是在已知的资源保护限度内管理增长，让旅游未来发展有更好的前景。

因此发展可持续旅游需要做到：
- 确保资源是可再生的，使用速度不能快于自然更新的速度；
- 保持生物多样性；
- 认识并珍视环境的美学价值；
- 遵循一些道德原则，如尊重当地文化、生活方式和习俗；
- 发展过程中有当地社区参与，征求他们的意见；
- 促进经济投入和收益在旅游开发商与东道国的公平分配（Murphy，1994）。

二、旅游与环境变化

当我们更具体地考查旅游与环境变化的关系时，可持续发展的日程对旅游所提出的挑战就更为清晰化。旅游与环境的关系非常复杂，因为不同的时空背景下环境影响的性质有很大差别，而且旅游只是对自然环境有影响的各类活动之一，所以研究中如何把旅游造成的影响与其他因素造成的影响区分开来确实困难。例如，意大利亚得里亚海滩在 20 世纪 80 年代末海水受到严重污染，而这种污染主要源于城市、农业和工业污水直接排入海中（Becheri，1991）。

旅游对环境的影响有多种类型，而且这种影响的严重程度在各地也是不同的。决定这种影响的类型和程度的因素包括：

首先，旅游的不同性质与影响的规模有关。影响研究常把旅游看作一个无差异的整体，而实际上旅游有很多形式。蜂拥到西班牙地中海沿岸的大众旅游可能造成的环境后果要远比在尼泊尔的小团体徒步旅游者或印尼的浮潜游客造成的环境影响严重，但规划和控制得当的大众旅游所造成的环境影响往往又小于少数人造访那些尚未准备好接待旅游者的地区而给当地造成的影响。例如，尼泊尔喜马拉雅山区主要旅游路线沿途的薪木供应和垃圾问题已经引起了广泛的关注（Hunter & Green，1995）。

第五章 旅游、可持续性和环境变化

其次要考虑季节性。在大部分地区，旅游具有很强的季节性，也就是说在某些季节旅游的影响比较严重，而其余季节里环境可以有一个喘息恢复的时机。因此，旅游的环境影响中有一些是短期的、暂时性的，如旅游交通造成的空气污染，而有些是长期的、比较严重的影响，会造成环境无可挽回的改变，如由于旅游者踩踏植被而造成一个地区生物多样化水平的下降。

最后，不同的目的地性质，旅游的环境影响也是不同的。有些环境（如城市度假区）能耐受较高的旅游频度和密度，因为这些环境中有良好的基础设施和一定的组织结构（如规划框架）。但有些环境则没有那么强的承受能力，但现实是受品位、偏好习惯的影响，大部分旅游者都希望去一些环境比较脆弱的地区。海滨和山区都是受欢迎的旅游目的地，而这些地方的生态系统往往比较脆弱。历史遗址等一些非自然属性的资源也会受到旅游的负面影响，近年来，诸如英国的巨石阵、雅典的帕特农神庙和埃及的图坦卡蒙金字塔都因旅游的负面影响太严重而曾部分或全部关闭过。

在研究旅游的环境影响时应采用一种整体研究方法（holistic approach）。不论从经济还是从社会的角度讲，环境都是一个复杂的系统，结果和起因存在着相互关系。有些事物看似是某种结果的起因，其实真正的起因还有着更深的根源。影响是具有积累性的，后面的行为能深化以往行为的结果，因此孤立地看某一行为的影响可能忽略所有行为的总体影响，而这要大于所有行为的独立影响的总和。旅游者踩踏土地就是说明上述问题的一个很好的例子（见图5.1）。

整体研究的第二个好处是它能让我们平衡地看待旅游与环境的关系，这使我们在看到旅游业负面影响的同时也看到（由于两者的共生关系）积极影响也是存在的。有代表性的积极影响就是，旅游业的发展促使人们对环境保护或环境提升采取更积极的态度，而且也加大了这方面的投入。

整体研究的第三个好处是它使我们能全面地认识"环境"一词的范围和意义，以及当前存在的各种不同类型的影响。环境一词包括很多不同的含义：自然生态系统，人造环境，经济、社会、文化或政治环境，而旅游几乎与所有这些环境都有不同程度的关系。经济影响和社会文化影响在本书的其他章节中进行讨论，本章的重点放在旅游业对自然环境、生态系统和人造环境的影响。

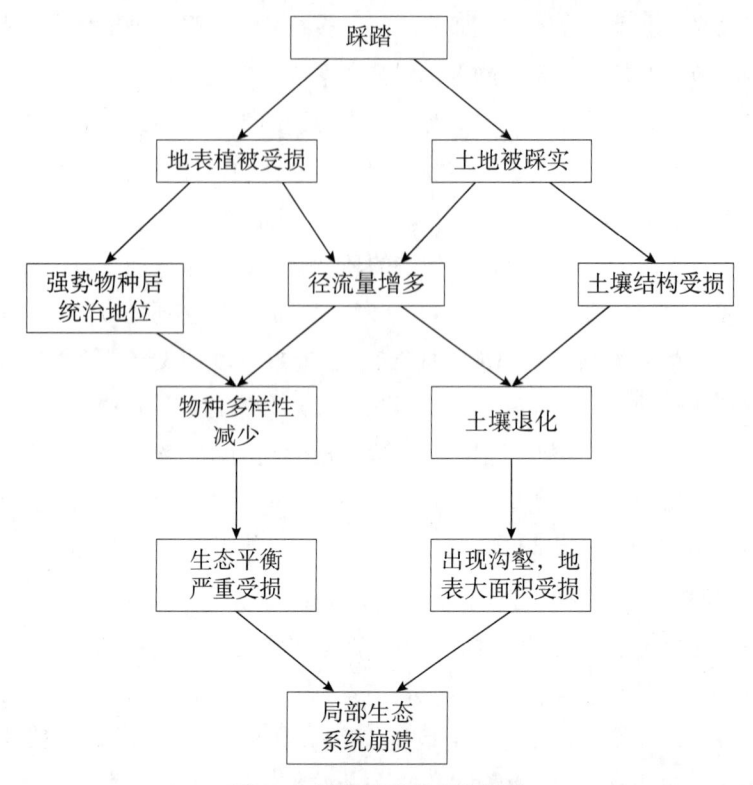

第三部分　旅游的经济、环境与社会关系

```
                    ┌──────┐
                    │ 踩踏 │
                    └──────┘
                    ↙      ↘
        ┌──────────────┐  ┌──────────────┐
        │ 地表植被受损 │  │ 土地被踩实   │
        └──────────────┘  └──────────────┘
         ↙        ↘         ↙        ↘
   ┌────────┐  ┌────────┐  ┌──────────┐
   │强势物种居│ │径流量增多│ │土壤结构受损│
   │统治地位  │ └────────┘ └──────────┘
   └────────┘      ↓              ↓
            ┌──────────┐    ┌────────┐
            │物种多样性│    │土壤退化│
            │  减少    │    └────────┘
            └──────────┘         ↓
                 ↓         ┌──────────┐
            ┌──────────┐   │出现沟壑，地│
            │生态平衡  │   │表大面积受损│
            │严重受损  │   └──────────┘
            └──────────┘         ↓
                  ↘        ↙
                  ┌──────────┐
                  │局部生态  │
                  │系统崩溃  │
                  └──────────┘
```

图 5.1　踩踏对旅游地的影响

表 5.1 归纳了旅游对环境（自然和文化）的正面和负面影响。这种分类比较简洁，并归入正面和负面两列，但需要提醒读者的是这种简单的分类并不能完全概括现实情况，而且这种影响是会随时空变化而改变的。表 5.1 将旅游对环境的影响归入五大类，下面将对其进行详细讨论：

表 5.1　旅游环境影响的"正负平衡表"

影响类型	负面影响	正面影响
1.生物多样性	·影响动物的繁殖喂哺方式 ·以捕杀动物为乐或为纪念品行业提供有关原料 ·栖息地的减少和物种构成的改变 ·破坏植被	·促进动物保护以利吸引游客 ·建立保护区以满足游客的需求

续表

影响类型	负面影响	正面影响
2. 自然环境的退化和破坏	· 土壤退化 · 踩踏造成旅游地破坏 · 过度使用一些重要的基础设施（如供水系统）	· 旅游收入可以用于维修和旅游地的维护 · 根据旅游者需要改善基础设施
3. 污染	· 排污和游船燃料及船上游客丢弃的垃圾造成水污染 · 空气污染（如汽车尾气排放） · 噪声污染（如汽车或旅游景点的酒吧和舞厅的噪声） · 垃圾	· 为保持目的地对旅游者的吸引力而采取清洁措施
4. 资源基础	· 地下水和地表水的损耗 · 分流供水满足旅游者的需要（如高尔夫球场或游泳池用水） · 当地燃料的消耗 · 当地建筑材料的消耗	· 开发新的资源供应或改善现有供应条件
5. 景观/结构的改变	· 土地的用途从其他行业（如农业）转向旅游 · 旅游开发对自然和非自然景观造成的不良视觉影响 · 引入新的建筑风格 · 城市功能的改变 · 城市区域的扩张	· 使边缘地区或贫瘠的土地有新的用途 · 改善景观（如清理城市垃圾） · 对建筑环境进行翻修和/或现代装修 · 重新利用已废弃的建筑

资料来源：Mathieson & Wall（1982）；Hunter & Green（1995）；Wall & Mathieson（2006）。

1. 生物多样性

生物多样性影响指对接待地动植物造成的一系列影响。这方面的影响以负面影响为主，而可能具有积极影响的方面是旅游需求是建立野生动物和自然生态保护区的部分或全部动力，并能为其提供资金支持，然而这些保护区的设立往往都与环境破坏有关（Wall & Mathieson, 2006）。事实证明旅游对保护区能提供经济支撑，有澳大利亚、巴西、中国、希腊和肯尼亚的保护区为证（Craik, 1994; de Oliveira, 2005; Okello, 2005; Svoronou & Holden, 2005; Huang et al., 2011）。

旅游开发常与生物多样性破坏相关，旅游设施的建设开发（如建酒店、公寓、公路和景点等）直接导致物种及其栖息地的减少。如在阿尔卑斯山区，人们为了开辟滑雪区而砍伐森林，兴建度假屋和旅馆占用很多拥有丰富野花品种的高山草地，这种行为打破了那里的生态平衡，而且大面积的毁林会增加该地区发生山体滑坡和雪崩的危险（Gratton & van der Straaten，1994）。

从具体旅游地层面讲，还有一些影响是显而易见的。旅游者的踩踏和车轮的碾压是常见的问题，踩踏通常会造成一些脆弱物种的消失，其结果是使土地裸露或人为地移植一些生命力较强的植物。最后的结果是使旅游接待地的生物多样性水平降低，一些罕见的植物可能因此而消失，而这又会影响到某些昆虫的数量，进而影响到一些以昆虫为食的鸟类，甚至是一些以这些植物和昆虫为食的小型哺乳动物。

较大型的动物会在其他方面受到旅游的影响，即使它们生活的环境已经受到了保护。雷诺兹和布雷思韦特（Reynolds & Braithwaite，2001）归纳了旅游者的活动对野生动物的影响，包括动物行为习惯和种群数量的改变。土地开发会带来植被的减少和污染，但更重要的是人类活动会改变动物的行为，甚至危及整个种群。旅游活动对动物行为的影响包括：
- 干扰动物繁殖和哺育幼崽的模式；
- 旅游者的喂食会改变动物的饮食习惯；
- 造成更多动物迁徙；
- 越来越多的反常行为；
- 改变行为模式，如更多动物成为夜行动物。

这些行为的改变会增加动物种群的脆弱性，使之日益濒危：
- 动物的健康状况和生存条件变差；
- 繁殖率下降；
- 更多动物被捕食，特别是幼小的动物，因为这些幼崽的父母不断受到旅游者的骚扰。

2. 退化与自然破坏

旅游对动植物多样性影响的第二个方面是造成自然环境的退化和破坏，

这表明环境问题是相互关联的。自然环境退化的一个原因是旅游者的踩踏，大量旅游者的踩踏不仅会造成自然环境的退化，而且对人造环境也有很大的影响。例如，雅典帕特农神庙的退化不仅与空气污染有关，还应部分地归咎于数百万旅游者的鞋底。不过在这种情形中，旅游可能还有其积极作用，因为旅游带来的收入是当地实施环境恢复项目的重要资金来源。

踩踏最初摧毁的是当地植被，改变道路周围的微气候条件，从而造成土壤流失。图5.1试图通过环境系统的运行说明最初的踩踏行为如何会导致一系列的二次影响并最终导致一个地区生态环境的改变，造成严重的破坏。用具体的例子进行说明可能更直观一些。在威尔士北部，斯诺登峰（英格兰和威尔士的最高峰）是受徒步旅游者欢迎的去处，那里的步行小径的土壤退化范围已宽达9米，而且部分小径的地平面在短短20年左右的时间内由于土壤流失和沟壑作用已经下沉近2米。

3. 污染

最受旅游者关注的旅游业环境影响可能与污染有关，尤其是水污染。由于大量的旅游活动围绕水源展开，水污染已经成为一个比较严重的问题。水质差会导致以水为主要吸引力的旅游景点贬值，而且水也可能成为一些传染病的传播媒介，如肠炎、肝炎、痢疾和伤寒。可见的水体污染物（污水、有机和无机垃圾、船只的燃油等）积聚在静水中，然后被海浪冲上海岸，直接造成人畜感染，散发出恶臭并影响景观。

水污染还对动物和植物群落造成众多直接影响。被污染的水中氧气含量减少，沉淀物增多，这会降低水中物种的多样性水平，会使一些水生植物（如海藻）的生长失控而使一些生命力不那么强的物种数量越来越少。有时，这种变化最终会影响到旅游者。在地中海，特别是亚得里亚海，处理不当就排放的污水（包括一些农药涌到水道中流入海里）使海水富营养化，直接导致不雅观的臭藻疯狂生长。夏季这些海藻遍布海滩，使海滩的环境吸引力下降，影响旅游度假需求（Becheri，1991）。

大众旅游所造成的水污染是比较常见的，因为在一些大众旅游地区，当地基础设施的发展跟不上旅游发展的步伐（如西班牙的地中海沿岸和一些热门的中国旅游景点）。但在一些比较成熟的旅游目的地，水污染也是常见问题，这些地方的水处理系统和清洁设施主要是为了满足当地人的需要，不足以应付过多的旅游者。2004年，欧盟环境署报告称欧洲96%的海滩能达到海水浴场的欧盟最低标准，但只有87%能达到标准略高的指导标准。越来越多的人口压力和工业化是保持水质的两大威胁，另外还有各地不同的自然地理条件与政策也是一大难题。希腊有98%的海滩能达到欧盟指导标准，而英国的海滩只有75%达到这个标准，比利时则仅为18%（EEA，2006）。

除了水污染，旅游还与空气污染和噪声污染有关。噪声污染常以热门度假区的娱乐区、机场、城市中心和旅游交通繁忙的公路为中心。旅游对车辆的依赖也增加了车辆尾气对大气的污染程度。由于大气具有流动性，受污染的空气范围会远远超过污染源地区。汽车尾气不仅会危及人的健康，还会影响当地植被，而且是很多地区酸雨的罪魁祸首。例如，瑞士和意大利之间一条主干道附近的圣哥达垭口周围植被受到严重破坏，而旅游交通造成的空气污染是这一问题的罪魁祸首，受破坏的植被中还包括一些罕见的高山植物（Smith & Jenner，1989）。

自20世纪90年代中期以来，全球变暖和二氧化碳等温室气体（GHG）排放及其所带来的问题成为全球的关注焦点。温室气体来源于很多活动，但越来越多的空中旅行（旅游是空中客流的主要组成部分）已被视为一个新的严重问题。气候变化政府间论坛（IPCC）指出，到2050年航空的碳排放将占到全球碳排放量的7%（Becken，2002），目前这个比例是5%。更令人担忧的是飞机的污染排放物直接处在大气层的上层空间，这种污染会在大气层保持较长时间的活跃度，其聚集效应是地面上等量污染物的4倍。

当然这种影响不是单向的，已经有越来越多的证据表明旅游作为其致因之一的全球变暖正破坏一些旅游资源地区满足需求的能力。如冬季升高的气温已经减少了欧洲、北美和亚洲一些山区的降雪量，长期来讲一些冬季度假区的未来堪忧（Konig & Abegg，1997；Hamilton et al.，2003）。同样，澳大利亚、欧洲地中海地区、俄罗斯和美国等地夏季气温的升高也与干旱、热浪、森林火灾等灾害的频繁发生有关（Perry，2006）。

4. 资源基础

第四个关切的领域是旅游对资源基础的影响。虽然旅游可能会促进某些地方改善对关键资源和基础设施的提供，包括改善资源保护措施以惠及众人，但也同时会造成一些重要资源的流失或枯竭。炎热干燥的天气往往是吸引旅游者的要素之一，而这就要求目的地有充足的供水以满足旅游者的要求，甚至包括游泳池和高尔夫球场的灌溉用水。在地中海的一些旅游目的地，旅游用水量相当于当地居民用水量的6倍。旅游开发还可能占用当地的燃料资源和建筑材料，一些地方甚至从海滩取砂来生产建筑用混凝土。

5. 视觉或结构变化

最后一类环境影响是旅游开发导致的视觉景观和结构的变化。在这方面，旅游对环境的积极影响和消极影响的平衡也许是最明显的。旅游开发会不可避免地产生一系列影响和变化，使自然和人造环境受到各种"视觉"污染，包括新的建筑形式或开发风格。土地的用途也从原来的经济部门（如农业）转向旅游业，用于兴建饭店、停车场、新的交通设施和其他基础设施项目。人造环境的增多包括现有城市度假区的扩张、新的中心景区或乡村的第二住宅。

不过除了上述可能产生的负面影响外，旅游业还能带来很多好处。首先，与旅游相关的基础设施得到改善，包括通信设施、公用设施或私人服务设施改善，惠及当地居民。其次，旅游可以为一些原本无生产能力的边缘地区创造发展机遇，如美国西部一些废弃的矿业小镇（也被称为鬼镇）自20世纪70年代以来因成为历史旅游中心而焕发出新的活力。旅游的第三种好处是它可以促使城市改变整个城市的发展战略，为一些废弃的地方找到新的出路。在英国、欧洲大陆、美国和加拿大，这种重新利用废弃之地（如受人欢迎的旧船坞和滨水设施）发展旅游已经成为当代城市发展的一个重要主题（如 Couch & Farr, 2000; Law, 2000; 更多介绍请见本书第九章）。

插图 5.1 中国新疆喀纳斯国家公园里的旅游者，走步道者和不走步道者兼而有之（刘德龄 摄）

三、管理旅游与环境变化

由于旅游能够显著地改变环境，因此有必要控制和管理旅游开发，这方面的管理手段被蒙默思和蒙特（Mowforth & Munt，2003）归纳为八大项，也被称为"可持续工具"（表 5.2）。有些手段是为了建立规范框架（如区域保护、行业规范和行为准则）；有些涉及游客管理；其他是关于了解和评估影响（如本地社区参与、可持续开发指数）。所有可持续管理工具都受具体地点条件的限制，下面我们将介绍一些跨界综合管理手段。

表 5.2 "可持续工具"

方法	典型反应
区域保护	划定国家公园，野生动物或生物保护区
行业规范	政府法规、专业协会规范、自愿规则
行为准则	旅游者行为准则、行业行为准则、最佳范式

续表

方法	典型反应
游客管理	旅游区划定、蜜罐、游客分流、定价与准入限制
环境影响评估	成本-收益分析、数理模型、环境监测
承载力	自然承载力、生态承载力、社会承载力及可接受改变度极限
咨询	听证会、态度调查、德尔菲法
可持续指数	资源利用效率、减轻污染的程度、更好的垃圾处理方式、更高的本地产出

资料来源：Mowforth & Munt(2003)。

1. 游客管理

游客管理已有很长历史，积累了大量管理方法，很多可持续旅游形式都是通过游客管理实现的。游客管理方法包括：
- 空间分区；
- 使旅游者活动空间集中或分散；
- 限制进入或限制定价。

空间分区是指在旅游活动限定在某些适合于旅游发展或有较强承载能力的区域内，使旅游与环境更好互动的一种成熟的土地管理战略。对土地进行分区可以将旅游者排除在重要的保护区之外，将具有环境损耗性的活动限定在一些对此有所准备的地区，或将一般旅游者的活动范围限定在一些地区，这些地区既能满足旅游者的需求又能有效地通过对旅游活动的管理控制影响。这种方法最初起源于美国的国家公园和林地的规划和管理，也被称为娱乐机会谱系（ROS）。ROS 分区让游客避开最敏感的保护区，把对环境伤害较大的活动集中到一些专门为这类活动辟出的指定区域。一般游客需要限制数量，而这个数量是限定在影响可管控的范围内的。

作为分区政策补充的管理战略是将旅游者集中到管理者希望他们去的某些地方，这些地方有时也被娱乐规划者称为"蜜罐"，或者直接点说就是"牺牲区"。有时一些地方的旅游接待压力过大，规划者会引导旅游者转向其他可替代目的地去。蜜罐通常会起到拦截作用，规划者对这些蜜罐地区进行积极推广，并在那里提供一些服务设施（如游客信息中心、饮料小食店、停车场等），这样做能有效防止旅游者流失到蜜罐以外那些环境比较脆弱的地

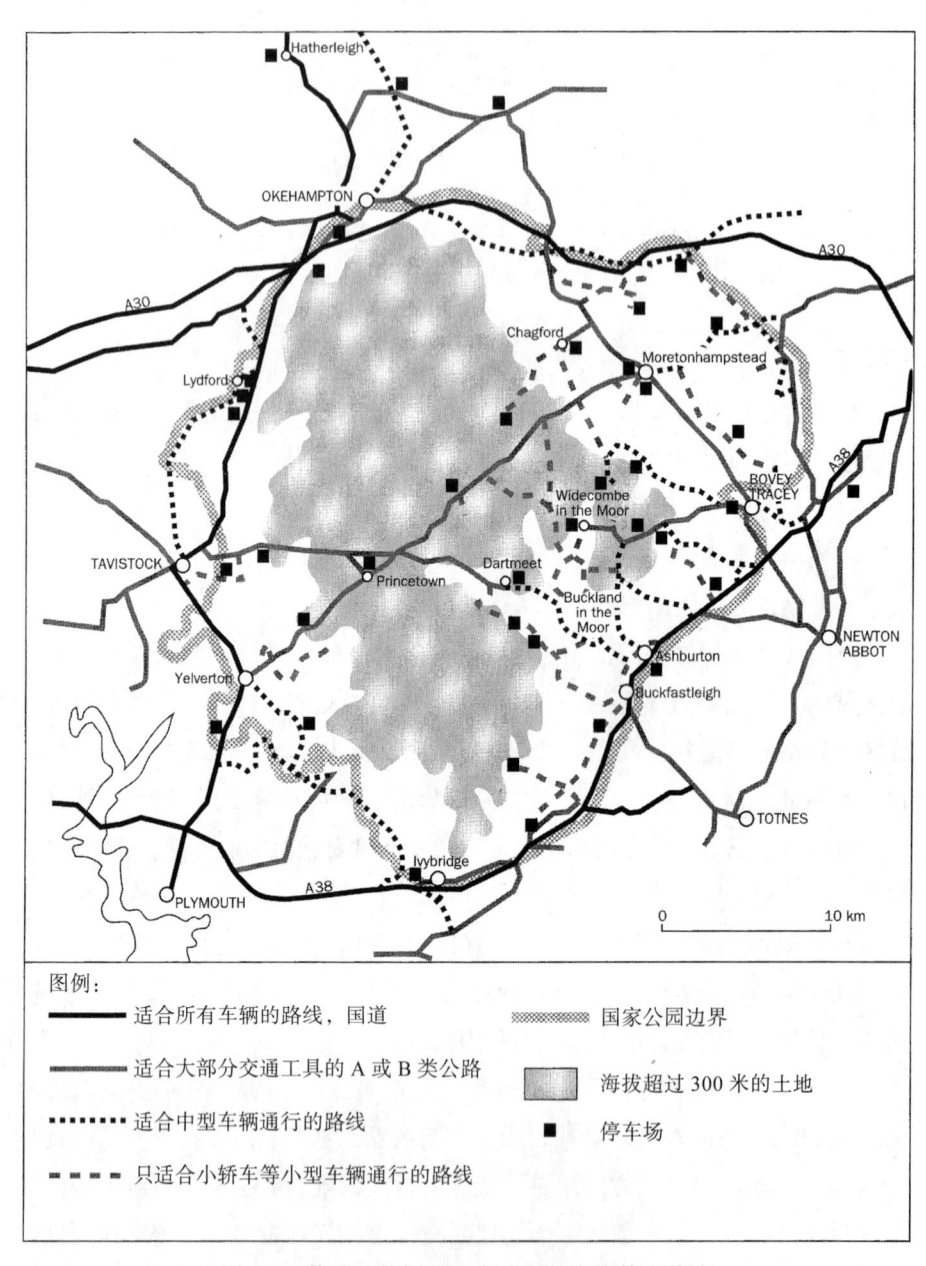

第三部分　旅游的经济、环境与社会关系

图 5.2　英国达特姆尔国家公园的客流管理战略

方去。商业性景区内的旅游信息中心、游客中心、乡村公园和遗址地都是大旅游环境管理中的蜜罐。相反，如果情况需要重新布局旅游活动区，就要规划出新的有吸引力的景点或旅游线路，使游客能根据管理者需要离开环境压力中心。

有些地方通过一定的价格政策和／或准入控制手段控制旅游对环境的影响。各地的做法不同，如在美国进入国家公园是要付费的，而英国的国家公园则是免费开放的，但英国国家公园内限制进入的区域比美国多。准入控制手段的使用现在已很常见，这主要是旅游客流量不断增加的结果。如英格兰西南部的达特姆尔国家公园管理部门就限制公园边缘地带的旅游发展以保护公园中心的开放式荒野环境（DNPA，2002）。进入公园的游客只能到达少数几个具有高承载力的地点，车辆的运行路线受到公园严格的规定，同时不同大小和载重量的机动车都分别使用不同的路线（见图 5.2）。

2. 承载力

承载力概念是用来评价一个旅游地在保证可持续的前提下能承受人类多大程度使用的指标。简言之，承载力说明的是任何环境（自然或非自然的）都有一定容量，超过这个容量界限就会对环境造成不同程度的破坏和／或使游客的满意度下降。承载力可以从几个不同方面来衡量：

- **物理承载力**——衡量绝对空间的指标，如一个停车场能容纳多少辆车；
- **生态承载力**——在什么样的使用强度下一地的环境能得以维持而不受到永久性破坏；
- **感知（或社会）承载力**——什么样的拥挤程度旅游者可以忍受，而且他或她不会认为该地人满为患而选择其他地方。

承载力的概念被广泛用于大众媒体、政治家和活跃的环境主义者。这是一个外表看起来很美的概念，似乎因其看似固有的逻辑性而具有信度，但这个概念也受到了规划人员和学者的争议，因为作为一种工具，承载力在现实评价中的价值是有限的（Lindberg et al.，1997；Lindberg & McCool，1998；Buckley，1999；McCool & Lime，2001）。生态承载力是很难估计的，而且感知承载力是比较个性化的，不同的人会有不同的看法，这取决于每个人的动机和情况。承载力与地点、游客行为和资源利用方式有关，还与土地条件、季节变化及管理行为与目标有关（McCool & Lime，2001）。人的观念是多变和可塑的，旅游者有强烈愿望去享受他们花钱购买的体验，尽管这种体验也可能是负面的。有很多客流管理方法从长期来讲可以减轻游客的抱怨。任何一个地点都有多重承载力，不仅是物理、生态或社会的，还会在同一类别里发生变化。

更重要的是，有人指出承载力概念具有显著的简化性质（Wagar，1974），把一个非常复杂的问题简化为简单的数量临界点，这会忽略定性方面的考虑。麦库尔和利姆（McCool & Lime，2001：373）指出采用传统的承载力法，我们可能被一些错误的问题所误导。如果要问一个地方可承载多少人才能持续发展，我们必须要考虑社会和生态自然条件，以及目的地希望接待的合适的数量，即一个地区可接受的变化程度。

3. 可接受变化极限

由于承载力方法有上述局限，因此其他一些影响评估方法的使用比之更广泛。可接受变化极限法（LAC）是美国人首先使用的一种解决保护与开发冲突的方法，这种方法（表5.3归纳了这种方法的主要实施步骤）的主要特征是：
- 制定一套公认的开发标准；
- 让所有利益团体参与决策过程；
- 规定开发所期望达到的效果和预计开发后的变化程度；
- 建立监督机制不断监控变化情况并监督实施一致同意的战略，将变化的影响控制在可接受的限度内。

LAC法涉及几个可持续旅游发展的关系要素，首先它认识到发展带来改变是不可避免的，但需要有理性的管理，要关注环境质量，要就发展模式征求公众意见，要采用可持续的发展形式。不过这种方法在具体实施过程中也存在一些困难。首先，对旅游发展进行定性评估取得一致看法，从技术上看是很困难的；其次，这种方法的实施前提是存在一个结构合理的规划体系而且有足够的专业人士和资金用于整个过程的实施、监督和评价。因此对于第三世界国家来说，虽然 LAC 法有很多好处，但在实施中会有很多技术困难（Sidaway，1995）。

表 5.3　可接受变化极限法的几个关键步骤

- 了解背景情况，评价开发区现状及所面临的问题；
- 找出可能的变化及适用的变化指标；
- 根据变化指标进行考察以确定基本情况；
- 具体制定出发展的质量标准与细则；
- 预先定出开发区希望达到的目标状况；
- 保持质量的统一管理行为；
- 实施、监督和评估。

资料来源：节选自 Sidaway（1995）。

4. 环境影响评估

环境影响评价法（EIA）已被广泛用于评价各类发展模式可能造成的环境后果，而且可能是将可持续原则应用于工作实践的一种有价值的工具。环境影响评价为正确的发展决策提供了一种框架，现在有越来越多的行业要求或建议企业定期进行环境影响评价并提交环境影响说明（EIS）。表 5.4 归纳了环境影响评价需要遵循的四个原则。

环境影响评价（EIA）的具体方法有很多，其中包括使用关键影响核查清单、空间影响的图解分析、仿真模型或预测技术等方法（Hunter & Green，1995）。采用 EIA 的好处是它可以从项目的规划阶段就与项目相结合，这有助于开发者在规划时就考虑环境标准，从而减少事后对项目进行调整的可能性。如果事先对环境影响进行评价，可持续发展的总体目标会更易于实现。不过 EIA 也招致了一些批评，其中包括：

- 认为这种方法更强调自然和生物的影响而忽视了较大范围的环境变化；
- 只能应用于具体项目和地点，使之忽视较大范围的联系和影响；
- 这种方法的运作需要具备完善的法律体系和制度框架；
- 评价此类影响需要有一系列科学数据；
- 有人认为用纯技术的方法解决环境问题，寻找可持续的开发模式是不恰当的（Craik，1991；Hunter & Green，1995；Mowforth & Munt，2003）。

与 CC 及 LAC 一样，EIA 在现实中也存在一定的应用局限，在某些发展环境中是不适合的，特别是那些急需解决环境问题的国家。尽管有这么多的批评与问题，但它仍是更安全、最综合的理性规划流程，它能发现旅游开发潜在的负面环境影响。比起什么都不做，这个方法能更好地防止环境退化。

表 5.4　环境影响评估的主要原则

- 评价应指出开发项目计划和可能引起的活动的性质；
- 评价应指出受到重大影响的环境要素；
- 要评价初期影响和可能造成的二次影响的性质和程度；
- 评价要提出控制影响和确保项目利益最大化的管理战略。

资料来源：节选自 Hunter & Green（1995）。

5. 广泛协商与社区参与

EIA 模型也被批评为仅是一个专业的评价方法，造成当地人无法参与其中，它也没有考虑可持续发展强调的若干包融原则（Mowforth & Munt, 2003）。艾希莉（Ashley，2000）指出资源管理的基础是依托社区，这既是旅游行业的需求也是当地各相关利益方的保护需求。斯彻文思（Scheyvens, 2002：55）指出，"在执行环境敏感旅游时，人们过多地关注资源的保护而忽视了发展的平衡及当地社区的福利。"

很多项目已认识到这个问题并在管理重点方面侧重于社区的参与和商议，以求找到旅游开发可持续问题的解决方案。这种社区参与是否能成功，很大程度取决于当地条件，特别是如果社区成员有共同的利益和追求时获得成功的概率更高。社区的关注焦点是贫穷、个人安全和政治稳定，这些问题需要可持续发展通过广泛协商与社区参与得以解决。

四、可持续性与替代旅游

在本章的最后，我们回到替代旅游这个话题，特别是所谓"替代"旅游形式如何成为可持续旅游的载体。人们会自然地把大众旅游与环境破坏和不可持续的旅游方式联系起来，而替代旅游对应的是以小规模、当地人的介入、偏好偏远地区、享受自然环境和文化为核心特征的旅游方式。表面看来这些特征显得与可持续原则很合拍。替代旅游往往被冠以很多听上去很美的名称，如"绿色旅游"、"生态旅游"、"软性旅游"、"负责任的旅游"，或"可持续旅游"，这些名称会加深人们认为只有替代形式的旅游才是可持续的看法。这种看法是值得商榷的。虽然替代旅游的内在理念确实与可持续性理念相吻合，但很多地方发展替代旅游的经验说明这种形式的旅游也会造成影响和环境的改变。事实上，从开发角度讲，替代旅游与大众旅游一样都是会产生问题的。

替代旅游包括非大众旅游的所有特种旅游形式。人们习惯上认为大众旅游是不可持续的，其实这种看法有点武断，事实证明很多替代旅游模式确实具有环境价值，但也有些旅游形式具有社会和扶贫意义，而不是环境价值（如贫民窟旅游、乡村民宿和志愿社区开发旅游，还有些旅游与宗教组织相关）。即使旅游者在追求伦理目标时，他们的替代旅游体验也可能带来很多复杂的结果。例如，孤儿旅游，即志愿者在非洲和东南亚等发展中国家为参与扶助孤儿的工作和体验。志愿者要为这种体验花费数千美元，用以反哺孤儿，这让孤儿商品化，结果反而造成一些国家孤儿数量的增加（其实很多孩子事实上是有父母的）(TC, 2013)。

五、小结

很多旅游形式都是依托于环境的，环境既是旅游的背景也是旅游活动的核心。不过同样的活动对环境资源破坏的程度不同。旅游对环境的影响包括对生态系统、景观和人造环境的影响，具体的影响程度与各地的景观性质、发展程度和游客密度，以及旅游资源管理者的管理水平有关。由于与旅游有关的环境问题日益突出，越来越多的人开始关注旅游的可持续发展和对环境影响较小的替代旅游。不过，现实生活中可持续旅游概念比较模糊，而现实案例证明替代旅游的发展也存在一定的风险。

讨论题：

1. 造成旅游环境影响空间变化的主要因素是什么？

2. 说明可持续发展概念在旅游对环境影响方面的价值。
3. 以你选择的旅游目的地为例,说明旅游发展对当地的环境影响。
4. 全球变暖会如何影响国际旅游?会带来什么结果?
5. 承载力、可接受变化极限和环境影响评价等理论工具在多大程度上能在现实中帮助我们实现旅游的可持续发展?
6. 替代旅游能等同于环境的可持续吗?

延伸阅读:

帮助我们理解旅游对环境影响的文章:

Wall, G. and Mathieson, A. (2006) *Tourism: Change, Impacts and Opportunities*, Harlow: Prentice Hall.

Hall, C.M. and Lew, A.A. (2009) *Understanding and Managing Tourism Impacts: An Integrated Approach*, Oxford: Routledge.

关于旅游与可持续性关系的批评文章:

Hunter, C. and Green, H. (1995) *Tourism and the Environment: A Sustainable Relationship?* London: Routledge.

不局限于环境讨论,而且还对旅游与可持续性关系进行批判的著作:

Butler, R.W. (1999) 'Sustainable tourism: a state-of-the-art review', *Tourism Geographies: An International Journal of Tourism Space, Place and Environment*, Vol. 1(1): 7–25.

Mowforth, M. and Munt, I. (2003) *Tourism and Sustainability: Development and Tourism in the Third World*, London: Routledge.

其他关于旅游和可持续性的论文还有:

Boers, B. and Cottrell, S. (2007) 'Sustainable tourism infrastructure planning: a GIS-supported approach', *Tourism Geographies: An International Journal of Tourism Space, Place and Environment*, Vol. 9(1): 1–21.

Hunter, C. (1997) 'Sustainable tourism as an adaptive paradigm', *Annals of Tourism Research*, Vol. 24(4): 850–867.

Sharpley, R. (2000) 'Tourism and sustainable development: exploring the theoretical divide', *Journal of Sustainable Tourism*, Vol. 8(1): 1-19.

关于替代旅游和可持续性：

Fennell, D. (2007) *Ecotourism*, London: Routledge.

Weaver, D. (2006) *Sustainable Tourism: Theory and Practice*, Oxford: Butterworth Heinemann.

关于当前旅游的社会可持续问题，可能最好的信息来源是：

Tourism Concern: Action for Ethical Tourism, http://www.tourismconcern.org.uk.

第六章 社会文化关系与旅游体验

核心概念
- 文化适应
- 真实性
- 商品化
- 文化资产
- 文化距离
- 文化交流
- 示范效应
- 目的地形象
- 赋权
- 厌烦指数
- 流动性
- 表演
- 后现代主义
- 权力关系
- 伪活动
- 社会价值
- 表演的真实性
- 旅游与犯罪
- 旅游相遇
- 旅游语言

第六章 社会文化关系与旅游体验

旅游、社会和文化之间的关系是复杂的。社会和文化同时是吸引旅游者目光的目标——被全球旅游者消费的"产品",旅游者在消费的同时也在进行社会和文化的互动,与接待社会有不同形式的接触。这种关系不仅复杂,而且很辩证,有越来越多的实证说明很多明显的变量在影响着旅游者与旅游地之间的社会文化关系。更重要的是这方面的批评思维。对于旅游的社会和文化关系的传统理解主要来源于史密斯(Smith,1977)提出的"主客"关系理论,即人们更多地认为旅游首先对接待(东道主)社区和文化产生影响而不是被影响。

近年来,学术界提出了权力关系的概念,这个概念挑战了传统上认为旅游目的地和社区是被动接受旅游影响的一方的观点(Mowforth & Munt,2003)。事实上,旅游者和东道主之间的社会文化接触更像是一种协商关系(Crouch et al.,2001),其影响远不是单向的那么简单,所有各方都在不同程度上受到了影响。厄里在书中围绕流动性(Urry,2000;Sheller & Urry,2004)指出社会流动性越来越大,现在谁是本地人谁是游客已经不像以前那么明显了。

不同的文化本身就是旅游吸引力之一。如霍林斯黑德(Hollinshead,1993)指出全球旅游的一个主要动机就是遇见不同,遇见"他者"和体验新奇的环境。旅游已经从无差异化的本地大众旅游(20世纪早期工业时代的移动)变成后工业时代全球化和形式高度差异化的现代旅游模式(Franklin,2004)。对于国际旅游者(至少是发达国家的旅游者)来说,遇见异国文化是件很享受的事,因为异国文化有不同的传统、服饰、语言、食物、音乐、艺术与建筑,这些是他们到旅游目的地主要追求的体验。文化和造就这种文化的社会已经成为旅游者目光的焦点。

本章分析旅游、社会和文化之间的多种关系,首先介绍与这方面研究有关的一些主要概念,包括旅游者与其他文化和社会相遇的本质,以及由这种相遇所带来的主要影响。不过重要的是这种讨论的基础是我们要了解旅游、社会和文化之间的关系是不完整和不确定的,各种旅游研究理论都存在一定的争议,因此研究必须具有综合性和全局性。其中需要包括以下几方面:

- 不确定性源于社会文化演变历程的复杂性,而且很难将旅游影响从其他一系列共同作用于社会文化变化的因素（如电视和媒体的全球化）中剔除。文化不是固定不变的现实（Hunter，2001），而是会根据影响的范围发生演变，旅游是其中的一部分。
- 旅游与社会文化的关系并没有像经济和环境那样受到足够的重视，其部分原因是社会和文化的信仰和行为较难观察，很难用统计数据或传统的问卷调查了解得到。
- 研究人员的一种主流观点认为旅游业的社会影响很轻微，当地居民和社区能够容忍旅游带来的社会文化变迁，而且能适应这种变化，认为这种变化是享受旅游实现的经济利益的代价。事实上，很多学者发现社会对旅游的接受程度常与其经济影响联系在一起，直接在旅游行业就业的人很少会把旅游与负面社会影响关联起来，而不在其中的人则不然。

一、旅游、社会和文化：理论观点

人们对旅游及其与社会和文化关系的理解已经历几个理论发展阶段，它直接影响到人们对旅游者与其他社会和文化关系的理解，以及旅游者的相遇可能触发社会文化变迁的机制是什么。在这一部分内容中，我们将讨论围绕这种关系的核心概念：真实性、商品化、示范效应、文化同化，以及近来对权力关系的关注为一些既有观点提供的重要新视角。尽管这些概念无一源自地理学科，但我们还是要把这种讨论引入本书，因为从地理学角度理解旅游与社会文化的关系必须从这些概念入手。例如，真实性就必须根植于地点，如遗址旅游。旅游者移动和集中的地理模式，及其空间布局直接与目的地的真实性相关。同样，示范效应和文化同化也是人在不同的地理环境背景下产生的，然后才会引发权力关系的变化。

1. 真实性和商品化的概念化

关于旅游者对其他社会和文化有兴趣的概念最早来自麦坎内尔（MacCannell，1973，1989）的"表演真实"概念。他的主要观点是旅游者行为受其对真实体验的追求所影响，旅游者行为的内涵实际上是想摆脱现代生活中的不真实感和肤浅的品质，寻求真实的体验。要实现这种体验，就必须进入其他人的真实生活，这些其他人的生活，或反映出其他社会或其他时期的文化（通过遗址旅游），或反映出其他文化（通过长距离的异国旅行）。麦坎内尔援引更早的戈夫曼（Goffman，1959）的观点指出，旅游者所在的社会空间分为"前后台"，前台是主人与客人相遇的地方，有"表演"性质，而后台通常是客人不可能进入的。麦坎内尔指出旅游者希望在旅行中感受到"后台"区的真实体验，事实上他们感受到的都是"前台"表演出来的真实，而这些表演不可避免地含有一些不真实的成分。

旅游的表演性质已经被广为认知（如见 Edensor，2001），但旅游动机是否以追寻真实性为主存在很大争议。厄里（Urry，1990，1991）和王（Wang，1999）指出现代旅游的多元化已经远超出了麦坎内尔当年简单的概念。体验的真实性继续被文化的商品化所侵蚀，真实性必然要与表演及其带来的周边社会的变迁相互妥协（Olsen，2001）。

后现代观点越来越弱化真实性，因为很多后现代旅游形式跟真实性无关，真实性也不再是旅游者主动寻求的东西。瑞泽尔和利斯卡（Ritzer & Liska，1997）指出很多旅游者反而在主动寻求不真实的体验，因为这种不真实的体验更舒服、更可靠。例如，迪士尼的主街比美国的很多主街对旅游者更有吸引力，去大峡谷的游客可能会花更多时间去看大峡谷的 IMAX 电影。后现代旅游者对体验更有兴趣，不管这种体验是否真实。

这种后现代观点在真实性领域的讨论中带来了解读旅游者行为的新视角。不过布鲁纳（Bruner，1994）发现真实性并不是与生俱来的物质或场景，而是旅游点在旅游者心里的投射（Wang，1999）。所以真实性是一种文化价值观，是一个不断塑造、再造和与社会互动交流的过程（Lowenthal，1985；Olsen，2001），因此很多旅游形式能获得一定程度的真实，仅仅是因为它们让参与者看起来比较真实。

王（Wang，1999）指出"存在"真实性是通过旅游者参与各种旅游活动时重新发现自我的过程。因此，像海滩度假、海上邮轮或去主题乐园之类的旅游，看上去跟真实的地点和文化没什么关系，但它们也让旅游者在参与某种旅游活动时有了真实的自我表达。王（1999）指出探亲访友这种旅游活动可以看成是庆祝家庭纽带"真实性"的一种仪式。即使被称为不真实的体验（麦坎内尔的话）也具有一定的真实性。例如，购买纪念品尽管完全是旅游消费，但对于旅游者来说是真实的，因为纪念品与他们曾到访的地方相关联。再如洛杉矶的迪士尼乐园（几乎被认为是世界旅游中最无真实性的一个去处）通过虚拟手段重构了历史真实性。这是现代主题乐园最常用的手段，被认为是主题乐园"真实性"的表达，使之吸引了全球成千上万的游客。

因此在很多情况下，单一的真实体验并不存在，而是对真实性的多元感知和表达。以后现代观点看，几乎任何地点或体验在合宜的时间地点面对合适的人时都可能是真实的。地理是很重要的，因为全球不同的地方之间存在很大差异，这意味着很多类型旅游的多元真实性是依赖于地点的。不同的主题可能有不同的解读，但地点的差异肯定会造成跨地域空间的体验真实性有很大区别。例如，最基础的海滨度假旅游，北欧国家瑞典与地中海国家希腊或印度洋国家毛里求斯之间肯定存在质的差异。

因此，尽管学术界对真实性理论有很多批评，如认为这个概念太模糊，意义太多元，但这个理论仍然是分析旅游与社会文化关系的一个最核心概念。我们将在第八章和第九章具体分析真实性对一些主要旅游区（如遗址旅游）的重要性，以及在广义的旅游地推广方面的意义。

按肖和威廉斯（Shaw & Williams, 2004）的说法，表演形式的真实性被描述为旅游体验的"驱动力"，是影响全球旅游业的生产消费循环中的基础组成部分。旅游消费通常是基于个人购买观念的，即布尔迪厄（Bourdieu, 1984）所定义的"文化资产"（Ateljevic & Doorne, 2003）。换句话说，人们寻求自我界定并通过消费的形式向社会展示他们所认知的目的地。这在旅游中最明显的印证就是买纪念品和对人"吹嘘"自己所到访过的地方。这些都能体现旅游者的文化资本。

不过消费者要通过旅游获得文化资本，旅游体验至少需要部分地能转化为商品（见第一章图5.1），即除了有使用价值外还要有交换价值（Llewellyn Watson & Kopachevsky, 1994）。尽管常被忽视，但商品化是几个世纪以来旅游的特征之一。如果我们把商品化进程看成是旅游体验的要素转化为某些可以购买的产品的话，英国19世纪工业化社区的人到维多利亚式海滨度假区的有组织出游就是一种商品。甚至 2000 多年前，罗马旅游者到访古希腊，甚至更早期希腊旅游者到访埃及，花钱旅行、雇用导游并从主要景点带回纪念品，这些都可以被视为商品（Milne，1916；Perottet，2002）。不过现代旅游业中，商品普遍深入，不仅涉及可见的旅游产品（如交通、住宿或纪念品），更重要的是不可见的体验也成为商品。

从文化意义上讲，米特汉（Meethan，2001）指出商品会产生于两种相互关联的方式：首先，作为目的地最初的形象代表出现在旅游小册子和媒体上；其次，通过各种方式展示本地文化，成为目的地旅游体验的一部分。第一印象尤为重要，因为通过这些印象能让潜在旅游者对目的地产生遐想，然后把头脑中的形象与目的地真实形象及活动联系起来（Shaw & Williams，2004）。不过，这些构建出来的关于当地风俗习惯的形象要由当地社区表现出来给游客看，以满足游客的期望值，尽管有些形象未必真能代表当地风俗。因此，商品化与真实性之间形成了某种对立。沃尔和马西森（Wall & Mathieson，2006）发现，在商品化进程中，人工制品和人为表演丧失了最初的意义，因此也无法代表传统文化的真实性。

2. 旅游地的真实性和商品化

真实性和商品化问题反映了人们对以本土文化推动和维持国际旅游业这种现象的关注。现代旅游目的地的成功多依赖于一个地方在市场上的独特形象，这种形象与各种自然和非自然的因素有关，其中社会文化特征尤其重要。形象塑造和推广的过程也是社会文化异化的过程，因为一个地方的社会文化特征被简化了，这就是问题的根本所在，当地人被要求要根据目的地形象的需要展现其传统习俗和活动、民间手工艺、音乐舞蹈、宗教仪式和体育竞技活动，而这一切都是以能吸引旅游者并构成旅游者的目的地体验的中心要素为目的。为旅游者表演，使他们成为旅游者想象的投射而不是真正代表自己的群体（Cohen，1988）。

这并不是说旅游者对文化的兴趣是有害的。有证据显示，很多文化景区、手工艺和表演艺术都是因为有了旅游者的支持才得以保存至今的。在很多旅游目的地，旅游纪念品贸易不仅对当地经济有巨大的贡献，而且有助于维持传统手工艺，使之得以流传。如果没有旅游业，这些技艺可能早就失传了。霍尔等（Hall et al.，1992）、瑞恩和克罗特斯（Ryan & Crotts，1997）对新西兰毛利文化的研究就从多方面证明了这一点。传统艺术、手工艺和表演被保留了下来，通过再造满足旅游者的消费需求。奥尔森（Olsen，2001）指出真实性并不是固定的，而是一个与社会交流的过程。史密斯（Smith，1996）对因纽特人的研究再次证明旅游者对真实纪念品的需求刺激了创作和创新的活动（特别是石刻技艺），带来了一种新的因纽特文化形象的表现方式，当然前提是旅游者和因纽特都已经准备好接受这种新的土著文化的真实再现。

表6.1 旅游对目的地社会和文化的主要正负面影响

主要正面影响
• 增进对接待地社会和文化的了解；
• 提高接待地文化在全球社会中的知名度；
• 引进新的（往往是比较现代的）价值观和行为；
• 复兴传统手工艺、表演艺术和仪式。
主要负面影响
• 文化被贬低和商业化；
• 当传统习俗和行为方式被商业化并用于旅游者消费时，这些行为和习俗所蕴含的意义和价值随之消失；
• 加剧了传统生活方式和舶来生活方式之间的冲突；
• 当地语言宗教传统的退化萎缩；
• 当地消费模式更加全球化；
• 反社会行为（如赌博、嫖娼和犯罪）风险提高。

资料来源：节选自 Mathieson & Wall (1982); Ryan (1991); Wall & Mathieson (2006)。

不过，当旅游需求不断扩大，旅游市场向大众化过渡，旅游对文化所造成的负面压力开始显现，手工艺品和表演变得越来越商品化。而这些艺术的真实性开始萎缩，成了布尔斯廷（Boorstin，1961）所谓的"伪文化事件"，即专门设计给无辨别能力的大众旅游群体。这些所谓的"伪文化事件"具有一些共同特征：
- 它们是计划安排的而不是自发的；
- 它们是专门设计出来进行表演和复制的，目的是方便旅游者；
- 它们与这种艺术形式原本所依托的真实要素之间的关系变得越来越模糊；

- 随着时间的推移，这些"伪文化事件"会变为真实，从而取代它们本来要演绎的原本事件、行为或要素。

旅游需求显然刺激了文化的商品化过程。从积极意义上讲，让游客在一个舒适的环境中欣赏当地文化表演，伪文化事件对减轻当地社区的压力，帮助当地社区保护自己的真实文化不会在旅游者的注视之下展现是有积极作用的。但这个过程使人为模仿的文化远离了其生存发展的真实文化土壤。旅游者观看这些传统仪式时并不真正理解其中的意义，但危险的是随着时间的推移，表演者可能也忽略了这些行为的原本意义，这就等于改变了东道国的文化基础。夏威夷的歌舞晚宴就是一例，大众旅游者参加酒店的夏威夷歌舞之夜，活动全程有讲解，尽管有时为了达到娱乐目的，表演和讲解都有不太真实的地方。同时，在各个岛屿的偏僻地区，夏威夷人仅仅在特殊场合保留了传统节日。

同样，传统物件如果成功地通过市场营销成为受欢迎的旅游纪念品，这些纪念品原本的意义或价值就会发生变化。随着旅游市场的发展和大众化，这些工艺品的大批量生产使其中真正的手工工艺被边缘化。批量生产的工艺品会使这些工艺品的生产和销售权从当地社区转到外来生产商手中。

真实性问题和旅游促使文化商品化的程度在各地并不一样，在很大程度上也是公说公有理婆说婆有理的问题。人们通常谴责旅游业的商业化使目的地社会的文化基础发生了退化和改变，但值得提醒的是文化本身并不是一成不变的，而是一种动态和不断适应调整的过程，一个有活力的社会会不断再造和重塑自己的文化。一味强调目的地当地人只能被动地接受旅游者的影响也是不全面的。不少学者指出接待地社区都积极地塑造和宣传自己的文化以吸引旅游者，在这个过程中当地文化被赋予了新的意义和价值。因此，旅游并不是独立于当地文化之外的，而是当地文化形成过程中的一个组成部分（Crang, 2003; Shaw & Williams, 2004）。

3. 示范效应和文化适应

商品化理论是解释旅游与文化和社会关系的一个有力工具。关于东道主与游客接待造成社会文化变迁的理论已经有很多了，但其中比较著名的有两个：示范效应和文化适应。

示范效应的前提是游客与当地人之间存在明显的差距，从而造成当地人仅通过"观察"旅游而产生观念、价值观或行为模式的改变。这种理论认为通过观察物质上较富有的旅游者，当地人可能会去模仿旅游者和向往拥有旅游者所拥有的一些物品，如服装等。费希尔（Fisher，2004）最早将示范效应理论应用于旅游研究，凯特（Kadt，1979）通过观察旅游者对当地消费模式的影响发现了示范效应的应用，同时还发现与消费模式相关的生活方式和社会地位的变迁其实发生得更早，如欧洲17世纪城市文化的复兴（Borsay，1989）。

插图 6.1　南非德班为旅游者打造的丰富多彩的传统文化体验（刘德龄 摄）

第六章 社会文化关系与旅游体验

有时这种示范效应会起到积极作用，如让当地人更宽容、更高效，鼓励当地社区努力提升自己原来不足的能力。这种观点常用于说明旅游对传统社会的经济作用，让传统社会逐渐熟悉基于资本的创业精神。但大部分旅游学者都认为示范效应更多的是起着破坏性作用，因为当地人看到的旅游者的生活方式是后者在可以预见的未来还能继续的生活，特别是发达世界旅游者与发展中世界社区接触时，会造成两种行为模式、习惯和信念之间的冲突，加重当地人对旅游的厌恶和怨恨。

年轻人对示范效应尤其敏感，因此人们常把目的地社会中的老年人与年轻人之间的差距和摩擦、年龄选择性移民（即受过良好教育的年轻人为了追求示范的生活方式而搬出当地，使当地社区失去了很多优秀的年轻人）归咎于旅游。

最近的批评观点开始关注示范效应对隐式居住的影响。人们已经很难把旅游的影响和其他更广义现代化和全球化进程带来的社会影响区分开来，因此示范效应受到了质疑。费希尔（Fisher，2004）指出，有些要素其实远比旅游给社会带来的影响大，如全球媒体和电子通信（电视、电影和互联网）已经越来越直接地进入到麦坎内尔所谓的"后台"，让当地人能直接看到新闻、娱乐和全球企业的广告，以及居住和工作在海外的亲戚朋友的信件和信息。

除了质疑旅游的具体作用外，更多的质疑集中在谁在向谁示范什么？示范效应假定"强势"旅游和"弱势"当地文化之间有大量的单向影响和一种新殖民关系。但富兰克林（Franklin，2004）清楚地指出"异域"的行为范围在扩大（如服饰和饮食口味）并已经成为旅游者的日常生活，文化资本和社会地位或品位的标志是他们对其他地方体验的结果。这说明示范效应被称为文化交流而不是文化侵略更为合适。

人们常用示范效应来解释旅游的社会文化影响，因为游客与目的地人群的接触是表面而短暂的。当游客与目的地人群的接触进一步发展并深化时，文化适应理论可以从另一个角度对这种现象进行解释。文化适应论认为两种文化经过长期接触后，两种文化的各种思想和产品不断交换，造成两种文化日益融合，使两种文化越来越相似（Murphy，1985）。但这种交换过程往往是不平衡的，强势文化会主宰弱势文化，新形成的融合文化也会以强势文化为主，但有趣的是强势文化不一定是一个统一而有特色的文化。以美国为例，美国通过旅游传播的显然是一种强势文化，但美国文化的强势更多地反映在游客规模、经济实力和对全球媒体越来越强大的控制力，而美国社会本身就是一个多元文化融合的产物。

与示范效应一样，文化适应的过程也是在发达和发展中国家之间反映得最突出，但在发达国家之间也同样存在这种现象。很多欧洲国家的偏远地区有独特的文化，对旅游者很有吸引力，如土著人和少数民族比主流社会更有本土特色，生活方式独特、移民较少、有独特地方语言或方言的乡村社区也很有吸引力。这些地方的本土文化较为稳固，能对抗旅游者和主流社会的文化同化。这种保持传统的努力包括保留自己的语言和节事活动，而这一切本身就对旅游者有吸引力。一定的空间距离也是文化适应现象发生的基础。

4. 道德与社会价值观的变化

人们的另一个担忧是游客与东道国居民的接触会改变当地的价值体系和社会道德基础。通常的担忧是当地居民会滑向更宽容、更宽松的道德标准，不过由于价值观等文化属性往往根深蒂固，事实证明旅游给文化带来的影响往往非常有限（Wall & Mathieson，2006）。

当地人看到的是旅游者休闲的生活方式、较奢侈的消费、不受常规拘束的穿着打扮，这些都会在当地人中引起很大反响。这种反应的强度取决于主客之间的文化距离（见图6.2）。当这种差异非常明显时，当地社会中的一部分人（特别是年轻人）在示范效应影响下会去模仿旅游者的生活和行为方式，而另一部分（主要是老年人）则对这种被视为不道德的行为嗤之以鼻。这种现象在一些地中海国家非常突出。很多北欧人是不可知论者和无神论者，而大量这类北欧游客出现在天主教或希腊东正教社区内，而这些社区的社会和道德规范受正统宗教影响很深，所以这种接触就会产生很多问题（Tsartas，1992）。美国西南部的很多印第安村落限制游客拍照，或是完全禁止（如霍皮保护区）或是收取费用（如陶斯村），以限制游客的这种不敬行为（Lew，1999）。

旅游者对社区年轻人的文化渗透说明，这些年轻人现在的行为将来就会成为当地社区的一般行为。在这种情况下，旅游使当地的道德和社会价值观发生了变化。暴露在游客面前的结果是产生道德和社会价值变迁。对于这个问题的解答最终还是取决于各人看问题的立场，虽然很多人会把旅游者描绘成道德的污染者，但有时旅游者所受到的影响可能比目的地居民还要大。到北欧或荷兰旅游的游客可能会被当地的道德准则所俘获，对性、毒品或妓女的看法变得更加宽容。在这种情况下，是旅游者的传统道德准则和行为规范受到了挑战而不是当地居民。

从很多文献中我们可以发现很多社会问题都被人习惯性地与旅游联系起来，包括赌博、嫖妓、犯罪和对目的地社会宗教的细微影响。享乐主义和正常社会约束力的放松不可避免地会让一些旅游者在度假时对赌博和色情等活动感兴趣。这种兴趣只会发生在特定地方的少量旅游者身上，如在拉斯维加斯或蒙特卡洛（见 Leiper，1989），只有少数旅游者真正沉迷于这些活动。不过博彩是旅游行业中增长最快的（Eadington，1999），例如内华达拉斯维加斯的扩张，还有新泽西大西洋城由衰转盛。蒂莫西（Timothy，2001）对边境旅游的研究也发现，在边境开设赌场并允许博彩已经成为一些边境地区的发展捷径，这折射出在很多本地社区和游客中被压抑的赌博需求。博彩业的经济收益非常明显，但会引发社会问题，特别是嗜赌成瘾会导致家庭或其他社会关系纽带的破裂（Pizam & Pokela，1985；Wall & Mathieson，2006）。

赌博、卖淫嫖娼和犯罪往往是相互关联的，赌场和妓院往往有共同的老板，而这些场所的经营者一般依靠一些非法所得。这些赌场、妓院、俱乐部、酒吧往往在空间上集中分布，形成所谓的"红灯区"或"娱乐区"，伦敦苏活区（Soho）和阿姆斯特丹的华尔木斯街（Warmoesstraat）就是两例。但这些活动与旅游之间的关联却并不明显。关于色情业的研究（如 Hall，1992，1996；Cohen，1993；Muroi & Sasaki，1997；Opperman，1999）表明旅游会造就一种环境引诱色情产业的发展，但更多地只是对现存的行为有推动作用。泰国曾因发展性旅游而恶名远播，但卖淫嫖娼在旅游者到来之前就早已成为当地一种亚文化。旅游业在其中所起到的是推波助澜的作用，吸引一些年轻女人为满足旅游者的新增需求而加入到这个行业中去（Cohen，1993），当然有事实证明一些性剥削和雏妓问题确实与国际旅游业有直接关系。

同样，旅游与当地犯罪之间的联系也并不显著和持久。有人认为游客与当地居民之间明显的贫富悬殊会使抢劫和盗窃行为增多，特别是当旅游者在陌生地方游览时，他们往往无法区别一个地方是否安全，更容易成为街头犯罪的目标（Ryan，1993；Prideaux，1996；Sheibler et al.，1996；Harper，2001）。一些目的地的研究表明旅游业的发展确实与抢劫、酒后滋事、与性和毒品有关的犯罪增长趋势不谋而合，但统计数字只说明两者有联系，不一定说明旅游是造成这种现象的原因。旅游的发展使犯罪有蔓延的环境和条件，但除非旅游者本身是罪犯（如英国的年轻人在西班牙地中海度假区酒后滋事，或很少见的旅游者走私毒品或携带其他违禁品），旅游本身并不会给当地社会带来犯罪，有没有旅游犯罪都会存在的。

道德价值体系在很多社会中是根植于当地宗教信仰的，因此当地社区抵御道德准则变化的能力也部分地依赖于居民日常生活中的宗教基础。旅游与宗教的联系随着时间的推移会产生一些微妙的变化。宗教一直是一种旅游形式的基础，但在很多社会中（特别是在发达国家），宗教信仰在不可知论和无神论的影响下已经趋于弱化。宗教建筑已经成为热门的旅游景点，尽管参观者并不一定都是某一宗教的信奉者（Vukovic，2002），事实上很多欧洲的大教堂因其建筑特色接待的游客人数往往数倍于真正的朝拜者。

这也可能是冲突的根源之一，对于大部分旅游者来说宗教已经成为娱乐的一部分，包括参观宗教建筑和宗教仪式，而对于朝拜者来说，到某个地方或参加某种仪式具有特殊的精神和心理意义。因此商业化的宗教仪式表演和旅游者对宗教建筑的旁观者眼光都会对真正的朝拜者形成干扰，但这种遭遇是不可避免的。一方面旅游能使宗教仪式和价值观所代表的当地文化形象突显出来，另一方面也会削弱宗教在社会中的地位，改变宗教仪式和活动的含义和象征意义，从而带动更广泛的社会文化变迁。

5. 权力关系

这些至关重要的立场中隐含着权力关系。权力关系在塑造旅游关系中的作用已经早被认知，但这个概念能如何解读现实世界的旅游关系，在这方面近年来有些有趣的理论新发展。传统上，旅游与社区的关系被广泛认定为不平等的,旅游者占主导地对弱势的接待社区施加影响。蒙默思和蒙特(Mowforth & Munt,2003)指出旅游常被设想为一个接触区,不同文化在此以不对称的关系和迥然不同的体验相接触。这种不对称在全球和本地都有表现。在全球范围内,旅游的特点是带来新殖民主义模式。发达国家旅游客源地是主导地区,统治着从属地区的旅游发展(即发达国家和发展中世界的新兴目的地)。在本地范围内,旅游者与当地人遭遇的性质是一种不平等关系。旅游者的物质财富会让他们处于比本地人相对优越的地位,而本地人则主要提供较低微的服务满足游客的需求。

这种解读未必错误。越来越被广为认知的商品化使很多目的地为了迎合国际市场对目的地的期望,开始通过促销和表演活动满足游客对目的地文化的体验需求。本地社区的势力努力抵制自己的文化被外部商品化,但这会受到外部预期和旅游现实的经济收益所限制。同样,发达国家现在一个明显的趋势是"西方"理念(如可持续性和性别平等)越来越多地在旅游发展过程加诸"非西方"文化中(Mowforth & Munt,2003)。

当地权力对旅游产品商品化的默许与更广义的文化形象是如何确定的问题有关。肖和威廉斯(Shaw & Williams,2004)发现文化的界定是一个关系递进的过程,即我们是谁的定义取决于"他者"的存在,取决于我们跟谁比较和比较出来的差异。没有"他者",要得出"我"的定义很困难。这里讨论的重点是认识"他者"(在旅游语境中指的就是被访问的社区)的过程就暗含了权力关系,在这种权力关系中"他者"处于相对较低的位置(Aitchison,2001)。这是因为在大部分相遇的关系中自我利益至上,不论是"我"或"我们"。

很多人简单地认为塑造旅游关系的仅仅是全球资本和旅游者作为商品化体验消费者所带来的经济力量在改写当地人的自我表达,而这是当地人无力抗拒的。福柯的观点在这方面非常有用,法国哲学家米歇尔·福柯认为权力不是一方对另一方施加的力量,而是可以向多方向流动的相互关系。这一点在旅游中能得到清晰的印证,因为旅游者与目的地社区之间的关系有第三方中介进行调节(Cheong & Miller,2000)。旅游的中介包括:组团社、地接社、当地政客和规划者,以及当地警方。

规范旅游者（在自己原居住地）和接待者（在自己居住地）之间空间的旅游系统是动态的，如我们在第一、二章所讲。中介有时会变成旅游者，有些旅游者如果定居下来也可能成为本地人（如退休后的第二住宅业主），而旅游者和当地居民如果服务于旅游者或旅游活动，他们也可能成为中介。随着教育信息和准备工作的完备，中介的作用也可以在一定程度上被削弱或替代。张和米勒（Cheong & Miller，2000）指出旅游者更可能成为权力关系的目标而不是权力施与者，因为他们更可能要承受权力的后果而不是自己直接行使权力。旅游者常处于不安全中，因为他们处于不熟悉的环境里，可能因语言障碍无法沟通、不熟悉当地文化而处于弱势。旅游者可能有经济实力，但如阿泰列维奇和多尼（Ateljevic & Doorne，2003）所说的，文化权力往往根植于当地社区。

6. 新型社会结构与赋权

旅游所带来的社会文化变迁最终会导致当地社会结构的改变，形成新的社会赋权模式。同样，旅游使游客与当地人接触并凸显了社会经济传统的反差，这种差异越明显，改变的压力越大。

改变可以通过一系列路径实现，其中两条路径是比较常见的。其一，旅游会造就新的就业机会，而获得这些机会的人可能在传统的社会模式中是无法获得有酬劳的工作的，如女性。如我们在第四章所说的，旅游为女性就业创造了机会，也推动了一些传统社会中的女性解放，让她们有自己的收入，更独立，长此以往能促进社会平等。阿泰列维奇和多尼（Ateljevic & Doorne，2003）的研究发现，中国大理的旅游商品蜡染制品让当地从事这方面生意的妇女有了更大的自主权，她们获得的收入也提升了她们的子女受教育和就业的机会。旅游就业带来了更高的经济独立水平，让传统社会摆脱老年人的控制（特别是在大家族中），而且也带来了居住地和婚配的新选择，当然旅游以外其他行业为年轻人和女性创造就业机会也会带来这类结构上的变化。

这种社会赋权还体现在一个重要的社会变化上，即语言的变化。语言在旅游业中的作用最近才受到关注（Cohen & Cooper，1986；Thurlow &

Jaworski，2010；Hall-Lew & Lew，2014）。语言是一种重要的社会特征，它不仅能标志身份和文化，更重要的是能通过界定谁与谁通话，如何通话来确定社会模式。国际旅游者在全球使用一种或几种语言交流，当然使用最广泛最通用的是英语，也有一些会用到西班牙语和法语，而且现在越来越多的人用汉语。客源国游客会自然地希望目的地至少有一部分人能掌握自己熟悉的语言。外资旅游企业中学会一种新语言是商业要求，饭店业也要求员工掌握外语。

掌握外语能力对旅游从业人员也有重要意义，因为他们能有机会更广泛接触全球化的媒体并受其影响，更方便地寻找移民或改变现状的机会，而且可改变他们在自己家乡社会中的地位，因为他们拥有一种有竞争力的技能而其他人不具备。不过，随着国际语言技能的掌握，也存本地语言优势丧失的风险（Huisman & Moore，1999）。怀特（White，1974）的研究显示在瑞士罗曼斯方言区，这种方言的衰退就是一个例证。

随着就业或新话语的应用，个人或群体层面的社会能力结构发生了变化，但有时整个社区和文化都因发展旅游业和将旅游业融入当地社会文化发展而变得更有力。皮卡德（Picard，1993，1995）研究巴厘岛旅游发展时发现，当地文化非常独特，国际旅游是当地政治经济的有力"杠杆"，也让巴厘岛当局与印尼中央政府交涉时更占优势。印尼政府以巴厘岛文化为典范树立整个国家在国际社会上的形象（因为这样更容易吸引国际游客到印尼来），这种本地形象的再主张也同时提升了巴厘岛的政治地位。

巴厘岛的经验指向第三种改变路径，除了增加就业和提升外语能力，旅游还能让目的地具有一定的政治力量。皮奇福德（Pitchford，1995）指出当地社会团体都有自己的独特文化，成为吸引旅游者的基础。这些物质和文化资源形成了当地的形象，因而形成足以抗拒改变的力量。这种抗拒包括抵制国际旅游大众营销带来的全球一体化趋势，也包括对抗新殖民主义，不论是来自外部的（如外资企业）还是内部的（如国内移民或中央政府）。皮奇福德（1995）的研究显示，威尔士的旅游发展也旨在推广和保护威尔士的文化免受英国内部殖民化的系统性侵蚀。皮卡德（1993，1995）的文章指出巴厘岛的例子也说明巴厘岛是如何抵制印尼中央政府国内新殖民主义的。

不过抵制不仅仅存在于接待旅游者的社区和更广阔的世界，它还存在于社区内部，作为探讨和协商旅游的文化接受的过程。有些实际案例说明的就是这种调节与抵制的过程，不仅显示了当地旅游与文化活动的关系日趋理性，还证实了本章讨论过的一些其他问题。

二、旅游者的相遇

旅游者与其所造访的社区社会文化交流过程的核心是主客之间的相遇。这种相遇会带来一系列社会或文化影响。旅游者（特别是大众旅游者）与当地社区相遇的几个主要特征是（Hunter，2001；Hall & Lew，2009）：

- 短暂和肤浅的，因为旅游者到达目的地后与当地人遭遇的时间非常短；
- 受时间（季节性）和空间（集中在某个旅游区）的局限；
- 具有表演性质，而非自发自愿，通常本质上是商业化而非个性化的；
- 因财富等属性不同而程度各异（或不平等），而且也与一些无形因素（如预期）有关。

尽管这种相遇是短暂而非个性化和外在肤浅的，但社会文化影响往往是从接待之始就开始了。旅游能把很多差异巨大的地区和社会拉到一起。国际旅游者一般是来自发达的城市化和工业化社会，带着自己的信仰、价值观和期望到目的地社会去散播。但随着空间距离的扩大（绝大部分旅游者都寻求与居住地迥异的地方），游客与当地人的相遇很可能带来截然不同的价值观和体验的碰撞。文化差异可能发生在不同层面：发达与欠发达；前工业时代、工业时代和后工业时代；传统与现代（或后现代）；城市与乡村；富有与贫穷。这一切发生的背景是旅游者处于休闲和享乐的状态，寻求新奇的环境，而当地人追求的是日常工作的熟悉与舒适。

当然，这种相遇并不总是那么简单，其特点和相关作用在各旅游空间也不是一致的。空间差异是旅游者与当地社区相遇的本质与结果，有几个要素能解释这些差异：相遇的条件；游客类别；相遇地点的性质；旅游者与当地人的空间接近程度；当地人介入旅游业的程度；两个群体之间的文化相似度；以及目的地旅游发展的阶段。

1. 相遇的情境和游客类型

德凯特（de Kadt, 1979）认为当地人与游客的相遇有三种基本情况：
- 旅游者从当地人开的商店、酒吧、饭店或餐厅购买产品和享受服务时；
- 旅游者与当地人使用同样的设施（如当地的海滩和娱乐设施）时；
- 他们有意集聚到一起交换各自的思想、经历或信息时。

社会文化影响的性质显然受上述不同相遇情形的影响，当然不同的相遇情境与游客类型、旅游周期和逗留时间长短有关（见第一章）。如果旅游发展主要是面向大众市场的，主人与游客的接触更多的是在前两种情况下，受包价的季节性和包价的时间跨度影响，这种接触多是短时、非正式和比较浅层的。虽然接触深度有限，但由于大众旅游的规划较大，这种接触已足以产生示范效应或文化适应过程，从而带来一系列影响和变化。两个群体有意识的交流在现代旅游中是比较少见的，除非是一些散客或探险者。由于这种接触数量较少，因此对当地社会和文化所造成的影响也比较有限，当然严格地说任何形式的接触都会带来某种程度的社会、文化变化。不过，如果"探险"类旅游者延长在目的地社区的逗留时间（如一个月或更长），则文化交流的范围就会扩大，影响也就会凸显出来。

2. 地理位置的本质

地理因素也是重要的，因其影响目的地的性质和主人与游客之间的空间邻近性。当地社区对旅游业的容忍程度取决于当地旅游接待容量，简单地说就是旅游者作为一个特殊的团体在多大的程度内不会造成明显的问题。在伦敦或巴黎之类的中心城内，数千名旅游者可能根本不会造成什么能让人觉察到的影响，因为城市基础设施的设计容量较高，而且在这些地方的旅游者往往混迹于人群而难以被察觉。相反，一些小乡村社区不具备接待大量旅游客流的能力，几百名旅游者就可能足以使当地难以应付。由于游客在这些地区会更加显眼，所以他们造成示范效应和文化适应性变化的可能性会比较大。

3. 空间的临近与介入程度

交流的性质与密度会受主人与游客的空间邻近性的影响，如第四章所讲的，旅游发展往往集中于一些比较受旅游者欢迎的地区，因此旅游发展的空间模式并不均衡。我们希望旅游影响能从旅游中心向周边地区渗透（如通过每天往返于旅游中心和周边地区的旅游从业人员），而旅游社会文化影响的容纳能力会随着与旅游中心的距离的增加而递减。即使在旅游区内，有些地方也是旅游者尚未涉足的，他们的行动多是沿着开发者设计的路线或在一定的范围内进行的（特别是飞地），这种设计是有意将主人与游客隔离开来以尽可能减小社会和文化影响。

同样，一个社区内的不同部门也会对旅游人群有不同的反应，商业部门和政府工作人员可能对旅游有比较积极的态度，因为旅游能带来经济收益，而没有从旅游业中直接受益的一般当地居民可能会因旅游引起的噪声、拥挤和公共设施的过度使用而对旅游产生负面情绪。对旅游的态度和行为上的各种不同的反应会通过直接或间接的渠道传达给社区的各个群体。

4. 文化同化

当然，对旅游的社会文化影响最重要的决定因素是文化同化或异化及其相关发展阶段。游客与主之间的文化"距离"（通常与空间距离相吻合）是决定影响程度的关键。如果接待社区相对较小，比较单纯和封闭，而且富裕程度与旅游者差距较大，旅游在这些社区中的影响会被最大化。当主人与游客有相近的社会经济和技术发展水平，社会文化差异就不会太明显，旅游的社会文化影响也会相对较小。

国际旅游把不同地区的人汇聚起来，也把很多文化同源地区的人集中到某些目的地。如在北美，美国和加拿大旅游者的交换就不会造成什么明显的社会文化影响，因为他们的生活方式是基本相同的，当然对美国和加拿大的印第安人的影响可能会是个问题。即使在东南亚这种被认为社会文化影响会比较突出的地区，那里75%的游客也是来自于本地区，因此虽然这个地区的各个民族之间存在一些差异，但他们的社会文化体验不会造成什么严重影响。也许，对各国国内旅游的研究表明在游客和当地人源于相同社会文化背景的情况下，很多与国际旅游相关的社会文化影响大部分都将不复存在。这可能是令人毫不惊讶的事（见 Brunt & Courtney, 1999）。

5. 发展阶段

第二章，我们用巴特勒关于度假区生命发展周期（TALC）的模型说明旅游地是会随时间的推移而发生变化的（Butler，1980），也意味着各发展阶段旅游的影响也是不同的，随着目的地发展的深入，旅游影响的规模也从早期探索阶段的轻微影响发展到停滞阶段的显著影响。

广为引用的多克西（Doxey）"厌烦指数"（Irridex，英语"irritation index"的缩写形式）试图说明接待地区对旅游业的态度是如何随着旅游发展的深入而变化的（见图6.1）。起初旅游者很受欢迎，一方面人们对旅游者觉得很新奇，另一方面旅游者给当地带来了经济的繁荣。随着时间的推移，旅游发展变得更加结构性和商业化，当地人从旅游中获得的利益逐渐分化（如有些当地人介入旅游业中，有些人没有），这时人们对旅游发展的态度趋于冷漠。如果旅游发展继续，旅游造成的拥挤和螺旋式发展会在当地人中埋下厌烦的种子，因为他们的生活由于旅游业的存在而变得越来越不方便。在多克西模型的最后阶段，厌烦已经发展为对旅游者的敌意和怨恨情绪，当地人把自己的生活方式和社会的有害改变全归咎于旅游。当然，这种看法不一定都是正确公平的。

"厌烦指数"

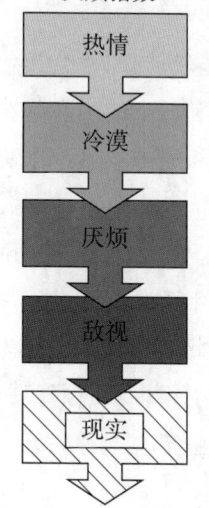

热情 → 发展之初，游客和投资人都很受欢迎，缺乏规划或调控机制；

冷漠 → 当地人对游客已经习以为常，当地居民与外来者的接触更加正式（商业化）规划更多关注的是市场营销；

厌烦 → 接近停滞阶段，居民对旅游业感到担忧，政策制定者力图通过增加基础设施而不是控制发展来解决这个问题；

敌视 → 人们开始公开表现出反感情绪，认为游客是所有问题的罪魁祸首，规划成为挽回目的地形象的补救措施，但推广力度加大，抵消目的地不断恶化的名声；

现实 → 旅游接待经验越多的社区越现实和成熟，已非常清楚旅游能带来的收益和需要做出的相应牺牲。

图6.1 多克西（Doxey）厌烦指数的扩展版

资料来源：Hall & Lew（2009）。

虽然多克西的模型确实说明了一些旅游目的地的遭遇（这个模型实际上基于加拿大和加勒比旅游发展的观察），但也有很多人对这个模型提出了批评，最主要的一条是这个模型没有说明旅游会给目的地社会带来什么积极影响，仿佛主客之间关系的日益紧张是一种不可避免的趋势。而且模型说明的主客关系是简单、单向的，而现实中这种关系是非常复杂的（Murphy，1985）。那些直接介入旅游业并从中获得利益的人对这个行业的看法显然与社区中的其他没有参与到旅游业中的人不同。另外模型也没能揭示出通过有效规划这种情况可以得到很大改善的潜在性。

针对这些批评，霍尔和刘（Hall & Lew，2009）对这个模型进行了拓展，增加了一个阶段，即大部分有成熟旅游行业的目的地已经摆脱了单向敌视的阶段而进入"现实"阶段（图6.1）。在这个阶段，人们会表达不同的观点，采取不同的政策寻求旅游经济收益与当地社会文化需求之间的平衡。多克西的模型虽然因简洁著称，但这个模型忽略了很多细节，这也是它招致批评的重要原因。传统的解读是把旅游者和当地社区简单地归结于两种文化形式：主人与客人（Smith，1977）。但这种传统简单的解读是无法反映现实世界旅游者与环境相遇的复杂性和多元化的，主客两极理论因此也招致了很多批评观点。

首先，大部分旅游目的地接待的旅游者都是来自很多不同的社会文化背景，如英国接待的旅游者中就有很多是来自欧洲、北美和日本的，有些客源地的文化与英国比较接近，有些则差异较大。任何一种相遇的本质都取决于主客之间文化差异有多大。

其次，目的地本身的文化和社会形态也不是单一的。舍洛克（Sherlock，2001：285）指出现代社会环境流动性越来越强，当地社区常由很多碎片组成，而且社会结构会随经济机会的需求而随时变化。因此，真正的本地人可能成为目的地少数群体。另外，很多旅游目的地还会吸引很多临时居民，如把当地作为第二住宅的人。因此简单的主客关系已经无法定义这种关系，因为他们在当地人眼中是旅游者，在旅游者眼中是当地人。

再次，这是前一点的延伸。在大部分情况下，主人与客人共享旅游地的生产和消费过程，主人往往接受客人各方面的赐予（Sherlock，2001）。当地人的休闲行为会不知不觉地融入游客的行为中，如餐厅、娱乐场所、零售网点及街边摊等环境是由各类公众共享的空间（见 Williams，2003）。同样，旅游者遇到的不仅是当地社区，还会遇到其他旅游者，他们的行为也成为旅游体验中不可分割的一部分（Crouch et al.，2001）。

最后也是最重要的一点，旅游者在旅游期间的行为和思维往往与其平日不同，因此他们也不能代表其惯常居住地的文化准则。我们在第一章中已经介绍过，旅游者的行为往往与其平时行为截然不同，如消费水平明显高于在家时，而且会做一些为自己常住地社会所不能接受的事，如暴饮暴食、赌博、穿奇装异服、赤裸身体或半裸体等。换句话说，在旅游客源社会的正常文化中存在一种"旅游文化"，这种亚文化价值观和行为模式只有在旅游者的旅游过程中才出显现出来，而这种表现会令接待地区的居民对旅游客源社会产生一种错误的印象。图 6.2 说明的就是这种理论。图中每个方框代表一种旅游者聚集其中的文化，当然这种文化也会波及这个范围之外。一般的旅游文化会带有一种非典型行为倾向，各种文化之间的重合区域越大，社会文化同化水平越高，所造成的旅游影响越小。相反，三种文化之间重合的部分越小，主客之间文化差异越大，旅游者会对当地产生越大的社会文化影响。

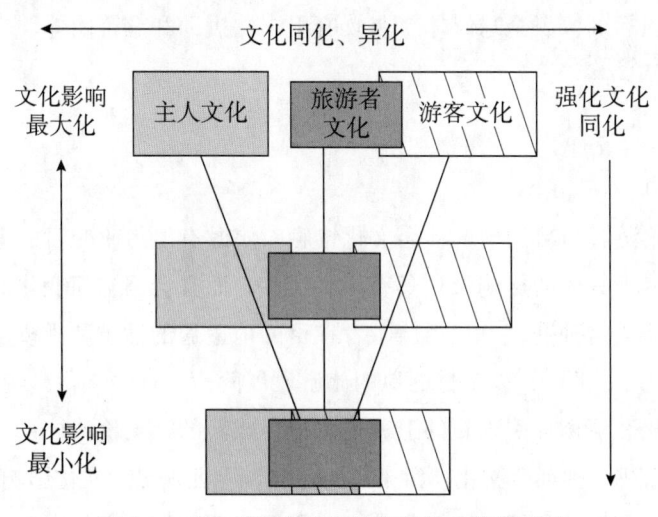

图 6.2 文化"距离"和旅游的社会文化影响

不过，不仅旅游文化会被误读，当地文化也通常是表演给旅游者看的。这种结构性的不真实表演普遍存在，意味着当地社区也没有真实地反映自己。最后的结果是旅游者遇到的是一种双方共同认可的刻意误读，这也是双方误解的土壤（Hunter，2001）。

三、结论

旅游业给目的地社会和文化所带来的影响是多种多样、程度不一的，这往往反映了人们不同的旅行方式和他们所遭遇到的不同当地情况。有时主人与游客之间的文化距离很近，旅游业在这种情况下的社会文化影响就很小。反之，旅游业所带来的变化可能更突出一些。很多这方面的研究都强调旅游对接待地区社会文化的负面影响，但上面的论述说明旅游者与当地人的相遇也会带来很多可见的益处。巴厘岛的例子就说明将旅游融入广义的社会文化发展中，旅游可能成为一种权力要素，从而帮助一个地区树立自己在世界上的形象。

还要强调的是社会和文化并不是一成不变的。接待地主人也并不总是被动地接受游客所带来的变化，社会和文化是在一系列内外部影响要素的作用下不断发展演变的，而国际旅游只是这些要素中的一个，其他要素还包括跨国公司、国际刑警、全球媒体、非政府组织、援助和慈善团体、文化交流和教育项目等。

四、小结

通过旅游者与目的地的社会文化接触，旅游有能力改变目的地的社会文化结构，尽管具体的影响形式具有不确定性，而且会因空间变化而变化。很多因素会造成这种变化，包括旅游者在目的地遭遇的性质和规模，不同群体之间的文化"差距"，以及目的地的旅游发展阶段。社会文化影响范围包括：文化商品化和误读；引入新的道德规范；促成新的社会价值体系。不过现在有把旅游当成一种社会文化"污染"的趋势，有证据显示文化影响是双向的，旅游者与当地社区的接触也会带来一些积极正面的社会文化影响，如增强当地的能力，保持目的地的文化特色和文化活动。

讨论题：

1. 如果旅游者与当地社区相遇的特点是短暂肤浅的，为什么会有人认为旅游是对当地社会和文化的威胁？
2. 旅游能带给目的地的主要社会和文化利益是什么？
3. 讨论麦坎内尔（MacCannell）关于真实性的概念。这是解释旅游者对异国社会文化兴趣的基础。
4. 如何公平正确地评价旅游与当地社区关系的不对称，以及旅游对于文化变迁的单向性？
5. 示范效应和文化同化等传统概念对于解释旅游带来的社会和文化变迁具有什么作用？

延伸阅读：

对旅游、社会和文化关系理论基础有兴趣的学生可以深入阅读以下几种经典文献：

Cohen, E. (1998) 'Authenticity and commodification in tourism', *Annals of Tourism Research*, Vol. 15(2): 371–386.

MacCannell, D. (1973) 'Staged authenticity: arrangements of social space in tourist settings', *American Journal of Sociology*, Vol. 79(3): 589–603.

Urry, J. (1990) *The Tourist Gaze: Leisure and Travel in Contemporary Societies*, London: Sage.

下列文献或对其所涉主题有所发展，或提出了有价值的新观点：

Church, C. and Coles, T. (2007) *Tourism, Power and Place*, Abingdon, UK: Routledge.

Crouch, D., Aronsson, L. and Wahlstrom, L. (2001) 'Tourist encounters', *Tourist Studies*, Vol. 1(3): 253–270.

Fisher, D. (2004) 'The demonstration effect revisited', *Annals of Tourism Re-

search, Vol. 31(2): 428-446.

Rojeck, C. and Urry, J. (eds) (1997) *Touring Cultures: Transformations in Travel Theory*, London: Routledge.

Selby, M. (2004) 'Consuming the city: conceptualizing and researching urban tourist knowledge', *Tourism Geographies: An International Journal of Tourism Space, Place and Environment*, Vol. 6(2): 186-207.

第四部分

理解旅游地与空间

这部分的标题大体上也可作为全书的副标题。前面的讨论主要是为本部分的几章做铺垫的。前三部分主要是旅游地理的传统研究范围和传统概念，以及传统上对旅游空间布局和人地关系的解读与理解。要更全面地了解当今旅游地理的构成，从人文地理角度去思考旅游业，就要从新的视角去理解旅游，这就是第四部分要讨论的主要问题。

后面几章主要探讨两个核心问题：第一，我们在后工业（或后现代）社会如何理解旅游的定位及新的旅游空间是如何融入这种变化的（见 Minca & Oakes，2014）；第二，人文地理中所谓的"文化转向"是如何改变我们所理解的现代生活中旅游地的改变及由此产生的各种地理问题（见 Ioannides & Debbage，2014）。旅游始终不仅是通过休息和放松追求精神愉悦和身体恢复的简单行为，它还有很多深层次的意义，有些很细微，有些很明显。不过以往这些意义和行为很少会成为人们日常生活的一部分和引起人们重视，直到最近这种状况才有所改变。

所有这些变化都是随着旅游的改变而产生的。旅游已经从一种被特纳和阿什（Turner & Ash，1975）称为"快乐外围"的边缘活动转变为 21 世纪后工业生活中人们的核心活动之一。现代旅游已经成为构建形象的中心，包括地点和个人的形象。很多人的旅游消费决策是有意为了凸显某种个性形象和地位。旅游也是人们探求不同的自我（如通过探险旅游等形式）的重要领域。旅游的形式可以通过个人的历史、伦理观念和民族传承实现个人的表达，以对抗后工业世界的匿名化和去个性化的趋势。

　　文化转向和后现代观点在人文地理中引起的一个重大变化是将旅游者重新定位为主体：一种有关人是决策和行事主体的认知。因此，旅游者的体验不再是被动接受安排，而是会主动塑造自己的体验，不论目的地的"表演"是何等做作。后现代话语体系反对用一以概之的理论或解释去阐释各种现象，其中包括旅游，相反多元化定位更能反映出每个人自己对世界的认知和对自己的解读。因此尽管还有很多旅游部门仍然被大众消费所左右，但地理学和上述行为说明有更多新兴的旅游形式反映了个人的品位和喜好。因此，旅游存在的空间和地点也变得多元化，数量更多，也更难以与人们日常生活的其他空间区别开来。我们需要认识和了解这些趋势，从而从更大的广度去理解旅游地理。

第七章 文化建构与地方虚构

核心概念
- 日常生活
- 地理空间
- 全球化
- 遗址旅游
- 个人要素
- 伪活动
- 空间推广
- 空间主题
- 无位置感
- 后现代旅游者
- 空间力
- 空间感
- 主题乐园
- 旅游地
- 旅游作用
- 旅游者凝视
- 旅游表演
- 旅游行为

地点和地点的形象是旅游行为的基础。旅游需求源起于个人和团体对某个地点旅游体验的认识。旅游推广和营销也严重依赖于目的地形象的正向性和吸引力。因此，旅游以一种独特的方式体现了全球的图景，而有一种方式是将旅游地理视为一种对构成旅游地点的感知和形象的整体反映。然而，形象和感知随公众的预期、品位、时尚、认识程度、移动性和富裕程度而重铸和重构，新的旅游地理形式也出现了。通过改变或取代以往的模式，不同形式的旅游随之产生。

本章探讨新旅游地理的部分形成方式，并且作为本部分的引言——理解旅游空间。尽管旅游地的创建核心是旅游空间的物质开发，但本书前面的很多讨论说明旅游地的创建远不只物质开发那么简单。当我们定义旅游地位置时，我们会用到更多的地域独特性（特别是基于自然的景区）。更重要的是文化也参与到旅游地的构建过程中。

旅游地的文化基础体现在几个方面，而这里有两个值得探讨。首先是我们赋予旅游地的作用，旅游地需要服务于某个目的，或娱乐地，或令人兴奋的挑战之地，或景观地，或纪念地，不论是哪种特征都能反映当地的个人和社会价值观、信仰、习俗和行为方式，它们也不是孤立存在的。其次，旅游地的特征因旅游者的行为而更加凸显。很多学者（如 Crouch et al., 2001; Edensor, 2000a, 2001）都注意到旅游的仪式感和表演性，在旅游环境下旅游者的行为会体现出一些共同的传统与规范。因此，通过聚集在他们喜欢的地方的旅游者的表现，各种旅游地被积极造就出来，反过来这些旅游者的行为又会凸显旅游地的本质与特征。

我们还应了解旅游的演化发展是受深层社会文化变迁影响的，同时也直接受品位时尚等文化元素的影响。因此我们最初可能欣赏的是旅游目的地的自然和文化资源，但旅游地的评估和后续物质开发一般取决于社会和制度结构，正如其同样地依赖交通技术等领域的创新与产品开发所产生的有形影响。

18世纪英国的海滨日光浴度假区的发展就见证了人们健康观念和行为的社会变迁，后来欧洲山地旅游的发展也得益于浪漫主义关于山地风景的品位偏好，这种风尚一直延续到19世纪上半叶。继之发展起来的是地中海沿岸的大众旅游，其兴起主要得益于1920年以后盛行的日光浴潮流（Turner &

第七章 文化建构与地方虚构

Ash，1975）。铁路和飞机使旅游者的大批量移动成为可能，但真正让旅游盛行起来的是旅游社会组织结构的改变（如由导游带领的旅游和后来的包价度假产品）及度假成为流行的大众文化。

文化是影响旅游者对旅游地认知的主要因素，这让我们能更好地理解为什么众多地点现在均已成为现代（后现代）旅游者的目的地。当今社会流动性极强，人们不断地面临去哪里和做什么的选择（Franklin，2004）。当今世界旅游地的巨大差异主要源于不同的人有不同的选择标准。旅游决策是非常个性化的事，它反映出个人的性格和倾向性，当然这种倾向性融合了人们居住地的文化及其对我们偏好和行为准则的影响。另外，最重要的是我们对旅游地的认识也会受到旅游地推广时所塑造形象的影响。

简单地说，我们认为旅游地的形象是源于以下几个要素的相互作用：

1. 我们作为个体和作为旅游者的行为本质；
2. 我们居住地的文化决定了我们的个性特征；
3. 影响人们观念和推广旅游地的其他人的居间作用。

为了让大家更好地理解这些重要的概念，本章主要从下面四个相关主题进行讨论：1）通过"凝视"构建的旅游地；2）旅游的"表演"本质；3）旅游地推广的作用；4）旅游环境的主题化。在我们进入核心讨论之前，有必要先详细了解一下地理学中的"地方"概念，以及它与旅游地产生之间的关系。

一、地方的概念

至少自20世纪70年代以来，"地方"就已成为人文地理的核心概念之一，但这个概念迄今为止仍是一个难以琢磨，甚至有时是不可见的概念。传统上对一个地点的解读主要侧重于地理方面的探究，这可以从20世纪的大量地理学家的文献著述中看出，如布拉什（de la Blache），哈茨霍恩和弗勒（Hartshorne & Fleure），卡斯特利（Castree，2003）。对一个地方的解读主要基于其自然地理位置：地球表面的一个独立点，具有一定的自然或人文存在模式，可以独立出来加以描述。在20世纪70年代雷尔夫（Relph，1976）和图安（Tuan，1977）的文章影响下，人们对地点的理解有所加深，更多地从人文角度去了解人与地点的关系（Crang，1998）。

现在我们对地点的理解中重要的一点是认同地点是社会构建的而不单纯是自然的存在。简单地说，地点是地图上的一个点，是机构、社会关系、物质行为及各种权力路径的焦点（Harvey，1996）。地点不仅与空间或位置绑定，也与环境关联，而环境包括社会关系和由人们对地点的感觉形成的形象（Agnew，1987）。地点的感觉是一个地点的特质在人们头脑中的印象，是一个比较复杂的形成过程，因为它既代表一个地点的独特自然环境（如地貌和植被）及建筑，同时也是与地点相关联的人类活动的产物，即地点具有自己独特的标志或象征特质（如地点所代表的复杂情感）。因此地点让个人具有一种归属感，而这种归属感会随时间推移融入记忆中（集体记忆或个人记忆），这记忆与地点相关联，共同形成一个人的个人和社会形象。因此，有力的想象与情感会让人辨识出某个地点（Castree，2003），尽管这是不可见的，但能有力地影响人们的态度和行为。"地点能告诉我们的不仅是你住在哪里或从哪里来，更能告诉我们你是谁"（Crang，1998：103）。

1. 地点的力量

很重要的一点是地点概念是动态的而不定固定不变的。作为马克思主义者，哈维（Harvey，1996）更强调地点的政治经济基础，以及地点（全球）生产和消费体系的变化中的发展演变。例如曾经以生产工业和制造业为主的地方，以及围绕这些工业建立起来的社区（如城市港口）被逐步重塑为新的消费场所，其特质受不同社会进程（如绅士化）或全新活动（如旅游）的影响。哈维（1996）还强调地点的作用是一种权力的象征，并且注意到教会和国家等机构常常认定和尊崇一系列地方（如圣地和历史名胜）为机构权力和相关社会意义的象征符号。当然这方面也不是一成不变，会随着新政治势力和进程的变化而变化。

2. 全球化

这种变化影响最大的就是全球化。哈维（1996：297）指出地点已经不再被"距离分割"，卡斯特利斯（Castells，1996）指出人、信息和货物的流动是全球化的核心,而这个趋势正在打破不同地点之间的屏障。雷尔夫(Relph,1976,1987)指出现代城市发展已经让很多地方"去地方化",即能区别不同地方的建筑环境及相关的生活方式特征正日益弱化。讽刺的是,旅游传统上是寻求不同的,现在却成了推动这种去地方化趋势的一个主要助推力,很多全球度假地和知名目的地都显现出这种同质性。

旅游与地点在以下几个方面的重要交集:
- 很多旅游形式依托于地点的特征,及其与其他地点的差异;
- 旅游者的认知和动机(继而产生的行为)直接受他们对地点印象的影响,而地方的形象在很大程度上是由旅游行业塑造的;
- 旅游地有较强的象征意义和代表性特征,这形成了旅游地的吸引力基础;
- 旅游是我们个人和社会形象的主要表达方式,如我们的游览地能体现出我们自认为我们是谁,以及我们希望投射到他人心中的形象;
- 旅游通过对一个点赋予意义,使地点成为人们个性表达的一种媒介。
- 旅游地能让人产生记忆;某个地方的旅游经历使我们久久不能忘怀,而日常生活则很容易忘却,而且旅游中的很多行为(如拍照和买纪念品)也能让我们存储下旅游的记忆,以便将来回忆。
- 旅游地帮助一些人找到归属感,当一些地点成为个人每年(或更频繁)必去的"朝圣地"时更是如此。

二、旅游者凝视

在深入理解旅游者是如何与旅游地相关联及旅游地是如何影响旅游者的行为及其体验方面,20世纪90年代以来出现的最有影响力的观点之一是厄里(Urry,1990)的"旅游者凝视"理论。厄里的著作回答了一些旅游的基础问题,如:为什么人们要离开日常居住工作的环境旅行到另一个跟自己毫不相干的地方去消费一些看起来其实没有太大必要的商品和服务?厄里给出的答案基于两个基本前提:首先,我们到访其他地方消费景观和体验是因为我们认为这个过程能带来愉悦;其次,这些体验与我们的日常生活不同,因此而变得不同寻常。厄里(1990:12)进一步解释这种不同寻常表现在以下几个方面：
- 看见独特的东西或地点——如埃菲尔铁塔或科罗拉多大峡谷；
- 看到不同的事物——如到别人的工作地去参观或走访博物馆或其他旅游地能让我们管窥别人的生活（或曾经的生活），如豪华古宅或工业博物馆里的旧矿屋；
- 在不同的环境中做熟悉的事——如在北非的巴扎集市购物。

厄里指出旅游者的凝视会直接指向当地最著名的景观，而这些景观是日常生活所见不到的，一旦这些地方已经无法提供与日常生活不同的地方或目标，这些地方就变成"没看头"了。"看"是凝视概念的核心要素，其实凝视这个词对旅游地视觉形式的消费也进行了优先排序。当我们"逃离（日常）后看到的是我们好奇和感兴趣的环境……我们凝视所遇到的一切"（Urry，1990：1）。最近，厄里也对自己的理论进行了扩展，指出"看"不仅仅是视觉上的，也是多种感官的体验（Urry & Larson，2011）。

凝视概念最有价值的是它从构建和消费旅游地两个层面去理解，这个概念是基于对旅游者行为的观察和常识性推理。这也是制定旅游空间地图和定义旅游地的一个切入点。最重要的是，它强调了旅游的主观性和旅游者的定位（MacCannell，2001），从这个意义上讲，凝视观点指向了两个重要的结果：首先，它把旅游者作为消费者放在整个旅游地构建流程的中心；其次，不同的群体会有不同的视角，这也说明了为什么同样的旅游地会有不同的解读。

"凝视"一词中明确具有的视觉化的隐喻也是理解现代旅游行为及其相关意义的关键。旅游是一种特点鲜明的视觉行为，我们在旅游开始之前做的准备主要是通过浏览导游书和小册子，或者是通过白日梦式的想象使将要获得的旅游体验具象化和可视化；我们在旅游过程中的观光行为就是去"看"地方、人和他们的艺术；当我们事后借助照片或视频回忆或回味旅游体验时，我们是在有意地用一些可见的旅游纪念物来勾起这些回忆（见图1.5）。

厄里（1990：138ff）认为照片是与旅游者凝视关系最紧密的。我们用相机"捕捉"有意思的场景或动作是我们"占有"自己目之所及之物的一种方式，通过照片我们也可以向别人证明我们亲历过照片所示的地方。照片通过我们选景和构图的方式把地点理想化，特别是现在的各种电子技术能让那些

第七章 文化建构与地方虚构

不太令人满意的真实场景得以美化。我们买来寄给别人的明信片也是一种代表真实旅游体验的替代方式（Yuksel & Akgul，1997）。因此，旅游的很多方面变成了厄里所谓的"寻找拍照基因"——即我们从一个"拍照机会"向下一个拍照点的移动（另见 Crang，1997；Crawshaw & Urry，1997）成为我们追寻那直接决定我们在旅游地的旅行方式的各种视觉体验。

然而，整个具象化、体验和回忆的过程都是经过"文化过滤"的。我们观看和记住哪些地方都是带有选择性的，我们会完全忘记一些地方，或从勾起回忆的媒介物中删除一些不喜欢或不感兴趣的地方。在这个过程中我们是在根据我们的目的塑造（或者说是再造）一个地方。这种视角也是一个支离和表面化的过程，这种表面化提升了文化标记在旅游地的塑造和消费过程中的作用，这些标记并不是真正意义上的文化标志，而是一些代表了一个地方或一种行为的、简化的标记，这些标记涵盖了很多复杂的思想和行为内容。当一个旅游者看到饰有玫瑰花的茅草屋时，他会联想到"老式英格兰"风情和生活方式，以及与古老乡村有关的神话传说。有些学者认为旅游已经成为一种收集这些标记（明信片和在一些著名旅游景点拍摄的度假照片以表现个人的地位和显示自己是现代或后现代的旅游者）的行为。

旅游者凝视的构成与反差和差异有关，旅游（至少是旅游活动中的休闲部分）被认为是与工作相对的，而且旅行将旅游者带离自己惯常工作居住的环境，带到刻意选择的与熟悉环境截然不同的地方。这有助于解释旅游地理的变化趋势：随着时间的推移，人们需要不断去发现（或塑造）新的旅游地，因为原先的旅游地人们已经非常熟悉了，于是旅游视线会集中到新目的地去，新目的地成了旅游圈的一部分。于是布莱顿和托贝（Torbay）取代了比亚里茨（Biarritz）和圣特鲁佩斯（St.Tropez），巴黎的旅游者也不再满足于只是看埃菲尔铁塔，他们可能会参加一个有导游的旅游团去参观巴黎19世纪的裁缝店（Pearce，1998）。旅游者凝视不会一成不变，而是会随时尚、品位、可进入性和地点的特点及旅游的发展变化而变化。

麦坎内尔（MacCannell，2001）指出，厄里准确地描述了旅游者的旅行与旅游地之间的关系。当然这个概念也有不同的批评声音，虽然这个概念为旅游者的行为提供了重要的解读，但它无法涵盖整个旅游者行为这个复杂的范畴。富兰克林（Franklin，2004：106）指出"人们可能无法反驳旅游者凝视的基础意义和影响，但我们可以说它是解释旅游者与目标主体之间众多关系中的一方面"。

从厄里最初的思想引出了两点，第一点是关于旅游是否需要关注不寻常。厄里（Urry，1990：12）指出，"旅游是日常和不寻常之间二元对立的结果"，这意味着吸引旅游者凝视的目标物应该是不同寻常的。这个观点是假定存在一个"寻常"，与之相对的是吸引旅游者的完全不同的社会文化行为。但后现代社会已经越来越强地在化解边界的效用（Lash和Urry所谓的"去差异化"），旅游已经越来越难以与其他社会文化行为区别开来，因为"不寻常"已经融入日常生活中了。富兰克林（2004：5）用下面这段话来挑战旅游凝视概念，即"日常世界与旅游世界已经越来越难以区分了，大部分地方现在既有旅游者的活动痕迹也有其他人的日常活动痕迹……我们在日常休闲时间想做的事也会在旅游时做，两者共享共同的空间。"

同样，麦坎内尔（2001）批评厄里假定日常生活不可能是不寻常的，现代生活是无趣的，因此人们需要定期通过旅游逃离寻常生活的地方。富兰克林（2004：23）也指出"现代社会中没有一刻是无聊的"。这种大胆的说法有点夸大，现实是大部分人都能看出现代生活有很多方面也还是无趣和规律的，不过这些学者的观点是现代生活（很多现代的地方）的很多方面也同样与旅游体验紧密相连。

从某种意义上讲，这些讨论的焦点是不寻常的东西是否一定是不熟悉的。"不寻常"和"寻常"的概念是相对的，而且每个人对这两者的界定是不同的。富兰克林（2004）的论文旁征博引地说明了边界的消融使得很多旅游体验融入了日常生活。但他可能忽略了一个事实，即人作为自反个体，仍然会认为很多旅游是"独特的"（即使是去一些熟悉的地方），这些旅行会成为他们更广义生活方式中独特和值得回忆的事件。例如，一个常去法国的旅游者可能会对法国的大部分领土及法国的生活方式非常熟悉，但这种熟悉程度并不会抵消每次到法国旅游所带来的新意，或冲淡旅行所带来的异域感觉。也许正如厄里所说，差异不是绝对条件，差异的程度更重要。

针对厄里理论的第二种批评观点认为旅游者凝视把旅游者与地点及地点

提供的体验割裂开了。在厄里看来,旅游者的特征是观察者和风景收藏者,观光是其惯常做法。当代旅游显现出越来越大的差异化和多元化,这与厄里所说的凝视已经毫无联系或使其边缘化了。在后面的章节中,我们会更深入地分析旅游体验的实质。旅游体验是指旅游者主动参与当地民俗活动。新兴探险旅游和其他特殊兴趣活动(如登山、徒步、冲浪、溜索、蹦极),以及更多融入当地的旅游形式,如品酒及美食旅游、性旅游和自然旅游都告诉我们,人们不再满足于简单的看,而要求感受、品尝、触摸、闻到和听到等感观体验(见 Franklin,2004;Hall et al.,2000;Inglis,2000;MacNaghten & Urry,2001;Veijola & Jokinen,1994)。尽管旅游凝视概念无法囊括所有这些体验形式,但这不影响它在分析旅游者与地点关系方面的广义理论价值,当然我们在运用这个理论时要清醒地认识到它的局限性。

三、作为表演场所的旅游地

旅游者引导自己凝视的方式是旅游地形成的一个重要组成部分,同时也是广义旅游互动过程中所谓的旅游者"表演",包括旅游者在目的地的行为举止及表现出来的旅游偏好。有意思的是,近年来地理学也越来越多地吸纳了新的文化视角(和其他社会学观点),这反映在一些基础的观察方面,如"旅游不可能脱离表演的旅游者独立存在"(Franklin,2004:205)。换句话说,旅游行业可以打造和推广很多地方,但只有当一个地方有了旅游者,人与地、人与人之间产生了互动,形成了一定的机制、关系和行为,这个地方才能称为旅游地。恩瑟(Edensor,2001:59)指出,"旅游是一个行为和范式在同一背景下不断发展变化的过程",旅游者是其中的动态变量,通过他们的表演行为不断推动和再造旅游的形式和旅游地。

旅游的表演本质很有意思,因为其中既有标准的循环(通过重复的表演强化某种行为准则),也可能有对抗某些预期和准则的机遇。从循环方面讲,布尔迪厄(1984)把这种旅游的表演性质称为习性,即我们日常生活中形成的惯性行为。这些社会规范的行为准则约束着我们的生活,同时也约束着社会中的其他人。旅游会根据这些行为传统和行为预期(如旅游者的表演)形成自己的习性（即自动的、条件反射式的行为倾向，这是我们很难彻底放弃的），但这种行为习惯要符合当地人对旅游者行为的预期。从这个意义上讲，旅游可以看成是人们通常理解的一系列行为和意义载体的结合体，并由旅游者通过他们的表演复制出来。

这个循环和重复的过程就是表演的一部分，旅游者反映出来的我们对旅游者的预期。另外，作为表演者，我们既是其他旅游者注视的目标，也是共同表演者，这种对其他的关注也强化了共同接受的行为传统并规范了旅游在某地的行为是否适度（Edensor，2001）。

不过，旅游也向游客提供逆反的场所。恩瑟（Edensor，2001）指出旅游让人有机会摘下日常戴的"面具"，探求临时的新角色和形象，这时我们不仅不会遵循常规的习惯，甚至可能反其道而行之，格拉伯恩（Graburn，1983a）曾指出这种反常行为也是旅游的特点之一。不过旅游者的表演是动态变化的，尽管这种表演常被调和（如被导游所影响），旅游者的表演也永远不会固定不变，相反会在实现表演者目标过程中不断调整变化。有时甚至可能成为不同传统形象（特别是当表演与常规产生差异时）和不同个性的载体，如抵制传统团队旅游而更倾向个性化的另类探索与体验。不同类型的旅游者去到一个地方时会带有不同的观念和预期，因此尽管很多地方都存在一些常规原则去约束旅游者的行为，旅游者的表演仍然风格多样，不乏对常规的对抗，其实这表现出的一个基本事实就是人与人本来就是不同的。

四、旅游地的推广

前面两章阐述的旅游者凝视和旅游者表演直接作用于旅游地的塑造。尽管这种凝视及其相关的表演是我们自身社会、教育和文化背景的产物，他们也同样反映在旅游地在媒体上的表现与推广，特别是反映在旅游行业对旅游地的推广上。厄里（1990）把这种在推广上的反映称为"专业化凝视"，即通过媒体（如电影、电视、杂志、旅游书籍和广告）不断生产和再造旅游消费的目标。这种推广的影响力是巨大的，会渗透到人们日常生活的潜意识里，形成这种新的觉知，激起人们想去所描述地方的欲望，并且影响大众前往旅

第七章 文化建构与地方虚构

游目的地旅行的方式。大部分游客对旅游地的概念都是模糊和信息不全的，除非以前曾去过这个地方。因此旅游地通过营销和推广能有效地塑造自己的特点，左右旅游者凝视，并在这个过程中推出新旅游地和再造旧目的地。

沃德和戈尔德（Ward & Gold, 1994：2）定义的旅游地的推广是"有意识地用营销和宣传手段选择某个地点的特定形象向目标受众扩散"。这些形象是选择目的地始点（Molina & Esteban, 2006）。摩根（Morgan, 2004：177）指出"旅游地推广是向世界展示形象，吸引观看者想象到当地旅行的感觉"，如果我们已经看到并开始想象，其实也就进入计划旅行的最初阶段了，这是旅游行业最重要的部分（见第一章）。当然，这种形象必须界定明确，选择有代表性的地点，结果是所有地方都努力组合一些本地的代表要素，这些要素的提炼建立在推广者对潜在游客喜好的推断（Ward & Gold, 1994）基础之上。休斯（Hughes, 1992）进一步指出观点与经验的形成根植于旅游者对目的地的"常识理解"，这种形象形成的"文本"可以用于代表旅游目的地被不同的"读者"（即旅游者）解读（Jenkins, 2003）。这个理念的一个现实意义在于，它说明同一个地方可以同时向不同顾客推广不同的形象（Ashworth & Voogd, 1994）。这种方法可能会在如何更好地代表和推广某个地方方面引起争议。

一个重要的点是它提醒我们，一个地点的促销不仅仅是一种营销手段，摩根（2004：174）指出一个地点的推广"带有明显的商业功能和营销理念"，但地点推广的实质是"展示地点内涵的自我表述"。这就直接把地点与社会解读、物质实践、权力与对抗关联起来（见 Ringer, 1998；Aitchison et al., 2001），而这一切会直接影响宣传形象的形成。这些问题很少被旅游研究人员提及，因为旅游研究人员倾向于反映几乎完全关注地点视觉表现的商业和产业视角。

关于广告对旅游地文化展示作用方面的研究很少（Dann, 1996），尽管有些研究人员研究过旅游目的地推广小册子（Dilley, 1986；Waitt, 1999）。最初宣传旅游地的往往是铁路公司，它们出于自己的商业目的努力去保持一些地方的形象持久不变。现在到托基（Torquay）的游客还可以参加"英国的里维埃拉"之旅，这是大西洋铁路公司在20世纪初提出的一种宣传概念（这个概念的缘起是"康沃尔郡的里维埃拉")。宣传者利用一句爱国主义口号"先认识自己的祖国"劝告人们,与其去意大利的阿卡狄亚,不如先看看自己国家的康沃尔,因为两个地方有着相似的温和气候、自然风光和劳作的农妇;两个地方在地图上的形状都非常类似,铁路公司在这项宣传里借用意大利一个旅游地的形象,将人们的思维引到要推广的目的地上去(Thomas,1997)。

同样的策略在美国也存在。圣太菲铁路公司宣传手册的头条是吸引东部公民在西部消失在历史滚滚红尘中之前去走访"古老的西部"(Zube & Galante,1994)。"印第安之旅"是早期探险旅游的代表,付费的游客乘着早期汽车在颠簸的公路上穿梭于新墨西哥和亚利桑那的主要火车站之间,带人们看那些异族风情的纳瓦霍(Navajo)和普韦布洛(Pueblo)印第安人,以及早期的大峡谷国家公园(Sweet,1989)。后来,这些诞生于20世纪初的产品到现在仍然存在并在成功销售,只是增加了一些新的历史遗迹(如"66号公路")和略做了调整(Norris,1994)。

人们利用旅游小册子上的有关文字和图片,针对所要面向的市场,投其所好地突出目的地与人们常住地之间的差异,表现出目的地可以给人带来兴奋和激动,目的地能超越时空或是未被现代文明污染,是传统的或是浪漫的。这种旅游地推广传统目前仍广为使用。

这种对旅游地创造性的构建是很有影响力的,对海外旅游目的地尤其有效,因为对海外目的地有亲身经历的人较少,他们更需要小册子和旅游指南来补充他们这方面知识的匮乏。这些信息往往巧妙地进行了编码。丹恩(Dann,1996)对英国旅游海外目的地宣传小册子的一项研究表明,有25%的图片展示的是空旷的风景区和海滩(以突出逃避日常琐事的思想);旅游者照片是当地人照片的9倍(以突出旅游者与当地人是分开的思想);文字更多强调自然风光的质量(以突出与人为的旅游路线不同)和可以自由探索的机会。小册子中偶尔有个别图片能体现出当地的异国情调和当地人的风貌,这些通常作为背景的图片是为了让旅游者相信目的地与其常住地之间的差异并没有大到使人感到非常陌生,如西班牙包价度假区内的"英式"酒吧和随处可见的、人们非常熟悉的红色可口可乐标志。

宣传材料会对现实进行选择性展示,更有趣的是现在有一种趋势是推

第七章 文化建构与地方虚构

广一些现实中根本不存在的、完全虚构的地方（见 Prentice，1994）。休斯（Hughes，1992：33）指出"过去可以通过改名、划定为历史景观等方式改造并提升游客吸引力"，当然一些更吸引人现代的视觉媒体，如电视和电影也成为旅游地推广所常用的手段（Butler，1990；Carl et al.，2007）。

英格兰和威尔士地区与地方旅游局旅游促销通常的做法是利用一些传说、文学作品或受欢迎的电视角色或事件作为某个地方的形象标志吸引游客（见图 7.1）。有些此类目的地已经运作得很成功，如自 20 世纪 30 年代开始由铁

图 7.1 英格兰的虚构旅游"国"

路公司宣传的"莎士比亚之乡"埃文河上的斯特拉福德和"华兹华斯之乡"湖区,以及"布朗特之乡"霍沃思,这些都是以历史人物之名命名的旅游地。而"罗宾汉之乡"则是围绕罗宾汉这个历史人物虚构了一处环境。而将泰恩塞德(Tyneside)形容为"凯瑟琳·库克森(Catherine Cookson)之乡",根据肥皂剧将约克郡戴尔斯(Dales)称为"爱默戴尔(Emmerdale)农庄之乡",将埃克斯穆尔(Exmoor)称为"洛纳·杜恩(Lorna Doone)之乡(来源于同名小说人物)"则进一步将现实与文学创作及电视角色或地点混杂起来,这与完全虚构、人造的迪士尼世界只是一步之遥,尽管迪士尼世界里的各种人物是由员工穿着戏服所扮演,走出来和游客拍照。

这些做法以一种最显著的方式体现了旅游的商品化。旅游行业打造产品并对产品进行营销,说明这是一种一价全包的、便捷的对想象中目的地的体验。关于遗址旅游商品化问题,洛温塔尔(Lowenthal, 1985:4)指出,"如果过去是异国,怀旧能让这个国家成为旅游贸易最健康的异国"。遗址旅游选择一些能对市场有吸引力的要素与度假体验结合起来,不过对于那些比较活跃的旅游者来说,他们消费商品化或人造景区时,会质疑这些地方的"真实"(非商品化)体验是否重要或有意义。

旅游供应商面临的最大问题是,一旦地点及相关人群的形象被具象化地树立起来以吸引游客,目的地就要全力让自己吻合这个形象以满足旅游者的预期。只有旅游者的预期在目的地得到满足和超越,他们才可能再次造访或向其他潜在游客推荐。口碑是旅游地信息传播的最重要渠道之一,因为其可信度最高。因此,旅游形象的自我重复和自我强化度很高(见 Jenkins, 2003),但由此带来的风险是,随着时间的推移,为了保护最初推出的旅游形象,旅游体验的人工痕迹可能越来越重。

关于旅游体验是基于人工场景而非真实场景的概念自 20 世纪 60 年代初就已经受到热议,当时很多学者,包括著名的布尔斯廷(Boorstin, 1961)指出旅游者并没有体验到真实性,而是热衷于"伪活动",即那些商品化、管理和设计好的产品,展现的都是迎合外国人口味或有限度有选择的真实性。特别是有些当地环境是不允许旅游者进入的(所谓的"游客泡沫"),文化的强迫接受(旅游行业所强加的文化改变)和节事的表演(区别于传

第七章 文化建构与地方虚构

统表演）。

旅游者与接待环境物理隔绝的典型就是发展中经济飞地度假区的开发（见第四章），在那里游客享受到的是熟悉的舒适，而这种舒适的构成大部分是从客源地舶来的，所塑造的环境刻意反映出流行的异国情调。很多其他形式的旅游也会把游客放在"环境泡"中，如保护在一个西式酒店内，提供国际口味的菜式、卫星电视、导游书和指南，还有能讲多国语言的侍者。这些举措有如"代理父母"的作用，把旅游者与不太理想的现实隔开，作为缓冲带保护旅游者躲开与当地现状的不必要接触。在这种情况下，旅游者犹如在看一面镜子，我们构建旅游地来反映我们自己而不是反映我们所到访的地点。

第六章我们提到旅游者和旅游业的预期往往会带来强加的文化和接待地社会变迁。很多旅游者很不合逻辑地希望在国外有一种家外之家的体验，要求当地服务商提供的服务吻合这种预期（即要求设施符合"国际标准"）。这不可避免地会改变到访地的性质，最极端的现象是旅游地实际上开始丧失自己的形象，出现无地域/弱地域化（Relph，1976）情况，即一个地方与其他旅游地几乎没有差别，完全没有本土"真实"地方的代表。例如，西班牙接待大众旅游者的海滨度假区几乎完全一个模样，其无地方化的统一模式使其与几英里以外的"地道"西班牙几乎没有任何相似之处。

游客对一个地方体验的虚假性可能也是各种节日表演的结果。国际旅游具有讽刺意味的一点是旅游的初衷是追求异域文化和异国风情，但是这种初衷常常是通过人为设计的对所谓传统进行的展示来实现，要么是销售虚假纪念品，要么是节目表演或地点展示（MacCannell，1973，1989）。这种对地点、历史、文化和社会进行"净化"、简化后展示出来，目的是迎合游客肤浅的眼光，满足他们娱乐和可回忆体验的需求，而这一切都只能部分地表现出旅游地的社会和文化。

不过旅游地体验人为痕迹的增加真会影响旅游地的推广吗？从经济学角度讲，答案可能是否定的。普恩（Poon，1989），厄里（1994b，2000），瑞泽尔和利斯卡（Ritzer & Liska，1997），以及富兰克林（2004）等学者清楚地指出后现代形式的旅游是塑造新旅游地开发的主要驱动力，而这些旅游地的人造体验并不影响这些旅游地走向成功。后现代旅游者普遍以一种新的游戏精神主宰体验模式。这些人不会被现代旅游业的伪真实所蒙蔽,而是很高兴地接受这种构建出来的环境体验,只要其反映出来的价值能达到预期,他们甚至珍视这种新的体验形式。例如,没人会被就连细节都极其完美的集中在拉斯维加斯和迪士尼乐园的其他地点和时代的"舞台式"展示所骗,但这不能影响这些地方成为极其热门(且非常好玩)的旅游地。其实,在当今社会,相对于真实,人们可能更偏好不真实,因为后者能让人获得更高效、可靠、舒适和愉悦的体验。

五、旅游环境主题化

关于"娱乐景观"的讨论中,肖和威廉斯(2004:242)提醒我们,"旅游空间是动态的,处于被我们不断创造、放弃或再造的过程中"。他们还指出工业化和现代化直接影响着海滨度假区等旅游地的塑造,继而后工业化和后现代化也在塑造新的、完全不同的旅游地。新旅游地塑造(和再造)的过程中,一个很重要的趋势是环境"主题化"。

主题是在规划过程中通过综合运用空间设计(或再设计)和文化表述系统开发等手段,让一个共同主题或几个主题与地点的形象与秩序联系起来。这些选定的主题与特定的时间和/或空间相关,而且与经济、社会、历史或文化行为有关。在特定的环境中,主题能通过实物和标识有效地得到强化,并能直接或间接地作用于使用者(旅游者或其他消费者)。主题设施包括:

- 与主题相关的景观和建筑元素(如历史环境中保留一些过往风景的元素);
- 名称与主题相关的有意义的地点、街道、公共空间或领域;
- 能反映主题的景区开发(如博物馆、旅游步道、真人历史重现或娱乐场所);
- 能凸显主题风格的街道布置(灯光、长凳)和标识;
- 与主题风格相关的零售网点;
- 反映主题的纪念品销售;
- 结合主题的旅游地营销(如宣传小册子)。

如图 7.1 所示，主题旅游地可以在全世界任何地方设置，不过 20 世纪 50 年代以后设立的频度明显提高（Lew，1988）。越来越多的主题环境反映了空间的再规划，特别是在城市等消费中心，这种空间的再规划主要围绕视觉呈现和文字表述突出主题性（Paradis，2004）。帕拉迪斯（Paradis）进一步指出主题环境的设计就是为了取悦旅游者或游客，这种人造主题环境与旅游增长的结合成为城市经济发展的一个重要形式。因此，主题、地点推广和地点作为旅游目的地的商业成功之间存在着重要联系。主题可能反映得很宏伟，但也可能与一些通俗产品或地点相关联，作为一种提升竞争力的手段（Paradis，2004）。

主题不仅能带来商业利益，还能给文化多元化开发带来机会，有时综合主题能吸引不同兴趣团体的关注。刘（Lew，1988）发现遗址主题可能受历史保护主义（关注真实建筑）、文化纯粹主义（有强烈的形象目标）和地方主义（对向外部旅游者宣传没有兴趣），以及旅游企业的共同驱动。很多潜在旅游地都在应用主题包装，图 7.2 显示了这个理论框架，其中有几种分类方式值得关注。

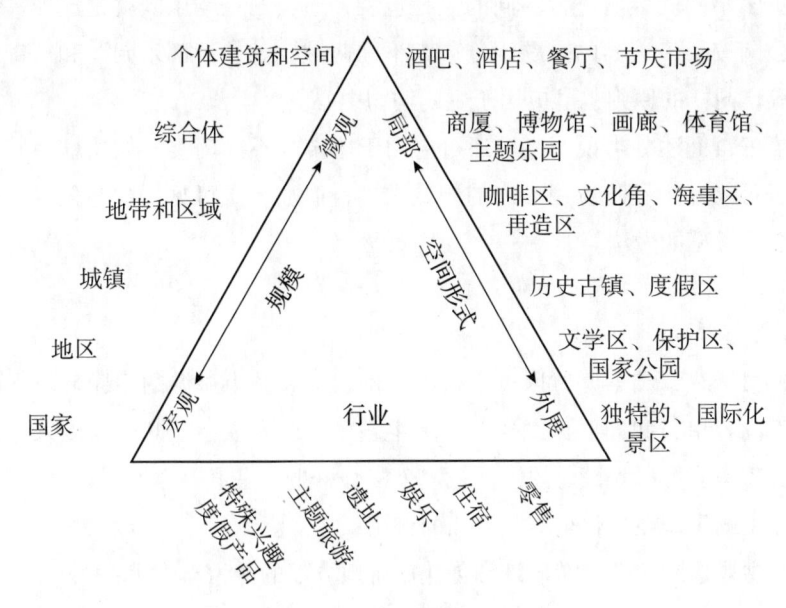

图 7.2　主题旅游地的分类

首先，主题可以应用于不同的地理规模，小到具体某栋建筑，大到一个地区甚至整个国家。最微观层的具体建筑，如酒吧或餐厅以及零售多点等，如20世纪90年代美国和英国常见的"爱尔兰风格"酒吧。空间再扩大一点，不同的城市地带已成为主题区（如加拿大西埃德蒙顿度假中心及其周边的滨水再造区，以及美国明尼苏达州的美利坚购物中心就是两个极致的例子）(Goss, 1999)。有时，主题化范围可能涵盖整个城镇，如美国华盛顿莱文沃思"巴伐利亚"主题小镇（Frenkel & Walton, 2000）或英国什罗普郡的铁桥镇，其主题是把自己打造成英国工业革命的"诞生地"。最后，主题也可以大到整个国家，即把整个国家定位为一个完整单一的目的地进行整体宣传，如埃及的古老历史已经让该国成为现代旅游目的地中的典范。

其次，主题可以应用于不同形式的空间，有些主题环境由封闭的空间构成，如主题乐园等商业景区，也有些主题融入了公共空间，如很多全球化城市在城市再造和重新规划时设有专门的文化艺术区或精品咖啡区（图7.1）。主题空间内的景区不一定都是围绕统一的主题或相互延续的，有些可能是分割成更多不同的区域进行不同的主题包装，迪士尼主题乐园就是这样一个典型，公园按很多迥异的主题划分成为不同区域，如"西部乐园"和"奇幻乐园"等，同样的原则也已应用于主题购物中心。

第三，上述分类说明主题还可应用于旅游的不同门类，如遗址旅游景点的扩张可能是主题化应用最广的领域之一，但从上文可见，主题化也是娱乐和零售业常见的做法。

1. 主题乐园

本书第八章和第九章回过来将再讨论遗址和城市旅游的主题环境，而本章余下内容里，我们要详细探讨一下主题乐园的发展。从几个角度来看，主题乐园都是值得深入探讨的，其中三个核心思想更是值得详细研究：

1. 主题乐园在文化全球化方面的作用；
2. 主题乐园在新旅游地理和创建旅游地方面的能力与作用；
3. 主题乐园的后现代性与此概念对其他后现代旅游空间所产生的影响。

第七章 文化建构与地方虚构

主题乐园的具体特征因地点不同而各不相同,但出于讨论的方便,我们在此将主题乐园界定为围绕景观、布景、游乐设施、表演和展览(以及与之配套的餐饮、购物和住宿等服务设施)设计的,统一表现一个或一系列共同主题的、自成体系的家庭娱乐综合设施。

现代主题乐园越来越紧密地与旅游文化的全球化发展联系了起来。这种联系一方面通过空间扩张实现,从最初发源地的北美向欧洲和亚太圈等世界其他地方扩张,另一方面是通过现在的全球媒体。如戴维斯(Davis,1996)指出,现代主题乐园的鼻祖可以追溯到19世纪末的美国游乐场(如康尼岛),其总量到20世纪20年代已超1500个。1955年以前,英国和欧洲也出现少量类似的场所,如荷兰的艾菲特琳(Efteling Park)公园。

现代主题乐园的演化主要是由于卡通和电影制作商华特迪士尼公司进入游乐园产业。迪士尼的第一个公园1955年在洛杉矶的安那海姆开业,尽管它吸收了艾菲特琳公园设计元素,但迪士尼乐园真正创新开发了一类新旅游地,影响和改变了后来的休闲品位与行为。特别是迪士尼开创了主题乐园与电视和电影媒体的联系,以及广告和其他营销媒体与相关产品的联系。迪士尼乐园的迅速成功——开业当年就吸引了350万游客(Bryman,1995)——反映了一个事实,即迪士尼公司的电影和媒体产品可以通过人们造访与体验实体景区获得一手体验(图7.1)。

要实现娱乐与企业推广的同步,大型主题乐园更像是一个脚本化的、精心设计的实体空间,其中融合了景点和各类娱乐设施,所有这些都被安排在一个高度监管和严格控制的环境中。戴维斯(1996:402)认为像迪士尼乐园这样的景区是"极度商业化的……公众关系和娱乐设施的虚拟迷宫……所有销售的商品(纪念品)和体验(建筑、骑乘和表演)都经营认真的'主题'包装,使之与企业形象相吻合"。在迪士尼乐园里,所有"主题"都很明显是迪士尼自己的(介绍其历史、魔幻、自然或探险,只是外在被包装成不同的"乐园",组成整个乐园的一部分)。因此所有骑乘、建筑、产品和亚主题都与迪士尼公司的电影、电视节目、喜剧和音乐相关,不断强化企业的宣传圈和相互借引(更多关于迪士尼乐园的设计和运营细节分析详见Fjellman,1992)。迪士尼的创举和巨大商业成功有两个主要的影响:首先,迪士

插图7.1 创新者与创新：洛杉矶迪士尼乐园的沃特·迪士尼与米老鼠迎宾像

尼主题乐园概念的商业成功吸引了更多企业进入这个行业，特别是一些大型娱乐企业和电影公司，如 MCA 和时代华纳（后者成功地经营着好莱坞环球影城主题乐园）。新的行业应运而生，主题乐园不断进行空间地域的扩张，已经成为一个全球化的市场（详见下文）。其次，主题乐园全球化进程使之成为一个有影响力的文化交流媒介。瓦斯科（Wasko，2001）指出米老鼠已经成为全世界最著名的文化代言人之一，它见证了迪士尼这个大型娱乐企业的全球扩张。

迪士尼等公司向全世界输出了多种有价值的娱乐形式（见 Wasko et al.，2001），但主题乐园的不良文化影响也招致了一些批评。解构迪士尼的电影和主题乐园（Byrne & McQuillan, 1999）能发现迪士尼产品是有选择地采纳一些政治理念的（如围绕美国西部的殖民化进程，或带有性别和种族关系色彩），以及在乐园管理方面极端理性、注意预测性和运营的管控（Ritzer & Liska, 1997）。白金汉（Buckingham, 2001: 702）对迪士尼的总结是，它"涵盖了当代资本主义的所有错误：破坏文化真实性、公共空间的私有化、消费主义完胜公民权力、否定历史文化差异"。伯恩和麦奎兰（Byrne & McQuillan, 1999: 2）指出迪士尼保持着"在儿童文学、家庭娱乐、主流品位和西方流行文化方面的霸权"，这一点不仅没有任何改变，而且还在不断向新的群体扩张。

主题乐园作为旅游景区的发展反映了当代旅游行为和旅游地重新定义的几个方面，特别突显了表演和创造旅游地的思想。主题乐园本身就是创造出来的旅游地，它的运营分为两个层次：首先，很多乐园的视觉和文字描述是虚拟构建的用于地点的形象塑造和传播，这些形象一般都围绕卡通人物、童话故事、神话或传说。"魔幻王国"、"奇幻乐园"都是全世界主题乐园常用的，这些地方的主题都很明显地基于现实，如迪士尼的"西部乐园"和"美国主街"，但展现的是经过选择和重组的现实世界而非"真实"地点。

其次，主题乐园会通过自己的选址造就新的旅游地理。一些主题乐园聚集区成为热门旅游地，如佛罗里达，还有一些主题乐园选择一些原本没有旅游吸引力和旅游发展潜力的地方，如迪士尼最初的发源地安纳海姆曾是一个没有什么特点的城市边缘地带，当地只有非常少量的本地客和几家不起眼的汽车旅馆。同样，欧洲迪士尼位于巴黎东部32千米处的一片2000公顷土地上，尽管临近一个全球著名旅游目的地，但这个乐园本身还是为这个地区的旅游业带来繁荣，吸引了大量旅游者。

美国主题乐园的发展最初扩张到了欧洲（自20世纪70年代末），继而发展到东亚和澳大利亚（20世纪80年代）（Davis, 1996）。环太平洋主题乐园增长最突出的是在日本及晚近的韩国和中国，后者的发展速度更是惊人。例如一次关于日本主题乐园发展的研究（Jones, 1994）指出1983年以前日本只有两个主题乐园，但到1991年这个数字已增长到27个（图7.1）。这种增速的变化主要是由于1983年东京迪士尼的开业。尽管这个乐园不是迪士尼公司拥有的产业，但由于是迪士尼团队设计的，布瑞曼（Bryman，1995）指出这个乐园的整体文化还是美国的，尽管其中也有些细节是对日本文化和适应日本人品位的让步和调整。每年到访东京迪士尼的游客超过 1000 万，远超其他日本主题乐园，其他公司中有些是模仿迪士尼的概念，有些是结合日本文化并加入一些高科技元素的主题乐园，如海盗村和中世纪德国城镇。最近关于中国主题乐园发展的一项研究（Zhang，2007）显示中国主题乐园行业高速发展，吸引了很多国内和国际游客。张（Zhang）的研究指出，这些主

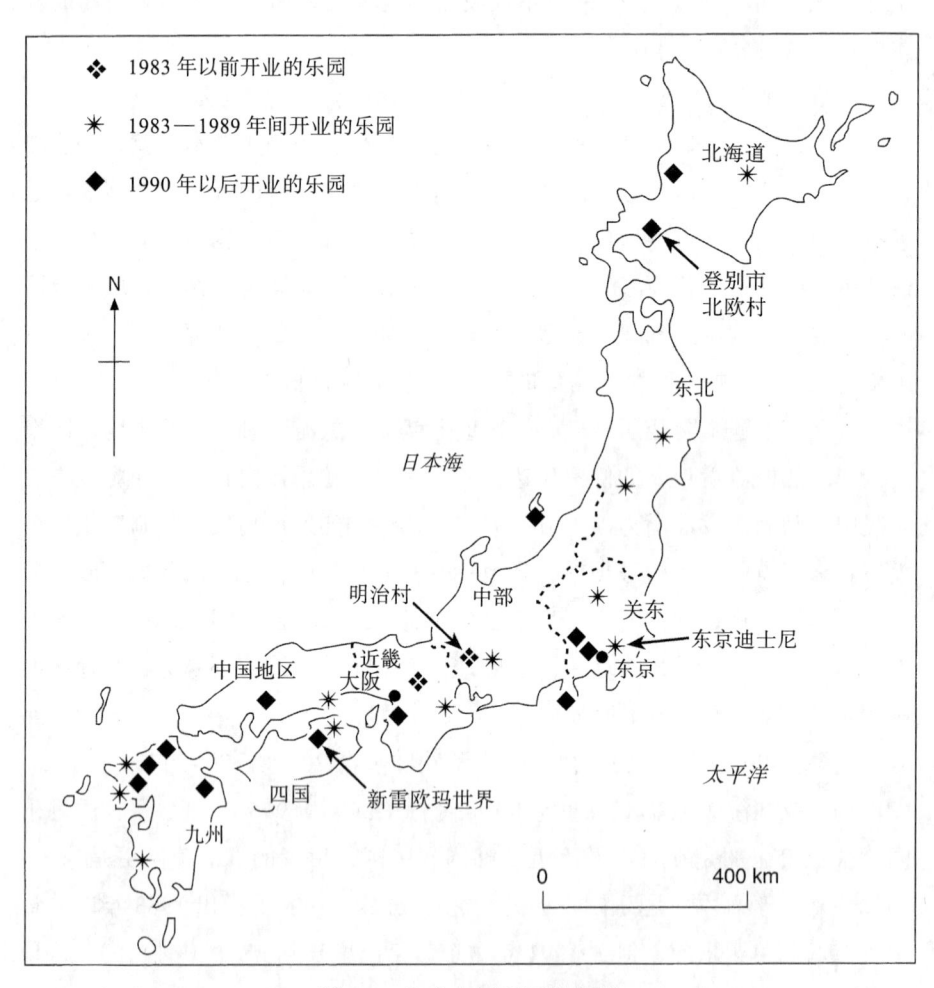

图 7.3　日本主题乐园的发展

题乐园的扩张不仅是中国本土主题乐园的发展（自1980年以后涌现出数以百计的小型乐园，主要项目设在北京、上海和深圳），也是对迪士尼模式在中国主题乐园界垄断地位的挑战。深圳的"中华民俗园"等主题乐园不仅在塑造旅游休闲环境，也通过细致的空间和项目设计传达现代中国的政治、社会、教育和文化现代化的核心元素。

主题乐园作为旅游景区的空间扩张反映了这种概念的成功及其在全球范围内的市场吸引力，它证实了自己有能力吸引大量游客。这些看似家庭型的景区也对年长旅游者有吸引力。2006年，东京迪士尼接待了1300万游客，同年美国的6个迪士尼乐园（迪士尼乐园、加州探险、魔幻王国、未来世界、动物王国和迪士尼世界/米高梅——后四个均在佛罗里达）接待游客超6500万。据统计，2012年美国和加拿大前25位主题乐园共接待游客2.06亿人次（TEA，2013）。

大型主题乐园的空间布局很有意思。日本主题乐园的分布多集中在人口密集的城市附近或成熟的旅游区，美国主题乐园的分布特点是大型乐园多分布于较温暖的州，如佛罗里达州和加利福尼亚州（见图7.4），这些地方是美国旅游者普遍比较喜欢去的地方。温暖气候非常适合于建造户外乐园（而这也是欧洲巴黎迪士尼在巴黎曾濒临失败的原因之一）。不过现在的另一个趋势是主题乐园也在一些不太受旅游者青睐的地方投资建设。洛弗西德（Loverseed，1994）分析了20世纪90年代以来美国主题乐园的发展趋势，发现增长最快的是不太热门的旅游地，如美国的伊利诺伊州、俄亥俄州、密苏里州、田纳西州和肯塔基州，尽管这些乐园的访客量远低于加州和佛罗里达的同类市场领头羊。同样，英国最著名的主题乐园艾顿塔也是位于英格兰东北部鲜为人知的斯塔福郡（Stafford）。主题乐园有能力塑造新旅游地并成为旅游凝视的目标，这一点非常明显。

2. 主题乐园与后现代性

最后我们简单总结一下主题乐园的后现代特征及其对其他主题旅游地的影响，因为大部分主题乐园的特征也基本代表了后现代旅游地的特征，这些特征包括：

第四部分 理解旅游地与空间

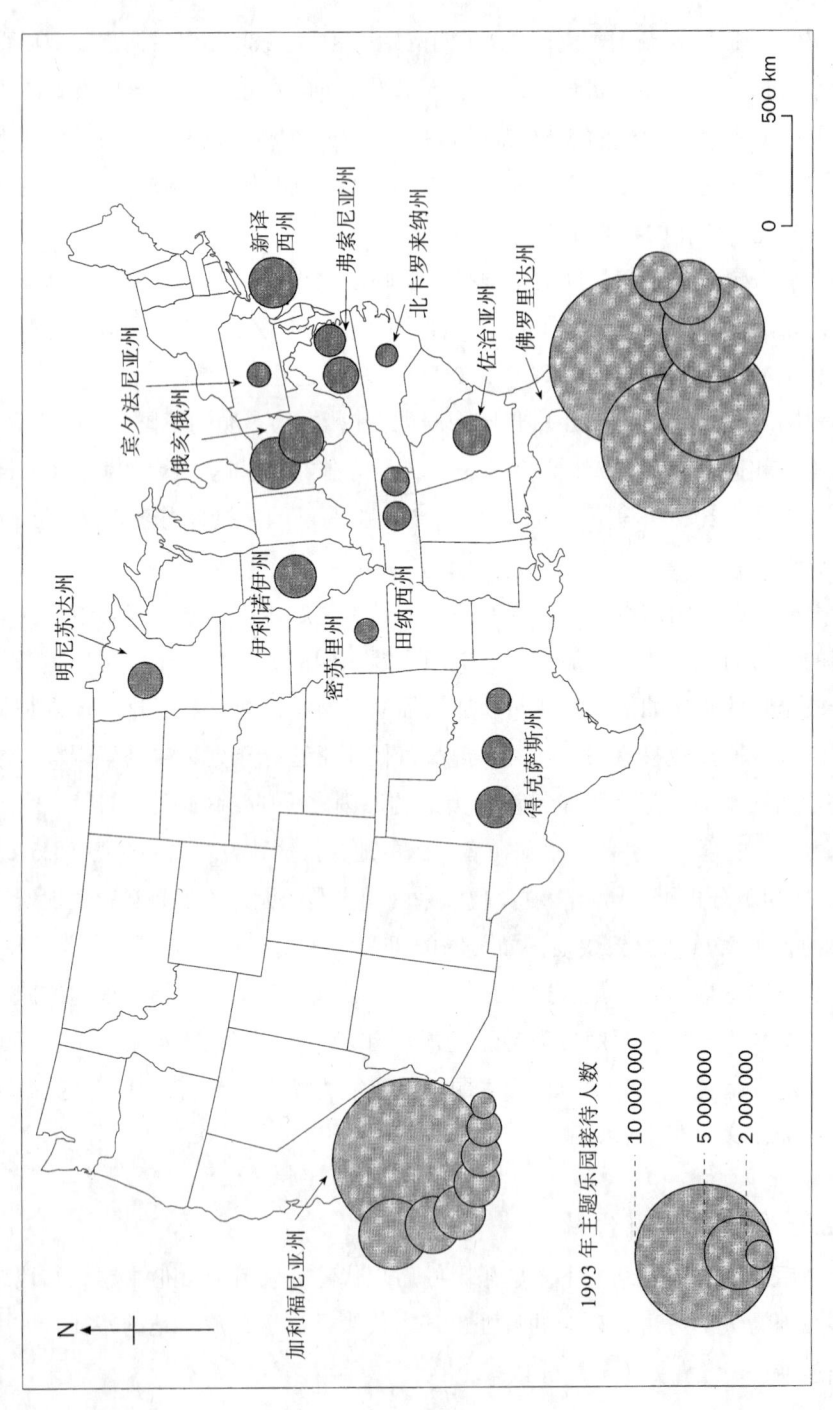

图 7.4 1993年美国主题乐园的接待人数

184

- 同一地点明显的建筑风格混搭，是一些完全互不兼容的建筑风格的拼凑；
- 刻意混淆真实与人造，基于埃科（Eco，1986）所谓的"超真实"——比现实还真实的物体或情景（如与米老鼠照相的机会）；
- 幻境的广泛应用（指现实中根本不存在的小说原型——如迪士尼乐园里人们乘船游览的汤姆·索亚岛）；
- 时空的压缩与穿越，乐园把完全不同时代不同地域不同文化的东西并列放在一起，而如果不是主题乐园，这些事物是不可能同时存在的（Bryman，1995）；
- 广泛的"去差异化"（Lash，1990）。如前文所述，机构秩序之间的传统边界和相关差异正在消融。这一点显著体现在迪士尼最新一代乐园中，此类乐园中的零售、娱乐和旅游住宿无缝整合在一起，并且罗杰克（Rojek，1993b）指出这种整合甚至正扩展到一个更为基础的方面，即主题乐园体验与日常生活之间的差日益消退（另见 Franklin，2004）。

这些都是对"后现代旅游者"有吸引力的环境，因为"后现代旅游者"是有娱乐精神的消费者，喜欢超现实的标识和表面化的东西，有些学者认为这就是新一代旅游者（如 Feifer，1985；Rojek，1993b）。布瑞曼（Bryman，1995：178）对主题乐园的特进行归纳，指出主题乐园"通过专注于刺激的体验，用视听化的表现手段展现历史与未来，甚至能更好地反映现实，而且把看似不可能的东西拼凑在一起，这样营造出来的环境能很好地迎合后现代旅游者强调游戏感、多变和自我觉醒的偏好"（Urry，1990）。

不过这些影响不再局限于主题乐园的空间，而是影响到人们接触的更广阔地域（可能与这些主题乐园超高的人气有关），包括人们作为旅游者去的地方和成为日常生活一部分的地方。戴维斯（1996）发现主题乐园已经从一个独立的景区发展成为综合性度假地（如奥兰多和拉斯维加斯），而且影响了其他休闲环境的设计：遗址中心、博物馆、酒店、赌场、餐厅（餐饮娱乐中心）、古老的零售区和购物商厦（购物娱乐中心），以及其他主题场所（Bryman，1995；Hannigan，1998）。不管我们喜不喜欢，主题化已经成为我们日常体验的一部分，并广泛地影响着后现代旅游地，这可能是主题乐园的真正意义之所在。

六、小结

本章探讨了新旅游地理的几个方面及其与相关旅游地的形成。新旅游模式的形成有很多影响要素，特别是文化对我们对地点理解的影响，我们的视角会影响我们对地点的选择，还会直接影响我们作为旅游者的行为表现。这些行为表现反过来又会影响旅游地的定义（或塑造）。尽管我们的视角是很个性化的，但我们的行为也受其他人视角的影响，这在旅游地推广中体现得非常明显。这些推广可以提高我们对潜在目的地的认知程度并有效地影响我们对这些地方形成的印象。旅游地推广体现出当下非常盛行的"主题化"趋势，这种趋势不仅影响着旅游地，还日益融入我们的日常生活。

讨论题：

1. 评价厄里（Urry）关于旅游凝视的概念在理解旅游者与旅游地关系方面有哪些优劣势。
2. 你如何理解"旅游表演"这个词？旅游的哪些表演性质是重要的？
3. 为什么说旅游地推广受所选择的旅游地代表元素影响？
4. 为什么主题旅游地越来越受开发商和旅游者的欢迎？
5. 你认为迪士尼主题乐园成功的关键是什么？

延伸阅读：

关于旅游地概念的基础地理文献颇多，下文是篇比较好的入门文章：

Castree, N. (2003) 'Place: connections and boundaries in an interdependent world', in Holloway, S.L. et al (eds) *Key Concepts in Geography*, London: Sage, pp. 165–185.

关于旅游地和旅游表演的概论文章：

Lew, A.A., Hall, C.M. and Williams, A.M. (eds) (2014) *The Wiley-Blackwell Companion to Tourism Geography*, Oxford: Blackwell.

尽管不是最近的出版物，但以下可能是关于现代旅游地发展中的"去地方化"趋势及现代发展对地点独特性质的侵蚀方面最有影响力的文章：

Relph, E. (1976) *Place and Placelessness*, London: Pion.

——(1987) *The Modern Urban Landscape*, London: Croom Helm.

关于旅游凝视概念的文章：

Urry, J. (1990) *The Tourist Gaze*, London: Sage.

Urry, J. and Larson, J. (2011) *The tourist Gaze 3.0*. London: Sage.

近期关于厄里的旅游凝视概念的批评文章：

Franklin, A. (2004) *Tourism: An Introduction*, London: Sage.

关于旅游表演特征的分析文章：

Crouch, D., Aronsson, L. and Wahlstrom, L. (2001) 'Tourist encounters', *Tourist Studies*, Vol. 1(3): 253–270.

Edensor, T. (1998) *Tourists at the Taj: Performance and Meaning at a Symbolic Site*, London: Routledge.

关于旅游地形象的最新代表性文章：

Avraham, E. and Letter, E. (2013) 'Marketing destinations with prolonged negative images: towards a theoretical model', *Tourism Geographies: An International Journal of Tourism Space, Place and Environment*, Vol. 15(1): 145–164.

Jenkins, O.H. (2003) 'Photography and travel brochures: the circle of representation', *Tourism Geographies*, Vol. 5(3): 305–338.

Yuksel, A. and Akgul, O. (2007) 'Postcards as affective image makers: an idle agent in destinational marketing', *Tourism Management*, Vol. 28(3): 714–725.

关于旅游地主题化的讨论：

Mair, H. (2009) 'Searching for a new enterprise: themed tourism and the re-making of one small Canadian community', *Tourism Geographies: An International Journal of Tourism Space, Place and Environment*, Vol. 11(4): 462–483.

Paradis, T.W. (2004) 'Theming, tourism and fantasy city', in Lew, A.A. et al. (eds) *A companion to Tourism Geography*, Oxford: Blackwell, pp. 195–209.

Shaw, G. and Williams, A.M. (2004) *Tourism and Tourism Spaces*, London: Sage, Chapter 10.

关于主题乐园的发展作为全球旅游格局特色的简明分析：

Lukas, S.A. (2008) *Theme Park*, London: Reaktion Books.

迪士尼产品对全球文化的影响在一系列国别案例研究中得到广泛探讨：

D'Hautserre, A.-M. (1999) 'The French mode of social regulation and sustainable tourism development: the case of Disneyland Paris', *Tourism Geographies: An International Journal of Tourism Space, Place and Environment*, Vol. 1(1): 86–107.

Wasko, J., Phillips, M. and Meehan, E.R. (eds) (2001) *Dazzled by Disney? The Global Disney Audiences Project*, London: Leicester University Press.

第八章 都市景观的主题化

核心概念
- 奇幻城市
- 节庆市场
- 后现代消费者
- 自反性
- 购物
- 主题餐厅
- 主题化
- 旅游城市
- 城市旅游

法因斯坦和贾德（Fainstein & Judd，1999a：261）在他们编著的《旅游城市》一书的总结篇中指出，"旅游已成为过去20年来全球城市体系经济、社会和文化变迁的核心组成部分"。这简单的一句话几乎可以概括21世纪主要旅游目的地城市发展的真谛，要理解旅游空间必须先了解主要的旅游地点。现代城市旅游的重要性主要源于其所囊括的多种多样的活动类型，包括休闲旅游、商务和会议旅游、探亲访友、修学旅行和宗教朝觐旅行。不过更重要的是城市旅游要求城市通过新城市中心实现城市在后工业时代的再造，实现后现代化转变并围绕后现代消费模式实现城市的经济和社会转型。城市旅游已经成为一种有力工具，有助于城市实现城市空间再开发、经济再造和创造就业、城市推广和形象重塑，以及在新的全球体系中树立形象。一系列转变的结果是旅游（及其相关基础设施）已经深深根植于城市体系中，成为城市居民日常生活的一部分。

尽管城市旅游的重要性已得到广泛认可，但它在旅游研究中却长期被忽略，直到最近才有所改观，这方面常见的研究多见诸近几年的文献中（见：Page，1995；Law，2002；Shaw & Williams，2002；Page & Hall，2003；Selby，2004）。造成城市旅游长期被学术研究领域忽略的主要原因是很难把大量的旅游者与当地城市居民区分开来，这就造成城市旅游统计的现实困难，从而也很难分析城市旅游的经济、文化和环境影响。另外，旅游研究的主体也一直侧重于度假旅游，而不太关注城市的一些旅游类型，如商务旅行或探亲访友（Law，1996，2002）。当然，城市旅游受到忽略还有一些其他原因，有些城市（如巴黎、罗马和威尼斯）自古以来就是旅游目的地，其历史至少可以追溯到大旅游时代（见本书第三章），而更主流的旅游发展模式是城市人逃离工业城市而不是去到访这些城市（Williams，2003）。只有到了后工业时代城市才进入旅游凝视和旅游地理的视野，成为旅游目标。

本章试图提炼一些当前关于城市旅游的主要观点，探讨三个相关领域。下面一部分讨论城市的背景，说明当代城市是如何被改造的，有助于我们更好地理解旅游是如何成为后工业时代后现代城市的一个主要组成部分。接下来我们会讨论一些旅游城市，说明这些城市是如何成为旅游目的地的。最后我们要考察旅游者为什么会对新城市主义感兴趣，而新城市主义是21世纪城市的主要特征。

一、城市背景

城市旅游的发展变化是依托于当代城市背景的，特别是后工业和后现代社会。这种转变不仅影响城市空间的内部结构和城市的经济结构及社会关系，同时也影响城市之间的关系。在这个进程中有四个相关的核心主题：全球化、经济和社会的重构、城市形象的再造、新政治议程。

全球化是指当前资本、劳动力、物资和信息的全球流动，它直接塑造了新

第八章 都市景观的主题化

型全球交互网络和新的跨国生产和消费体系,这一切造就了21世纪城市主义的背景。法因斯坦和贾德(1999a: 261)把这种动态描述为"代表更灵活的生产组织形式、更高资本和人群流动性、地域之间加剧的竞争,以及更大的社会和文化多元化的新纪元"。社会和文化的多元化是由跨国劳动力移民引起的,它造成了后现代城市人口的混杂特征,是全球化最直接可见的产物。

与全球化密切相关的后工业城市发展的进程是经济的重构(Dear & Flusty,1998)。重构有两个阶段:一个阶段是去工业化(自1970年以后),这期间传统制造业主导的西方世界的现代工业城市大部分面临解体,取而代之的是第二阶段的再工业化,即以信息经济、新技术和服务行业兴起为代表的新城市经济。这种从生产到消费的转变是欧洲、北美和澳洲当代城市的一致路径,同时这也触发了生产空间的重新布局,特别是一些大城市的周边地区成为新行业活动的聚集区。在这些地带企业以新型通讯技术公司为主,这里地价较低,环境较好,而且交通可进入性好,这些区域成为(后福特主义)新产业区。同时传统制造业(福特主义)生产区被废弃,同时为新产业模式带来了城市再造的机会。苏贾(Soja,1989,1995,2000)详细分析洛杉矶新科技工业的发展,以及洛杉矶中心区旧工业被日渐废弃的过程。这些旧工业区是后现代城市经济再造的主要拓展空间。

不过尽管这个进程是由经济驱动的,它也给社会空间分割模式带来了新的同样的发展。全球化和后工业化凸显了差异与不平等——有些是经济方面的(如拉大了贫富差距),有些是社会文化方面的(如很多少数民族的形象在现代城市中聚合)。但这些差异正在空间上融合——富人与穷人成为邻居,或多个种族住在一个区域内。这不是城市社会地理的一个新现象,但它在大型城市中越来越普遍。在大部分情况下,这种空间分割强化了地域保护,或是通过社会行为的差异,或是由于政策监管使然。戴维斯(Davis,1990)分析了洛杉矶的社会面貌,描绘出依据财富划分出的不同社区,城市中心区有受保护的"公共"空间,一些街头群体在华兹(Watts)和南区(South Central)等贫困地区游荡,各类空间泾渭分明。

城市后工业化/后现代化转型的第三个关键阶段是城市及城市形象的再造。这主要是由于旧有生产中心被废弃,这些地方在经济和社会方面迫切需要再造，以治理这些"被污染的地方"在非工业化进程中所带来的环境问题。同时这也与全球化有很强的联系，后工业地区迫切需要塑造新的形象以有效地融入全球化的大背景中，这是变化的一个主要驱动力。全球化形势下，城市之间的一种新型关系是它们需要在全球范围内获得投资、劳动力和旅游者，只有这样它们才能为自己的未来发展铺平道路（Gospodini，2001；Hall，2005）。在很多城市有"创造"新消费点的趋势，如滨水地带的再造，主题购物商厦，精致的博物馆、美术馆和运动场馆，这些都有效地改变了现代城市的景观和人文环境。主题化已经成为后现代城市的主旋律，同步发展的还有后现代城市设计的新兴美学，这在一些有电子感的杂烩建筑综合体上表现得尤为突出，如一些文化地标性质的购物商厦、咖啡区及重建的滨水地带等新兴城市景观。后面我们会讨论到这些趋势对城市旅游的发展有重要意义。

最后，自1980年以来新的政治格局也值得关注，特别是美国里根和英国撒切尔推行的所谓"新右翼"政治思潮。贾德（Judd，1999）和刘（Law，2002）都提到这两个政府都倾向于企业家精神，把城市发展的重心从20世纪70年代的社会福利制度转变为公私合营制度，并积极宣传城市吸引投资。这也有助于形成新的城市政治气候，即更注重发展旅游（及其他服务行业）并把城市再造提到重要战略意义的高度。

上面类似引言的介绍概括了城市环境变化的几条核心主线，也是我们理解城市旅游的基础。表8.1归纳了后工业化和后现代化城市的主要特征。

表8.1　后工业/后现代城市的基础特征

- 城市生活受消费而非生产所影响；
- 经济和社会空间的分化形成了多模式的综合结构；
- 外围开发节点（边缘城市）取代内部城市带成为工业生产中心区，特别是服务业中心区；
- 中心地带再造——如新的消费中心；
- 围绕工作、休闲、文化和社会阶层的传统差异逐渐弱化，但其他差异（如财富和民族差异）凸显出来，甚至由于空间保护等机制，上述差异出现加剧的趋势；
- 城市人口结构日益多元化并逐渐形成微社会空间；
- 城市景观空间日益主题化，城市形象宣传更注重视觉和美学效果；
- 城市景观以形象和标识及幻想的多元融合主要特征。

资料来源：节选自Soja（1989）；Davis（1990）；Page & Hall（2003）；Selby（2004）。

二、旅游城市

城市里的旅游空间是如何发展与布置的？前面关于城市背景的章节把城市视为一个同质的个体，但事实上城市是由不同地方组成的。法因斯坦和格莱斯顿（Fainstein & Gladstone，1999：25）指出"城市旅游产品提供是城市自身的品质"，但不同地点的品质差异很大，因此必须区别对待不同城市发展不同旅游类型。

很多学者首先对城市进行分类，作为分析城市旅游发展模式的基础。佩奇（Page，1995）试图给城市分类，把城市分为首都、都会中心、大型历史城市、工业城市、文化城市和度假区。但由于缺乏统一的定义体系，这些分类有很多重合的地方，因此有明显的局限性（Law，2002）。像伦敦和巴黎这样的城市同时是首都、都会、历史、工业和文化之都。

法因斯坦和贾德（1999a）提出了一个更有效的方法，他们把城市分为以下三类：

- 度假城市——专门游客消费而建设的城市中心。传统海滨度假城市就属于这一类，另外拉斯维加斯也属此类，后面会对这个城市详细分析。度假城市最接近马林（Mullins）所说的"旅游城市化"这个早期概念，这个概念的提出是基于澳大利亚黄金海岸的情形提出的，这类城市的发展遵循一些共同的特征：明确的空间功能和标志性的发展（包括定义明确的旅游飞地）；围绕生产和消费的弹性系统人口的急剧膨胀；在规划和管理方面的热衷主义路径（Mullins，1991）。
- 旅游历史城市——指那些有明显能吸引旅游者的历史和/或文化形象的地方。有些旅游历史城市自古以来就是旅游目的地（如威尼斯），还有一些则是通过重建或后来开发而转变成为旅游目的地城市（如美国波士顿）。真正的旅游历史城市的特征是旅游地的建筑有明显的文化特征，旅游地与城市整体结构无缝融合，旅游与当地居民生活交融，这是它与度假城市最大的不同。
- 转型城市——这些城市有意重塑自己的基础设施和形象以吸引旅游者作为支撑城市经济增长的手段。这些地方多是以往的传统制造生产和分销中心，类似于度假区，转型城市里的旅游地有点像飞地，与整体

第四部分 理解旅游地与空间

城市环境相隔离,对于外界来说不太有吸引力,甚至是不友好的。巴尔的摩的内港的再开发就是这样一个常被引用的例子。当然有些地方的旅游发展与转型城市有更无缝的融合,贾德(Judd,1999)以旧金山为例(见插图8.1),说明美国大城市中像旧金山这样既能接待大量旅游者又能实现城市功能运转良好的例子不多见。

不过,尽管法因斯坦和贾德的分类在区分城市旅游发展方面很有价值,但很多城市总体上都融合了各个类别的很多要素,而非仅仅具有一种简单的模式。基于这个原因,我们应认识到大多数旅游城市都是由不同的亚地区或功能区组成,而这些功能区之间的平衡从总体上来说是决定此城市旅游目的地性质的中心因素。插图8.1显示伯滕肖等(Burtenshaw et al., 1991)提出

插图8.1 旧金山市中心的金融区(斯蒂芬·威廉斯 摄)

的发展模式,即居民需要的功能区和旅游者需要的休闲区在城市空间中泾渭分明地共存着。我们可以理解为旅游城市是由相互关联的功能地区组成的,这些功能地区能反映出旅游者不同的需求,如历史和文化遗址、娱乐、夜生活和购物,当然这些活动地带一般都经过细致的规划,与城市中旅游者很少涉足的地区区分开来(Shaw & Williams,2002)。

通地分析旅游和城市空间的构成结构,我们要问两个重要的问题:城市旅游需求的性质是什么?这些需求如何反映在设施和景区的提供与组织上?

1. 城市旅游需求

城市作为旅游地的独特之处在于它能吸引和容纳很多不同类型的旅游者需求,刘(Law,2002:55)把城市旅游的主要市场分区归纳为:

- 商务旅行者;
- 会议和展览代表;
- 短期度假客;
- 一日游客;
- 探亲访友(VFR);
- 长期度假客把城市作为长线旅行的门户或途经地短暂停留;
- (港口城市的)邮轮客。

商务旅行者是城市旅游的一个重要组成部分。2006年全球商务、会议和展览国际旅行总量约为1.31亿人次,占世界旅游市场的16%(UNWTO,2007)。国内商务旅行市场总量更大。最近英国的数据显示,商务旅游每年带来的直接花费达200亿英镑,涉及700名海外游客。每年参加英国各类行业展览的人数超过1000万人,另有超过8000万人因参加国际大会而旅行(Business Tourism Partnership,2003,2005)。其他国家也有同样的模式。刘(Law,2002)指出一些美国城市的会议和展览行业吸引的游客占过夜游客总人数的40%以上,最大的会议城市拉斯维加斯(每年有一次大型电脑展会)吸引游客超过20万(Parker,1999)。

商务旅行的增长是全球化和新生产组织结构的直接结果,"生产合作包括当地管理层的监管、新设施的设计、与顾问会面、供货采购、产品服务与营销——所有这些都需要企业的高管、技术人员或销售人员出访"（Fainstein & Judd，1999b：2）。对商务旅游的这种需求与若干对城市地点有利的关键特征有关：

- 该领域具有高品质、高档次和消费水平较高的特点；
- 全年都可开展的活动；
- 作为休闲旅游的补充，更好地支持当地其他旅游类型依赖的基础设施建设及本地休闲模式；
- 这是旅游主导的城市再造的重要组成部分，因为大部分商务旅行者要求较高品质的服务，能为当地带来更多的就业机会；
- 能刺激回头客回到同一目的地进行休闲活动（Business Tourism Partnership，2003）。

肖和威廉斯（Shaw & Williams 2002）指出，尽管商务旅行是城市旅游的主要部门，会带来较高的人均花费，但大部分城市的一日游客往往是数量最庞大的群体，但这部分游客往往被旅游研究所忽略或无法准确统计。英格兰2005年一日游游客约6.74亿人次，其一日游活动包括外出用餐、休闲购物、娱乐和探亲访友（Natural England，2006）。短期度假也是城市旅游中的一个重要需求领域，这种旅游形式不仅刺激了很多城市旅游景点的访客量，同时由于城际高铁和经济型航空的日益发展也带动了相邻城市的旅游需求，另外城市商务酒店由于周末没有高消费的商务客而推出的周末特价促销也一定程度地推动了这方面的需求。2001年英国公民共参加了520万次出境短期度假，其中去巴黎、阿姆斯特丹、巴塞罗那和都柏林这些城市目的地的旅游者占比最高（Mintel，2002）。

现实中很多城市旅游需求是多方面的（而且城市目的地的特征也是多功能的），因此如果说人们的出访目的单一则可能是误导性的。商务旅行者也会使用当地娱乐设施，也会购物和观光。要整合各个不同的市场份额，首先要对整体城市旅游需求量有个概念。各个具体目的地的城市旅游者数据很难统计、比较和统一口径。不过表8.2给出了世界上一些主要城市目的地的国内和国外游客数量，这些数据有助于说明城市旅游的重要性。

第八章 都市景观的主题化

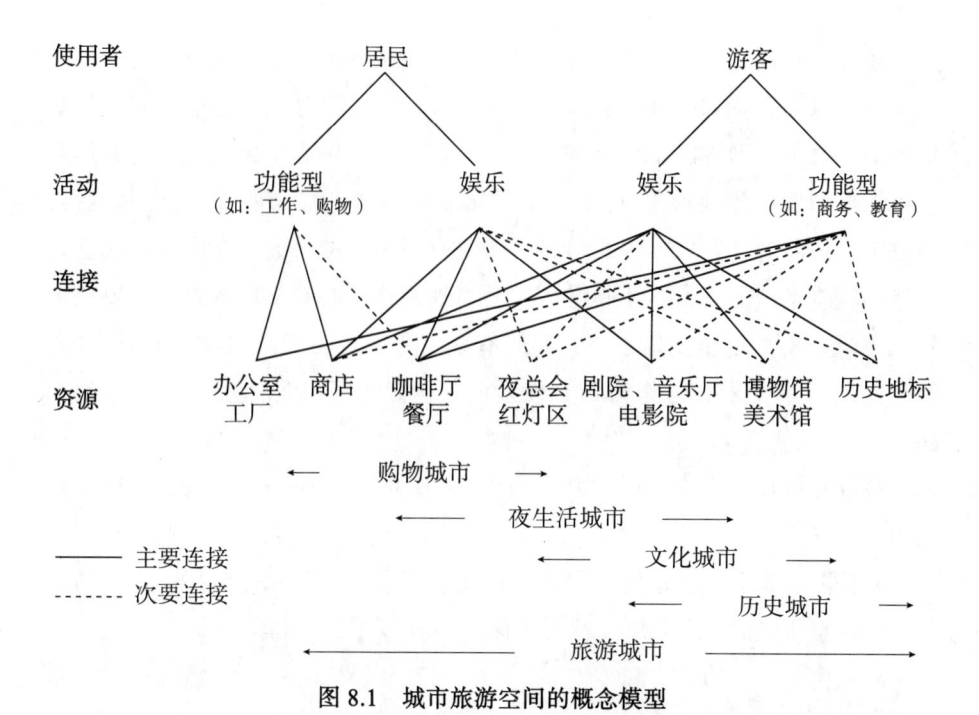

图 8.1　城市旅游空间的概念模型

表 8.2　2004—2006 年一些大城市的旅游接待人数估算

城市	外国游客（百万人）	国内游客（百万人）	合计（百万人）
纽约	7.3	36.5	43.8
拉斯维加斯	—	—	36.0
巴黎	14.3	16.7	31.0
伦敦	15.2	11.4	26.6
悉尼	2.5	7.8	10.3
新加坡			9.7
墨尔本	1.9	7.6	9.5
阿姆斯特丹*	8.2	—	—
多伦多	—	—	4.0
维也纳	7.6		

* 阿姆斯特丹的数据是床夜数，其他国家都是人数。

资料来源：根据各国家和城市旅游局网站整理（2007 年 11 月登录）。

2. 城市旅游的供给

刘（Law，2002）指出城市景点是刺激城市旅游需求的基础，而景点的空间布局也有助于界定旅游空间和形成本地旅游地理。不过城市旅游的供给不仅基于景点，而且基于更广义的"产品"。城市旅游产品各地不同，但基本上都融合了有形设施、产品和服务（如住宿、娱乐和文化设施）与无形要素（如地域感或当地形象）。因此有必要区分景点和城市吸引力，因为后者不一定依托前者而存在。一个城市是否是有吸引力的目的地，主要取决于其人造环境或本地文化，而不是是否有著名地标或"必看"旅游景点。要认识到城市景点不一定是实体景点，尽管有些地方确实是专门建设开发景点的，但有些地方本身未必是作为景点设计的，而是为了满足一般公众的兴趣和品位。

旅游和城市地点之间的关系由詹森-弗比克（Jansen Verbeke，1986）归纳为以下三点：

- 首要要素，即各地的不同景点和设施（称为"活动地点"），以及活动地点所处的广义环境（称为"休闲环境"）；
- 次要要素（如住宿和零售）；
- 三级要素（如停车场、信息和标牌）。

这个框架的核心价值在于揭示城市旅游的基础，但不同的旅游需求和游客动机使这种分类也存在问题。简单地说，詹森-弗比克（Jansen-Verbeke）提出的"次要"（如零售场所）对于一些游客来说可能是首要目的，而相对固定的设施（如住宿）可能未必仅服务于其原本功能。比较典型的例子是拉斯维加斯，那里的主题饭店已经成为很多游客的景点（插图8.2）。图8.2对詹森-弗比克最初的模型进行了调整，力求传递的基本信息是城市旅游景点的性质和首要-次要关系，同时说明在同一个系列中游客的意愿是灵活与延续的。

上述概念框架说明城市旅游地是围绕几个旅游景区来组织的而这些区域反过来又利用特定类型的设施、景点和地点，其中包括：

- 文化和遗址；
- 娱乐和夜生活；
- 零售；
- 住宿。

第八章　都市景观的主题化

插图 8.2　一座迷人城市里的饭店开发：拉斯维加斯大道上的"纽约，纽约"赌场饭店

佩奇和霍尔（Page & Hall，2003）指出文化和遗址是城市旅游的重要吸引力，尽管文化旅游景点的界定边界有时并不明晰，既包括"高雅"文化，如大型美术馆和博物馆群，或城市建筑和地标建筑设计美学，又包括"大众流行"文化，如当地美食、手工艺、节庆、街头音乐和民间建筑。旅游者会对历史建筑和遗址感兴趣（如伦敦塔），但也会同样对艺术节庆，传统城市生活的复原展示，以及旧工业区转型的博物馆等新型景观（如废弃的工厂、船坞和码头等）感兴趣。旅游者对城市这些方面的兴趣十分浓厚。布尔（Bull，1997）指出超过三分之二的伦敦游客认为历史遗址是这个城市的首要

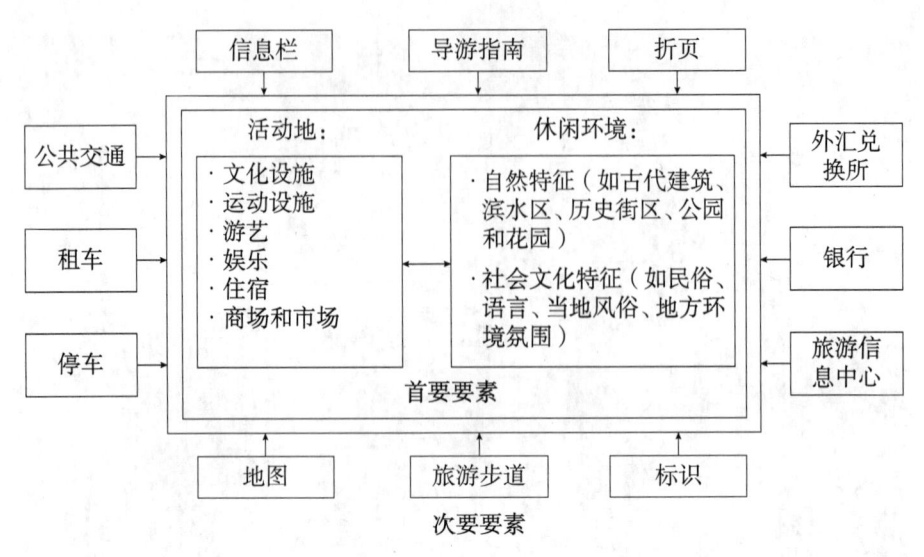

```
                信息栏        导游指南        折页
     ┌─────┐ ┌──────────────────────────────┐ ┌──────┐
     │公共交通│ │ 活动地：          休闲环境：    │ │外汇兑│
     └─────┘ │ ·文化设施        ·自然特征（如古代建筑、│ │换所  │
             │ ·运动设施         滨水区、历史街区、公园│ └──────┘
     ┌─────┐ │ ·游艺            和花园）         │ ┌──────┐
     │租车  │ │ ·娱乐           ·社会文化特征（如民俗、│ │银行  │
     └─────┘ │ ·住宿            语言、当地风俗、地方环│ └──────┘
             │ ·商场和市场       境氛围）         │ ┌──────┐
     ┌─────┐ │                              │ │旅游信│
     │停车  │ │          首要要素              │ │息中心│
     └─────┘ └──────────────────────────────┘ └──────┘
                地图          旅游步道         标识
                            次要要素
```

图 8.2　城市旅游景区的概念模型

吸引力，其主要文化遗址类景点详见表 8.3。这个表主要列出的是免费和付费伦敦景点 2005 年接待的访客量，从中可以看出这里只有四个不属于文化和遗址类景点（英国旅游局，2006）。从空间布局上讲，文化和遗址类景点会吸引游客到达城市的中心区，这一方面是由于城市发展一般都是从古老建筑（如城堡或教堂）开始的，围绕着居民早期聚居区发展，另一方面是由于主要的市政建筑（如大型美术馆和博物馆）一般都位于城市的中心地带，作为城市的著名地标，而且交通便利，方便大量的本地人到访。图 8.3 显示了伦敦接待游客量最多的博物馆、美术馆和历史建筑的分布，明显说明文化和遗址旅游集中在城市的中心区。

表 8.3　2005 年伦敦主要付费及免费景区的游客接待水平

付费景点	接待人数	免费景点	接待人数
伦敦眼	3 250 000	大英博物馆	4 536 064
伦敦塔	1 931 093	国家美术馆	4 020 020
邱园	1 354 928	泰特现代美术馆	3 902 017
威斯敏斯特教堂	1 027 835	自然历史博物馆	3 078 346
伦敦动物园	841 586	科学博物馆	2 019 940
圣保罗大教堂	729 393	维多利亚艾伯特博物馆	1 920 200

第八章 都市景观的主题化

续表

付费景点	接待人数	免费景点	接待人数
汉普顿宫	449 957	泰特美术馆	1 738 520
塔桥	350 000	国家肖像画美术馆	1 539 766
议会大厦	311 481	萨墨赛特宫	1 200 000
莎翁球	269 506	大英图书馆展览中心	1 113 114

资料来源：Visit British（2006）。

◆ >130 000 游客 / 年

图 8.3　伦敦的主要文化和遗址类景区

　　娱乐夜生活也是游客旅行到城市中心的一个重要动机。例如，拉斯维加斯在成为会议中心之前就是以娱乐和夜生活吸引人的度假地（Parker，1999）。这类景点包括剧院、电影院和秀场，以及音乐厅、赌场、夜总会、酒吧和餐厅。本地人对这些地方也有很旺盛的需求，因此是当地居民和游客交汇的地方，而体验当地人的娱乐和夜生活，了解当地居民的休闲生活方式本身也是一种吸引力，旅游者这方面的需求是维持这个行业运行的重要支柱。

休斯（Hughes，1998）对伦敦的剧院行业开展研究，发现超过 30% 的海外游客会在伦敦旅游期间去剧院（说明其吸引力），伦敦西区的剧院里 66% 的观众不是本地居民（说明游客需求对维持这些设施的作用）。另外，伦敦剧院观众人数的增长［从 1986 年的 1000 万人增长到 2006 年的 1200 万人（SLT，2007）］也与这个城市的旅游增长密切相关。

娱乐和夜生活行业说明本地娱乐和旅游需求的同步性，同时也说明旅游功能会有效地让景点成为某个地区或街区的人气聚集地。伦敦西区的发展就是一个最好的例子，该区的剧院电影院聚集区包括莱斯特（Leicester）广场、沙福兹贝里（Shaftesbury）大道、干草市场（Haymarket）和奥德维奇（Aldwych）（图 8.4）。其他城市也可见类似模式，如纽约百老汇剧院区或阿姆斯特丹华尔木斯街（Warmoesstraat）的红灯区。这种模式的形成部分是由于这些地点的可进入性强，同类业务的聚集效应（即同样的行为模式和用户被大量吸引使整个区域越来越出名），但这种活动也受法律法规影响，因为这些活动常会引发一些反社会行为（Roberts，2006）。

有助于决定和影响旅游城市的第三类旅游活动是零售。刘（Law，2002）指出尽管旅游和零售在很多人看来没有直接的关系，其实两者之间的关系非常密切而且非常重要。购物可能不是旅游的主要动机［一日游客除外，因为有研究显示四分之一的一日游客出行目的是购物（Natural England，2006）］，但这是旅游者在目的地最重要的活动之一（从时间和花费上讲）。因此旅游地与零售地是相互交融的，在大部分热门旅游地，主要面向旅游者的零售点几乎占领了各主要旅游线路。一项针对巴黎圣母院周边地区的研究显示，在通往教堂的主要街道上几乎是一条纪念品、餐饮和旅游零售商店的密集通道（Pearce，1998）。从更宽泛的角度讲，零售业的品质会直接影响到城市作为目的地的吸引力，正如我们本章最后一部分会讲到的。旅游与零售同步的新趋势是围绕休闲品位设计的新购物环境（如购物商厦和主题购物区）。

旅游城市的另一重要组成部分是住宿设施，住宿设施的数量决定这个目的地能让多少人在那里过夜。对于商务旅游来说，住宿设施不仅提供住房，还提供其他服务设施（如会场）。同时住宿设施的质量也影响着旅游者对城市的看法。

第八章 都市景观的主题化

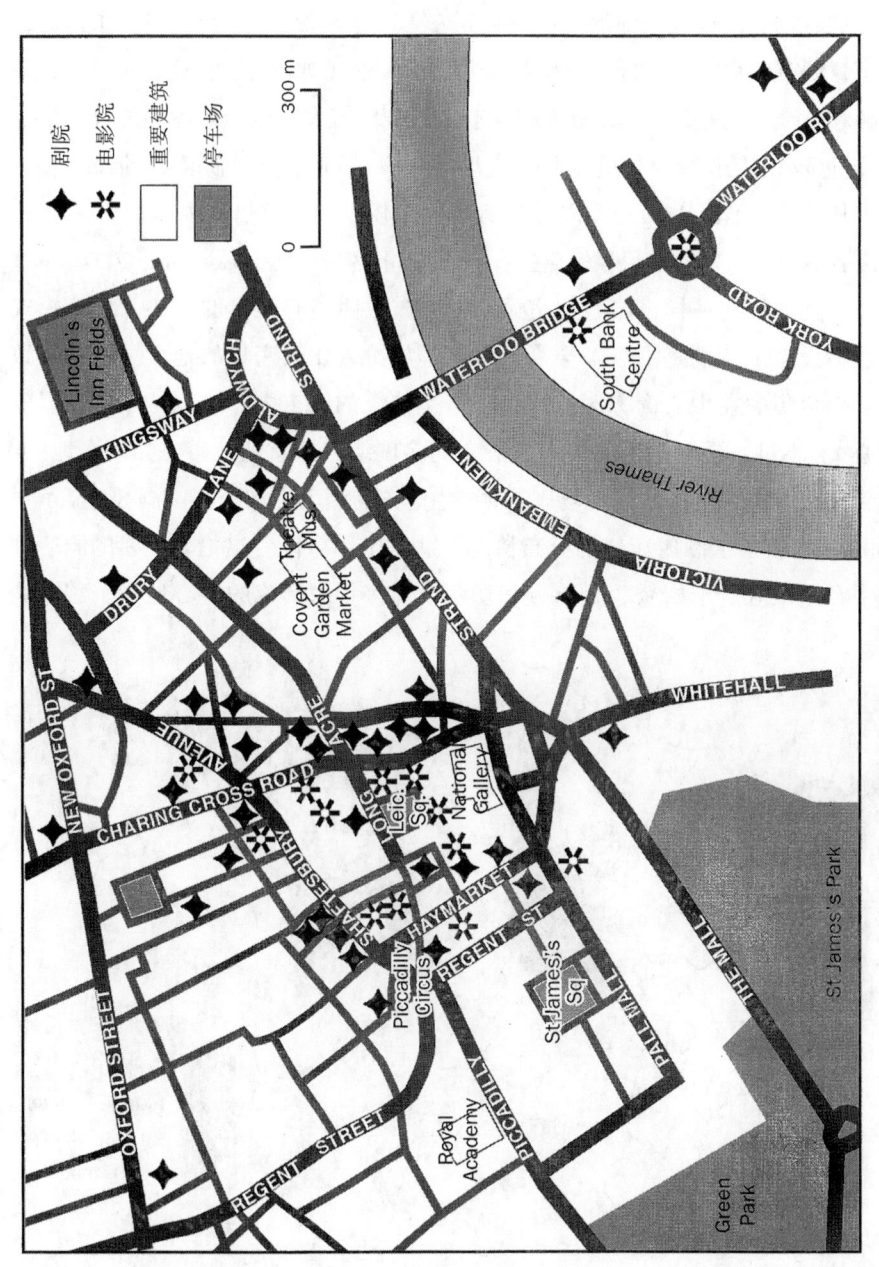

图 8.4 伦敦"西区"电影院和剧场分布图

城市旅游涉及的住宿设施主要指那些"提供服务的"住宿设施，包括饭店（最主要的）、旅馆或床铺加早餐及服务公寓。近年来，这个行业发生了显著的变化，城市住宿市场由国际连锁饭店集团所控制（如洲际/假日、西斯尔、希尔顿和万豪），这些饭店集团管理着越来越多城市大饭店。最近对伦敦住宿业的分析显示市场份额增长最显著的是大型经济型饭店，如小旅馆（Priemier Inn）和客栈旅舍（Travelodge），以及客房数相对较少的（但仍属大型饭店）4—5星级豪华酒店。73%的伦敦饭店拥有50间以上客房（Visit London，2007）。

跟其他行业一样，旅游住宿设施的分布也明显有聚集的趋势，传统模式是住宿设施（特别是酒店）会靠近景区等旅游者比较密集的地区。这就导致饭店大量集中在中央商务区，因为这里是传统的城市中心（也是零售和娱乐中心）。不过，更大范围的城市发展空间多围绕一些重塑地带（如滨水地区）和新的交通枢纽（特别是机场），而这些地方的酒店更加密集。图8.5显示了2006年伦敦各区酒店床位的分布情况，从这个图可以看出伦敦主要的酒店都集中在西敏寺、卡姆登、金斯顿和切尔西（多年来形成的核心地带）这三个

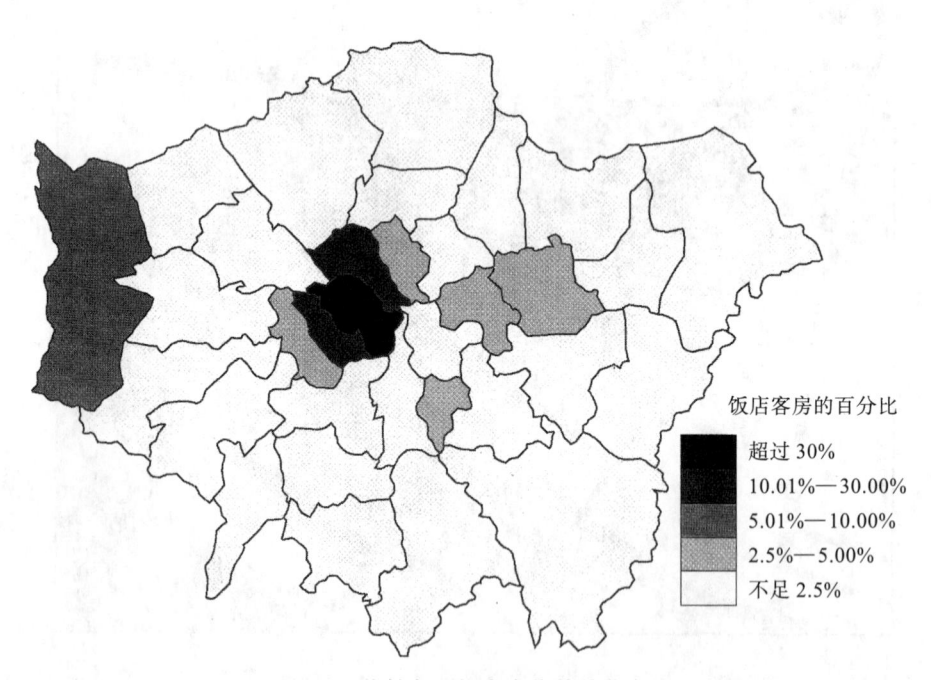

图 8.5　伦敦各区饭店床位数的分布

中心区，二级密集区在希灵登（Hillingdon）（希斯罗机场包含其中），以及一些新兴的三级区域，如萨瑟克区（Southwark）、哈姆雷特塔（Tower Hamlets）和纽汉（Newham）等与加纳利港、伦敦城市机场等2012年伦敦奥运会场相关联的地区。

三、旅游与城市新秩序

以往，旅游对于城市更多的是依托于城市现存的空间、经济和社会结构。在后工业、后现代城市中，旅游越来越成为新城市空间及其相关要素组织的核心。最后这个部分，我们重点讨论城市新背景下几个相互交织的要素变化。为方便讨论，我们从七个方面来抓住影响城市旅游变化的基础要素，虽然每个方面都相对独立，但事实上它们都是密切相关的。

1. 空间新机会

后现代化形势下的城市改造给旅游业带来了新机会，后现代城市的空间调整一般有以下几个主要阶段：
- 消费越来越成为城市经济的"推动力"，而休闲与旅游是重要的显性消费；
- 社会和经济的空间分区带来了城市的多元化，后现代城市地标会吸引更多的关注；
- 结合新功能发展起来的城市新中心很多都以休闲和旅游消费为中心，如文化区、咖啡区和娱乐区；
- 新开发的中心一般都在郊区和城市边缘地带，包括主题购物中心和休闲空间、新城市"村落"、交通枢纽（如机场及其相关饭店的开发）、主题乐园和一些大型体育场馆；
- 城市中心旧工业区的重塑改造，一般围绕城市遗址主题改造或建成新的地标，如会议中心、现代博物馆、美术馆和大饭店，以及中产阶级区。

每个阶段都使娱乐和旅游有新的发展方向并吸引新的活动。城市空间改造重组包括一些重要的行政区划的重组，因为这些城市往往是以前的工业重镇。重组改造同时也在利用以往剩余的空间满足一些新兴的需求，这也是一个智力和审美,即重新构思城市空间,思考当地居民的兴趣点和城市空间的吸引力。韦克菲尔德(Wakefield, 2007)指出经历过工业化时代,工业曾一度是当地居民的骄傲和城市形象的代表,但现在"工业化城市"标签会传递负面形象,因此改造更多的是通过城市改造重塑城市形象。

旅游是城市改造的重要组成部分,因为城市开发者希望借城市改造增强城市对旅游者的吸引力,同时吸引更多投资和定居者,因此这也成为城市是否可以被哈格尔曼(Hagermann, 2007)称之为"宜居城市"的试金石。另外,由于旅游也是城市新经济的一个重要来源,因此备受重视。旅游能带来新的企业(因为这个行业的进入门槛较低),新的就业机会(Robinson, 1999),同时城市也可以开放新的空间给游客和居民,如滨水地区或以前的船坞码头曾一度是仅限于居民和在当地工作的人进出的。

旅游带动的改造的积极意义往往会盖过下面这些负面影响:
- 投资的实际回报是否能达到预期水平(这是对很多大型运动项目的普遍批评);
- 旅游就业的质量和安全问题的顾虑;
- 社会不公问题(改造计划往往反映城市精英的诉求而忽视当地平民百姓的利益);
- 对于经济利益在多大程度上能从改造飞地惠及广大的城市地区,人们还存在诸多疑问(McCarthy, 2002; Shaw & Williams, 2002)。

但这些顾虑对城市政府改造的决心没有太大的影响。

尽管改造的性质各地不同,但主题和趋势大同小异。城市改造的一般组成要素包括自然环境的改善,开辟新的就业和居住区,升级交通基础设施,为吸引游客开发的新设施和景点,以及新建地标建筑和推行促销政策(Page & Hall, 2003)。这也就是贾德(Judd, 1999: 39)所谓的标准化核心要素:"带天井的酒店、节庆市场、会议中心、恢复的历史街区、体育场馆、水族馆和再开发的滨水地带"。图8.6和插图8.3就是这方面的相关例子,英国伯明翰布林德利(Brindley)大厦的开发几乎涵盖了上面所有要素,包括一个大型音乐厅、剧院、零售、餐饮、酒吧和居民区。这说明文化活动是城市变迁的助推器(Roberts, 2006),同时这也是一个取得巨大成功的项目(Williams, 2003)。

第八章 都市景观的主题化

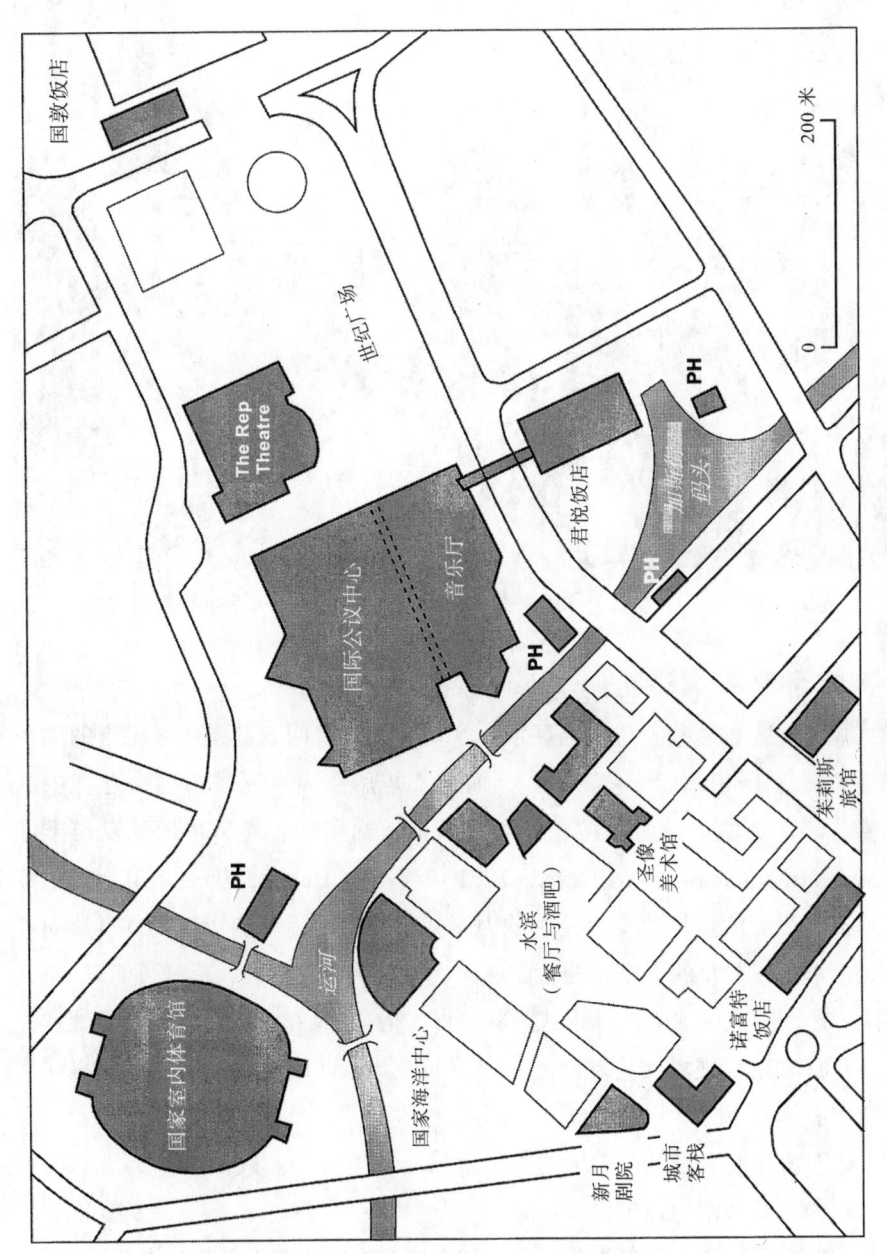

图 8.6 英国伯明翰布林德利广场的城市改造工程

插图 8.3　城市中心基于休闲旅游的升级改造：英国伯明翰布林德利大厦

2. 城市新形象

城市改造与形象塑造和地区推广密切相关，这两者都是西方城市的主要管理职能（Bradley et al., 2002），而且都与旅游关系紧密。这个过程中的重要一环（与城市旅游直接相关）是城市地标和标志性节事的开发与推广（Law, 2002; Shaw & Williams, 2002）。霍尔（Hall, 2005）指出标志性节事可以在很大的地域范围提升影响力，甚至形成国际影响。这些节事活动可能是艺术的、文化的、宗教的、商业的、体育的或政治的，形式可能是展览、节庆、巡回赛或庆典。虽然形式内容多样，但这些活动具有一些共同属性：

- 具有以壮观场面为基础的倾向（如一些东西因其固有本质而值得观赏和体验）；
- 对游客有强烈的吸引力；
- 能提升城市的地位；
- 能提升城市在全世界范围内的知名度和影响力，对外界树立正面形象。像奥运会、足球世界杯或美国橄榄球超级杯赛（超级碗）等引人关注的大型体育赛事会掀起大量地标性体育场馆的建设热潮,至少奥运会肯定是这样的。当然其他行业也同样会有这样的标志性活动,产生强大的影响力,提升城市旅游发展水平,如2007—2008年中国兵马俑在伦敦大英博物馆的展览就吸引了80多万参观者,1972年图坦卡蒙法老的宝藏展也曾吸引了170余万游客。

标志性活动是城市旅游的重要组成部分,不仅因为它能吸引大量游客,而且能在各种情况下支撑旅游业的发展。对于那些旅游已经非常发达的城市(如伦敦),标志性活动(如兵马俑展览、2012年奥运会)可以强化城市的重大型旅游目的地的地位。刘(Law,2012)指出,标志性活动有助于提升城市形象,并把传统上缺乏重视的旅游提升为"首要"新兴产业来发展,而如果没有标志性活动这是不可能的。例如20世纪80年代,英国很多工业城市(包括利物浦、格拉斯哥和特伦特河畔的斯托克)举办了全国和国际园艺节,这也是这些城市重塑自身形象战略的一部分(Holden,1989)。这样,节庆活动和基础设施都成为一个地方文化资本的重要组成部分。

3. 城市新审美

第三个重要的变化领域与审美和公众品位有关。后现代城市地标能体现城市的视觉和审美特质,很多消费场所也成为旅游活动的标志,已经融入旅游和城市日常生活中。在视觉和审美品质方面,Relph(1987)提出了一些基础对比点,一方面是硬朗的线条、和谐统一、秩序感、功能上的高效和后现代化城市项目的实体规模,另一方面是非秩序感、亲密、多元的"离奇空间"(有意识地与本地的联系,加上各种标志的杂烩),两方面的结合形成了后现代的城市景观。最基本的点是很多旅游形式都以当地的环境为基础,更多关联的是后者而非前者。塞尔比(Selby,2004:44)指出,"后现代城市人造环境的主要特征表现在恣意表达情感、体验和居民的地域感",而在这个过程中不可避免地塑造了能吸引旅游者的空间和地点。

旅游和城市宜居这两者之间的关系是相互促进的,大部分旅游形式的存在均依赖于高品质环境质量的地点和空间的存在,因此旅游者的需求从广义上来说也促进了城市宜居性的改善。同时,本地居民对设计的需求也反映出本地人的审美品位,这不仅能满足本地居民对空间和服务的需求,也同时能满足旅游者的需求。正如厄里（2000）和富兰克林（2004）指出的，我们现在生活的世界是典型的移居型，人口流动性很高，旅游的体验完全融入了日常生活（从服饰、饮食习惯、环境选择、媒体消费，到我们对事物的看法与态度的形成）。这种当地休闲与旅游的同步在提高城市宜居度的同时也提升了城市作为旅游目的地的吸引力。换句话说，消费美学影响了当地人的习惯，也直接影响了旅游者的消费地点与体验。

4. 社会与文化多元化

后现代城市社会和文化的多元并存的特点也提升了城市对旅游者的吸引力，"异域"已经成为旅游者关注的中心，民族特色可迅速成为可以商品化的旅游景观（Hall，2005）。民族服饰、特色餐饮、音乐、仪式或风俗都是吸引旅游者的要素，同时也为城市空间的亚区域渲染上基本的本地"色彩"。在美国的城市里，"唐人街"和"小意大利"都很常见。

不过和所有其他商品化进程一样，上述商品化过程也是有选择性的。霍尔（2005）发现种族渊源常被商品化为遗产产品，但如果当地社区与少数民族之间完全没有传统联系，民族文化作为旅游吸引物的价值就会大打折扣。例如中国与美国西海岸旧金山等地的联系确保了中国社区的日渐成熟并融合成为当地居民的一部分。旧金山的"唐人街"吸引着很多游客，并成为城市遗址的一部分，而同一座城市后期的一些低收入移民飞地，如越南和菲律宾区，则几乎被完全忽视。

5. 新同步

后现代性推动了旅游、休闲和日常生活的新同步，让这几者之间的界限愈发模糊，并交融形成一种新的表现形式。这种新同步表现在一些原本常规的城市生活可以通过改造成为娱乐形式。汉尼根（Hannigan，1998）详细讨论了几个与此有关的例子，包括"购物娱乐"和"餐饮娱乐"。

购物与娱乐的结合不是什么新事物。汉尼根（Hannigan，1998）指出，20世纪初美国城市里的大型百货商场为了吸引客流就开始在商场里增设娱乐活动，如在茶室里安排乐队表演。纳瓦（Nava，1997）研究了"一战"前的

第八章 都市景观的主题化

伦敦商店，发现像塞尔弗里奇（Selfridges）这样的大型商店在那时的广告里就把到商店里购物作为一项娱乐活动进行宣传，并称这是到伦敦来的必做之事之一。现在，不同的只是购物、休闲和旅游在定义城市空间的特征、功能及其被认知的方式方面具有更核心的作用。

这方面最明显的是主题购物商厦的发展。这个趋势始于加拿大的西埃德蒙顿商厦和美国的美利坚商厦项目，并发展成为一种模式，即汉尼根（1998：91）所说的"直接将张扬和铺张的主题乐园风格带入了购物中心的环境中"，这种模式被全世界各地城市的数千个项目所模仿复制，只是规模大小的差异而已。同样兴起的还有节庆市场，这是另一种把零售与休闲旅游结合起来的

插图 8.4　39 号码头：从旧金山废弃码头改造而成的节庆市场（斯蒂芬·威廉斯 摄）

模式。这方面的先驱是美国的开发商詹姆斯·劳斯（James Rouse）。节庆已经成为一种常用的旧城改造为旅游地的常用手段。这种模式把独立的小型零售商户聚拢起来，支撑了餐厅和街道娱乐等基础设施，整合形成了有吸引力的后现代版的传统零售业。跟主题商厦一样，早期节庆市场的成功案例包括波士顿的法尼尔厅和纽约的南街海港，在这些早期成功案例的示范效应下同样的模式在世界各地被大量复制，如伦敦的考文特花园、悉尼的情人港、利物浦的阿尔波特码头和旧金山的渔人码头（见插图8.4）。

"娱乐餐饮"的概念使餐饮和娱乐之间的界限模糊化，这也是一种创新。餐饮和娱乐的同步发展在后现代城市中是很值得关注的。汉尼根（Hannigan，1998：84）考察了主题餐厅的兴起（如硬石咖啡和好莱坞星球——这些餐厅被他称为是"结合了主题乐园、餐饮、纪念品销售和博物馆的功能"），发现这是一种全球化趋势，将市中心、文化区和改造区的餐饮、咖啡厅、酒吧进行改造，使之成为城市当地居民和游客共同的重要消费功能区。

6. 反向消费主义

后现代消费者的自反性使城市空间成为有利于旅游业的多功能地区。汉尼根（Hannigan，1998：67）总结后现代消费者的特点是"难以琢磨的——一个自由的灵魂在消费场所里穿梭，整个广场充满流动性和不完全性……从各种形象和标识中构建着个人的形象，同时也在颠覆市场而不单纯地被市场引诱"。换句话说，作为具有自反性的个人，很多城市旅游者不仅仅是旅游体验的被动接受者，他们也构成了其他人消费体验的一部分。每个人带着自己的知识、体验和记忆，这一切都形成了对地点的理解及其所包含的意义，由于人们对周边世界的理解有质的差异，不同的人对旅游地或产品会有截然不同的体验（Selby，2004）。正如罗杰克和厄里（Rojek & Urry，1997）指出的，对于同样的地点不同的观众会有不同的解读。

这对城市旅游有以下几方面的意义。首先，后现代旅游的反向消费意味着尽管城市宣传者和形象塑造者希望把本地树立为受欢迎的旅游地，而旅游者对城市风光有自己的解读，会形成自己的旅游地理，结合新的潮流，深入当地社区。结果，旅游活动越来越紧密地与城市生活结合在一起已成为事实。

其次，城市改造的效果也取决于旅游者的品位和后现代兴趣点，后现代旅游者的反向消费让很多当代都市旅游地"努力"让自己更有吸引力。很多现代都市旅游地是不真实的、表演性的和相互效仿的，不过反向消费的主体仍然让这些地点和体验过程值得享受。尽管旅游者已知自己所处的是人造环境，他们仍然很享受体验的过程。

7. 奇幻城市

这些趋势结合在一起形成了直接支持城市旅游的新型"奇幻城市"。"奇幻城市"的概念最早源于汉尼根（Hannigan，1998）的文章，最初是指美国市区改造的一些关键进程，即在市中心设立新的主题休闲消费中心、娱乐区和一些旗舰项目（如度假酒店和会议中心）。然而，佩奇和霍尔（Page & Hall，2003）观察发现，随着后现代环境下消费社会的快速发展（以及休闲和旅游已日益成为文化资产的一部分，以及社会地位的标志），汉尼根所描述的主题和趋势已经融入城市环境，适用于一系列休闲旅游背景。

奇幻城市有以下六个核心特征：

- 以主题为中心，即核心要素（如景区、零售店或娱乐区）都与某一主题一些主题相关。
- 是有"品牌的"，从而能同步促进地点及其产品的界定和销售。
- 活动全天候，有意把各种功能和景观结合起来充分利用白天的时间。
- "模块化"，在不同的环境条件下融合众多标准化构件（如电影院、主题餐厅、休闲零售）产生区域内的反差特色。
- 是"唯我的"，指奇幻城市带完全专注于自身的活动与功能，与周边地带的功能完全不同。
- 是后现代的，一般构建于现代科技基础上，这些现代科技包括模拟技术、虚拟现实和望远镜等，体现在整个地带风格、类型和时代特点的电气化和超现实混搭中（Hannigan，1998）。

汉尼根（1998：7）提出的另一个有趣观点是美国的奇幻城市终结了美国中产阶级渴望体验又惧怕风险的矛盾。他指出美国的市中心已经越来越多地被转变成"中产阶级消费者光彩的、被保护的游乐场"，公共空间环境实际上成了私人空间。同样，戴维斯（1990）关于洛杉矶被保护的后现代空间也反映了同样的特征，法因斯坦和贾德（Fainstein & Judd, 1999b : 12）也指出构建旅游飞地（如奇幻城市）是大部分后现代城市缓和矛盾的最常用办法。带有主题环境和模拟幻象的奇幻城市是后现代化的当务之急，因为它能让人们获得不太容易获取的奇幻体验（如因地理条件的阻隔、可进入性、旅行成本或已经消失的历史）（Hannigan, 1998），同时又不必冒风险旅行到真实地点去。

在大部分城市里，奇幻城市存在于微观层面的飞地，但也有例外，如拉斯维加斯就是整座城市都被奇幻体验所塑造。在探讨旅游与城市新秩序的结尾部分，案例研究8.1（详见 http://tourismgeography.com/ ）总结分析了拉斯维加斯的发展历程与不断变化的特征，指出该城作为一处城市旅游目的地，很好体现了本章最后一部分提出的几个主题。

四、小结

城市是主要的旅游目的地，现代城市基本囊括了世界上最主要的旅游景点及相关基础设施。旅游已经成为后工业时代城市改造进程的核心要素，以消费为核心而不是以传统生产为中心，而且城市的旅游形象已经成为城市提升其在全球体系竞争力的核心。另外，在后现代变化中，现代城市的发展也极大地提升了旅游的发展机遇，带来了新的旅游地空间，以及旅游与日常都市生活的新同步。旅游以这种新的更有影响力的方式更深地融入城市体验，旅游已经成为新城市秩序的一部分，参与城市发展新方向和趋势的塑造。

讨论题：

1. 为什么后现代城市的发展更倾向城市旅游的发展？
2. 请批判地分析法因斯坦和贾德（Fainstein & Judd, 1999a）提出的旅游城市分类。
3. 推动城市划分出明确的旅游地带的主要机制是什么？

第八章 都市景观的主题化

4. 旅游在什么程度上融入了当代都市生活？
5. 会有更多的城市模仿拉斯维加斯的风格发展成奇幻城市吗？

延伸阅读：

有很多关于城市旅游的好书，下面任意一本都很适合这方面的入门阅读：

Judd, D.R. and Fainstein, S.S. (eds) (1999) *The Tourist City*, New Haven: Yale University Press.

Law, C.M. (2002) *Urban Tourism: the Visistor Economy and the Growth of Large Cities*, London: Continuum.

Hallyar, B. and Griffin, T. (2008) *City Spaces—Tourist Places*, Oxford: Butterworth-Heinemann.

Page, S.J. and Hall, C.M. (2003) *Managing Urban Tourism*, Harlow: Prentice Hall.

Selby, M. (2004) *Understanding Urban Tourism: Image, Culture and Expreience*, London: I.B. Tauris.

有关城市旅游特征的简明探讨，请进一步阅读下列资料：

Hall, C.M. (2005) *Tourism: Rethinking the Social Science of Mobility*, Harlow: Prentice Hall.

Lew, A.A., Hall, C.M. and Williams, A.M. (eds) (2014) *The Wiley-Blackwell Companion to Tourism Geography*, Oxford: Blackwell.

Shaw, G. and Williams, A.M. (2002) *Critical Issues in Tourism: A Geographical Perspective*, Oxford: Blackwell.

Williams, S. (2003) *Tourism and Recreation*, Harlow: Prentice Hall.

关于旅游对于城市中心去工业化的作用，详见下例文章：

Robinson, M. (1999) 'Tourism development in de-industrialising centre of the UK: change, culture and conflict', in Bobinson, M. and Boniface, P. (eds) *Tourism and Cultural Conflicts*, Wallingfard: CAB Publishing, pp. 129-159.

详细生动介绍拉斯维加斯的发展及其意义的文献：

Gottdiener, M., Collins, C.C. and Dickens, D.R. (1999) *Las Vegas: The Social Production of an All-American City*, Oxford: Blackwell.

Rothman, H. (2002) *Neon Metropolis: How Las Vegas Started the Twenty-First Century*, London: Routledge.

深度分析奇幻城市的著作：

Hannigan, J. (1998) *Fantasy City: Pleasure and Profit in the Postmodern Metropolis*, London: Routledge.

第九章 作为异域的过去——遗址旅游

核心概念
- 真实性
- 黑色旅游
- 民主化
- 遗址
- 遗址"景观"
- 遗址旅游
- 高雅与低俗文化
- 形象
- 怀旧
- 政治经济
- 浪漫主义运动/浪漫主义
- 寻根旅游/寻宗旅游
- 服务阶层
- 物质遗址和非物质遗址

过去即"异域"的说法源自戴维·洛温塔尔（David Lowenthal）分析社会及其历史关系的文章（Lowenthal，1985）。他的研究包括深入解读遗址旅游，还触及人们通过对历史的消费影响自己的休闲行为。异域是个隐喻，与研究作为当代旅游空间的遗址旅游目的地的作用密切相关。我们看到本书所提到的旅游都是以探索或体验"异域"的景观为基础，而洛温塔尔在其书中提醒我们，异域除了有地理上的概念也有时间上的概念。因此，遗址旅游涉及的是现代人对过去的造访，类似我们出于体验和享乐的目的去国外旅行获得的感受，如体验异国风情或与我们熟悉环境的反差。

本章围绕这个主题有五个讨论话题，依次是：遗址和遗址旅游的概念；遗址对现代的意义；遗址特点的发展演变；遗址旅游市场；以及遗址和真实性之间复杂纠葛的关系。

一、遗址和遗址旅游的概念

普伦蒂斯（Prentice，1994：11）指出，从字面上理解，"遗址"或遗产是指从一代传承给下一代的东西，不过在遗址旅游中其用法相当宽泛。格拉哈姆等（Graham et al.，2000）指出这个词曾一度用于专指法律意义上的个人继承，现在这个词的意义扩展到指两代人之间的交换或关系。这个概念的含义是遗产拥有实际或名义上的价值，因此也就有了蒂莫西和博伊德（Timothy & Boyd，2003：2）的说法，即把遗产定义为"社会想要保留下来的历史元素"。这两位作者从这个定义衍生出来的概念框架认为构成遗址基础的地点、物件和文物最早存在于一个由物质和社会现实构成的世界中（换言之即"现象"环境），只有当这些地点和实物的价值和功用被社会认可才能成为"行为"环境，也就是说遗产是个属于社会文化范畴的概念。

这个定义的重要意义在于强调了一个事实，即遗产的认定是一个筛选的过程，人们会根据遗产的价值选择留下哪些遗产和忽略其他不太重要的。格拉哈姆等（2000）认为遗产是我们对过去有选择地利用的一种产品，即约翰逊概念化的文化闭环（Johnson，1986），遗产可以被看作生产、规范和消费过程综合而成的产品，遗产是文化代表的载体。因此遗产必须是社会产出的，实际存在的，但其所承载的社会意义会随文化时代的发展而不同，遗产不能被视为一个固定不变的实体。正如洛温塔尔（Lowenthal，1985：12）指出的，我们如何解读历史和遗产，重要的是解释我们自己是现在是谁，而不是探寻过去的事实真相："有些（历史）保护者相信他们可以从历史中找出真相保留下来不被改写。但我们不可能保证我们的遗产不发生改变,因为每个认知行为都会改变历史遗存。"在理解与遗产相关的旅游时,这些重要特征是不能被忽视的。

尽管遗产与历史存在一定的内在联系(遗产可以被视为历史的对过往不同解读的一种使用手段),但当前认定遗产的环境和背景正在扩大,这在一定程度上冲淡了这种关系。为区分遗产,人们将其分类为自然遗产、人造或文化遗产形式(Poria et al.,2003),还有一种分类方式是分为固定的物质遗产(如景观和建筑)和不固定的物质遗产(如博物馆的藏品),以及非物质遗产(如歌曲或美食)(Timothy & Boyd,2003)。

我们应认识到遗产资源不仅简单地局限于一些有历史意义的地方或物品,而是要把它放在一个更广阔的历史背景下去考量,尽管历史维度在这其中是不可避免存在的,但它不一定是显而易见的。遗产的表现方式可能是传统服饰或菜系,这些都是超越博物馆可以收藏的遗产。图9.1用简单的图表方式展现了这个概念。

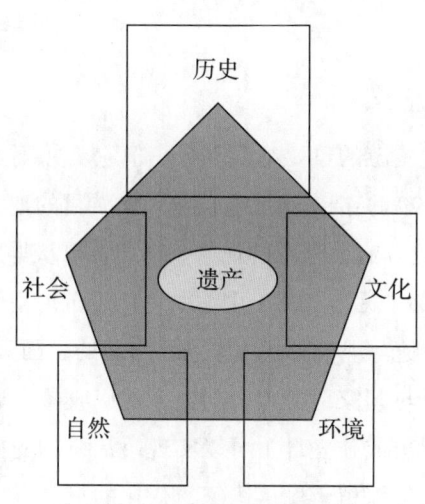

图9.1 遗产涉及的关系

遗产资源的多元化和象性还意味着遗址旅游必然与其他形式的旅游相互交织。理查兹(Richards,1996)指出遗址旅游与文化旅游之间存在密切关系,同样与城市旅游也相互交融(人造遗址和遗产实物藏品都在城镇里),还有乡村旅游(因为怀旧的流行赋予乡村更多的想象空间),甚至生态旅游(国家公园之类的保护区或特殊景观区域里的野生动物和野生环境也被赋予遗产价值）。

　　遗址旅游与其他旅游形式的交织提升了人们对遗址旅游概念核心的探求。波赖亚等（Poria et al., 2003）认为多种类型的旅游者会共同造访很多遗址地，有些旅游者并没有意识到此地的遗产价值，有些则是因知晓其遗产价值慕名而来的，前者虽然参与到遗址旅游中但他们并不是真正意义上的"遗址旅游者"。作者认为只有以参访遗址为出游动机的旅游者才是真正的遗址旅游者，特别是那些为了求得某些特殊的心理慰藉而专程来探访古迹的人。

　　尽管遗址旅游者的上述定义范围比遗址旅游的一般定义窄得多，但其最有价值的点在于强调遗址旅游应视为一种需求催生的产物，正如其反映了供给关系一样。从这个意义讲，关注遗址实际上是反映了个人（或群体）的形象认同度（见第八章），遗址旅游就是历史的多元化表达，遗址对于不同的参观人群有不同的意义。因此不单是社会对遗址的"解读"会随着时间的推移而不同，在同一时间段内不同的人对同一遗址也会有不同的解读。

二、当代遗址的意义

　　遗址旅游是现代旅游的重要组成部分，但它不并不是近来才出现的。普伦蒂斯（Prentice, 1994）指出历史遗址作为旅游目的地吸引游客的关注是自"遗产"这个词出现之日起就存在的现象。我们可以从早期罗马旅游者到访希腊和17世纪的大旅游（见第三章）中溯源遗址旅游。富兰克林（2004）指出遗产的定义和发展是随着现代民族国家同步出现的，国家机构形成了"遗产"的认同，同时也使得与国家形象相关的遗产得以收藏。通过参观遗址和参加一些庆典活动（如国庆或独立日）可以实现政治机构的一些政治价值。因此现代遗产的起源早已经深植于民族国家，变化的只是近年来遗址范围和体验在旅游版图上的扩张。

　　很多学者指出现代遗址概念带有厚重历史色彩，同时它在当今休闲旅游行为中起着举足轻重的作用（见 Boniface & Fowler, 1993；Fowler, 1992；Franklin, 2004；Graham et al., 2000；Hewison, 1987；Lowenthal, 1985；Prentice, 1993, 1994；Walsh, 1992；Urry, 1990）。为本章讨论方便，

我们将这些相关的讨论归纳为五个小标题：人的本性；怀旧；美学；形象和政治。

1. 人的本性

作为人，我们拥有一个很强的特质：知道我们的过去，因此我们也会近乎本能地对过去产生兴趣（尽管可能每个人的程度不同）。我们是谁？我们从哪里来？这对于大部分人来说都是件重要的事。洛温塔尔（Lowenthal, 1985）指出，我们的现在与过去有着千丝万缕的联系，我们对过去的认识是我们当前的存在和自我认知及认同感中不可分割的一部分，过去让我们意识到一种踏实的延续感，也能让我们暂时逃避一下现在的不如意。过去和行为传统一样烙印在我们身上，给我们带来一定的想象空间。

探寻人的根源是很多旅游形式的常见基础，很多人跨越遥远的距离去寻找祖先的家乡，还有移居他国的人参加的回乡之旅，如非洲裔美国人去西非（Boone et al., 2013）和海外华人去中国（Lew & Wong, 2005）。这种旅行能让寻根的人得到真实的体验和存在感，尽管这种体验可能跟他们想象的不同，可能会让他们失望。从更微妙的层面讲，年轻的美国人、加拿大人和澳大利亚人也比世界上其他地方的人更愿意去欧洲旅行（特别是英国），这也与他们的文化渊源有关，因为他们去同源文化的地方旅行可能更舒服，文化震惊感会很小。

这里的主要论点是尽管我们可能没有意识到，但我们个人和社会的过去或其某些方面总是在潜移默化地影响着我们。因此，如果人们有更多的时间和可支配收入去旅行、探寻过去，我们会更愿意通过遗址旅游去了解我们的过去。正是由于人的这种本性让过去成为当代生活中不可分割的一部分。这反映在媒体、兴趣活动上，以搜集各类大事件为中心，同时也体现在娱乐及教育上（Fowler, 1992）。因此，我们生活在这样一个世界上，过去和现在在其中以非常微妙复杂的方式结合在一起。

2. 怀旧与失落感

遗址景点当前越来越热门的第二个原因是怀旧，以及厄里（Urry, 1990）

所谓的"失落感"。这种观点受休伊森（Hewison）对英国遗产进行的批评影响巨大，休伊森（Hewison, 1987）的理论指出去工业化进程带来的一个意义深远的影响就是使人们与他们习惯的生活方式分离。在城市和乡村的很多社区，"二战"后的几十年是很多工作传统发生改变的时期，技术的发展支持了这种转变，这种转变影响了社会结构，把人们绑定在一起的工作关系正随着经济的全球化和新自由政治的进程而逐步解体。中东等新政治经济中心的兴起也改变了原本处于经济中心的国家的政治经济战略。这种改变促成了一批怀旧群体的形成，他们怀恋逝去的黄金时代。通过走访遗址地，人们可以捕捉过去欧洲国家曾真正处于统治地位的感觉。这些地方也传递了一些过去的传统（作为以前的工业中心），人们可以暂时地让自己所知道的过去复活，获得短暂的精神重生。当然这种群体对遗址是有选择的，他们会筛选那些与美好积极回忆有关的遗址去缅怀，而这批人在遗址旅游群体中是最有影响力的。

现代社会中的怀旧概念很有意思。这个词最初源起于对一种身体疾病的描述，这种症状常见于探险者群体中，特别是在16—17世纪对全球探索的不确定期。现在我们称之为"乡愁"，知道这种症状是指人们离开自己熟悉和安全的环境后会产生的恐惧和不适。休伊森（Hewison, 1987）指出现代的怀旧倾向在人们焦虑或对现状不满时尤为强烈，而遗址的魅力在于它可以被解读为一种对21世纪生活中疏离的非人性化的部分的反抗。沃尔什（Walsh, 1992: 116）指出，"20世纪70年代和80年代遗址旅游的扩展……（部分）……源于现代生活让历史感和根深蒂固的传统退化的现象，人们生出对过去的需要和呼唤"。很多群体中那种想要抓住过去的尾巴的意愿（甚至是复制已不复存在的东西）是这种呼唤的一种表现。

3. 浪漫美学

遗址的某些方面和美学之间存在重要的关联，特别是自19世纪浪漫主义运动以来，自然界被理想化为不同于工业革命恶果的一种纯净之物。富兰克林（2004: 180）指出"浪漫主义作家也是遗址作家"，罗杰克（Rojek, 1993b: 145）发现自19世纪浪漫主义运动以来，"强烈的美学和意识形态把过去看成一个平和美好的空间"。这种臆想与怀旧的旅游者群体不谋而合。浪漫主义美学影响了格拉哈姆等人（Graham et al., 2000：14）所说的"自然的神明化"，让国家公园成为当今很多国家自然遗址的重要组成部分。

富兰克林（2004）认为基于浪漫主义的美学是所谓的"反现代消费主义"，这是对应普遍存在于20世纪50年代和60年代的现代主义，如时尚、室内装潢、消费品、家居设计、交通和城市规划。不过如富兰克林所说，"不厌其烦地拥有新东西、新发展、新生活方式和新变化……实际上反映了一种失落感和无根性"（2004：183）。与之相对应，情绪和品位会逐渐倒向过去和传统风格的产品——包括食物、鲜酿啤酒和手工制品，本地化而非现代化的家居风格，以及以过去传统为主题的公共空间。富兰克林把这种趋势标签为"遗址消费主义"，这在时下是很有影响力的。

4. 形象、抗拒和真实性

遗址旅游盛行的第四类原因与"形象、抗拒和真实性"有关，这与麦坎内尔（MacCannell, 1973, 1989）的著作有很大关系，他指出（另见第六章）现代旅游的一个主要动机是把体验融入别人的真实生活（非现代、传统社会）中去，作为旅游者当前日常生活非真实性中一种"解药"。有些遗址旅游，特别是那些反映工业社会早期的景点所吸引的游客就体现出这种倾向性。不过游客确实是在寻求其他人生活的真实性，还是仅仅对他们的近祖生活感到好奇，这一点也是值得讨论的。

尽管遗址和真实性之间的关系有时存在很多争议（见下），其与形象概念的关系更是模棱两可，这方面的关系可很多地域范围内考证过：

- 从国家层面看，国旗、历史地标建筑、国徽和传统领袖的服饰（如国王）都是被广泛应用的遗产要素，被视为国家形象的象征（Palmer, 2000）。
- 从地区和地方层面看，同样的标识象征也能传递出某个社区或文化群体的个性（Hale, 2001; Pritchard & Morgan, 2001; Halewood & Hannam, 2001）。有些学者认为强大的社会形象意识其实是遗产形成的基础，并最终形成旅游资源（Ballesteros & Ramirez, 2007）。

- 从个人来看，遗产也用来彰显个人的身份。

沃尔什（Walsh，1992）认为遗产消费水平的提升是后工业经济中获得新文化资产的一个重要组成部分，形成布尔迪厄（Bourdieu，1984）所谓的地位和品位标志。

从这方面讲，遗产作为形象的一种标志，与许多抗拒形式密切相关。厄里（1990）指出，遗址对于地方来说非常重要，因为保护这些当地人认为很重要的地方能突出他们的地方特色。阿什沃斯和坦布里奇（Ashworth & Tunbridge，2004：210）对这个观点进行了发展，认为这通常有一个假设，即"历史对于一个地方和这个地方的人而言是独特的，将其改造成遗产后应产出反映和提升地点或群体个性形象的独特产品"，因此遗址景区的开发可以被部分地解释为抗拒全球化进程的一种形式。

5. 新政治经济

遗产作为产品或商品在当代旅游业中得以的发展的最后一组因素与遗址旅游在后工业化政治经济中的重要性或价值相关。

首先，美国、英国和欧洲一些国家在20世纪80年代初的新自由主义、保守政治形成了一种新的政治气候，即自由市场经济被政治支持项目大量取代。其结果是历史资源（包括其他文化和环境资源）需要寻求其他资源以获得政府资金。于是历史社团和保护组织纷纷加大推广遗址地的力度，希望通过游客获得直接的经济收益。这产生出提高人们认识的紧迫性，并通过开发易进入和商品化的遗产体验来刺激需求。

在地点推广和城市改造中将历史作为一个战略因素来使用，也是后工业发展普遍存在的一个特征，特别是在城市。富兰克林（2004）指出英国撒切尔夫人执政早期（1979年到约1985年间）是一个新自由主义经济重建期，那时很多城镇都深陷衰退，迫使人们疯狂地寻找新的企业形态（美国里根执政期间也发生过类似情况）。城市遗址计划的出现几乎成为一个全球性的城市投资形式，可能被淘汰的城市空间被注入新的资本而形成新的景区，如滨水码头、工厂和厂房、铁路和运河网。这些给一些原来不大可能成为目的地的地方带来了很多旅游者，如英格兰北部的工业城市和美国东北部，随着遗产成为经济资源，它们得到了更好的开发并被作为商品得以推广（Graham et al.，2000）。

环境政策的影响在这里也需要简要提一下。现代环境主义起源于19世纪末，最初体现在自然风景的保护上，如美国的国家公园和英国国民托管组织的建立。20世纪大部分时间里，环境主义并没有成为政治的中心，但自20世纪70年代早期以来，欧洲"绿色"运动的兴起，特别是1987年布伦特兰委员会报告的出台，引起人们广泛关注可持续发展和人类活动的环境影响问题。这提升了人们对环境脆弱性的认识，并开始关注环境的保护。虽然可持续性和保护政策不一定能直接作用于遗产问题，但环境保护、历史保护和可持续发展的内在协同性使遗址从政界和公众对可持续发展的关注中获益。

三、发展演变的遗址特征

遗址之所以能成为很多城市改造和地点推广的重要组成部分，部分原因是遗址的发展演变使之更能满足市场的需求，以前排除在外的细分市场也已涉及。如我们前面所说，遗产是一个协商的真实，是随着时间的推移而形成的社会建构，同时也具有体现遗产多元化的能力。

这个进程的核心是"高雅"文化至上地位的解体，取而代之的是以推广流行和多元文化为基础的遗址。20世纪60年代之前，"高雅"文化（一般是指以艺术、文学、历史和音乐为中心的文化）是明显与流行文化（或"俗"文化）不同的，后者一般指流行娱乐和大部分体育活动。高雅文化带有一种光环，带有学术氛围，是专业精英给"有修养的"观众的表演，而这些表演是能被观众的欣赏水平所认可的。富兰克林（2004：186）指出，"文化是绝对的、不变的和包罗众生的，但那些通过专业和昂贵的投入培养文化的人除外"。

所有这些变化与20世纪60年代西方世界的文化变革有关，也与后来的后工业经济相关。20世纪60年代是大众文化全盛兴起的时期（特别是以时尚、媒体和流行音乐为代表的青年文化），大众对这种文化的热衷让那些自认为是文化仲裁者的人也接受了这种新的文化形态。例如，披头士最初因其披散的长发和工业阶层的出身而被批判和排斥，但最终获得全国性荣誉并获准为女王演出。

文化"民主化"是文化多元化的重要组成部分,并由此产生了很多文化生产者,如电视台和电台、报纸和杂志,以及广告,其数量在1960年到1980年间高速增长。人们意识到现代社会的看客是多元化的,品位和偏好是存在很大差异的。随着我们进入后工业社会和后现代社会,这种认识是很多新的遗产形态出现的基础。

在这种转变之前,"遗产"反映了有权力和影响力的人或组织的意识形态。人们常说的一句话是"历史是由胜利者书写的",因此遗址地理是围绕着权力中心的标志物,如城堡、教堂、富丽堂皇的官邸或政府要职。这些地方一般被"高雅"文化形态垄断,尽管这种趋势依旧,但这些地方已开始被辅之以一种新的后现代的对另类历史和文化进行探索的倾向,这些另类历史和文化从前是排除在外的,包括工人阶层、少数族裔和女性的历史与文化。这样,"高雅"和"流行"文化之间的边界日益模糊,在遗产地理方面的区别也逐步消失,如蒂莫西和博伊德(Timothy & Boyd, 2003)所说,"被排斥的过去"正被重新发掘出来。

这种转变不仅反映在新遗址景区的主题范围和地理位置的改变,还体现在很多已有遗址景区特征的发展演变。如博物馆(传统遗产的体现)自20世纪70年代以后在风格和展示重点上有了很重大的改变。自20世纪80年代以来,不仅博物馆的数量有明显增长,而且如厄里(1990)归纳的还体现出如下特征:

- 更多更广范围的东西被认为是值得保留和展示的;
- 转向生活、工作博物馆的概念,作为传统的严肃博物馆的补充;
- 目标物向公众兴趣点延伸,超越博物馆范围延伸到其他类型的场所,如硬石咖啡馆对纪念物的展示(如前文所述)。

这些发展变化是为了让原来精英阶层进出的场所更为亲民,同时遗产范围和特性的扩大也让遗址旅游能触及更多的潜在市场。

黑色旅游

遗址旅游不断发展的特征的一个方面值得关注,即列侬和福利(Lennon & Foley, 2000)所谓的"黑色旅游"。黑色旅游是指吸引旅游者去一些与死亡和人类灾难(包括战争、种族屠杀、暗杀、恐怖袭击和重大事故)相关的

第九章 作为异域的过去——遗址旅游

景点参观。这个概念特别适用于一些曾吸引媒体关注的、仍存在于人们记忆中的事件。斯通和沙普利（Stone & Sharpley，2008）指出这并不是什么新事物，到与死亡或灾害事件相关的地点旅游已经存在很久了，只是规模和景点范围没有现在这么广，现在这类景点还包括战场和战争遗址、军事遗址和墓地、废弃的监狱和集中营，以及与大规模死亡事件相关的现场，自然灾害旧址，甚至与鬼魂灵异事件相关的地方。

大部分这类地点与非自然死亡和灾害事件相关，很多学者（如Miles，2002；Sharpley，2005）都指出黑色旅游有不同的层次。从广义上讲，这些都与经历的烈度和接近度有关，包括时间和空间的接近程度。如到访奥斯维辛集中营就属于比较极致的体验（黑暗度较高），相对来说美国华盛顿的飓风纪念馆就没有那么黑暗，因为前者是人们实际遇害的地点而后者只是为了纪念某个事件的地点（Miles，2002）。列侬和福利（2000）分析了美国总统肯尼迪遇刺事件的相关地点，包括波士顿的肯尼迪博物馆和图书馆，达拉斯的六层楼博物馆（里面有杀手射击的房间），并对这些地点的特征进行了分析比较，发现这些地方只有在悲剧发生过后很长时间才可能对游客开放，因为人们需要一段时间来释放悲伤情绪，而人们参观这些地方更多是为了瞻仰和纪念。

为什么越来越多的人想去看那些与人类的痛苦有关的地方呢？黑色旅游的动机是复杂的，有些是基于人的本能，如对恐怖的猎奇和去事故发生地看热闹（Rojek，1993a）。受教育、纪念、崇敬甚至娱乐均可能是这种行为的动机之一。

列侬和福利（Lennon & Foley，2000）认为黑色旅游兴起的部分原因是后现代社会全球媒体不断地报道显示人们的日常生活中是不断存在冲突、死亡和灾害的，这让部分人产生了证实这些媒体报道的事件的确存在的想法，想亲自到事发地去亲身感受曾经发生的事件。在一个流动性很强的世界上，这样的机会其实很常见。这与朝圣有很多相似之处，朝圣常与宗教偶像死亡有关（Lennon & Foley，2000）。这种对逝去圣人的纪念早期被转化为墓地（或遇难地）的游览，例如美国的摇滚歌星吉姆·莫里森（被葬在巴黎的拉雪兹神父公墓），加州乔莱姆公路（美国偶像演员詹姆斯·迪恩发生车祸的地方），还有达拉斯的埃姆街（肯尼迪遇刺的地方）。

四、遗址旅游市场

遗址景区的性质是决定遗址旅游市场"供给侧"必不可少的要素前面的讨论指出随着时间的推移，遗址旅游已从较窄的"高雅"文化形态演变为拥抱范围更广的"流行"文化，这样几个世纪以来的遗址景区又增加了很多新发掘出来的景区。

为了更好地了解遗址景区的性质和分类，普伦蒂斯（Prentice，1994）把遗址景区归纳为 23 类，包括"城镇"、"宗教景区"、"国家建筑和宗祠"，以及"社会文化景区"。普伦蒂斯列出的景区类型很综合全面，但这种分类的不足是没有明确的界限区分一些跨类别的景区。

为了弥补这个不足，图 9.2 给出了一个更为系统性的分类。这个分类指

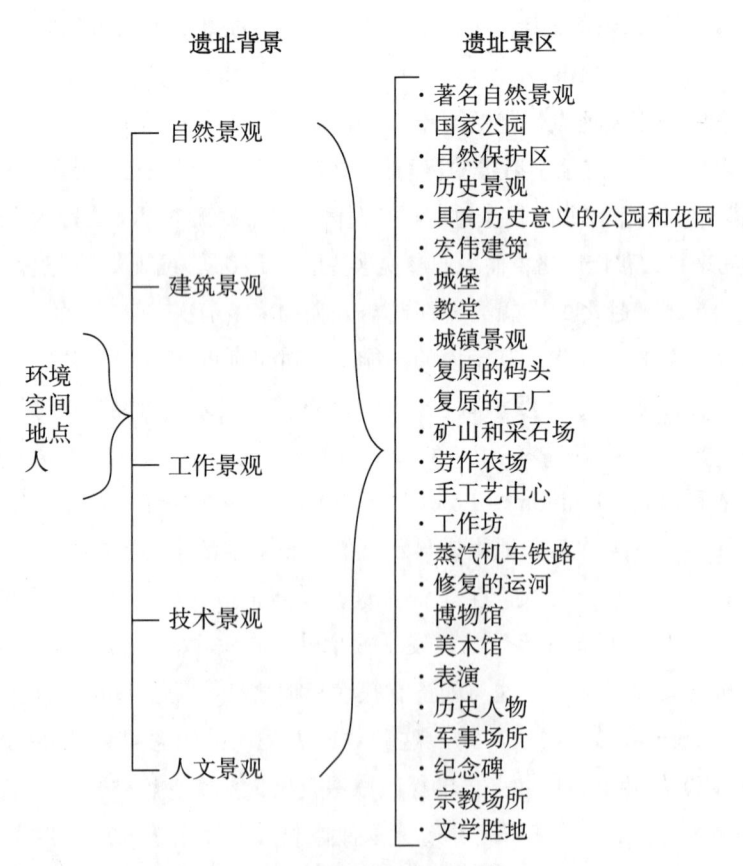

环境 空间 地点 人

遗址背景	遗址景区
自然景观	·著名自然景观 ·国家公园 ·自然保护区
建筑景观	·历史景观 ·具有历史意义的公园和花园 ·宏伟建筑 ·城堡 ·教堂 ·城镇景观
工作景观	·复原的码头 ·复原的工厂 ·矿山和采石场 ·劳作农场 ·手工艺中心 ·工作坊
技术景观	·蒸汽机车铁路 ·修复的运河 ·博物馆 ·美术馆
人文景观	·表演 ·历史人物 ·军事场所 ·纪念碑 ·宗教场所 ·文学胜地

图 9.2 遗址类景区的分类

出这些景区产品主要分为与环境有关（包括自然和非自然环境）、与人有关、与地点之间和人与环境互动有关的。从这些核心变量出发分出五类"景观"：
- 自然景观——由自然景观遗址构成，包括一些被人类活动改造过但仍保留了自然的外部特征的区域。
- 建筑景观——由建筑和人造环境组成的实物建筑体。
- 工作景观——与工作领域相关的遗址。
- 技术景观——与科技和发明相关的遗址。
- 人文景观——体现人类社会、文化或政治生活的遗址。

当然，上述分类不一定是互相割裂开的，但这一框架指出要么直接地或通过"景观"的互动过程，我们可以发现一种遗址景观的模式。正如普伦蒂斯（Prentice，1994）所提出的那样。在图9.2中，这些遗址景观按照最能体现其特点的"景观"来进行。

蒂莫西和博伊德（Timothy & Boyd，2003）指出遗址景区中有一些的重要性很高。他们的讨论强调了以下几点：
- 博物馆和画廊；
- 通过节庆、仪式和表演表现的鲜活文化；
- 展示以往生产工艺、社会情况和技术的工业遗址；
- 考古遗址，有些是久已有之的旅游景区（如埃及吉萨金字塔），也有些是最近发掘出来的；
- 与作家真实生活相关的文学遗址（如埃文河畔的斯特拉福与莎翁相关的景点），还有那些与文学作品场景相关的地点［如与英国童话作家碧雅翠丝·波特（Beatrix Potter）相关的湖区，见 Squire，1993］。

还有些景点包括宗教遗址、与历史人物相关的地点、军事遗址、纪念碑等，还有历史建筑和城镇景观。插图9.1所示为法国东布列塔尼的圣米歇尔勒蒙地区，是法国接待游客最多的遗址景区之一，其吸引力主要在于其戏剧性场景和人造环境的独特特点。

重要的是要记住遗址有时是取决于空间的，即它是由其地理环境所塑造，而地理环境各地皆不相同，如美国东部的遗址主要与殖民时期和美国独立战争相关，而西部的遗址则与美国西进运动、美国印第安人和西班牙人相关（见插图9.2）。

插图 9.1 历史城镇遗址的吸引力：法国圣米歇尔勒蒙地区（斯蒂芬·威廉斯 摄）

插图 9.2 另类遗址：亚利桑那州圣沙维尔的西班牙古教堂（斯蒂芬·威廉斯 摄）

第九章 作为异域的过去——遗址旅游

遗址旅游市场是整个旅游市场中增长最快的一个领域，尽管这方面的准确统计很难获得。蒂莫西和博伊德（Timothy & Boyd，2003）对美国国家、自然和文化遗址的游客数量进行抽样调查，结果显示1980年这些遗址的接待人数是2.865亿人次，到2000年这个数字已增加至4.3亿，足足增长了50%。从20世纪70年代中期到2005年左右，英国新增注册博物馆1000多个，新增保护建筑21万座（即被认定为在建筑方面具有重要性的建筑），新增5000个保护区和5400处古代纪念碑柱（English Heritage，2008）。

目前可以观察到的趋势是遗址地吸引了高学历中产阶层职业人士，厄里（1994a）称之为"服务阶层"，即这些人是从事服务行业的白领。这个市场特征再次印证与遗址旅游相关的动机是以教育和追求知识为中心的。普伦蒂斯和安德森（Prentice & Andersen，2007）通过研究丹麦前工业时期遗址博物馆的游客动机，发现"希望了解当时人们是如何生活的"是游客的首要动机。而同样重要的动机是希望"找个可去的地方"，换句话说，在观光的同时也要寻求放松。陈（Chen，1998）和理查德（Richard，2001）的研究结果得出了相同的结论，即遗址旅游首先受追求知识动机的影响，但同等重要的是放松和观光的休闲动机。

不过由于遗址具有多重含义，遗址旅游者的类型和动机也远不止教育和观光这么简单。波赖亚等（Poria et al.，2006b）指出这方面的影响涉及几个方面：首先是个人需求，通过遗址旅游找出过去与个人发展之间的关联或者仅仅是反映个人兴趣。与之密切相关的第二点是对家族的兴趣（如前面已经讨论的），随着世界移民的多重化，人们愿意用自己的休闲时间去寻根，找到自己先祖的家乡——麦凯恩和雷（McCain & Ray，2003）所谓的"遗产旅游"。第三点，有些遗址旅游的动机是朝圣或去一些重大事件及影响力人物的纪念地，例如黑色旅游被划入遗址旅游就不仅仅因为两者同属休闲娱乐活动，而且因为两者的基础动机相似。第四，一些"必去"的地方通常是具有标志性意义的，最受大部分旅游者关注的地方，如希腊的帕特农神庙、埃及的金字塔或印度的泰姬陵。

这些越来越广的动机加上新型遗址景点的涌现、强化了遗址旅游"高雅"文化的传统内涵，但是否能同时扩大游客面和游客类型呢？尽管表面看来新型遗址景区可能会吸引更多的游客，但实际上这方面的证据很分散而且有时自相矛盾。普伦蒂斯（Prentice，1993）发现基于工业技术的遗址地（如铁路或运河博物馆）更能吸引一些来自较低社会经济阶层的群体。这类遗址地对这个市场的吸引力可能来自直接的生产和运输的体验，这种体验可能与这个阶层的个人工作体验相关。

尽管英国的一些景点也能吸引同样的群体（如布里斯托市），但不论风格的新旧，遗址景区吸引的主流游客群体还是白人和受教育程度较高的职业人群。新型景区的开发明显带动了整个市场的增长，但新型景区在丰富遗址旅游者构成方面是否有很大的影响力，这一点仍值得商榷。

五、遗址和真实性

在解释公众为何对遗址旅游越来越感兴趣的各种观点中，有一种认为这种现象与人们对遗址目的地真实性的感知有关。因此，它们似乎成了一些标志性地非真实地点的"解药"，例如我们在第七和第八章介绍的主题乐园和"奇幻城市"。对于遗址来说真实性是其不可或缺的基本属性，人们希望看到真实原本的物件或参观重大事件发生的真实地点，在大量涌现的仿古博物馆和提供遗址"体验"的景点中，人们希望看到的至少在某种程度上是准确和真实的。但真实性程度是很难衡量的，而且遗址旅游中的真实性概念也存在很多争议。

要完整理解历史真实性，我们必须分析围绕它的三个核心问题。首先，真实性在遗址旅游中能够实现吗？最简单粗暴的回答是"不能"。洛温塔尔（Lowenthal，1985）和赫伯特（（Herbert，2001）认为真实的过去是不存在的事。遗址所关联的历史是从记忆、记录、物品和遗址地及文化中创造和再造出来的，或者是阶段性重组出来的（Chhabra et al.，2003）。记忆是会变化且局限于历史条件的，而且是被人改造和筛选的（Herbert，2001）。同样，福勒（Fowler，1992）指出"活历史"是个不可能有的概念，任何想做到这件事的尝试都会产生假象。我们可以复制历史面貌，但复制不出那个时代人们的思想、情感和现实体验，而这正是遗址管理所强调的。例如，我们把物品从其原生文化场景中剥离，放到博物馆和遗址中心去，这必然会改变这些物品的内涵及其标志性意义。

我们还要记住真实性的产生通常取决于其复制的性质，例如原住民根据他们所传承的文化传统而组织的活动比由演员所表演的仪式更具有真实性。不过我们不能回避的一点是真实性是一个相对概念，它取决于文化的影响力和适应性。蒂莫西和博伊德（Timothy & Boyd，2003）提出的一个重要观点是遗址地和遗产物的意义并不在于物品和地点本身，而在于产出的方式和其所代表的人类发展背景。

因此不要把真实性视为一个必然的绝对条件，而要认识旅游地所带来的替代真实性的微妙解读。布鲁纳（Bruner，1994）对这个概念进行扩展，对遗址进行了四类区分：

1. 原生真实性——实物和现场未做任何形式或背景变化而进行展示（在具有此可能性的前提下）；
2. 人为赋予的真实性——通过专家鉴定赋予遗址地或遗产物真实性；
3. 完美复制——地点和物品虽然不是原生的，但其展示方式是在目前知识水平下尽可能的完整、无缺陷和历史的真实复原；
4. 真实复制——尽管是复制的，但外观是做旧了，让游客相信其体验的真实可靠。

第二个核心问题是，遗址旅游是如何影响真实性的？围绕遗址旅游和真实性讨论中的一部分是参观遗址地的游客在多大程度上对历史或科学证据，或获得深层次的知识真正感兴趣，还是他们主要是为了追求一种激发"真实"反应的体验：怀旧、激动、好奇或崇敬感，而不是真正的客观真实。对于后者，表演的真实性显然正符合要求（MacCannell，1973）。不过表演的真实性存在的风险是蒂莫西和博伊德（Timothy & Boyd，2003）所谓的"扭曲的历史"，包括捏造、净化和未知的历史。

臆造的过去与旅游者想象的地点或体验相关而不是真实的。这常见于源于文学作品的遗址旅游，小说模糊了真实地点与虚构地点的边界。不过，旅游让人们沉浸在文学作品所塑造的环境中，体验文学作品中人物的生活体验。赫伯特（Herbert，2001）指出尽管文化地点的意义源自一个想象的世界，它们仍然会给游客带来一定程度的现实意义。碧雅翠丝·波特（Beatrix Potter）

笔下的"彼得兔子"的湖区故乡就是虚构的风景地被游客视为真实遗址地的一个典范。

　　虚构的过去还常被纯化或理想化，有些要素甚至可能被现代大众休闲游客认为是比较敏感的。工业和民俗博物馆就是个有意思的例子，它们所塑造的社区形象一般都是干净的、风景如画的、芳香的、秩序井然和和谐的。但这往往是虚假的，因为"人们忌讳冲突、反社会的行为、死亡、离异、孤儿和饥荒，因此这些基本上是看不到的"（Timoth & Boyd，2003：251）。威特（Waitt，2000）对澳大利亚悉尼情人港（又被称为岩石区）周边的滨水遗址开发进行研究，也得出了类似的结论——大部分游客认为岩石区商品化的遗址体验是"真实的"，而实际上这个区域的表述更多是以欧洲人为中心的，而不是以当地原住民为中心，而这个地方真实历史中的贫穷、瘟疫、死亡和冲突也是常见的主题。

　　最后，过去常包括一些未知和无法恢复的元素，因此表现出来的往往是扭曲的历史，因为真正的真实性是无法企及的。现代人不可能完全理解历史上人们的生活或了解当时生活的全部细节及那时人们的世界观。这就带来了第三个核心问题：高度真实性对遗址旅游真的重要吗？厄里（1990）指出尽管遗址旅游往往是扭曲的，外在的表现也能让游客想象历史事件和真实性，让人们回顾过去也是很有意义的，如果没有这些遗址，人们可能更无法获得这种体验。斯考滕（Schouten，1995）指出大部分参观历史遗址的游客寻求基于过去的体验，但并不苛求对过去的真实还原。从这个意义上讲，客观真实性并不如想象的真实性那么重要，重要的是满足人们怀旧和缅怀过去的需要（Chhabra et al.，2003；Waitt，2000）。

　　遗址旅游首先是满足人们好奇心和打发休闲时间的一种娱乐，因此真实性是次要的需求。现实中，遗址旅游与遗址保护、表现和解读密切相关，而且反映了观众群体即旅游者的思想和理解，这本身就会影响遗址的塑造（包括表现方式），因此从这个意义上讲不真实并没有那么重要。

六、小结

　　自20世纪70年代以来，遗址已经成为很多旅游地的主要吸引力，对过

第九章 作为异域的过去——遗址旅游

去的兴趣反映出人们多种情感，包括好奇、怀旧、美学、形象和抗拒，以及对现代性的逃避，或从历史中寻求一种真实感。由于遗址旅游越来越深地融入日常生活，遗址范围和体验也在不断扩大，从单一的"高雅"文化形式向多元流行文化转移。新的遗址目的地把旅游者带向新的地点（如工业中心），同时不断扩大的遗址旅游也引发了人们对遗址对历史表现的真实性的讨论。

讨论题：

1. 不同地点和环境构成遗址地，确定旅游"遗址地"形象对于现代旅游业来说有什么重要意义？
2. 为什么遗址旅游会在后工业社会流行？
3. 谁是"遗址旅游者"？为什么遗址游客多来自教育水平较高的"服务"行业？
4. 遗址与流行文化形式之间的关系是如何影响当代遗址旅游地理的？
5. 真实性在何种程度上是遗址旅游地的根本要求？

延伸阅读：

下面这本书虽然是 20 多年前出版的，但它关于社会及其历史关系的讨论非常精辟：

Lowenthal, D. (1985) *The Past is a Foreign Country*, Cambridge: Cambridge University Press.

更多同类主题的讨论：

Fowler, P.J. (1992) *The Past in Contemporary Society: Then, Now*, London: Routledge.

Graham, B., Ashworth, G.J. and Tunbridge, J.E. (2004) *A Geography of Heritage*, London: Arnold.

详细分析遗址与旅游关系的文献：

Boniface, P. and Fowler, P.J. (1993) *Heritage and Tourism in the 'Global Village'*, London: Routledge.

Herbert, D.T. (ed.) (1995) *Heritage, Tourism and Society*, London: Mansell.

Prentice, R. (1993) *Tourism and Heritage Attractions*, London: Routledge.

Timothy, D.J. and Boyd, S.W. (2003) *Heritage Tourism*, Harlow: Prentice Hall.

在更广义的旅游背景下关于遗址讨论的文献：

Franklin, A. (2004) *Tourism: An Introduction*, London: Sage.

Lew, A.A., Hall, C.M. and Williams, A.M. (eds) (2014) *The Wiley-Blackwell Companion to Tourism Geography*, Oxford: Blackwell.

Urry, J. (1990) *The Tourist Gaze: Leisure and Travel in Contemporary Societies*, London: Sage.

Urry, J. and Larson, J. (2011) *The Tourist Gaze 3.0*, London: Sage.

对与黑色旅游有关的遗址景区进行批判的著作：

Lennon, J. and Foley, M. (2000) *Dark Tourism: The Attraction of Death and Disaster*, London: Continuum.

Sharpley, R. and Stone, P.R. (eds) (2009) *The Darker Side of Travel: The Theory and Practice of Dark Tourism*, Bristol, UK: Channel View.

第十章 旅游中的自然、风险与地理探索

核心概念
- 探险旅游
- 生态旅游
- 管理不确定性
- 基于自然的旅游
- 巅峰体验 / 畅爽体验
- 自向中心 / 异向中心
- 贫民窟旅游
- 未知领域
- 旅游探索
- 旅游营销
- 旅游者动机
- 无导游 / 自助旅游
- 志愿者旅游 / 志愿旅游
- 荒野

一、基于自然的旅游

　　自然世界提供了很多吸引人去参观和体验的景区，其中包括海滨（第二章）、水疗和温泉、娱乐和宗教体验、科学现象等（Meyer-Arendt, 2004）。每一种景区都有自己悠久的传统，反映出不同时代不同社会的历史、文化、

价值观和经济发展水平。本章分析浪漫主义自然景区对现代性的影响,如何反映在自然观光旅游者的体验中,继而以生态旅游和探险旅游为例,讨论风险与机会之间的平衡。

自然世界的诱惑在现代旅游业发展历史中扎根很深,始于人们对科学原理探索的启蒙运动,以及工业革命的兴起。从哲学方面讲,现代科学把自然作为人类利用和实现经济利益的目标,对自然的开发给科学、企业和社会都带来了进步,但同时也因前所未有的开发程度而导致自然资源退化,并在19世纪的新兴工业城市带来污染和肮脏的环境。浪漫主义运动使人们重新从情感上拥抱已经疏远的自然界,把人类未触及的自然世界的形象理想化——这种净土随着工业化进程已经变得越来越稀有了。

工业革命和浪漫主义运动之前,了无人烟的自然景观对于人类来讲是恐怖的源头(Nicolson,1962;Tuan,1979;Honour,1981)。荒野是"野蛮"之地,对人类并不安全。自工业革命开始以来,这种环境迅速成为令人敬畏和羡慕的地方,常出现在文学和艺术作品中,最初是在欧洲,后来远及北美。浪漫主义艺术家的灵感来源于这些基于自然的目的地和体验,工业时期的铁路和蒸汽船带他们逃离都市环境来到人心向往的乡村环境(Butler,1985)。在北美,纽约的卡茨基尔山和尼亚加拉瀑布都是本地区城市人最早前往的自然目的地。

随着美国移民的西进,艺术家和作家在辽阔的西部平原及山区看到了令人叹为观止的景观,找了"新伊甸园",旅游者们紧随其后接踵而至(Demars,1990;Sears,1989)。19世纪末和20世纪初新建立的国家公园包括黄石(世界上第一个国家公园)、约塞米蒂和大峡谷,这些区域的划定就是为了把这些地方保护起来,避免由游客大量涌入而被商业化(Nash,1967;Pyne,1998)。梅·阿顿写道(Meyer-Ardent,2004:426):

> 大峡谷国家公园、优胜美地国家公园和黄石国家公园就像新世界的大剧场和教堂一样成为自然旅游的标志,它们一直延续到今天并被世界各地的国家公园和自然保护区所仿照借鉴。

二、美国印第安人

同时,被挤压到美国西部最偏远地区的美洲印第安人,也成为重要的旅游吸引物。19世纪，在大部分欧洲人和美国人心中，印第安人是"高贵的野蛮人"：他们有尊严、坚忍、内敛、可敬、热情、真诚，而且未被文明的罪恶所污染——这是一种比较接近欧洲高等文化所认可的高尚文明（Billington，1981）。对于浪漫主义者，美国土著就像一尊雕塑，体现了曾一度生活在"净土"的人类。但荒谬的是，他们同时被剥夺了传统生活的土地和文化。从浪漫主义角度看，美国印第安人与他们所生存的自然环境是不可分割的。

这些形象不仅出现在表现美国西部的艺术作品中，还在面向美国东部的铁路公司的宣传广告中被大肆渲染。旅游成为铁路公司扩大车票销量的重要业务手段，同时铁路也带来了更多的投资者和移民。20世纪初，圣太菲（Santa Fe）铁路公司大力宣传美国西南部并借此塑造自己的独特形象，同时推广铁路沿线的旅游。公司请著名画家和插图画师制作宣传海报和挂历在全国范围内分发（Jett，1990）。圣太菲铁路公司将印第安人塑造成前工业化社会的、单纯的、自由的、高贵的典范。这是西南沙漠中圣太菲的"友善"绿洲中的生活（McLuhan，1985：19）。今天，这些形象仍然吸引着大量旅游者前往美国西部的印第安人保留地（Lew，1998）。对于国际旅游者来说，美国西南部独具魅力，它的特征使美国与旧世界得以区分开来。德国人特别喜欢美国印第安人保留地，法国人和日本人也是西南部保留地常客。

科恩（Cohen，1979，1988）指出工业化社会的人们特别希望观看和体验传统文化，美国印第安人的现实生活是否能满足这种期望其实并不太重要（Lew & Kennedy，2002）。有些旅游者在参观保留地后感觉很失望，因为他们发现高贵的野蛮人其实并没有他们想象的那么高贵，而更多的旅游者则宁愿相信他们的预期已经得到了满足，因为他们看到了美国印第安文化已经成为自然环境的一部分，这是来自另一个世界的一种真实性，也是深层的旅游动机。

三、自然体验

相对于城市景点来说，自然体验是一种更加全方位的体验，视觉的享受当然还是其中的重要组成部分，同样的感受还包括森林的气味，流水的声音，风中的感觉,以及陡峭岩壁的体能挑战(Edensor, 2000b; Crouch & Desforges, 2003; Dann & Jacobsen, 2003; Molz, 2010)。与自然相遇还包括情感上的体验,如对于个人来说具有特殊性的地点或景观"热爱生命"的自然亲近感(Kellert & Wilson, 1993)和对自然永恒性和整体性的"畅爽"体验(Csikszentmihalyi, 1990)。

希尔、科廷和高夫(Hill,Curtin & Gough, 2014)根据对澳大利亚丹特里(Daintree)雨林、墨西哥下加州和西班牙安达卢西亚的研究,把旅游者与自然的相遇归纳为以下四类:

1. 感观互动:包括看、走、听、嗅和触等多感观感受;
2. 喜爱或情感共鸣:包括五种基本形式:1)敬畏与赞叹的巅峰体验,2)感受到与环境的一体性和共鸣,3)感觉完全摆脱都市融入自然界,4)感受到生命的脆弱,包括对野生动物和未知世界的恐惧,5)兴奋程度从平和冥想的宁静状态到被极度唤醒(如与野生动物相遇时)的兴奋;
3. 主观和主体间表演性:同样的环境下,不同的人有不同的反应,反映

插图 10.1　基纳巴唐干河边的生态营地和生态屋让人与北婆罗洲雨林亲密接触(刘德龄 摄)

出每个人过往的经历和人们如何通过对自然的回应表演表现自我；
4. 时空移动：指基于自然的旅游者在移动过程中依据自己对环境的熟悉程度、舒适度和当地规范（包括导游）不断调整自己的移动速度、时间、方向和路径。

人们受到基于自然的旅游体验的吸引是因为"能看到植物和动物构成的生态系统是很感性的，而且能有精神层面的提升的，能摆脱日常生活规律更专注于体验"（Hill et al., 2014：18）。与自然的相遇也存在一定的风险性，因为不论我们多了解自然界，那里仍然存一些我们未知的要素，与未知的相遇是这种旅游体验中最有意义的部分。

四、旅游探索

在工业革命之前的大探险时代（16 和 17 世纪），欧洲的地图绘制者把尚未探索的地方用拉丁文 *terra incognita*（未知地域）标在地图上。随着人们对这个星球上土地的不断探索和标记，这个词的意义逐渐从真正的未知地域转而泛指所有的未知领域。对于地理学家来说，这个词的意义已经从指代大片陆地和海洋区域转指隐藏在具体地点背景后未知的人和文化。传统概念中未被开发和标记地域的概念仍然存在，但更多被用以指这个星球上偏远和与世隔绝的地方，包括水下的动物和植物（陌海）。今天这个词更多的是指隐藏在公众面孔背后的日常世界，包括被社会遗弃的角落、地下经济和大部分人的私生活。

1947 年，摄影师约翰·柯克兰·赖特（John Kirkland Wright）在他作为美国摄影家协会主席的就职演讲的开篇讲道：

> 未知领域：这个词让人浮想联翩。古往今来人类被"海妖"的声音吸引到未知地域。今天，当我们在地图上看到标为"未被探索"的地方，用虚线标出的河流，被标为"存疑"的岛屿时，这种声音仍在我们脑海里回响。（Wright, 1947：1）

世界上的未知领域在旅游者对地点的体验及其动机方面具有重要地位。即使现在人们旅行到已知的地方，那里仍然有很多未知的东西等着人们去发现和体验（Lew，2011）。这些未知要素引人遐想，在吸引人们去新目的地方面起着关键作用，这种不可预见性也是最有吸引力的。任何地方都存在我们过去经验未及的地理特点和体验，不论是对个人而言还是对旅游群体而言。那些当今旅游者未知的土地仍然有机会作为未知领域等待人们去探索和发现。

刘和麦克切尔（Lew & McKercher，2006）认为一个地方的旅游地理包括：
- 已知地域：已为旅游者所熟知的地方，或至少是大众旅游开发过的地方，包括那些主要的旅游接待地，如酒店和主题乐园，以及旅游者和非旅游者共同光顾的地方，如购物区和节庆地，这些地方一般都罗列在旅游指南里。
- 危险地域：很多已知地因其充满危险（通常是犯罪）、风险（主要是人身伤害）或不适（身体或心理）而使绝大部分旅游者望而却步。这些是充满威胁的地方，尽管有小部分旅游者反而被其风险所吸引而前往之。
- 未知地域：这些地方是旅游者不知道的，有些可能对旅游者具有潜在吸引力价值，有些却不具备这种潜力。伍德赛德和谢里尔（Woodside & Sherrell，1977）用"不宜之地"这个概念来指那些具有旅游开发潜力的未知地域，用"惰性地方"指那些旅游者并不迫切需要知道的地方（在他们的概念框架中，已知地域由"诱发地点"组成）。大部分目的地和世界上大部分地区对于旅游者个体来说都是未知地域。

尽管大部分旅游者在考虑和购买旅游体验产品时会更注重全面的已知体验，但给未知和不可预见留有空间和余地是同等重要的。我觉得在进入未知领域之前对目的地进行全面和深入的了解是非常重要的，很多对目的地的旅游宣传往往非常表面。未知地域和危险地域具有同等旅游探索机会，包括人们要承担风险和克服恐惧，从而体验与大众旅游已知世界的体验不同的东西。

1. 旅游风险与机会

现代旅游营销的大部分成功在于通过建立高效、可预见和可控的高度现代的模式来消除旅行的不确定性（Ritzer & Liska，1997）。旅游者需要高效，因为他们的时间和预算有限，要追求旅行花费的每一块钱和每一小时都能得到最高的回报。他们还希望体验具有可预见性，不希望碰到意外（如要求额外的花费或没有获得预期的服务），因为意外可能会毁掉整个假期。他们还希望体验是可以控制的，因为这是确保高效和可预见性的唯一方式。

上述几点，我们在世界上大部分热门旅游景点和目的地都能看到，包括主题乐园和邮轮，还有拉斯维加斯和澳门的酒店与赌场。这些营销成功案例几乎成为现代生活的同义词，这一切我们在购物商厦、连锁店和本地餐厅及其他娱乐场所等公众和半公众地方也能看到（Paradis，2004）。

这些旅游企业顺应了社会规避风险的愿望，道格拉斯（Douglas，1992）认为文化的形成是基于人们对危险的感知和降低风险压力的努力，她的文化风险理论认为社会和自然灾害及损害与对社会规范的违背有关。控制风险的途径要么是由社会制度决定的规则，要么是对个人自制的模糊期望。旅游经济所营造的环境从完全控制型（邮轮和迪士尼乐园）到较开放但通常是结构性的替代旅游（Lew，2012）。

对于未知的主要恐惧源于缺乏确定性（Williams，2011）。对于旅游来说，不确定性源于对于目的地缺乏了解或认知不完整。充斥于旅游行业的印刷品（导游书、地图和杂志）和旅游服务企业（旅行社、游客中心、旅游公司和导游）都是为了满足旅游者对目的地认知的需求。

但这是旅游者真正需要的吗？如果高效、可预见和可控是休闲时间的主要体验目标，那么待在家里看电视可能最理想，当然这确实是一些人的选择，但旅游者对风险是有一定承受度的。有些人寻求熟悉地点和导游体验的安全感，但也有些人倾向冒险，寻求新奇感和满足探索欲（Basala & Klenosk，2001；Lepp & Gibson，2003；Lew，1987）。其实世界上的每个目的地都能在普洛格（Plog，1974）的自向中心-异向中心旅游动机模型中找到自己的位置。

旅游者动机和旅游目的地一样是非常复杂的。旅游者和旅游目的地都包括从已知到未知，从安全到风险，从盼望到反感的很大范围。景点和目的地的营销是在地点的所有形象中选择一些能吸引最大数量潜在游客的形象进行推广。旅游动机模型会从所有人类动机中选择对决策和行为影响最大的特征进行侧重分析。大部分旅游营销都旨在塑造"正面"形象，包括高效、可预见性和可控性，很少会提及风险、不确定性和旅游未知领域，因为人们会主动归避风险，相对于高风险高回报的体验，人们更倾向于选择低回报低风险的体验（Tversky & Kahneman，1974）。

安全是旅游营销必定涉及的，但风险也在其中起到重要作用。寻求日常生活规律以外的体验本身就带有一定的风险性，旅游者希望在假期得到惊喜、兴奋和刺激的体验（Jeong & Park，1997；Lee & Crompton，1992）也很常见。探险旅游和娱乐骑乘（如蹦极和恐怖屋）都是以提供刺激和心跳的体验为噱头。虽然这些活动可能看起来很冒险，参加者可能面露惧色，但实际上都非常安全，得到很好的工业结构的控制（Kane & Tucker，2004）。同样，所谓的"异国情调"目的地所承诺的进入地理意义上的未知领域的探险实际上也都在安全的背景下进行的（Minca，2000）。安全是旅游行业建立信任的基础，在这种信任前提下旅游者才愿意花钱。

这些都非常合情合理，安全第一是人们认为理所应当的。那么旅游营销的未知领域指什么呢？如何吸引旅游者去危险和未知的地域探险呢？旅游未知领域是否存在于当今世界，不管是否已经超越了旅游经济的范围？

2. 体验旅游的已知领域和未知领域

旅游未知领域与旅游的已知和安全相对（见表10.1），这些地方对于大部分旅游者来说是完全未知的（未知地域）或是与风险相关需要回避的（威胁地域），因此与风险密切相关。威廉斯（2011）从社会结构和个人这两个层面分析了旅游体验中的风险概念，发现不同社会对于行为或地点的风险度定义也不同。

表 10.1 旅游的认知体验

旅游已知领域	旅游未知领域
符号性/大众旅游	个性的/独特的
有计划的/可预见的	未计划的/机缘巧合
安全/熟悉/轻松	风险/异域的/挑战的
被动/教育的	探险/刺激
做作的/虚假的	真实的
前沿地带	偏僻地带
角色的认同	角色的转换
自向中心	异向中心
"惯常"之地	"拙不宜"之地

资料来源：整理自刘（Lew，1987）。

例如，具有宿命论传统的社会和文化在认为结果在其控制范围之外时更愿意冒险，而个人承担责任多的社会和文化所具有的风险临界点更低（Douglas, 1992）。另外，个人和文化如果更重视科学，对风险和安全评估的容忍度更高，因为有技术作为评判依据（Beck, 1992）。来自贫困经济地区的个人会更愿意承担风险，只要能给自己和孩子带来更好的生活就行（Lyng, 1990）。因此每个文化都自己的已知地域和未知领域的边界。

在个人层面，心理学家多次强调十几岁的青少年风险意识要弱于其他年龄段，女性比男性更不愿意冒风险（Jianakoplos & Bernasek, 2007）。除了这些一般规律外，例外情况也很常见，每个人的个性和生活体验会造成不同的情绪、直觉和冲动行为，这些行为是购买决策的重要因素（Arroba, 1977）。例如品牌，尤其是奢侈品牌的定价主要决定于人们拥有奢侈品的情感价值观而不是功能价值。旅游几乎完全是一种情感体验而不是实践行为，因为其消费行为中情绪和冲动更是占主导。

旅游的未知领域更多地存在于想象中，而非真实的旅游体验。旅游营销中比较盛行的是推广旅游景点的特殊性、独特性和真实性。旅游已知领域几乎完全是结构性的、表演性的、人为的，而且受主客间经济关系所驱动。这种地理环境常被称为不真实和无地域化（Relph, 1976）的、缺乏深度、情感上和含义深刻的体验，尽管这其中可能也有例外。从另一个角度讲，旅游未知领域是非结构性的、随机的，而且是情感化甚至有时带有体能挑战性的。这种地理地域能给现有的体验带来巨大的机会，高度个性化甚至是会改变人的一生，至少能让人带着美好的故事回家。这类旅游体验与已知领域的大众旅游相比，能带来更长久的记忆。

3. 旅游未知领域的决定因素

对于不同的国家，不同的社会团体，甚至不同的个人，旅游未知领域都是不同的，有些目的地是大众旅游者所熟知的，还有一些目的地是大部分大众旅游者所不知的或有意避开的。调查发现旅游者对一个地方的地理知识会受个人经验及知识影响（Poria et al., 2006a）。另外可以通过调查了解旅游者对景区的看法，以及对不同目的地的担忧（Wong & Yeh, 2008）。这些研究反映出人们对某一地点的地理认知地图（Smith et al., 2009）。

根据认知图可以设计前往未知度最高的地方的探险旅游线路，有些替代旅游形式就力图去寻求旅游未知领域，特别是作为旅游未知领域一部分的危险领域。这些探险旅游产品承诺的就是有机会体验惊险刺激和深入探知旅游未知领域。这些产品包括：

- 探险旅游：探险旅游一般是指在户外环境里具有体能挑战，而且能带来刺激体验的活动，激流漂流、浮潜和山地徒步都是比较常见的探险旅游活动。活跃旅游一般包括参与一些体育运动，还有极限旅游，均具有某种形式的高风险，其总体目标与探险旅游相近（Lew, 2011）。由于这类旅游对体能要求较高而且费用较高，这类产品可以带人到世界上绝大部分人无法涉足的未知领域。

- 志愿者旅游：志愿者旅游一般指发达国家的人被派到欠发达国家去从事社区工作（Lyon & Wearing, 2008）。这些志愿者通常与非营利组织挂钩，包括一些宗教组织、环保组织和科学及博物馆社团（McGehee, 2002）。志愿者旅游是一种浸入式旅游，跟探险旅游和教育旅游一样，旅游者要完全融入目的地社区（Crossley, 2012）。这些旅游的共同特征是深入到地区的幕后，避开大众旅游人群（Keese, 2011）。不过大部分旅游者对志愿者旅游不感兴趣，至少不希望整个假期都在做志愿者。

- 贫民窟旅游：贫民窟旅游是另一种在落后地区的体验，带旅游者去那些传统上被视为比较危险、犯罪率高、贫困、公共卫生差的地方，例如垃圾旅游和贫困旅游（Dürr, 2012）。这些反传统的旅游在印度和巴西尤其盛行（Frenzel & Koens, 2012），这能让旅游者思考一些伦理问题，包括社会底层与富裕阶层之间的关系与反差。贫民窟旅游是现实旅游的一种类型，把旅游者带出休闲飞地而暴露在真实世界里。相对可能用完整个度假期的探险旅游和志愿者旅游，这种种浅尝辄止的体验，一般也就是半天时间里走马观花看一下，只是让旅游者有点当地真实生活的印象而已。

- 其他形式的替代旅游：志愿者旅游和贫民窟旅游都属于替代旅游范畴，

第十章 旅游中的自然、风险与地理探索

还包括生态旅游、原住民旅游、少数民族旅游、灾害旅游、宗教旅游和朝觐，以及工业旅游（Goatcher & Brunsden，2011）。大部分这类旅游倾向于带旅游者到比较温和良性的未知旅游领域，这些可能都是他们以前从未去过的地方，包括小乡村里的农家乐，参观农场和矿井。这些替代旅游与传统大众旅游相比目的性更明确，商业味较淡，给旅游者更真实和有意义的体验（Lyon & Wearing，2008）。从这个意义上讲，旅游未知领域可以是任何大众旅游经济以外的可以让旅游者体验的地方。很多替代旅游产品成功地在大众旅游的夹缝中找到了生存空间。

- 非计划无导游的旅游：指任何不依靠中介的旅游形式。这里的中介包括导游员、导游书或其他信息来源。这在德国人的概念里是"漫游者"，即科恩（Cohen，1972）所谓的"漂流者"，或者是中国哲学家老子所谓的"善行者无所依无所终"。无导游具有不同的程度，就像导游也存在不同的程度，很多旅游者在旅行不同时段是游移在导游和无导游状态之间的（Zillinger，2007）。另外无导游带领的旅游形式让人能以不同的方式去体验一个地方，其目的既结构化也开放，既受引导也是随意，最终达到对一个地方存在主义式的超验的真实体验。例如你行走在一个小镇上，在第二个路口左转，然后第二个路口右转，再然后第二个路口左转，漫步闲逛，边走边看。（另见另类导游之探索［2011］，书中描述旅行的目的是"在迎接极重要而又随机且怪诞的挑战中以全新方式体验世界"。）

- 自由行、轻包价和自助游：与上述例子稍有不同的是自由行和轻包价旅游，一般只包括长途交通和住宿，也可能含部分目的地餐食或半日城市观光游，其他时间由旅游者自己安排活动，自己探索目的地。自助游与轻包价类似，只是交通与住宿也由旅游者自己预订而不是通过旅行社。自助徒步游和自驾游也属此类，通常是循着一条已经测试过的，经过一些主要景观的路线行进。相较其他旅游形式，这类旅游者有更大的自由度去做选择和进行个性化的活动，有机会随意停留，体验明显会更加丰富（Hwang & Fesenmaier，2011；Zillinger，2007）。因此他们也可能承担更高的风险，对于是否进入未知领域自行承担决

策后果。如果体验不好，他们只能怪自己，但如果体验超棒则将是终生难忘的体验。

尽管可能存在完全无导游的云游实例，尽管这有待进一步探讨，但这些旅游形式其实最终也是旅游经济的组成部分，是旅游经济向旅游未知领域的延伸。因为这些人实际上是受到专业引导的（专业人士或专业文章），而且大部分对旅游者不构成危害。因此它们仍像虚假的表演的泡泡一样围绕着旅游者，而这必须被捅破，才能带来真实的存在主义般的体验。当然他们体验的产品要比传统的大众旅游产品强得多。

上述很多旅游未知领域（或有风险的旅游）产品看似给旅游者提供了经历挑战的机会，真正遇见了威胁地域和未知地域，但是同时整个行程是确保安全的。保持其产品不过于商业化和过于大众旅游化是很艰难的，特别是在保险和法律层面，而且旅游行业普遍更愿意去迎合低风险市场。

旅游未知领域体验中最常见最巅峰的是与自然和自然环境的相遇，目前大部分基于自然的旅游可大致分为生态旅游和探险旅游，因此有必要在下面对这两种十分广泛和代表性的体验进行较细致的分析（见第十一章）。

五、生态旅游

简单地把替代旅游与可持续性画等号是有风险的，下面我们将近距离地看看生态旅游这种最主要同时又是最具争议性的一种所谓的替代旅游。芬内尔（Fennell，1999：43）对生态旅游的定义是"以自然资源为基础，偏重关于生态自然的体验和学习，伦理上尽可能降低影响、避免消耗和以本地为导向"。生态旅游努力减少对环境和当地人的负面影响，提高人们对自然区域及相关文化体系的认识和理解，为区域与系统的保护和管理做出贡献（Wallace & Pierce，1996）。

佩奇和道林（Page & Dowling，2002）指出生态旅游已经成为全球旅游业中增长最快的部分。据联合国世界旅游组织（UNWTO）估计，全球旅游市场的20%是由生态旅游构成的。表现看来这个估算结果可能显得过高，范围过宽，但这可能是由于生态旅游定义庞杂多样，每种定义都从不同角度不同程度反映出上述不同核心价值。一种理解尺度是把生态旅游分为"硬性"和"软性"两极：

- 硬性生态旅游强调的是高密度、个性化和与自然较长时间的接触，这种接触一般不应打扰当地环境和当地社区，不会掉入任何现代旅游的陷阱，参与者一般都是忠实的环境主义者，旨在寻求科恩（Cohen，1979）所谓的"原生态"体验。
- 软性生态旅游以短期自然接触为核心，自然体验一般是整个旅游活动和体验中的一部分，这种旅游多由导游带领，住宿和交通等设施档次较高，软性生态旅游的参与者一般不是活跃环保主义者。

这种细分有助于我们对生态旅游（及其他替代旅游形式）这种可持续和低影响的旅游形式进行分析和评价。"软性"生态旅游的概念被很多学者指为披着不同外衣的大众旅游（Wheeller，1994）。很多认为生态旅游在伦理上是比较高尚的说法是带有误导性的，生态旅游被大量地作为市场营销的标签，把传统旅游产品包装成一种新面孔。这也被称为"漂绿"。

巴特勒（Butler，1994）指出很多替代旅游——包括生态旅游——其实都是大众旅游的早期形态，用巴特勒的话说是"楔子的尖头"。从这个意义上讲，替代旅游成为构建新旅游地理的一种机制，随着影响的加深，最后往往都发展成为大众旅游。替代旅游通常以异国风情和距离感为体验的核心，初探某个目的地的旅游者和旅游企业往往都是试验性和低影响的，但随着这种小规模的生态旅游形式逐渐发展成为由较大的企业经营和组织管理，旅游经济收益的增加会极大地提高目的地滑向大众旅游的风险，经济收益也会逐步从惠及本地人和本地企业转移至外来企业（Page & Dowling，2002）。

即使是比较专业的硬性生态旅游也很难摆脱旅游带来变化，而旅游带来的很多变化都没有积极意义的结论。沃尔（Wall，1997）发现很多生态旅游形式都会探索一些以往游人罕至的区域，继而给这些目的地社区和环境提出新的要求。同样，巴特勒（Butler，1991）也指出即使是最低调的生态旅游也难以避免产生任何影响，甚至有些类型的生态旅游在力图宣传本地形象和当地人的自豪感（Khan，1997）。这些形式的生态旅游，相较那些比较肤浅的大众旅游，往往使人们更深地融入当地居民的个人生活。因此生态旅游所带来的一系列环境、经济、社会和文化影响可能是更深层的。

这些批评意见引出了两点重要结论。首先，尽管替代形式的旅游表面上看是环境友善的和可持续的，但实际效果可能与表象相悖。其次，替代旅游尽管执行了很多可持续原则，其实并不是可持续旅游的典范，也不可能替代大众旅游。因为这种小规模的旅游从接待容量、组织和运作方式上都无法满足日益增长的旅游需求，缺乏对于很多国家、地区和地方来说非常重要的经济规模，而且替代旅游的风格也无法满足全世界数百万度假客的品位和偏好。

因此，尽管替代旅游确实在推动旅游与环境可持续关系的发展方面起到了一定的积极探索作用，但它不能成为替代问题重重的大众旅游的天然可持续模式。可持续性原则必须在大众旅游中推进，即要促进旅游与环境有益的共生关系，维护和认真管理与规划旅游开发。这些旅游开发必须以可持续为原则，这才是未来旅游实现成功发展的核心之所在。

六、探险旅游

探险旅游涉及海、陆、空多种活动，而且尚无公认的定义。这类活动的核心是在自然领域进行的娱乐活动（Buckley，2007），而且通常去往非常规、偏远、异域或荒野的目的地（Page et al.，2005）。这些活动一般感观刺激度较高，对体能有一定挑战，而且包含体验成分（Pomfret，2006）。大部分探险旅游的定义中包括一定程度的技能要求、风险和结果的不确定性（Weber，2001）。虽然没有明确的定义区分哪些活动是探险旅游，哪些不是，但典型的探险旅游活动包括攀岩、探洞、徒步越野、激流漂流、越野自驾或自行车越野、跳伞、浮潜、空中滑翔和蹦极。

探险旅游是全球旅游市场的重要增长领域，在尼泊尔和新西兰等以探险旅游为中心的国家，这更是支柱型旅游产品（Bentley & Page，2001）。探险旅游协会（The Adventure Travel Trade Association，2010）估计全球探险旅游每年的总规模约为1.5亿人次，花费约为890亿美元（2009年），占全球旅游总人数的26%。这个市场在北美尤为强劲，因为北美有较长的户外娱乐活动传统，而现在这种风潮已席卷全世界。

第十章 旅游中的自然、风险与地理探索

这个市场的扩张既反映了流行品位的变化,也是探险旅游组织结构发展的关键。佩奇等(Page et al., 2005)指出探险旅游当前的风靡反映了新一种新的、全球化的旅游趋势,即更多地投入自然背景下主动参与型的体育运动和娱乐活动中,同时结合人们逃离后现代都市的复杂与铜臭。贝迪和赫德森(Beedie & Hudson, 2003)指出探险旅游对旅游底层结构变迁的重要性:1)围绕探险旅游活动的新营销结构与在线推广活动激增;2)新技术在探险环境中的应用使技能水平不高的人群也能亲近探险活动而不像以往那样被排除在外;3)专业体系的建设刺激了探险旅游的发展,让旅游者能更好地选择与判断,如山地导游的认证和培训(Beedie, 2003)。

这些进程中的一个有机组成部分是旅行、旅游和户外娱乐的不断融合。探险旅游就是把探险形式融合到普通娱乐活动中去,这些新活动形式最初的参与者以专业人员为主,后来逐渐结合旅游的组织模式(如组合包价并商品化),让以往只针对专业人士的活动也能为更广泛的群体接触。这个进程直接形成了探险活动和空间的新利用方式。

例如,传统的乡间漫步游结合新线路成为较为探险性的"越野徒步"。另外传统的自行车活动结合运动型的山地自行车,加上离开公路的越野环境成为新型探险活动(见 Beedie & Hudson, 2003)。通过这些机制,新的旅游空间被开拓出来,从而形成新活动所需要的新空间模式,同时也在专业领域聚集更多旅游者(Pomfret, 2006)。

探险旅游的一个重要贡献是活动的多样性,包括不同的难度、动机、参与期望值。活动的多元化可以概念化地落入从"硬"探险到"软"探险旅游区间内的不同位置。区分探险旅游的标准包括其风险度、技能挑战度,以及对参与者体能的要求(Beedie & Hudson, 2003)。因此,"硬"探险旅游带有较高的风险性,体能挑战较大,要求一定的技能水平,而"软"探险旅游风险度较低(尽管仍然被参与者视为具有一定风险),对耐力和技能水平要求不高。典型的"硬"探险活动包括攀岩、激流漂流、溜索、空中滑翔,而"软"探险活动包括徒步、骑马、自行车骑行(不是山地自行车)和野生动物游猎(ATTA, 2010)。

探险旅游市场上,"软"性活动的吸引力最大,与大众旅游的结构类似(组合成旅游包价,在全球范围面向各个年龄层和各种偏好的群体销售)。而

"硬"活动则更有选择性地针对一些细分专业市场（见 Buckley，2007）。对探险旅游者的市场构成研究显示，这个群体主要是 35 到 55 岁之间，受过高等教育并有较高可支配收入的群体（ATTA，2010）。在大部分探险旅游中，男性多于女性（Millington，2001；Mintel，2003c）。不过这种泛泛的研究结果并不适用于所有探险旅游活动，特别是一些"硬"探险活动（如山地自行车），因为这些活动吸引的群体多为比较年轻且寻求刺激体验和更高体能挑战的极限运动群体。

这里涉及一个有趣的问题，即动机与旅游者对探险体验的回报预期。图 10.1 给出的一个简单概念框架，分析了探险旅游体验或消费过程相关要素之

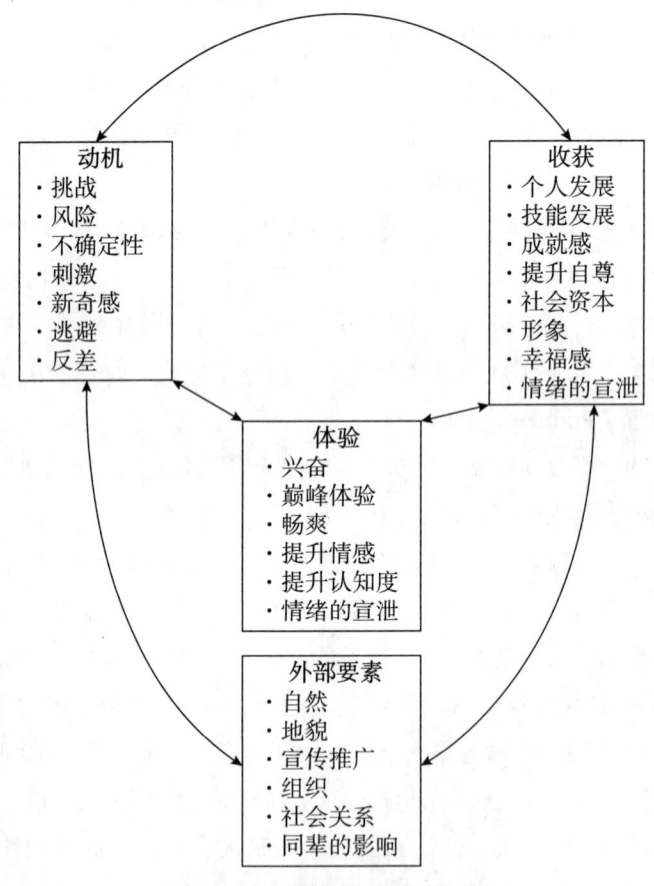

动机
- 挑战
- 风险
- 不确定性
- 刺激
- 新奇感
- 逃避
- 反差

收获
- 个人发展
- 技能发展
- 成就感
- 提升自尊
- 社会资本
- 形象
- 幸福感
- 情绪的宣泄

体验
- 兴奋
- 巅峰体验
- 畅爽
- 提升情感
- 提升认知度
- 情绪的宣泄

外部要素
- 自然
- 地貌
- 宣传推广
- 组织
- 社会关系
- 同辈的影响

图 10.1 探险旅游的理论框架

间的关系。在这个关系圈中，动机、体验和收获是主要的决定要素，另外还有很多外部要素（在这个框架以外，但会对动机、体验和收获有一定作用的要素）成为影响这些主要决定要素的背景和调节剂，例如探险旅游可能受到不同自然地貌或媒体宣传及广告，或社会关系的影响，所有这些要素都可能影响到最终的收获。

该模型力图抓住一些核心要素去定义探险旅游。因此，主要的动机都是围绕挑战、风险和不确定性等与"探险"的定义有关的概念而构建但此模型也认识到个人追求不同程度的新奇感、逃避刺激，尤其是与其惯常的日常经历形成鲜明对照的感觉。在实际探险活动过程中还能激发起个人精神和情感上一些东西，如专注、害怕、兴奋、激动，以及所谓的"心流"和"巅峰体验"。巅峰体验的概念源于马斯洛（1967）的著作，指参与者完全能掌控现场的感觉，这与"心流"概念相近。契克森米哈（Csikszentmihalyi, 1992：4）对心流的解释是"人们对某项活动是如此专注与投入，以致对周围发生的其他任何事似乎都浑然不觉，这种体验会令人非常愉悦"（Pomfret，2006引语）。要"随波逐流"意味着完全浸入体验中的状态，这种状态下，一切行动都毫不费力，正常的时空感陷入暂停。

活动本身不管如何经历，它总会产生结果。上述模型指出了一系列本质上是积极的结果，如情绪的宣泄，通过技能的提升和赢得新的挑战增强自信，获得社会资本，或者是形象的重塑（当然不好的体验也会带来负面影响，如挫败感、丧失自信等）。每个人对探险旅游的动机和预期取决于之前体验的结果。贝迪和赫德森（Beedie & Hudson, 2003）指出参与者会从具体活动（或活动空间）中获得经验，提升应对风险和挑战的能力，从而使探险旅游者获得一种成就感，心中的标准尺度会不断提升，不断去探索新目的地和挑战更高目标。

这个模型中有两点值得关注。首先，探险旅游的基础是一种主观体验。这个模型指出主要的动机是面对挑战、风险和不确定性，而这些都是相对的，每个人有不同的衡量标准。此人觉得风险和不确定性很高的事对别人来说可能如履平地般的寻常。大部分旅游形式都带有探险要素，对于很多人来说去国外见到外国人就很挑战，有风险或带有不确定性，会带来很高的关注度，这也可以部分说明为什么探险旅游范围那么宽泛。参与者参加的活动可能包括从"软性"一端的旅游活动中获得一点点探险体验，如第一次到森林里去露营或骑马，这些参与者可能觉得这些活动的探险性跟登山和激流漂流一样。"探险旅游"不能简单地被划定为某个离散的具体消费范围，因为"探险"概念是很多旅游空间不可分割的一部分。所以，我们在理解这些空间作为旅游目的地如何运作时，应常常记住上述事实。

第二，探险旅游是一种塑造与我们的形象有关的各种基本关系的极具象征性体验。从图10.1中我们可以看出对探险旅游的归纳，其实质是精神层面的构建与反馈。大部分探险旅游活动会以直接的、肌肉运动知觉的和触觉的方式作用于身体，这本身就是对参加者的吸引力。通过前面的讨论我们可以看出形象不是一个单要素的事物，而是我们选择的行为和行为方式的集合，这在很多形式的探险旅游中有集中体现。凯恩和津克（Kane & Zink，2004）援引斯特宾斯（Stebbins，1982）的概念指出这是一种"严肃的休闲"活动。

这个概念的核心是严肃休闲活动践行者对休闲活动的投入度很高，足以产生一种归属感，形成一种文化群体，其个人形象与在休闲世界里的层次相关。探险旅游的很多指数，特别是偏向"硬性"一端活动的指数都适用专业领域的标准。布尔迪厄（Bourdieu，1984）指出人们在社会层面会明显趋向于投资以获得文化资本，而探险旅游就属于这类投资（包括技能、专业度、拼搏和勇气）。对于很多探险旅游者来说，这种投资会直接带来文化资本的提升，有助于稳固自己的地位和形象。

七、小结

长久以来，自然世界是人类未知领域中的重要部分。前工业时期，自然世界代表神秘和危险，随着工业革命的推进，人们需要征服更多的自然资源，结果带来了浪漫主义运动，自然界被理想化并成为灵感的源泉。这种观点也逐渐被传统大众接受，人们与自然风景成为不可分割的组成部分，直到今天自然在人们头脑里仍属于未知领域。

未知领域是个地理学名词，有自然层面和情感层面的双重含义，它存在于已知和世俗边界以外，因此是一个由危险、想象和精神快感构成的空间

（Lavoilette，2011）。未知领域既让我们感到害怕，也同样深深地吸引着我们，因为它能让我们有机会去创造和发现自我，同时有助于我们的形象塑造。未知领域存在于我们生活的这个星球的每个角落和各个时空中。探索未知领域的方式和渠道很多，包括照片、录像、书籍和报纸，当然还有互联网，但旅游可能是人们在这个星球上直接接触未知领域最盛行的方式，在其中的人们通过克服体能的极限到达一些地域去直接探索未知领域。

生态旅游和探险旅游因其定义范围广泛而成为旅游者直面自然世界最常见的两种方式。通过参加各种基于自然的旅游活动，旅游者成为实际的探索者和探险者，他们通过这些活动塑造和形成了自我形象，当然大部分活动的背景环境都是以安全为前提的。

讨论题：

1. 19世纪和20世纪初期美国西部的形象是如何被美国和欧洲的工业化所塑造的？
2. 美国印第安人等传统民族的形象是如何成为与自然环境不可分割的一部分的？
3. 风险在旅游动机和体验中起到什么作用？
4. 是否所有基于自然的旅游体验都能被归为"软性"或"硬性"生态旅游？
5. 探险旅游与生态旅游有什么区别？
6. 为什么说旅游者与自然界以不同的方式相遇是很重要的？

延伸阅读

徒步也许是人们遇见自然最常见的方式。下面这篇文章对这种行为进行了独到分析：

Edensor, T. (2000a) 'Walking in the British countryside: reflexivity, embodied practices and ways of escape', *Body and Society*, Vol. 6 (3/4): 81–106.

尽管很多旅游者行为是高度结构性的，任意性也同样起着重要作用。下文是分析无计划旅游者行为的文献之一：

Hwang, Y.-H. and Fesenmaier, D. (2011) 'Unplanned tourist attraction visits by travellers', *Tourism Geographies*, Vol. 13 (3): 398–416.

志愿者旅游被认为是发展最快的专业旅游领域之一，这部分是由于它使旅游者有机会进入幕后区域见到一些意想不到的情形：

Keese, J.R. (2011) 'The geography of volunteer tourism: place matters', *Tourism Geographies*, Vol. 13 (2): 257–279.

极限运动处于探险旅游的边缘，近期出版的这本书对这方面有详细的讨论：

Lavoilette, P. (2011) *Extreme Landscapes of Leisure: Not a Hap-hazardous Sport*, Surrey: Ashgate.

尽管所有旅游都在塑造形象、自由和地位方有一定作用，但可能探险旅游在这方面尤其突出，下面这篇文章关注的就是这方面问题：

Kane, M.J. and Tucker, H. (2004) 'Adventure tourism: the freedom to play with reality', *Tourist Studies*, Vol. 4 (3): 217–234.

实现人生的自由并不容易，下面的地理学网站对于一些非结构性地区的体验提供了结构性指南：

Mission: Explore (2011) 'About us', Mission: Explore, online at: http://missionexplore.net/aboutus.

下面是一篇介绍贫民窟旅游的专题文章。这是风险旅游的一种形式，近几年逐渐盛行：

Frenzel, F. and Koens, K. (2012) 'Slum tourism: developments in a young field of interdisciplinary tourism research', *Tourism Geographies*, Vol. 14 (2): 195–212.

避险是旅游动机、行为和体验的决定要素之一，它突出反映在以下对年轻成人旅游者的研究文章中：

Lepp, A. and Gibson, H. (2003) 'Tourist. Roles, perceived risk and international tourism', *Annals of Tourism Research*, Vol. 30 (3): 606–624.

超细分旅游的持续增长是市场营销创意与现代体验需求增加的共同结果：

Lew, A.A. (2012) 'Adjectival, specialty and niche tourisms', Hubpage, online at http://alwe.hubpages.com/hub/Adjectival-Tourism.

第十一章 消费、形象和特种旅游

核心概念
- 传记体叙事
- 集体形象
- 显性消费
- 消费
- 文化转向
- 非实质的主观性
- 象征性体验
- 日常生活
- 身份
- 生活方式
- 临界性
- 现代性
- 自我表述
- 表演
- 地点的塑造
- 后现代形象
- 反身的
- 关系空间
- 重新建构的形象
- 空间的表述

- 自我实现
- 性旅游
- "他者"
- 旅游空间
- 葡萄酒旅游

　　作为这个部分的结束章，本章向大家简单介绍人文地理中相对较新的领域，关于与旅游相互交织的消费、形象和身体。自 20 世纪 70 年代以来地理学对消费过程的研究兴趣越来越浓厚，因为人们意识到文化会影响人们对地理模型的理解（所谓的地理中的"文化转向"），同时也反映了当代现实世界中"理解消费过程是探讨社会与空间关系的核心"（Jackson & Thrift, 1995：204）。人们普遍认为我们的生活已经从现代的工业化时代进入后现代/后工业化时代，所以消费的影响不可忽视。这代表了经济和社会空间的组织逻辑从生产转向消费。杰恩（Jayne, 2006：1）指出"消费被视为驱动经济和社会发展变化的发动机，它主动地构建了空间与地区，在塑造人们的生活方式和形象方面起着决定性作用"。

　　与此密切相关的是人们越来越深刻地认识到身体在消费中的作用，人的身体从社会意义上讲是由空间和消费的表现形式构成，这方面的学术研究侧重于让身体具有社会意义，它体现了自我形象（如通过服装、饰物、饮食习惯和个人情绪），同时成为一种表演的介质（和外表一样），而这一切意义都映射在地域和共享同一地域的其他人身上。

　　下面的讨论分析了人的形象是如何被消费及其表现出来的行为模式所塑造，而这些形象也会映射到其他人身上。旅游是这些进程的主要表现之一。旅游已经成为后工业/后现代社会最有影响力的消费形式之一，而且是重要的形象表达的媒介。我们将结合本章的主题进一步分析两个新兴的旅游类型——探险旅游和红酒旅游。

一、消费

　　什么是消费？简单地说就是我们获得和使用某些产品和服务满足我们需

第十一章 消费、形象和特种旅游

求的过程。在这个狭义的定义中，消费行为所用到的产品和服务不能同时用于其他人消费：如消费一顿饭或不可再生的矿产资源。不过这个词被用以形容一种更广义的概念，整个社会、文化和环境都可以作为体验被"消费"。杰恩（Jayne，2006：5）写道："消费不仅是关于产品的生产和售卖，更是指思想、服务和知识——地点、购物、餐饮、时尚、休闲、娱乐、视觉和声音都可以被消费"。因此消费不单纯局限于购买行为本身及其直接效果，而是一种持续的过程，包括购买前的行为对未来的影响，因此消费是一种日常生活，不是一种独立的活动，它与时空紧密关联。

为了讨论方便，消费的两个影响要素我们必须要知道。其一，它在塑造地点和地点性质方面的作用；其二，它对个人生活方式和形象方面的影响力。要理解空间和地点是如何为消费所塑造的，列斐伏尔（Lefebvre，1991）和苏贾（Soja，1996）的著作非常有用。他们关于空间行为和空间表现的思想主要由以下三点构成：

1. 空间是如何由群体所想象表现的（如建筑师、规划者、交通工程师和开发商）？
2. 空间行为在实际地点的形成和构造方面是如何看待的（如住房、街道、购物区和开放空间），而这可以被视为想象的"具体"产物？
3. 空间是如何被认知的？这与利用这些空间的人们的实际生活体验有关，并由此获得意义和价值。

消费与以上三点交织在一起，解释了很多现代城市的具体开发，如高档百货商场和购物街的开发，像20世纪早期伦敦和巴黎的做法（Nava，1997），还有21世纪初的主题购物中心。"节庆"氛围在重建的后工业城市的零售、娱乐、办公和休闲区日益流行（Jackson & Thrift，1995）。消费是当代地点推广战略和地点形象塑造的基础。

"正式的"地点塑造者（一般是建筑师、规划师和土地开发商）先想象空间，然后塑造出实体区域，其中充满各种"标识"和符号来体现其目的和功能。不过由于人们对空间和地点有各自不同的看法角度和动机，因此地点的形象也会在被消费的过程中被强化或被颠覆。例如购物商厦作为融合零售、休闲和娱乐的一种新兴综合体验消费场所成为很多人的研究对象（Clammer，

1992；Goss，1993；Langman，1992；Shields，1992；Williams，2003）。显然商厦和其他当代零售购物环境（如节庆市场）在不同用户心里有不同的印象和看法。因此在把零售环境作为休闲场所消费时，旅游者与当地人看法不同，后者显然更看重地点的功用性。另外，不同的人也会有不同的消费方式，"逛街控"是指那些把购物中心当成社交空间的爱逛街的年轻人，他们一般只看不买，但借机与其他人社交，就像旧时的"浪荡子"一样在商场里漫步和浏览时尚橱窗（Paterson，2006）。

设计师营造的空间会结合功能性、个人价值观和态度，意在打造针对某个细分市场的独特消费风格。不过消费者体会到的意义、价值和功用源自购买体验，可能与设计者的初衷不同。于是，商厦成了年轻人闲逛的社交场所，在旅游者眼中成为景点，或者成为打工所在地等。从这个意义上讲，消费的过程改变了空间最初的意义和功用。

影响消费模式的第二个要素是我们的生活方式及与之相关的个人身份认同，这方面的著作中要数布尔迪厄（1984）的最有影响力。他的主要观点是，通过消费行为社会群能够形成并保持自己独特的身份认同。作为（后）现代消费者，我们面临着很多产品和服务选择，可以在众多产品和服务中进行比较，这个选择的过程反映了我们的判断和品位。品位反映我们所处的社会阶层、我们的背景和身份（Paterson，2006）。这就是布尔迪厄所谓的"习性"，即我们是如何融入一种社会化的生活方式中去的。

帕特森（Paterson，2006：41）把生活方式定义为"通过对消费商品和文化产品的使用和展示来界定某个社会群体和区分具有不同生活方式的其他群体的地位性标志物"。吕里（Lury，1996）用"地位消费"来指通过购买和使用商品来界定消费者的社会地位，而这是他们所追求的与他人不同的地位。这回复到一个由来已久的讨论，即围绕维布伦（Veblen，1994）早在1924年就提出的"社会仿效"的讨论，指新贵阶层模仿上流阶层的行为以求提升自己的社会地位。这能从早期的度假旅游中看到同样的风潮（见第二、三章）。现代的分时度假让人们能购买到一段时间的奢华旅游。不论如何概念化，消费在稳固形象方面作用明显，我们通过买什么及我们赋予购买的产品和服务的意义来界定我们自己（Jackson & Thrift，1995）。

第十一章 消费、形象和特种旅游

对布尔迪厄（Bourdieu）观点最常见的批评是他假定阶层设定是固定不变的，这样才出现中产阶层的价值观和行为向更高阶层靠拢。后现代化给我们上的最重要一课是阶层结构是流动的且边界不明晰的。后福特主义灵活生产的模式造就了越来越多的精细化产品分类，让消费者有更多的选择，也使人们的消费模式变得多元化（见Featherstone，1991）。人的形象不再由布尔迪厄所说的社会阶层所界定，而是基于经济资本决定人们能获得什么样的文化和社会资本。后现代社会个人形象的界定由我们"多变的、稍纵即逝的"（Paterson，2006：49）消费选择所决定。

既然我们不能再在传统的阶层框架下理解消费与形象的关系，我们可以通过以下三个要素去帮助我们理解消费与身份的关系这个捉摸不定的概念。

首先，人们可能会有多重身份，而且身份是不固定的，可能会不断根据背景、消费模式和生活方式进行调整。另外，我们在休闲时间的身份可能也跟我们在工作环境中的形象不同，我们在父母面前和在同辈面前的身份也是不同的。我们在人生不同阶段的身份也在发生变化。生命周期消费模式的变化与不同社会环境下不同的经济资产水平有关，例如一个中年职业人士所表现出来的消费模式和身份肯定与年轻学生不同。

与身份联系紧密的消费也同样体现出人们对非传统生活方式的抵制或坚持。杰妮（2006：5）认为消费与她所谓的"身份定位矩阵"（如阶层、性别、性、年龄和种族）有关。常被引用的例子是"同性恋"群体的消费，如在开普敦、南非和旧金山的同性恋社区，还有年轻人文化（强烈地通过消费表现出来）所传达出来的信号与现存传统价值观有很大差异（见Chatterton & Holland，2003）。

除了消费者形象，消费还会改变地点和物品的象征意义和价值。消费者不是被动的产品接受者，而是可能在使用产品过程中改变其性质并赋予其新意义和价值（Crang，2005）。迪盖伊（Du Gay，1997）援引约翰逊（Johnson，1986）的文化回路（图11.1）为解释这个概念提供了理论框架。该回路显示整个过程不是一个单向的线性通道，从受到调控的生产通过营销（如广告）达到树立与消费相关的形象（如图11.1中的标号所示），整个过程是一系列闭路循环，持续不断地相互影响和牵制。因此当消费者开始在使用的过程中把自己的价值观应用于某个产品时，产品赋予消费者的身份将发生变化，开始获得一系列新意义。这反过来也会影响生产流程，刺激生产者改变产品并以新的方式将其展示出来，以期获得消费者的共鸣。手机的消费就是这样一个例子。这种目前已经非常个性化的产品曾只是一种相对功能型的产品，不过通过消费和相关技术的进步，手机已经被改造成一种多媒体通讯、存储和娱乐设备。其发展结果是手机获得了多种价值定位，从一种必不可少的商务辅助设备变成了时尚用品和各年龄层的人们的社交工具。

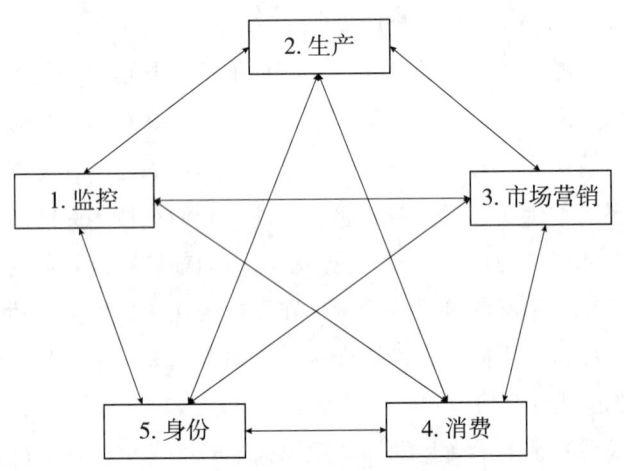

图 11.1　文化、生产、消费和旅游之间的关系

资料来源：据 du Gay(1997)。

二、身份和现代性

本章前面多次不加限制地提及"身份"这个词，其实这是个很活的概念，需要仔细推敲。鲍曼（Bauman，1996：18）认为"身份""是一种现代的产物"，带有现代的烙印。随着工业化进程及资本与劳动力在全球范围内的重组，现代性几乎瓦解了过去前工业社会小型的保护框架，取而代之的是大型的个性化社会组织形式。这些变化带来了社会生活中个人的匿名性和不确定性（相对于过去比较传统的社区），因为人们的身份认同不再被传统社会阶层所固化，现代社会的每个人都面临身份认同的挑战，每个人都可以从多种自我形象中选择自我表达方式（Desforges，2000）。

第十一章 消费、形象和特种旅游

围绕我们是谁和我们如何保持自我身份认同感这两个问题的一些情况已被西方社会中至少部分元素往后现代性的流沙上转移而更加复杂。后现代社会在不断地发生着变化，要求我们的形象具有适应性和灵活性，而不能固化和局限。用鲍曼（Bauman，1996：18）的话说，"现代社会的'身份问题'在于如何构建一个身份并保持其稳定，而后现代社会的'身份问题'是关于如何避免形象的固化并保持其有开放的选择"。因此，在不同话语和实践领域，身份越来越碎片化，具有断裂和多重特点（S. Hall，1996）。

上述观察引出了一些有趣的问题：一些围绕身份认同和形象如何构建与理解；一些（与本书主题尤为相关）与旅游对身份的形成所起的作用是什么有关。在现代性和个人形象的研究方面，吉登斯（Giddens，1991）归纳了对个人形象的各种理解，以及这些理解是如何影响社会行为的，其中一个核心观点是形象是个性的镜像，是随着时间变化的。换言之，就像斯图亚特·霍尔（Stuart Hall，1996：4）所说的，"形象是一个**形成**的过程，而不是一种**存在**"（着重处系作者所加），即我们所做的选择决定了我们是谁，我们会成为谁，每个新选择都反映了我们以往选择的风格。这个过程构成了吉登斯（Giddens）所谓的"自我表达"，与我们日常生活的故事有关，反映了我们是谁，也反映了我们希望其他人认为我们是谁。因此，形象是我们自己塑造的，而不是单纯的自我发现，是由我们用来环绕自己的自我表达所组成的，而不是远离这些自我表达（S. Hall，1996）。

这个重要的结论假设有两个进一步的进程。首先，吉登斯指出人需要保持一种灵活的对自我的理解和审视，这种自我表达是不断变化的，反映出过往的个人经历和对未来的期许。我们可以看出这些自我表达因人身份的变化而变得复杂，如果个人身份有多种选择，这种自我表达会更复杂（这强调的是当代对形象的理解，即身份是持续不断变化）。第二，吉登斯给出了"自我实现"的概念，即人们身份的实现是通过生活方式的变化而实现的，指自我管理的能力，包括参与某些身份塑造活动（如旅游）的时间和花费。这种自我实现的过程也可以理解为一种机会与风险的平衡，如果要较大尺度地重塑一个人的身份，"需要经历和面临很多新奇和风险，因为这需要打破以往的行为模式"（Giddens，1991：78）。

吉登斯（Giddens，1991）进一步指出自我的自反性会扩展到身体，这里所说的身体是"行为系统"的一部分而不仅仅是个被动的物体。本章后面的部分将涉及这个身体的行为系统，作为身份形成与投射到别人的一种媒介。身体带有一系列经过编码的"信息"，能让别人"解读"，通过身体的行为和表现，我们可以传达出我们想向别人展现的自我身份。身体的作用和他人的观察是人们自我身份的一部分，特别是我们与他人的关系形成了集体身份。德福奇（Desforges，2000）在分析探险旅游中的登山者时指出这些人通过表现和着装风格、行为模式定位自己"属于"哪个登山群体（见 Beedie，2003）。不过个人身份更多的还是基于各人之间的差异而不是相似。斯图亚特·霍尔（Stuart Hall，1996：4）指出形象是"差异和独特的产物，而不是千篇一律的自然形成的统一体"，大部分"身份源于差异"。

插图 11.1　沙滩表演（服饰与行为）与非沙滩不同，图示为巴西里约热内卢伊帕内玛（Ipenema）海滩（刘德龄 摄）

三、消费旅游与形象塑造

旅游与消费及形象的塑造是如何结合的？旅游是消费的一种形式，但因为旅游体验中一般不购买有形商品，因此这种消费形式颇为复杂。很多旅

第十一章 消费、形象和特种旅游

游消费形式主要是通过旅游凝视对形象和表象的一种视觉性和体验性消费（Urry，1990），尽管帕特森（Paterson，2006）认为视觉消费通常也包括一系列有形产品和服务的消费（如餐饮和交通）。旅游也是一种"显性"消费，是一种社会标识（Veblen，1994；Bourdieu，1984）。尽管旅游者的关注点更容易被一些恢宏著名的东西吸引，但他们也同样对其他人的世俗日常生活有兴趣，因此旅游者行为很难被区分开来。旅游者行为与形象的联系也同样复杂。旅游有助于形成游客的群体形象，但也同样会破坏当地人的形象；这是一种我们努力确定对自我的理解的做法，同时也是这些形象受到挑战和重塑的背景之所在。显然我们能从消费和形象的角度了解旅游的意义，其中主要涉及三方面：显性消费、塑造形象和当代生活方式。

首先，旅游是重要的显性消费形式。这种显性体现在身体、经济和社会等多个维度，身体维度的显性是因为旅游行为本身需要人的亲身参与。对于工作的人，离开日常环境意味着要通过正式程序进行请假。这也可以从人们生活的社会环境中直观看出，如暂时紧闭的家门，邻居承担日常守望和安保检查的任务。回家的旅游者会带着一些身体上的变化（如晒黑的肤色），家里会增加一些旅游途中买到的商品（如衣服和纪念品），这些都是近期参加过旅游的标志。

从经济维度看，旅游是一种比较费钱的活动（在家庭预算范围内），相对其他常规消费来说，旅游需要主动存款和一定程度的投入。对于很多人来说，旅游是一种奢侈品，需要投入比较多的钱去购买，因此作为回报旅游者显然希望获得一定的文化资本和社会资本。度假，特别是去国外目的地度假，会刺激社会地位和形象的形成与提升。与朋友、领导和亲戚之间的谈资（通过寄明信片、赠送礼物或分享照片和视频）就是稳固社会地位的一个不可分割的组成部分。

其次，与旅游作为显示消费的作用相关的是它在形象塑造中的角色，或是稳定现有形象或是重塑新形象。布鲁纳（Bruner，1991）对旅游是自我改造的一个载体的概念提出质疑，他认为商品化的过程常常使旅游体验表现出明显的人为设计痕迹，其目的是印证人们的预期，因此几乎不能为旅游者提供体验深度差异的机会。另外，德福奇（Desforges，2000：930）指出，"旅游实践及其被想象和付诸行动的方式对于自我的构建具有重要作用"。旅游能让人有新奇的探险的体验，这是自我发现和自我表述的基础（Giddens，1991）。

诺伊（Noy，2004：79）在研究年轻背包客时发现，旅行已成为"年轻人向别人讲述有关自我和自我身份的故事中的决定性、转折性时刻要构成"。尽管年轻人在从青年时期过渡到成年期的阶段更可能讲述通过旅游等活动获得的转折性经历，但其他研究也从年长游客身上发现了类似记据。德福奇（Desforges，2000）在研究中访谈了一位60多岁的女性游客，从其口中了解到她通过最近去尼泊尔和秘鲁的旅行构建了一个全新的自我价值观和身份形象，在这些例子中旅游行为和体验成为重塑自我的关键。

作为个体旅游者的身份形象既能形成某个群体的集体形象，也是与其他人区别开来的手段之一。诺伊（Noy，2004）对年轻的以色列背包客的调研显示，旅游是重要的文化资本，令他们归属于"背包客"这一亚文化群体，在群体中的地位往往直接与他们从旅游中获得的体验有关。

第三，旅游从其与当代生活方式的广泛联系中，以及与相关的消费模式和风格关系中获得进一步意义。富兰克林（2004）对当代旅游的研究显示旅游行为已经深度融入（后）现代生活，这反映出在流行媒体、餐饮（风味餐厅）和服饰的消费选择、社交话题、地点的结构（娱乐购物）方面，旅游已经越来越成为后现代想象的中心（如我们常在目的地广告中所见到的）。想象是后现代消费的基础部分。坎贝尔（Campbell，1995：118）指出，"消费的基础不是实际的选择、购买或使用产品，而是想象产品所带来的愉悦"。这种追求愉悦可以理解为对新奇的渴求。坎贝尔还指出，"现代消费的中心是对新奇感的消费"，而"现代消费者更喜欢新奇的产品而不是熟悉的产品，因为前者能使消费者保持与时俱进"（Campbell，1995：118），这意味着社会资本的积累和独特形象的形成。旅游是最主要的想象和新奇体验的实践方式。

四、旅游与对身体的理解

在关于消费地理和形象的当代文献中，关于身体和人类体验本质的论述很常见。关于身体的学术研究兴趣起源于女性主义观点（见 Butler，1993），这里指的是身体的社会构成而不是生物属性。例如，性别最初是基于男女的身体差异，而从社会学角度看，性别指的是男女行为规律和社会预期的差异，从两性的表现定义两性的形象（Nash，2000）。性别是一种角色扮演，基于我们出生时的身体特征，辅之以服饰或身体塑形（如苗条或健硕），用以实现一系列个人或集体目标。从这个意义上讲，身体"不是固定的，而是与政治、社会经济和地理网络相关的"（Winchster et al.，2003：157）。

这个概念把身体视为一种"关系"空间（Thrift，1996：1997），它赋予特定环境下人的世俗日常生活一种与他人区分的意义。思里夫特（Thrift）认为日常生活的表现可以分为"抽象理论"和"行为理论"。这个理论深入分析了日常生活是如何构成、付诸行动和获得意义的，这是表象形式（如正规书面文本）无法达到的。

这些理论与旅游相关并直接激发了学术界对身体如何作用于旅游模式方面的兴趣。这些理论主要强调作为关注主体的旅游者的解构（Urry，1990）及旅游者关注目标的"他者"的外部作用（Veijola & Jokinen，1994；Franklin，2004）。同样，旅游的本质也体现在身体在捕捉空间感受和体验方面的首要作用（Crouch & Desforges，2003）。身体是我们与世界联系的通道，想法和情感是变化的，但当你听、看、闻、摸、品尝和感受时，你更直接地与你所处的环境建立了联系（Veijola & Jokinen，1994）。

另一个核心变化是认识到旅游的表演本质，而身体是表演的主要演员，展现了一系列的复杂动机、行为、信仰和预期，这些都是旅游行为所展现的。从这个意义上讲，旅游空间成了旅游者表演的舞台，即兴创作或调整的角色都表现了形象塑造的灵活本质。

身体在旅游中的作用可以从几个角度去理解，上面已经有所涉及，归纳起来主要有三个方面：首先，身体与形象的关联；其次，旅游者行为构建旅游空间和空间的理解方式；第三，行为对参与者的塑造或旅游地的使用。

1. 身体与旅游者身份形象

我们已经知道，身份形象与消费行为同步，而身体是我们表达由自己的消费模式协助形成的形象的载体。通过我们对服饰或发型的选择，通过行为和性格，通过我们对身体的管理（健硕、黝黑、苍白或走样），通过表现，我们唤醒了自己的身体，我们强有力地表达了我们相信我们是谁，以及我们认同的价值观。

如前所述，身体也有社会属性，它对权力和身份很有影响力（Winchester et al., 2003）。身体领域可能被社会所抵触、接纳或排斥。例如20世纪六七十年代加州"嬉皮士"的反文化运动中，人们通过一系列独特的服饰、发型、性态度、公开裸体、消费酒精和毒品等一系列反主流文化的行为展示自己的特立独行。如埃登泽（Edensor, 2000b）所说的，身体带有文化含义是社会关系的展示平台。

纳什（Nash, 2000）认为身份不能脱离表演而存在，而表演与身体行为联系起来成为人们感知世界和表达世界观的方式。这与旅游地的理解高度相关，因为：1）我们作为旅游者在旅游过程中有自己的身份形象（如服饰和配件），2）作为旅游者表演的位置体现了旅游空间及构成此空间结构的各种关系。没有旅游者的身体及其相关形象和表演，很多旅游空间与非旅游空间就没有差别了。

显然，我们可以通过旅游表演的差别看出个人身份形象并把我们与他人区分开来。即使我们与其他旅游者共享空间，我们也不希望共享完全一样的形象。埃登泽（Edensor, 2000b）分析了旅游者行走过程表现出来的不同风格和行为方式。深度徒步者（欧洲很常见的运动）采用一种常规体式向别人传递自己的价值观和专业地位。这一般会通过徒步鞋（很有标志性）、手杖、某些品牌的户外服装和背包等传达出一种文化资本，告诉旁观者自己的专业地位和属于哪个专业协会。

旅游不仅是我们表达形象地位的另一种背景。旅游空间也是我们探索和改变自我形象的地方。人们可以通过旅游去发现、稳固和改变自己的形象，很多旅游形式都让人能主动地通过身体行动与自己的形象进行交流（Crouch & Desforges, 2003）。英格利斯（Inglis, 2000）认为度假是人们尝试另一种自我的表达，或重新发现自我。他认为度假时人们自我感觉可能是"很好、很清新、很放松、发现真我"（Inglis, 2000：135）。尽管旅游体验也可能很糟，令人精疲力竭，但度假能让人发现自我仍然是主旋律，特别是在旅游营销中。例如，爱尔兰针对英国度假市场的宣传就是让旅游者通过在丁格尔半岛骑马，在"真正的"爱尔兰酒吧跳凯尔特舞或在都柏林的酒吧与著名的爱尔兰健力士黑啤相遇发现"自己的"爱尔兰。

2. 身体与旅游空间

身体及我们如何用它构建与发展对旅游空间的共同理解的关系不是显而易见的。麦克诺顿和厄里（MacNaghten & Urry, 2000）、埃登泽（Edensor, 2000b）认为旅游地的本质与这些地点所激发的情感反应关系密切。埃登泽（2000b）在分析休闲徒步这种旅游行为时指出，这种活动集中开展的乡村地区是象征性地建构为逃离、自由和自然表达的环境，而这些环境是具体徒步活动的核心所在。

上述情感是对19世纪浪漫主义运动的响应的一部分，而这场运动所带来的对乡村的审美欣赏（与城市工业化相对）衍生出人们对自然风光的热衷。这种风尚最早体现在徒步和露营中，以及更为小众的自然主义行为（天体营）中，而自然主义塑造的是一种身体与自然的亲密关系（Bell & Holliday, 2000）。继而发展出更偏探险的旅游活动（如冲浪、登山和浮潜），这些基于自然的活动会带来恐惧刺激等身体反应（Franklin, 2004）。乡村的"自然"空间能让人灵活地发现自我和重塑自我，这与"非自然"的城市空间的拘谨、局限、管控、不灵活和限制感受的特征相反。

旅游者对于旅游空间的知识一般来源于身体在空间中移动，并与人和事物接触及通过具体社会活动（群体行为）过程获得的认知与身体理解的综合（Crouch & Desforges, 2003）。我们的行为与我们对自己遇到的地点空间的理解密不可分。埃登泽（Edensor, 2000b: 82）指出乡村徒步是我们"表现自我，同时传递一种观念，欣赏'自然'和更深地理解及体现自然的作用"的一种介质。在这个过程中，徒步者通过对哪些风景适合哪些类型的徒步的识别，及在其所到之处指明路径和留下标识的行为使徒步者的具体活动成为旅游空间构建不可分割的一部分。

身体与一些旅游地（如海滩和度假区）构建之间的关系是一种衔接空间

(Shields，1990)。衔接空间包括以下含义：1)过渡空间，2)处于文化边缘的空间，3)社会规范和禁忌行为模糊的空间，4)允许不同原则和行为出现的地方(见 Preston-Whyte，2004)。家(作为局内人)和目的地(作为局外人)之间过渡地带的体验就是衔接体验(Lew & McKercher，2002)。海滩及其相关旅游者行为是典型的临界状态，那里文化边界和社会规范都处于衔接状态。富兰克林(2004)详细地分析了为什么海滨旅游长久以来都被视为明显的性欲化空间，身体的各种角色在这其中为这个空间设定一个基调。这体现在年轻人普遍具有的正常性相遇的要求(特别是北美大学的春假期间)；体现在海滩上不同程度的身体暴露；体现在身体频繁出现在海滨地区的明信片、影射段子和度假区戏剧舞台上的色情笑料中。

身体在决定一些旅游空间的性特征方面的作用提醒我们身体不仅能构建和决定旅游地，一些情况下本身也能成为旅游空间。这点在性旅游中最为明显，享受"他者"的身体(匿名的男性或女性)成为关注的首要目标，在一定情况下性旅游地就是直接提供性接触和相关体验的地点。英格利斯(Inglis，2000)指出性旅游比我们想象的传统悠久，自20世纪60年代后期以来，性态度和性行为的开放带来了这种全球旅游行业的发展。特别是当旅游者来到一些性观念相对开放的目的地，如加勒比海地区和东南亚，这些地方的性旅游已经成为当地的一种旅游形象(另见 Oppermann，1999和 Franklin，2004)。这些性旅游地更多是针对男性，而针对女性的性旅游地多被称为"浪漫旅游"或"女性性旅游"，如加勒比海地区、东南亚和非洲的部分地区(Pruitt & Lafont，1995；Momsen，2005)。

3. 旅游行为表现

前面的讨论反复提到身体在一系列表演性的旅游活动中的作用，以及身体体验的重要性。这些重要主题与新兴旅游活动直接相关，进而刺激新旅游地和旅游空间的开发。富兰克林(2004)指出现代旅游与其说是观察他人，不如说是越来越关注自己的身体，度假更多是围绕自己的身体体验(日光浴、舞蹈、餐饮、自驾车和徒步)，另外克劳奇和德福奇(Crouch & Desforges，2003)注意到旅游动机的一部分就是把自己沉浸到身体体验和感觉中去。因此，这种实际体验是整个消费过程中的核心，甚至在其中达到巅峰。

不过旅游的形式不仅仅体现在消费领域，还反映在身体、健康和自然的历史关系（仍在持续发展演变）中。回顾现代人对身体、健康和自然的态度，这些多半与愉悦相关，包括浪漫主义运动让人们相信自然环境能给人身心健康带来好处。这促进了户外活动的发展，让乡村徒步之类的活动成为自我提升的一部分（Walker，1985）。这种"自然文化"（MacNaghten & Urry，2000）一直延续至今：包括人们用自然形象进行宣传推广；更喜欢自然而非人造的景观；让自然环境总体处于一种稳定状态中。旅游业是在这种背景下被重塑的。旅游更多的是对自然环境的直接消费，即更多的是旅游者的体验和践行而非单纯的观看，如探险旅游和以各类体育运动为中心的旅游，包括骑马、登山、探洞、冲浪、潜水或滑翔，以及美食和品酒旅游。本章最后将以这些新兴的旅游形式为例说明旅游对地理空间的塑造。

五、新旅游空间的行为表现

有很多活动可以证明旅游的消费、身份和践行活动能共同作用于空间，使其被认知、得以稳定和被旅游者使用和理解。美食消费是其中之一。我们每天吃的东西是界定我们的个性（如我们的伦理）和社会属性（如我们的经济阶层），以及旅游模式的日常基础。本章最后以葡萄酒旅游为例对这种变化进程加以说明。

1. 葡萄酒旅游

葡萄酒旅游的扩张能直接让我们看到旅游消费和实践活动是如何塑造旅游地的。最近的文化研究成果让我们知道餐饮消费会影响我们对个人的看法，对社会关系的看法及对我们在世界中的定位。比尔和瓦伦丁（Bell & Valentine，1997：3）指出"对于大部分（后）现代西方社会来说，食物早就不单单是为了维持生命和提供营养，它含有更综合的社会、文化和标志性意义"。食物已经成为"生活方式和社会地位标志的综合体"，并且"在这个个人形象和空间形象交织的消费网络世界中，我们吃什么（在哪里吃，为什么吃）

是标志我们是谁的符号"。

很多情况下，餐饮消费还会影响我们对消费地点的理解，如很多地区是结合了自然体验（自然风景）和文化体验（当地居住者的生活）的地方。地点的形象正是由自然和社会的结合体构成的，而这个形象的表达正是通过一些风味独特的饮食展现出来的。如贝尔和瓦伦丁（Bell & Valentine，1997）所观察的，葡萄酒产区（如法国的波尔多、勃艮第或香槟）正是这些地区的与众不同之处，不同地方的葡萄酒带着产地不同的环境条件和酿造传统痕迹，这使红酒有自己的独特味道，也直接影响产地的形象。当然地区标签不能确保产品的形象，对于葡萄酒旅游者来说，确切的产地酒庄才是真正的旅游空间（见图11.2）。

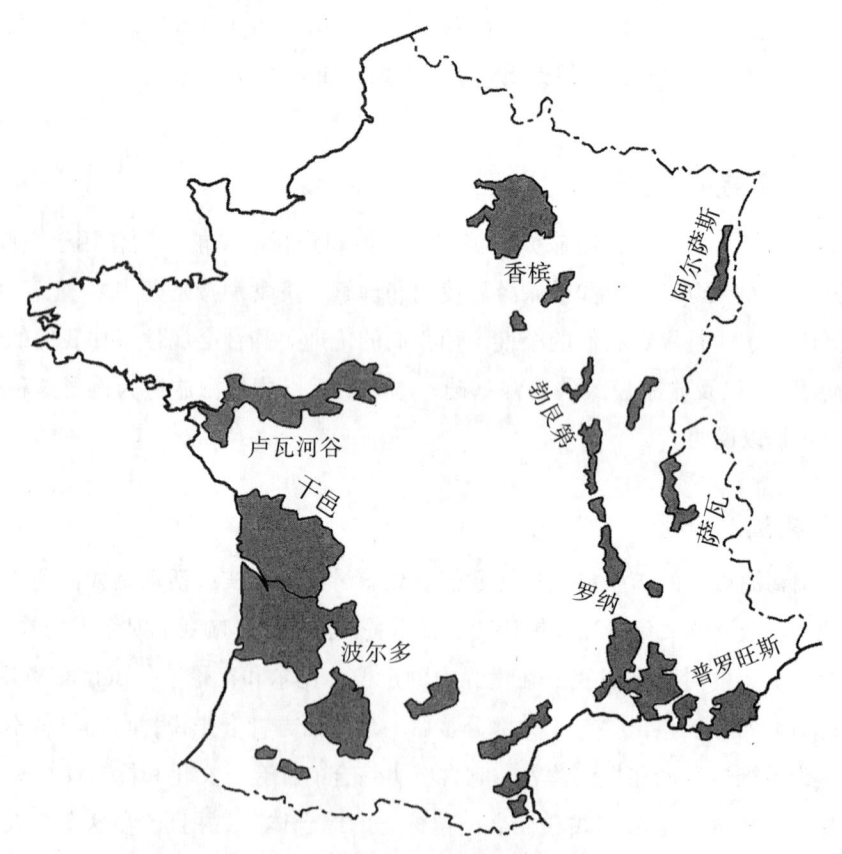

图11.2　法国主要葡萄酒产区

第十一章 消费、形象和特种旅游

旅游与饮食有很深的关联。一方面，有机会品尝外国的饮食本身就对旅游者有吸引力，独特的料理风格（特别是以料理著称的国家和地区）会有力地带动目的地推广。另一方面，科恩和阿维利（Cohen & Avieli, 2004）指出本地餐饮和外国餐饮交织的环境虽然缓解了旅游者在异国的焦虑和不安全感，但同时也局限了消费的真实性。这取决于餐饮的制作过程、消费过程、口味和口感，以及当地菜肴能在多大程度上为游客的文化和宗教所接纳。

通过对红酒产品的管理（包括使用的葡萄品种与标签体系及产品质量监控），旅游者担心的消费风险和不确定性得到基本消除。葡萄酒旅游的发展带来了旅游与葡萄消费的更高同步。布吕韦尔（Bruwer, 2003: 423）指出，从本质上讲，葡萄酒生产是旅游的有益补充。"葡萄酒是使人放松的饮品，是食品消费的补充并为其增色，是学习新东西的机会也是待客之道。"在法国、美国加州等地，葡萄酒旅游已经形成了固定的品酒线路，直接把葡萄酒与旅游探索结合起来，而且这些线路一般都经过风光秀美的乡村，在种植葡萄的同时让游客获得享受（Carminchael, 2005）。

葡萄酒旅游有很多定义，但其中引用最广的是霍尔和麦休尼斯（Hall & Macionis, 1998: 197）的定义——"到葡萄酒酒庄酒窖，以及葡萄酒节庆和展示地的旅游，在此过程中以品尝葡萄酒和/或体验葡萄酒地区特色为主要动机的游客"。这个定义突出了葡萄酒旅游体验的综合性。盖兹和布朗（Getz & Brown, 2006）指出从旅游者角度和葡萄酒旅游"产品"角度可以归纳出以下三个基本要素：

- 葡萄酒产品——与品尝和购买葡萄酒有关，涉及酒庄及其员工，以及特殊的葡萄酒节庆；
- 目的地吸引力——与气候、风景、住宿和信息有关；
- 文化产品——由传统的葡萄酒村落及其相关的社会文化或优质的本地餐厅构成。

卡迈克尔（Carmichael, 2005）援引詹森-弗比克（Jansen-Verbeke, 1986）关于活动地与休闲环境的概念发展出一个类似的葡萄酒旅游模型，其中包括融合参访酒庄和酒窖相关体验的活动（活动空间），能支持核心活动并成为核心活动补充的更广义的旅游环境的影响（地区环境）（见图11.3）。现实中，这些核心要素以不同的方式组合起来针对不类型的旅游者的不同兴趣点和动机。

葡萄酒旅游者及其动机的研究（见 Carmichael，2005；Charters & Ali-Knight，2002；Getz & Brown，2006；Sparks，2007）对这个市场进行了更细致的划分，从极端的葡萄酒迷把所有时间都花在品酒和购买酒去补充自己的窖藏，到另一极端的常规旅游者只是出于好奇顺道去葡萄酒产区观光。不过卡迈克尔（Carmichael，2005）和盖兹和布朗（Getz & Brown，2006）都指出即使是最投入的葡萄酒爱好者一般也会把一些常规旅游要素结合到行程中，因此葡萄酒旅游地也需要把一些其他旅游要素结合到自己的旅游产品中去。

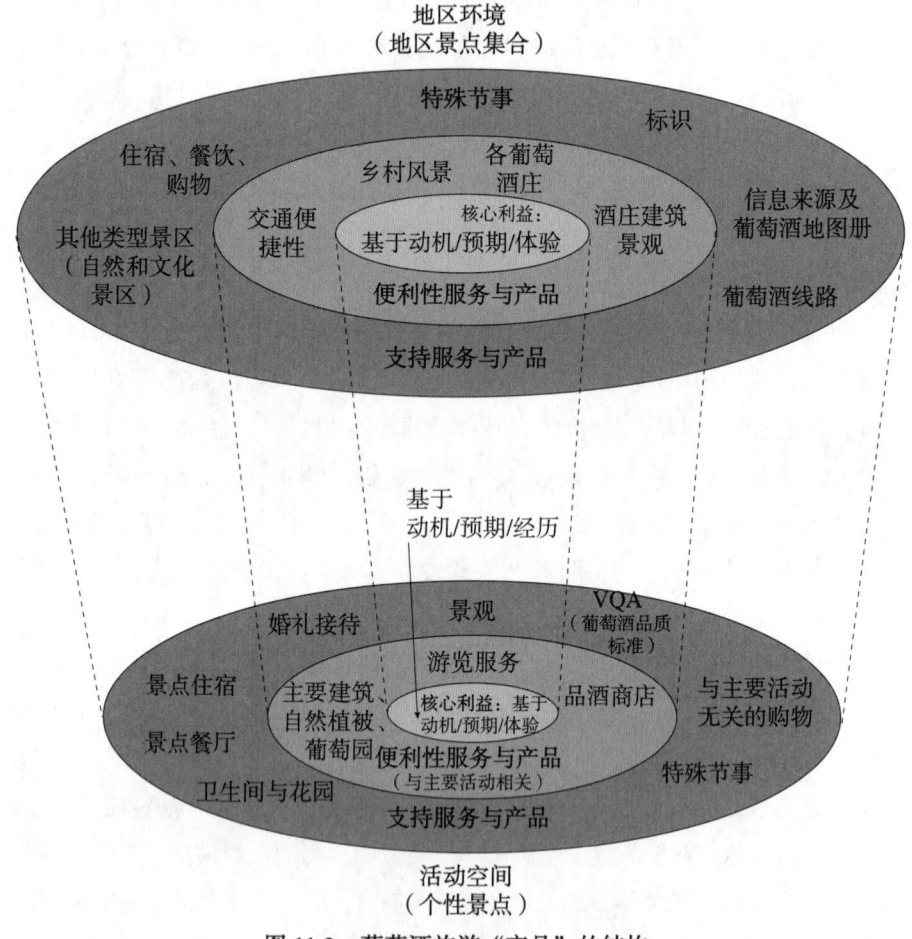

图 11.3 葡萄酒旅游"产品"的结构

资料来源：据 Carmichael（2005）改编。

葡萄酒旅游市场研究表明,这个市场主要由受过高等教育的、富有的职业人士构成,通常年龄在35—50岁之间,从消费人口结构看属于社会上的成功人士。这些人花时间去欣赏、学习了解和品尝葡萄酒,同时也与有相同嗜好的人聚会,付出时间去发展自我形象,改善与相关人群的关系,同时提升自己的文化资本。因此与其他旅游行为一样,葡萄酒旅游也是一种能提升个人形象的消费实践。

葡萄酒旅游(及美食旅游)反映出旅游与当代社会各方面的广泛联系。体验的商品化和大众化在当今社会表现得尤为突出,同时旅游与其他各类休闲娱乐活动,甚至与日常生活之间的边界正日益弱化。最重要的是,从地理学角度讲,消费发展出了新的旅游空间,形成了新的空间结构和空间行为。

六、小结

消费(或曰产品和服务的获得)是人与人,人与社会互动的基本过程和方式之一。旅游经济尤其能突显产品和服务的消费从根本上看其实是体验的获得。通过想象、空间行为和感知及意义,旅游体验成为个人形象确立和表现,以及融入日常生活的主要方式。旅游是一种实践体验,尽管旅游的某些类型会更多地涉及身体,如美食旅游。

葡萄酒旅游是美食旅游的一种,因其近年来的迅速发展成为本章中独立的一个主题,也是近年广受关注的。和探险旅游(第十章)一样,美食和葡萄酒旅游让我们对旅游中消费的变化本质,尤其是一些新趋势有更多认识,现在的一些趋势是从旅游者主要对一个地方的视觉欣赏回归更加积极主动的休憩与放松,其复杂性与多样性是传统旅游模式所不具有的。通过这些较新型活动,我们能用旅游(特别是旅游表演)更强烈地表达我们自己,并通过旅游中的消费和形象的塑造定位我们在社会中的地位。

讨论题:

1. 你在多大程度上能认同旅游是一种典型的后现代消费形式的观点?
2. 为什么说旅游是当代社会个人自我形象构建的核心?

3. 用旅游案例说明形象为什么既有排他性（个人的、排外的）也有包容性（社会性，统一性）？
4. 近年来学术界强调旅游是一种实践行为，说明厄里关于旅游者凝视的理论在理解旅游者行为和旅游空间构建方面的价值。
5. 以葡萄酒或美食旅游为例，说明这些活动的流行对旅游空间的扩展有什么意义。

延伸阅读：

关于消费的文献非常多，下面推荐的著作在这方面是比较有用的概述：

Miller, D. (ed.) (1995) *Acknowledging Consumption: A Review of New Studies*, London: Routledge.

Meethan, K., Anderson, A. and Miles, S. (eds) (2006) *Tourism, Consumption & Representation*, Wallingford: CAB International.

下面是近期比较好、比较简明的讨论：

Paterson, M. (2006) *Consumption and Everyday Life*, Abingdon: Routledge.

其他针对具体消费不同方面的资料包括：

Bell, D. and Valentine, G. (1997) *Consuming Geographies: We Are Where We Eat*, London: Routledge.

Crang, P. (2005) 'Consumption and its geographies', in Daniels, P. et al. (eds) *An Introduciton to Human Geography: Issues for the 21st Century*, Harlow: Prentice Hall, pp. 359−378.

Everett, S. (2012) 'Production places or consumption spaces? The place-making agency of food tourism in Ireland and Scotland', *Tourism Geographies: An International Journal of Tourism Space, Place and Environment*, Vol. 14 (4): 535−554.

Jayne, M. (2006) *Cities and consumption*, Abingdon: Routledge.

详细探讨现代世界中的身份问题：

Giddens, A. (1991) *Modernity and Self-identity: Self and Society in the Late*

Modern Age, Cambridge: Polity.

Hall, S. and du Gay, P. (1996) *Questions of Cultural Identity*, London: Sage.

关于旅游实践行为的一些有趣有启发的文章:

Crouch, D. and Desforges, L. (2003) 'The sensuous in tourist encounter: the power of the body in tourist studies', *Tourist Studies*, Vol. 3 (1): 5−22.

Edensor, T. (2000a) 'Walking in the British countryside: reflexivity, embodied practices and ways of escape', *Body and Society*, Vol. 6 (3/4): 81−106.

Franklin, A. (2004) *Tourism: An Introduction*, London: Sage.

Veijola, S. and Jokinen, E. (1994) 'The body in tourism', *Theory, Culture and Society*, Vol. 11 (3): 125−151.

第五部分

应用旅游地理与未来旅游地理

到目前为止,本书主要关注的是人文地理学关于旅游地与空间的理论,用当代地理学概念解释旅游结构和我们所生活的空间,人和社会团体与旅游的关联,以及利用旅游去塑造和展现形象与意义。生产与消费的流程在形象塑造(见图10.1)、空间构建和旅游全球化进程中相互勾连。从第四章列出的旅游经济数据中,我们可以看出旅游有巨大的现实意义和影响,这使得旅游地理学者成为解读、管理那些指引旅游业发展方向的分析与政策的专家,让旅游业的发展为社会目标服务,最终提升生活品质。不同社会群体对生活品质的定义不同,不同政党对此也有很大的分歧。规划人员不是政治家,他们充其量就是技术人员,为政治选举出来的决策人(在民主社会中)提供建议(Lew,2007)。不过现实中规划者是一些有个人价值观和利益关系的人,他们被形象问题所驱动,受营销和全球化进程的影响,在创建地点等方面有实际影响力。

在这一部分的两章中,我们首先聚焦旅游的规划与管理,特别是国家、地区和社区不同层级的旅游规划。当然,本书并不专门讲旅游规划,要想详细了解从全球、国家到地方的旅游规划与政策解读详见看霍尔和刘(Hall & Lew,2009)的著述。该书12章内容侧重介绍的是旅游规划者的作用。规划一般是政府职能,它对旅游业的兴起、发展,甚至是衰退都很有影响力。这很重要,因为我们在强调人(包括旅游者和社区居民)在塑造地点及其意义方面的作用的同时,必须看到政府的政策在地点表达方面的结构性影响。

我们要注意"旅游规划"和"为旅游的规划"两者之间的细微差别。尽管二者在大部分情况下可互换使用，但旅游规划更多的是指识别旅游问题，制定旅游政策，制订和实施侧重于旅游行业与旅游资源的规划。而为旅游的规划是同时关注旅游现象与影响的广义性地区和社区规划过程。尽管也有例外，但大部分地方由于对旅游高度依赖或希望成为高度依赖旅游发展的地方，为旅游的规划实际上比旅游规划更为常见。

本书最后一章放眼未来，对旅游地理学术发展进行概述，同时概述一下近年来旅游地理学界年会提出的一些理论框架和议题。这些会议规模可能很大，但我们所涉及的只是旅游地理学术界前沿问题中的很小一部分。但这些议题反映了学术界在不断地温故或求新，探索用老方法或新道路来解决当前问题。

第十二章　规划与旅游开发管理

核心概念
- 推进主义
- 基于社区的旅游
- 社区导向的规划
- 地理尺度
- 增补规划
- 行业导向的规划
- 本地议程 21
- 总体规划
- 自然和空间规划
- 规划体系
- 公众参与 / 顾问
- 理性规划流程
- 中小企业（SMEs）
- 供给和需求
- 可持续性
- 系统规划
- 善意和恶意的问题
- 旅游规划

可持续旅游和旅游开发的很多观点都认为规划是确保旅游业有序合理发展和解决旅游发展所带来很多矛盾冲突的有效工具（Gunn，1994；Inskeep，1991）。旅游规划为政府旅游政策的执行提供一种首要机制（Hall，2000），同时也是取得一系列具体成果的一种机制（形式不一样），包括：

- 旅游与其他经济门类的整合；
- 发展模式与方向的把控；
- 稀缺或重要资源的保护；
- 目的地的积极宣传和营销；
- 营造旅游者与当地居民的和谐社会、文化关系；

霍尔和刘（Hall & Lew，2009）认为旅游规划能弱化负面影响，提升目的地经济回报，在当地社区形成对旅游业的正面态度。反过来，如果没有有效的旅游规划，旅游发展陷入无规范、无章法、有害和低效率境地，并可能直接导致负面的经济、社会和环境影响的风险将非常高。

一、旅游对接待地社区的影响

第三、四部分各章内容从不同方面说明旅游是现代社会文化和风景不可分割的一部分。一个重要观点是旅游经济是重要的变化驱动力，会影响政治关系、发展路径和文化演变。在第六章，我们看到有很多学术文章讨论旅游的社会文化影响，似乎更多地强调了旅游的负面影响，如犯罪率上升、道德水平下降、家庭结构不稳定和传统的商业化。这其实具有误导性，随着旅游的发展它也会带来很多正面的影响，如文化障碍的消除、更多的跨文化交流与理解，以及提升目的地的文化自豪感（Jafari，2001）。很多人觉得旅游是社会和文化的"破坏者"，这个观点太简单偏激。旅游不是一个单一维度的力量，也离不开广义的发展和变化过程。它既是社会文化发展的原因也是其结果，由于旅游参与方构成复杂，不同的机构有不同的动机和目标，因此也让影响结果存在多种可能性和不确定性。这带来了空间与旅游、社会文化影响关系的多元化。总的来讲，游客会改变他们的关注目标，也会因他们的参与而改变景区。这看似自相矛盾的说法在现代旅游中却很常见。

第十二章 规划与旅游开发管理

旅游的社会文化和环境影响实证研究突出了这种潜在影响的多元性，这方面的探讨可以从很多旅游学术文献中看到（见 Mathieson & Wall, 1982; Murphy, 1985; Ryan, 1991; Richards, 1996; Meethan, 2001; Smith, 2003; Wall & Mathieson, 2006; Hall & Lew, 2009）。本书这方面的讨论是基于更广义的真实性、商品化、道德变迁和社会价值观的改变，新的社会结构和赋权等问题，建立上述框架的目的是为了说明这些影响的交叉性。

本章探讨的旅游规划是社会从集体层面应对旅游发展与增长带来的有关变化的一种首要手段。第一部分讨论规划的基本流程和一些应用于旅游开发的规划方法。之后，我们将分析规划对于旅游的重要性，说明旅游规划理论与实践中的一些主要优势与局限，特别是与可持续性有关的话题。最后，分析国家、地区和地方不同层面的旅游规划。

二、规划与规划流程

"规划"有多种定义，但一般认为规划是指为实施一个或一些相互关联的目标，按一定程序和顺序进行的一系列活动。墨菲（Murphy, 1985: 156）指出，"规划是关于系统变化的预测和监管，旨在促进有秩序的发展，使发展的社会、经济和环境利益增加"。上述概念化说明规划是具有以下特点的过程：
- 预测和规范变化有序化；
- 前瞻性；
- 针对一些可能出现的问题寻求最佳解决方案；
- 提高发展利益或使利益最大化，包括物质、经济、社会或环境方面的利益；
- 产生可预测的结果。

根据这种宽泛的定义，我们可以得出规划（包括旅游规划）具有多种形式，应用范围广泛的结论，包括物质和经济发展、社会政策、服务供应、基础设施改善、市场推广或商业运营，以及环境管理。

1. 一般规划流程

尽管规划的应用形式有很多种，但规划过程的基本性质从理论上看都是一致的，图 12.1 所示为理性规划程序的一般模型。这个模型中，规划制订和执行过程中的几大要素具体体现为一系列关键阶段或步骤分为几个主要阶段（UNWTO，1993）。这个规划程序中的关键阶段基本上非常明了，但该模型的几个特殊需要强调一下：

1. 规划过程从一般到具体，先设定广义目标，然后对其进行细化以得出具体的执行政策。

2. 规划过程具有循环性，各种目标与实现目标的方案都可根据背景分析或计划的执行情况进行修正。

3. 整个过程具有动态性。这个一般模型列出的步骤是可以根据情况的变化进行调整的。这一点对于旅游规划尤其重要，因为旅游的供需模式常常是反复多变的，所以灵活性是旅游规划人员必须具备的素质。

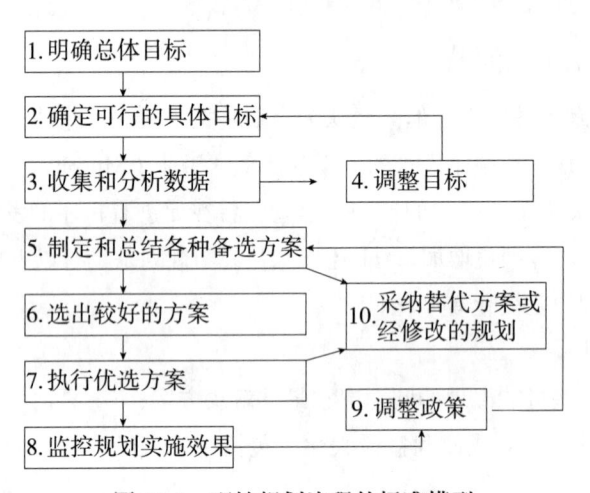

```
1. 明确总体目标
        ↓
2. 确定可行的具体目标 ←─────┐
        ↓                  │
3. 收集和分析数据 ──→ 4. 调整目标
        ↓                  │
5. 制定和总结各种备选方案 ──┐│
        ↓                  ││
6. 选出较好的方案      10. 采纳替代方案或
        ↓                  经修改的规划
7. 执行优选方案            │
        ↓              9. 调整政策
8. 监控规划实施效果 ───────┘
```

图 12.1　理性规划流程的标准模型

当然，对于这种常规模型也有一些批评意见。霍尔和詹金斯（Hall & Jenkins，1995）指出规划是在现实环境中存在，而现实环境是复杂的，它基于价值观、权力和利益关系，因此可能不符合甚至推翻理想化模型。刘（Lew，2007）认为标准化的规划模型假定规划人员都有专业知识水平，规划对象的行为是理性的。尽管这个模型适用于那些比较"良性"的问题，却无法解决一些"邪恶"的社会问题，因为后者可能更适合增量的和社会学习型解决方案。尽管上述观点不无道理，但这个模型仍用作一个理想的规划程序，尽管有些理想的目标在实践中不一定能实现。

2. 规划类型与方法

该一般模型确定的典型程序可能广泛适用于各种规划背景，但由于背景太复杂，差异太大，现实中的旅游规划分属于以下四类之一（但各类别并非泾渭分明）：

- 推进主义；
- 行业导向规划；
- 自然和空间规划；
- 社区导向规划。

这种分类最初是根据盖茨（Getz，1986）的著作提出的，后来在旅游规划类文献中被广为引用。

霍尔（Hall，2000）指出推进主义体现在很多目的地的旅游发展规划中，但这是否是真正的规划还值得商榷。这种旅游规划一般与目的地自然或文化资源的破坏性开发和商品化画等号，追求的是某个行业利益的经济回报最大化。当地居民对规划的参与非常有限，决策主要出自政府或行业"专家"。这种规划和开发的重点主要聚焦在积极促进旅游企业的经济成功上，因此规划和开发过程的广泛影响很少受到关注。

行业导向规划是一种监管力度较高的推进主义形式，但仍然以行业发展为主导，尽管更注重通过规划来实现资源使用的效率和可持续性，以达到提升就业和促进地区发展的目的。在这种规划形式下，营销和宣传是面向更广义的旅游行业。环境和社会文化问题，包括旅游财富如何当地社区分配等问题，在这种规划方式下会排在比较次要的位置（Burns，1999）。

自然和空间规划是基于传统的城市规划，主要关注的是自然开发的规范，土地使用的秩序和基础设施建设。这类规划在许多方面对旅游规划有比较大的影响（Gunn，1994 节选自 Hall & Lew，2009）而且反映出的重点是自然设计、旅游区域布局和活动分区。针对日益兴起的可持续性浪潮，自然-空间规划逐渐调整为管理旅游业的环境影响，但这种规划对社会文化问题的关注不甚明显。

社区导向规划近年来较受关注，因为它强调寻找可持续的发展模式，更加广泛地反映在政策和实践中。这种方法倡导增长要实现当地居民的参与，这是旅游可持续发展和旅游环境影响有效管理的基础。社区参与是缓解旅游者与当地人紧张关系的最有效办法之一，因此从理论上讲，社区导向的规划是提升当地人生活水平和改善基础设施，造福当地人和游客的基本规划框架。它在支持发展的同时带动当地社区的文化、社会和经济发展（McIntosh & Goeldner，1986）。

在上述四种不同方法基础上，规划类型可以分为三种：总体规划、增量规划和系统规划。总体规划是最传统的一种规划方式，也是对旅游的具体要求适应性最弱的一种规划方式。总体规划主要是用界定清晰的描述确定一个框架规范和引导发展。用理性的规划分析政府对当地社区的介入领域，包括住房、交通、经济发展、土地使用、公共服务和开放空间/娱乐。规划描述的是一种最终状态（目标），指出了公共和/或私营部门的努力方向。目标应在一定的时期内得以实现，一般是五年到十年，规划一旦开始实施就会一直延续到规划期满时，届时会制定新的总体规划，而制定总体规划的周期一般为六个月到两年。

总体规划的好处是对发展过程能有一个综合全面的看法，但和一般模型一样，它也遭到不少批评，如伯恩斯（Burns，2004）指出总体规划的缺陷包括：

- 太复杂，要求太多政府资源；
- 可能会形成对旅游的同质化看法，只反映了成熟旅游市场的情况；
- 不够民主，过度依赖专家知识而不顾及当地人的参与；
- 受制于国家政治疆界的局限，因此越来越与全球化趋势和国家空间的消融趋势相背离。

不过和总体理性规划一样，这些缺陷并不影响总体规划成为旅游业最广泛应用的一种规划方法（见 Gant & Smith，1992 关于突尼斯的国家发展规划）。

旅游业灵活多变的特性（新旅游者和新旅游产品或目的地几乎一直不断地改变着旅游模式）使很多旅游规划人员摒弃了总体规划的方式，转而采用增补（或延续）规划法。这两种规划的主要区别在于总体规划是阶段性定期进行的，而增补规划是根据情况的变化不断调整的。总体规划会把重点放在一般规划程序的第1、2阶段（即总体目标和具体目标的制定），而增补规划更关注规划程序的第8—10阶段（即监控、政策和目标调整及采纳修改过的规划）。由于旅游规划需要不断适应需求的变化，因此可以随时调整的规划方式具有明显的优势。

旅游规划方面的很多学者认为规划必须涉及旅游活动的方方面面，必须具有高度综合性，而且必须将与旅游业有关的其他部门考虑进去。由于旅游行业与其他行业有着广泛的联系，而且旅游的影响也很复杂，因此有些学者认为既能兼顾各方面联系和影响，又能不断根据变化调整的规划方法是系统规划法。

系统论（最初源于控制论，现已广泛应用于学术调查、管理和规划）的主要思想是系统中各个要素之间相互关联，任何一个要素的变化都会给系统中的其他要素带来变化。为了应对这些变化，在决策过程中必须充分了解系统的结构和运行方式。从规划的角度讲，系统法必须将四个要素（活动、沟通、空间和时间）结合起来构成一个相互作用、影响发展的结构模式。

系统规划法的优点在于其全面性、灵活性、综合性和现实性，以及可以根据适用地域规模在实施过程中进行调整。这种方法的缺点是它需要大量的信息以了解整个系统的具体运行方式（即一般规划程序中的第3步），另外这种规划对规划人员的专业知识和经验要求较高，从而增加规划成本。因此，这种方法是三种规划方法中实际运用较少的一种，但这种方法是所有规划方式中最成熟的，可能以后会应用得越来越广泛。

三、旅游与规划

规划对旅游业之所以非常重要，主要原因在于以下几个方面。首先，通过容量规划控制旅游发展速度，使得较大地理区域内的旅游设施和基础设施建设有一个合理的结构比例。起初，大部分旅游规划是地方性的或针对具体开发区的，规划视野比较有限。由于旅游客流的流动性大，随着旅游活动空间范围的扩大，规划体系越来越需要地区甚至全国范围内的协作开发。

由于旅游的综合性和复杂性较强，因此旅游行业的发展潜力在很大程度上取决于旅游行业内各类活动的协调程度。由于旅游行业的复杂性，旅游规划必须涉及行业内的多个要素，包括住宿、景点、交通、市场营销和人力资源问题（见图12.2）。另外由于各目的地的所有权形式和对上述要素的管理模式有很大差异，规划必须能将这些要素综合起来考虑并平衡各要素关系（Inskeep，1991），规划体系还应有助于旅游地及其产品的管理和推广。

```
地区系统
自然环境——气候、景色、地标
文化和历史环境——文化遗址
社会/经济/政治环境——政治体系和政治经济

    社区基础设施
    水、电、交通设施——基本需求、机场、火车、公交、道路
    居住地功能——土地使用类型及模式
    机制结构——政府、教育、宗教
    民众——日常生活方式和文化

        旅游基础设施
        市场可进入性和旅游资源——旅游企业
        发达旅游景区——有形和无形
        接待住宿服务——住宿和餐饮
        旅游信息服务——游客中心、在线服务
        市场和细分市场——国内、国际、细分市场
```

图12.2 旅游规划考虑的要素（根据Lew，1987；
Inskeep，1991；Hall & Lew，2009改编）

规划可以实现旅游相关投资与经济收益的分配与再分配。旅游作为一个全球产业，这方面的规划尤为重要，因为旅游发生在不同地区，有不同的相邻区域，旅游的空间模式也会随时间推移而改变。规划有助形成新旅游地，结成经济联盟。旅游与大型社区或地区规划系统结合非常重要，它让旅游规

划具有政治重要性，让专业规划能切实影响政策和预算的制定。让旅游成为综合规划的重要"组成要素"，从而使旅游这种引起经济和社会变化的力量得到应有地位和足够的重视。

常见的规划目标是预测需求模式并使供给能尽可能满足这些需求。例如未来旅游的增长需要新增多少酒店或度假区？第二个目标是采取适当的政策规范新开发项目和使游客和当地居民对现有服务的满意度最大化。世界上的很多发展实例说明没有规划的旅游目的地往往与负面影响有关而且游客的满意度较低。有效的规划往往能提升旅游产品的品质，使接待地居民和游客都从中获益。贝德尔（Baidal，2004）对西班牙旅游规划的发展研究显示了20世纪60年代无规划的旅游发展带来的破坏，以及1994年西班牙各自治区域执行强有力的规划后情况的改善。

如本章前言所述，规划与可持续性原则有着显著的联系。可持续旅游不仅要保护旅游业所依存的资源，同时还要通过对资源的恰当管理使当地居民的收益最大化，而旅游开发或管理规划是实现上述目标的最常用方法之一。可持续旅游追求的是经济增长、环境保护和社会公平之间的平衡（Coccossis，1996），而这要求的是综合性规划（Hall，2000；Hall & Lew，2009）。

规划与可持续性之间的联系在地区层级尤为重要。这一方面由于可持续原则的执行聚焦在地方层级，被广泛采纳的《21世纪地方议程》是可持续发展实践的指导框架，另一方面出于旅游可持续发展战略规划的需要，不同地域差异很大，只有在地方背景下规划的意义才能被充分理解。地方层级的规划更容易通过公众参与让各相关利益方介入，这是可持续发展模式的基本要素（Simpson，2001；Ruhanen，2004）。

霍尔（Hall，2000:38）提出了当地公众参与可持续规划项目的五个关键点：
- 当地人和游客对地区共同的价值观；
- 当地居民对旅游的期望；
- 当地人对潜在旅游影响的担忧；
- 当地人可能愿意分享的地方特色；
- 当地可能降低旅游体验的各个方面。

第五部分 应用旅游地理与未来旅游地理

**插图 12.1 波多黎各圣胡安老城旅游规划的主要任务是平衡
商业利益和遗址保护之间的关系（刘德龄 摄）**

通过这些标准，哈雷（Hally）认为地方目的地能"更好地确定自己在旅游市场上的定位，以及旅游产品开发、基础设施要求、开发局限、当地需求和期望的前景"（Hall，2000：38）。

正确处理旅游规划问题

上述作用和功能使如何确定旅游规的核心维度成其为问题。其实旅游规划作为一个概念是由一系列意义和应用要素构成的。旅游规划包括很多内容，它还要针对物质、社会、经济、商业和环境等各方关注的问题，因而规划会涉及不同社会团体、机构及其具体的办事程序。旅游规划可以由公共部门（政府）进行也可以由私营部门（企业）完成，当然两者所制定规划的法律效力是不同的。另外规划也有地方级、地区级、国家级和国际级等规划范围的区别（可见 Hall & Lew，2009）。所以认为"旅游规划"是一个专指某一简单范畴的名词是错误的。表 12.1 试图将旅游规划的跨行业、跨领域应用进行概括。

第十二章 规划与旅游开发管理

表 12.1 旅游规划的差异

规划部门	典型的旅游规划关注点/问题
物资（土地）	控制公共部门和私营部门对土地的开发
	设施的位置和设计
	土地使用分区
	旅游交通系统的开发
	公用设施（水、电等）的开发
经济	调整经济空间部门的投资模式
	创造就业岗位
	劳动培训
	财富再分配
	补贴和激励金分配
社会/文化	接待地居民和旅游者的社会融合/分隔
	好客度
	文化真实性
	遗址和文化的表现
	语言规划
	当地风俗习惯的维持
环境	划定保护区
	保护动植物
	保护历史名胜/建筑/环境
	关于空气/水/土壤质量的规定
	控制污染
	评估自然危害
商业与市场营销	制订商业计划和相关产品
	宣传战略
	广告赞助
	质量测试与产品定级
	提供旅游信息服务

旅游规划除了其构成要素的界定模糊外，还有一些其他局限和缺陷，其中包括短视倾向、组织无效率和实施的问题。短视是旅游发展的通病，有些学者认为这种短视会抑制旅游业的长期发展和影响旅游战略规划（见 Cooper，1995）。造成这种短视性的原因有很多，其中包括旅游业本身的年度循环节奏使这个行业倾向于按季度来考察业绩。另外这也与很多目的地的行业结

构有关系，旅游行业中的中小企业众多，而中小企业因为财务原因（没有足够的资金来长期投入）往往是短视的，对旅游业采取比较短期的策略性看法，这种观念使这些行业主体的中小企业无法与长远的规划体系相融合。

规划体系本身可能也存在一系列组织缺陷。很多目的地的旅游发展速度已经超过旅游规划及相关组织、经验和专业知识的发展与积累速度。一些比较新的全球性旅游目的地，如新西兰、中国和一些南太平洋小国的旅游规划就反映出旅游发展战略在时间上不可延续和国内各地不统一、不均衡的现象；公共部门与私营机构的分工和责任分散；对当地旅游结构模式缺乏了解；规划人员缺乏行业的专业知识等问题（Craig-Smith & Fagence，1994；Page & Thorne，1997）。即使在一些规划体制非常成熟，规划人员对旅游市场非常了解的国家和地区，这些问题有时也是难以避免的。如在英国和美国，旅游规划由一系列机构进行，包括地区旅游局（几乎没有司法权）、国家公园管理局和当地政府规划部门，其中地方政府中很少有旅游专家。有些学者将这种现象称为"实施鸿沟"，也就是说旅游规划与实际实施之间是存在差距的，而这种现象在很多地方是普遍存在的（见 Kun et al.，2006 文中关于中国旅游实施问题的讨论）。

四、不同地理范围的旅游规划

要理解旅游规划和政策制定的范围，我们必须从国际级到国家级再到地方级不同地域规模去分析。国际级或跨国旅游规划一般是通过政策和协定制定的，但这些政策和协定在地区层面上的执行力或应用性有限。这方面的政策建议一般由世界旅游及旅行委员会（WTTC，一个行业协会组织）和联合国世界旅游组织（UNWTO，一个国际政府组织）通过国际协定（政府间）给出，当然这些国际行业标准还会由一些其他国际组织出台，如国际民航组织（ICAO）。联合国教科文组织（UNESCO）是其中最有影响力的组织，它通过授予和取消世界遗产地称号管理全世界的遗址。这种认证的影响力很大，特别对于发展中经济体来说，这种认证能有效地提升游客数量。这种国际级的规划虽然有一定的影响力，但其执行力度远不如国家级和地方级规划。政府规划通常是由有司法权或执法权的机构进行，尽管在美国、德国、马来西亚等 20 多个联邦制国家，这些权力是由各州或各省共享的。国家会把规划权和执行权下放给下级政府，但这种授权可实现却无法确保规划政策的统一，正如本章关注的一个重点。下面将分别介绍国家、地区和地方旅游规划。

在讨论各级旅游规划之前，我们先要讨论三个具有共性的特征。首先，虽然旅游规划可以根据地域范围进行划分，但这些规划应在开发过程中相互关联而不是各自为政。一般来讲这几级规划应是垂直管辖的，即国家级规划所设定的目标直接影响地区政策的制定，而地区政策又影响到地方级的规划实施。规划会逐级具体化，但所有规划都是互补和有统一目标方向的（见图 12.3）。

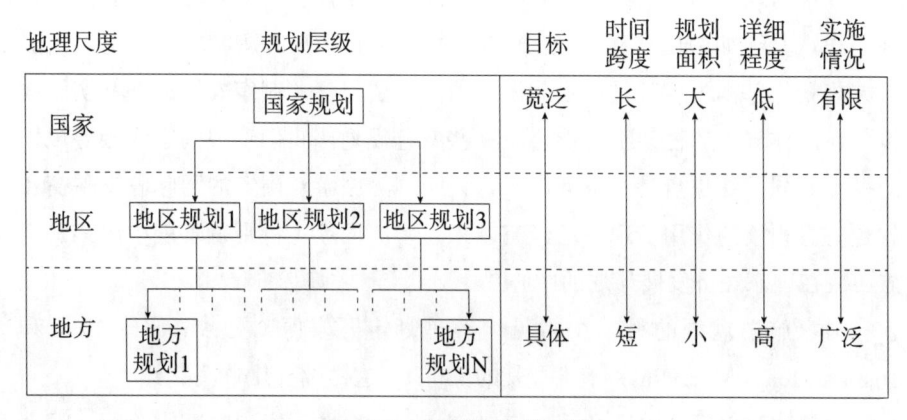

地理尺度	规划层级	目标	时间跨度	规划面积	详细程度	实施情况
国家	国家规划	宽泛	长	大	低	有限
地区	地区规划1　地区规划2　地区规划3					
地方	地方规划1　……　地方规划N	具体	短	小	高	广泛

图 12.3　规划的地理层级

现实中，完全的垂直层级规划安排是比较少见的，可能有一层是缺失或部分缺失的，也可能虽然这些层次机构是存在的，但不同层次的不同政治观点或机构态度也会影响规划的落实。有些国家（如美国和英国），地区级规划是不存在的，各旅游局的地区旅游战略往往很难生效，因为没有法律框架的保障。而有些国家情况则正好相反，由于没有明确的国家级规划政策，各地区的旅游发展战略很难做到统一协调。另外各国的地域面积不同，有些小国可能根本不需要再将规划分为地区制定。

一些旅游问题在地方层级比国家层级更受关注，如图 12.3 所示，但有些规划则需要贯穿三个不同层次。当然每个层次规划的重点不同，这些重点可能是经济方面的考虑，也可能是关于基础设施改造（如交通和公用事业）的。

另外，由于不同规划的背景情况不同，各级和各地的规划内容都会有很大差异。有些地方的国家级政策强势，从而可能招致无法有效应对区域不均衡问题（Baidal，2004）的批评，而大量的难题都是围绕各级规划政策的协调性和统一性问题，这在很多目的地中都很常见（见 Pigram，1993；Kunet al.，2006）。下面对各级规划的分别介绍概括了一些共性的东西，当然根据各国各地的具体情况，规划的内容和模式也会有所区别。

1. 国家级旅游规划

各目的地的国家级旅游规划根据各地情况不同会有所差异。有些国家对规划很认真（如中国和新西兰），也有些国家几乎没有旅游规划，但国家级旅游规划的基本内容都是确定旅游发展的首要目标并制定发展战略和实施政策。在总体规划的框架下可能会有一些专题规划。我们发现国家级旅游规划的一个共同关注焦点是经济问题，这说明国际旅游对国家的国际收支平衡和就业有着积极的作用。现在已经有越来越多的国家（特别是发展中国家）将旅游放在国家经济发展计划的中心。

国家旅游规划的另一个常见内容是划定开发区（见 Alipour，1996 和 Tosun & Jenkins，1996 关于土耳其的分析），这样做有几个理由：

（1）针对欠发达地区及其人口制订计划，有助于实现财富再分配，缩小地区投资差异；

（2）可以在失业率高的地方创造就业；

（3）可以将旅游开发引导到有一定的吸引物和基础设施条件，适宜发展旅游业的地方（由此开辟出来的飞地能更好地管理）。和经济要素一样，开发区的划定也受到环境要素的影响，特别是有助于保护环境脆弱地区免受旅游发展的破坏。

国家级旅游规划的另一个重点是市场营销。这对于一些比较成熟的目的地尤其重要，因为这些目的地已经具备一定的专业知识和资源，可以形成和推广一系列有特色的国家旅游产品。英国和美国等国家往往没有国家级旅游

第十二章 规划与旅游开发管理

战略发展规划，而英国旅游局（BTA）和美国旅行协会作为国家级旅游目的地推广机构，其主要职能就是向国内和国际（特别是国际）旅游者宣传本国魅力。美国的一个多方合作旅游规划是出自公私合作机构，美国商务部下属的旅行及旅游行业办公室（OTTI，2012）。这个规划寻求联邦（国家级）机构的合作，共同推动入境美国的国际旅游，通过简化签证流程、收集更多访客市场数据、引入新技术帮助非英语国家游客，以及成立旅游政策委员会等方式推动这个规划的执行。

世界各地的国家级旅游发展规划均会包括经济发展和市场营销方面的内容。表12.2归纳了一项国家旅游政策研究的结果（Baum，1994），这项研究对全世界49个国家和地区进行了调查，找到了影响国家级旅游规划的一些关键要素。除了上面提到的经济和市场营销要素外，表12.2还列出一些其他能引起关注的问题，如有些国家的旅游规划反映出这些国家对改造和发展基础设施（特别是交通设施）的要求；有些则将教育和就业培训计划列入其中；少数国家认为旅游是促进国际交往和保持国家在国际社会中的正面形象的手段之一。

表 12.2　49 个国家的国家旅游规划与政策主要决定因素（根据重要程度依次排列）

- 创造外汇收入，改善国际收支平衡状况
- 创造就业
- 改善地区和地方经济状况
- 提高目的地/国家的知名度
- 支持环境保护
- 资助和指导基础设施开发
- 促进国际交往和增进国际友谊

资料来源：Baum（1994）。

各国实现表12.2所列规划目标的方式存在较大差异。有些目的地会严格执行国家旅游总规划列出的项目，而还有些国家则会采取比较低调、灵活的政策指导方式（尽管常常没有执法权）。这些政策规划是地方政府规划部门的指导性文件，它指出了一些待解决的关键问题及较好的发展路径，但地方政府在实施过程中对这些指导原则有一定的解释自由度。

国家旅游规划的体制背景也存在差异。表 12.2 的研究中约有半数被调查国家成立了专门的政府机构负责国家旅游规划（Baum，1994），约有 15% 的国家在这方面根本没有政府介入。还有些国家的旅游不是最受重视的行业，这表现在旅游规划由多个政府部门轮流进行。在英国，1983 年到 1998 年的 15 年间，旅游开发最初是由工业与贸易部负责的，后来又归就业部管辖。现在，英国旅游开发由新成立的文化、传媒及体育部（原国家遗址部）负责。这种旅游开发归口管理部门不断变化的情况说明旅游业在很多国家规划框架中处于次要地位，这对于旅游业的长远发展是不利的。

2. 地区级旅游规划

和国家级旅游规划相比，地区级旅游规划明显更具体且更侧重于某些发展问题。国家规划中多是泛泛的表述，而地区级规划会比较具体地针对某些具体的要求。由于地区规划是针对某一个地区的，旅游规划过程中会有一定程度的公众利益的介入。因此地区规划应寻求国家和地方利益的平衡（或维系），也能带动城乡发展相结合（Church，2004）。

国家级规划中有一些主题同样会反映在地区级规划中，其中包括：
- 关注旅游业对地区经济和就业模式的影响；
- 基础设施开发，包括帮助游客在地区内行动的交通系统，以及供电、供水等公用设施的情况；
- 地区内的旅游业空间布局；
- 地区级的宣传和市场营销，特别是地区旅游形象和独特的旅游产品。

不过地区旅游规划还有自己与国家规划不同的特点。首先，地区规划往往更关注环境影响（一些小国除外），旅游分布的不均衡性使得旅游的环境影响从全国来看并不突出，而在地区一级会变得非常明显。旅游业的环境影响及其在自然系统中的扩散趋势（见第五章）意味着地区是最适合的环境影响管理的地域范围。

其次，地区规划通常包括旅游的类型和位置及旅游支持设施（如住宿）的情况。这些问题在国家级旅游规划中很少提及，而在地区规划中由于规划的地域面积缩小，这些设施方面的具体规划成为可能。地区规划可以分析现有设施是否能满足预期需求，如果设施不足可以做出增建景点和设施的建议。

最后，地区规划也可包括游客管理的内容。旅游业的管理与规划之间的界限往往很模糊，除非是很小的国家，否则地区规划往往是首先关注旅游管理问题的地方，包括供需不平衡的状况。地区战略主要是为了集中或分散游客，安排旅游信息服务，宣传热门旅游线路和主要景点的战略布局，这一切都是地区旅游管理战略中的一部分。

不过尽管地区规划作用显著，但经验证明旅游规划在地区级的执行问题重重，造成这种困难的主要因素如下：

- "地区"概念在旅游中的应用往往是模糊的，甚至是毫无意义的，因为旅游者的高度流动性，旅游空间会因需求模式的变化不断变化；
- 地区包括的地方区域所追求的旅游开发路径一般与国家或地区目标不相符，因此会造成在政策和规划方面不同层级之间的紧张关系；
- 不同层级的旅游规划侧重点不同，因此很难统一。较高层级的旅游规划一般侧重于营销和推广，而较低层级的规划更侧重于土地的使用和开发的管控。

3. 地方级旅游规划

地方级旅游规划各地差异较大，这反映出各地发展旅游的具体情况不同，不过这一级的规划是最容易实施的，因为它一定会涉及一些共同关心的规划问题。大部分地方旅游规划均侧重于旅游资源（住宿、当地交通、餐饮和当地景点）的具体组织安排，具体开发项目（如饭店建设）的控制和进行游客管理。地方规划一般都是短期的（如三到五年），主要是制定一些具体规章制度（而不是长期的战略描述），这些制度主要针对发展过程中的一些具体问题和矛盾冲突，尽量让使用同一地方和／或资源的不同活动能和谐共处。地方规划在支持性基础设施建设（如供水、供电、卫生、交通等）方面的内容与地区级规划有相似之处，但更具体详细。与地区级规划不同的是，地方规划会更具体地对开发的设施和现场布局做出规定，而地区级规划很少涉及这种具体问题。

地方规划往往被视为最能具体有效实施土地使用政策和相关开发与活动

空间分区规定的一个层次。因为这一级规划更可能有可执行的法律体系保证其实施。另外，规划战略是否符合实际也要根据地方情况来判断，因为各方面的影响在地方一级感觉最突出，也只有在这里公众才会对开发做出反应，且有些开发指标在这里才能量化出来。

控制与管理是地方规划重要和独有的功能。除此之外，地方规划也同样会反映地区和国家级规划所提及的问题，特别是旅游业的经济影响和环境影响。经济影响多从地方就业、新公司的成立和旅游收入的乘数效应几个方面加以衡量。地方规划中也会提及环境与保护问题，以保护一些环境脆弱地区免受发展的影响和破坏。

地方级是游客管理具体计划的合适规模。前面讨论的地区级战略一般侧重于通过宏观的分区管理游客（见图5.2），而在有些分区内，尤其是规划来接待大量游客的分区内，需要制订更详细的针对具体地点的游客管理规划。

最后，地方规划也是公众或社区能真正参与到规划过程中的一个层级。现实中我们也能看到，不仅社区能对规划方案提出意见和建议（Church，2004），而且公共和私人机构能合作共同调节旅游对社区的文化和社会影响（Bramwell，2004），还能通过《地方议程21》等形式推动可持续发展进程。1992年的里约地球峰会上通过了《地方议程21》，这是鼓励地方政府制定可持续发展政策的一个指导框架，让社区能更多地参与到规划中去（Jackson & Morpeth，2000）。

有效的地方旅游规划（另见Murphy，1985；Pearce，1989；Inskeep，1991；Lew，2007；Hall & Lew，2009）往往能实现更为积极的成果，得到更大的社区支持。蒂莫西（Timothy，1999）指出参与规划的影响体现在两方面：决策过程中和旅游发展利益分配上。但规划如果吸纳所有核心利益团体的参与，其效益是非常显著的。布拉姆韦尔和沙曼（Bramwell & Sharman，1999）指出吸引当地相关利益方参与的好处包括：

- 减少矛盾冲突；
- 提升政治合法性；
- 改进政策在自然、经济、社会和环境方面的协调能力；

- 提升可持续解决方案的可行性。

不过上述两位作者也指出当地参与规划也会受到若干潜在困难领域的不利影响，其中包括：

- 开展合作的相关利益方能在多大程度上代表当地社区所有方面还是部分方面的利益；
- 相关利益方介入规划过程的性质和频次；
- 相关利益方之间权力和影响力的不平等；
- 相关利益各方对规划的进程和重要性的看法和理解水平不同；
- 在政策实施方面很难达成共识（Bramwell & Sharman，1999）。

米切尔和里德（Mitchell & Reid，2001）给出了关于社区观点与旅游规划结合的考评框架（图12.4）。这个框架把整个过程分为三个阶段，其中最关键的是第一阶段，即公众参与社区决策机制的建立，而且这个阶段会影响整个后续规划过程。决定内生环境（即社区内环境）的三个关键指标是：（1）社会对旅游问题的理解和认识；（2）社区内部的团结和统一程度（即社区意见的范围）；（3）社区内部和社区与外部权力关系的性质。"外生环境"主要指旅游需求，它会对社区的行为和观念产生影响。换句话说，社区不可能脱离更广义的影响做出决策。

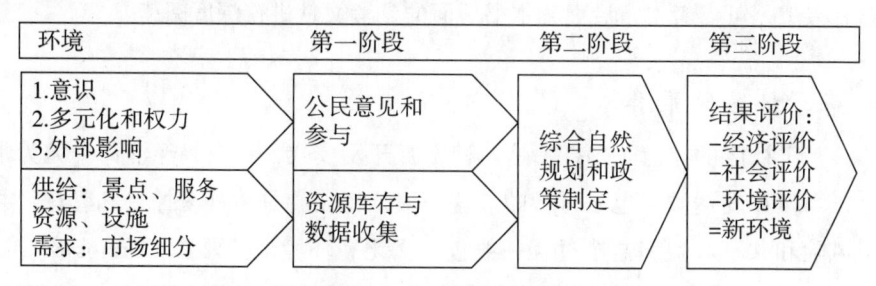

环境	第一阶段	第二阶段	第三阶段
1.意识 2.多元化和权力 3.外部影响	公民意见和参与	综合自然规划和政策制定	结果评价： -经济评价 -社会评价 -环境评价 =新环境
供给：景点、服务资源、设施 需求：市场细分	资源库存与数据收集		

图 12.4 社区观点与旅游规划过程的结合

资料来源：改编自 Mitchell & Reid（2001）。

意识、团结和权力这几个核心维度的差异决定了社区对规划的干预和协调能力（模型的第二、三阶段）。这有助于我们了解为什么公众参与地方规划在有些地方能成功，但在另一些地方则不能成功。蒂莫西（Timothy，1999）指出当地参与在发展中经济体中更难实现。他对印尼的研究发现，当地参与受制于众多因素，包括当地人缺少专业性和对旅游发展问题的理解，文化和政治传统让当地民众远离权力层和社会地位高的人。换句话说，尽管印尼社区团结度很高，但缺少意识和权力去影响规划决策，结果整个规划还是由政府以外的力量主导。

不过公众参与度低并非是第一世界和第三世界二元对立所固有的区别。一项针对澳大利亚昆士兰州30个旅游目的地的研究显示，当地人在旅游规划中的有效介入仅限于非常少的几个地方（Ruhanen）。作者发现有权力的决策层缺少意识和理解，特别是对可持续旅游概念的理解是主要的障碍。相反，布拉姆韦尔和沙曼（Bramwell & Sharman, 1999）对英国山区国家公园希望谷的研究显示这是一个比较成功的案例（尽管这并不代表整个英国的经验，因为英国整体来讲社区参与是非常欠缺的）。米切尔和里德（Mitchell & Reid）的三个尺度在社区层面的高度结合需要明确的组织管理框架，使当地意见得以表达，还要通过与当地居民的充分沟通让当地社区对相关问题有较深入的理解，当地社区意见还需要通过决策机制形成具有一定权力的政策，只有这样当地参与旅游规划和政策决策才能成功。

这些案例说明规划在旅游发展中的应用。上述介绍只是这个很大的话题中的一个框架，这个话题的深入探讨远超出本书范围。如果读者对这方面话题有兴趣，可参考本章后面和本书后面的参考文献进行深度阅读。

4. 基于社区的旅游

基于社区的旅游（CBT）是一种旅游开发模式，在新兴经济体中尤为常见，当然在发达国家也是可行的。这一般是指旅游是由社区拥有和管理，共担风险和共享收益，这个过程一般包括文化和环境保护要素（Trejos & Chiang, 2009）。通过合作，每个成员都与。CBT项目涉及不同程度的社区参与，有些是社区全员参与，全职或兼职受雇于项目，并据此享受项目的收益。更常见的是一个CBT企业组织社区部分成员集体参与。另外还有一种常见形式是基于社区的旅游项目由社区或家庭与外部企业合资开发，这样可以借用外部的商业技能补足当地在这方面的不足。

可惜的是，基于社区的旅游概念大部分被政治精英所操纵。他们认为这是一种低成本投资，同时还能显示出扶贫政策对贫困人口的支持。戈德温和桑蒂利（Goodwin & Santilli, 2009）对100多个 CBT 项目的调查显示，只有很小一部分（不足4%）CBT 项目是在经济上可持续的。这些项目失败的主要原因是产品开发不当和市场营销不力，这反映出当地缺乏技术和资金。很多发展中经济体的乡村社区面临的突出问题是当地政治权力不够，因产权不清晰无力行使土地开发决策权。

哈姆扎和穆罕默德（Hamzah & Mohamad, 2011）对马来西亚的研究也发现了同样的问题。200多个基于社区的旅游项目中只有5%在商业上是可行的。他们指出大部分 CBT 项目的成功都不是仅专注于旅游，而是涉及更多经济、环境和社会文化活动，使之给合作参与者带来更高的收益和投资回报。其他成功因素还包括：

- 强有力的、持续稳定的社区参与和资本筹集（培训）计划；
- 与私人部门（企业）合作引入市场营销技能和超过当地社区的人脉关系；
- 当地能对社区资源进行管理、决策和控制；
- 采取长线战略规划，涉及环境和社区目标，以及财务目标；
- 从政府机构和非政策组织获得援助，初期阶段更应如此。

四、小结

本章侧重探讨政府在影响旅游开发方面的作用，地理强调了视角在理解与旅游相关的变化过程中最为有用的旅游规则的那些方面，这包括总体规划或理性规划，不同类型的旅游规划（行业导向和社区导向的），旅游规划的要素及不同的规划规模（从国家级到社区级）。此外，本章还说明了旅游规划是一种明显的地理现象，它不仅随时间的变化而变化，而且会显著地受空间的影响。一个国家的国家、地区和地方级规划虽然都有共同的主题和关注问题（尽管各国和各社区有明显的不同），但规划干预的范围却是不同的，每个空间层级的旅游规划都有其典型的独特维度。

讨论题：

1. 旅游规划中推进主义、产业导向、自然-空间和社区导向传统从什么意义上讲是互补的而不是相互矛盾的？
2. 对于国家旅游规划，探讨一些共同主题和问题在这个干预层级出现的程度？
3. 为什么说旅游业自身的性质会抑制旅游规划的有效性？
4. 相对于其他各级旅游规划，地区级旅游规划的优缺点各是什么？为什么不同的目的地会有很大的差异？
5. 辩证评价促进社区参与当地旅游规划的潜力与困难。

延伸阅读

很多关于旅游规划的书都堪称经典，至今仍对有关规划重要主题的讨论提供有益信息：

Gunn, C.A. (1994) *Tourism Planning*, New York: Taylor and Francis.

Inskeep, E. (1991) *Tourism Planning: An Integrated and Sustainable Development Approach*, New York: Van Nostrand Reinhold.

Murphy, P.E. (1985) *Tourism: A Community Approach*, London: Routledge.

Pearce, D.G. (1989) *Tourist Development*, Harlow: Longman.

介绍政策与旅游关系的近期文章和著作：

Hall, C.M. (2000) *Tourism Planning: Policies, Processes and Relationships*, Harlow: Prentice Hall.

Hall, C.M. and Lew, A.A. (2009) *Understanding and Managing Tourism Impacts: An Integrated Approach*, Oxford: Routledge.

介绍地方和地区政策与规划关系的一些较短论文：

Church, A. (2004) 'Local and regional tourism policy and power', in Lew, A.A. et al. (eds) *A Companion to Tourism Geography*, Oxford: Blackwell, pp. 555–568.

Lew, A.A., Hall, C.M. and Williams, A.M. (eds) (2014) *The Wiley-Blackwell*

Companion to Tourism Geography, Oxford: Blackwell.

讨论旅游规划与可持续性关系的文献：

Hunter, G. and Green, G. (1995) *Tourism and the Environment: A Sustainable Relationship?*, London: Routledge.

关于旅游规划方面的近期案例研究可见于：

Baidal, J.A.I. (2004) 'Tourism planning in Spain: evolution and perspectives', *Annals of Tourism Research*, Vol. 31 (2): 313-333.

Boers, B. and Cottrell, S. (2007) 'Sustaiable tourism infrastructure planning: a GIS-supported approach', *Tourism Geographies: An International Journal of Tourism Space, Place and Environment*, Vol. 9 (1): 1-21.

Burns, P. (2004) 'Tourism planning: a third way', *Annals of Tourism Research*, Vol. 31 (1): 24-43.

Garcia, G.M., Pollard, J. and Rodriguez, R.D. (2003) 'The planning and practice of coastal zone management in southern Spain', *Journal of Sustainable Tourism*, Vol. 11 (2/3): 204-223.

Hamzah, A. and Hampton, M.P. (2013) 'Resilience and non-linear change in island tourism', *Tourism Geographies: An International Journal of Tourism Space, Place and Environment*, Vol. 15 (1): 43-67.

Ruhanen, L. (2004) 'Strategic planning for local tourism destinations: an analysis of tourism', *Tourism and Hospitality Planning and Development*, Vol. 1 (3): 1-15.

关于社区参与旅游规划的讨论：

Bramwell, B. and sharman, A. (1999) 'Collaboration in local tourism policy-making', *Annals of Tourism Research*, Vol. 26 (2): 392-415.

Graci, S. (2013) 'Collaboration and partnership development for sustainable tourism', *Tourism Geographies: An International Journal of Tourism Space, Place and Environment*, Vol. 15 (1): 25-42.

Lew, A.A. (2007) 'Tourism planning and traditional urban planning theory: planners as agents of social change', *Leisure/Loisir: Journal of the Canandi-*

an Association of Leisure Studies, Vol. 31 (2): 383-392.

Simpson, K. (2001) 'Stragegic planning and community involvement as contributors to sustainable tourism development', *Current Issues in Tourism*, Vol. 4 (1): 3-41.

Timothy, D.J. (1999) 'Participatory planning: a view of tourism in Indonesia', *Annals of Tourism Research*, Vol. 26 (2): 371-391.

有助于理解基于社区旅游中问题的文章:

Goodwin, H. and Santilli, R. (2009) 'Community-based tourism: a success?', ICRT Occasional Paper 11, German Development Agency (GTZ). Online at http://www.andamandiscoveries.com/press/press-harold-goodwin.pdf.

第十三章 旅游地理的现在与未来

核心概念
- 人类纪
- 复杂适应性系统
- 文化资本
- 演化经济地理学
- 信息与通信技术（ICT）
- 知识转移
- 语言学
- 移动科技
- 路径依赖
- 基于地点的信息系统
- 政治生态
- 弹性规划
- 旅游地生命周期
- 旅游地理
- 旅游研究

一、旅游研究

霍尔、威廉斯和刘（Hall，Williams & Lew，2014）指出，尽管旅游研

第五部分　应用旅游地理与未来旅游地理

究有显著的跨学科性质，但它已经成为当代社会科学中一个成熟的学术领域。约翰斯通（Johnston，1991）指出旅游已经显示出作为一个独立学科的特征，如全世界的高等院校均有独立旅游学院、旅游系或旅游专业，"它通过基础研究和原创成果为知识体系的提升前进做出了自己的贡献，被学术界认可，具有教学意义和科研意义"（Johnston，1991：2）。

在高等院校，旅游学有时会设在地理系中，因为旅游行为与地理有着天然的联系，更多学校把旅游放在酒店管理学院，因为这门学科在酒店和餐厅管理方面应用更多。旅游研究学术界的很多研究人员都有地理学高级学位。在香港，排名靠前的香港中文大学在地理学本科和研究生课程中都非常重视旅游，香港理工大学在其著名的饭店与旅游管理学院进行旅游教学和研究。旅游地理学家相对于较大部分社会科学家来说更注重纯理论研究和应用研究，这两方面也正是学术机构和学生所需的。

旅游地理的学术研究除了高等院校外，还有很多其他学术机构。《旅游地理》是唯一一个从纯地理学角度研究旅游的，但还有很多其他专业旅游期刊是地理学家主导的，如《当前旅游课题》《生态旅游杂志》《可持续旅游杂志》《旅游研究与旅游娱乐研究》。在目前发行的150多种旅游学术杂志中，英语杂志只占很小一部分，却是最有影响力的（Hall et al.，2014）。另外旅游研究文章也越来越多见于一些广义的地理学杂志，如《美国地理学家协会年刊》，这反映出当代旅游对塑造空间和地点方面的影响力。

另外，旅游研究团体和协会也是地理专业圈中比较活跃的因子，包括：旅游地理委员会，国际地理联盟休闲和全球变化分会；美国地理学家协会娱乐、旅游及运动专业团体；英国地理学家皇家地理学会休闲与旅游地理研究团体；还有加拿大地理学家协会、德国地理学会、中国地理学会和日本地理学会中的相应组织。

随着旅游在全世界的重要性日益提升，旅游地理学家的就业机会也越来越多。同时，就像贯穿本书的主题一样，旅游也让城市和乡村空间越来越紧密地结合在一起，这要求旅游行业对其所在地点的各种功能、声音和需求具有更大的包容性。这种观点正是旅游地理学家所擅长而酒店专业人士所欠缺的。地理学家在分析资源差异数据方面有特别的技能，包括量化分析和定性分析。现在的职场要求更高的灵活性，如职位、雇主和工作地点都比以往变化更快。在旅游行业内，工作地的变化更加常见，即使在同一家公司内，工作地也可以转换城市或国家，或者在同一地点的不同公司之间的转换。

旅游企业，特别是跨国旅游企业会随市场变化而动，这反映了全球旅游业的地理变化模式。虽然旅游业是全球化的，但旅游并不是所有地方的经济支柱，在旅游需求高的地方，旅游地理学技能要求也高，学生对这方面话题的关注度也高。具备其他技能的旅游地理学家（如 GIS 和城市规划）更能适应旅游目的地就业机会的变化。具有自然地理和资源管理方面背景的人更适合在基于自然的目的地从事旅游相关工作。基本上，雇主寻求的雇员是有能力和潜力为企业远期目标做贡献的人。

二、旅游地理新兴议题与理论框架

如前所述，旅游的地理学理解通过很多杂志出版的文章和专业协会的会议发言得以深化。在本书的最后，我们也归纳一下近年来反映出来的旅游地理学研究学术进展、几个新近提出的理论框架和主要议题领域。

1. 演化经济地理学

演化经济地理学（EEG）是演化经济学在地理学主题方面的应用。演化经济学用生物进化论去解释经济现象（Brouder & Eriksson, 2013a；2013b），其目标是理解经济地理随着时间推移发生的变化，更重要的是这个进程对地点位势的影响，及对政治经济决策的影响，还有人们对未来机会的看法。布劳德（Brouder, 2013）指出有三个 EEG 理念有助于旅游地理研究。第一个是路径依赖，即人们很难打破以往已经锁定的发展模式（包括行为、决策和环境）去创造全新的未来（Gill & Williams, 2011）。第二个概念是知识转移，即知识是一代代向下传递的信息，就像一个企业换了新的领导人而带来环境条件的变化一样（Hodgson & Knudsen, 2010）。第三个概念是区域分支，即一种旅游形式通过一些机构在整个旅游地的扩散与传播，包括路径、影响力和变化，这既会发生在旅游内部也会发生在目的地更大的系统内。

波斯玛和马丁（Boschma & Martin，2007）指出 EEG 的突出贡献是关注空间的变化，包括经济活动的创新和转变：
- 新奇与创新：新技术、新企业和新产业的出现，以及接纳新思的新兴网络（Baggio et al.，2010）；
- 自我组织能力：源于经济主体的微行为，如一个地方的个人、企业和组织适应新情况和创新的能力；
- 路径创建、路径依赖和地点依赖：体现在反馈环的产生过程中，可影响经济在建立财富创造工作和福利的新机制过程中影响经济体的适应性演化。

演化经济地理学的很多研究都是针对高科技产业及其行业人士的，研究产业集聚如何响应新技术，而非作为旅游业特色的低技术工人。不过 EEG 理论的优点之一是理论能适用于较广义的社会变化，同时也能让社会中的个体找到自己所需的理念，十分像生态系统可以从不同的但互相关联的层次去理解一样。

演化经济地理学的一个最好例证就是本书第二章介绍的旅游地生命周期（TALC）模型。一个度假目的地是一个产业集合体，由多个机构及个体组成，在服务和功能上相互依赖（Gill & Williams，2011）。马和哈辛克（Ma & Hassink，2013）指出路径依赖的形成有几个阶段：(1) 形成前期，即旅游开发之前；(2) 路径形成期，这个阶段开始出现企业行为；(3) 路径发展期，外部影响力在强化本地路径；(4) 路径稳定期或合作进化期，依赖于目的地的生命周期进程。

从自我组织行为、合作、相互依赖和共同进化上讲，目的地各方在公共产品、资源共享方面是最常见的。有些情况下可能所有权也是由多个机构组成的，如景观、公园和当地文化传统（Kingsbury & Hayter，2006）。这是一种比较可持续性的发展模式，特别是那些严重依赖自然景观的地方。另一方面，竞争会更多地发生在那些所有权界定分明的地方。

2. 复杂性和弹性

复杂性理论是基于演化经济地理学的另一个核心理论。它承认在理解地理系统是如何应对一些不可预见变化方面的挑战。在生态学中，生态系统被称为复杂适应系统,而这个理论借用到了演化经济学的社会系统中,(Farrell & Twining-Ward,2004)。近年来(自 2005 年左右以来),社会科学家开始使用这种方法去理解和规划社会对破坏性环境灾害的适应,特别是应对气候的变化。弹性理论关注的是复杂适应性系统如何在压力环境下保持稳定。当代弹性理论和研究起源于数学的动态系统模型,后来被生态学家应用于生态系统(Holling,1973)去定义一个生态系统在环境压力下维持生物相互关系的能力。

当前,弹性的应用已经远超生态领域。近年来这个概念已成为社区规划的一个核心理念,用于应对从气候和其他自然灾害到全球化背景下文化和经济等领域的挑战(Davoudi,2012)。旅游对所有这些变化都很敏感,同时也参与其中,旅游企业及行为的弹性越来越成为旅游学术界关注的主题(见 Hamzah & Hampton,2013)。

弹性规划主要有三种方法。第一种是工程法,这是大部分灾害应急规划和恢复计划的基础。这个方法的目标是自然灾害发生以后恢复社会各方面功能和社会均衡稳定。在世界上大部分地区,这都是政府的核心活动。交通规划、公共健康和基础设施,以及土地使用规划均是工程法的重要工具,对旅游发展产生直接影响。第二种弹性规划的方法是社会生态法,它更多地基于生态系统模型,用来识别变化的分水岭,让生态系统或社会经济系统经过变化达到另一种平衡状态。这有些类似于进化经济学(见下文),其目标是创立社会学习系统,推动社会向更好的应对危机的体系演化。对于旅游来说,这是必然的结果,因为目的地会沿着价值链向上移动(见第二章所描述的巴特勒旅游地生命周期)以吸引消费能力更高的旅游者。

第三种弹性规划方法是一种新近出现的方法,可称为综观(大家都看见)法,而达沃迪(Davoudi,2012)称这第三种方法为进化法(与进化经济学相关)。在这种方法中,变化和适应是持续不断的,稳定或均衡及临界点都是虚幻的。这有点类似旅游企业家行为的放大,因为企业家必须不断评估、调整和适应变化的市场、资源和政策环境。企业家要适用的缓慢变化要比弹性规划所针对的危机突变常见得多。不过,地点对缓慢变化的适用也同样重要,因为这些细微的变化最后也可能演变成大规模的灾害(Walker et al.,2012)。

人们应当充分认识不同层级的变化和应对变化的弹性。大部分旅游规划和发展模式（不论是社区层面还是企业层面）都是基于工程弹性或社会生态假设的。这些方法能满足规划的基本关注点，对那些生活在可能发生灾害的低地和地质活跃带地区的人们尤为重要。结合缓慢变化变量来制订综合性总体规划可能更适合当前的状况。

刘（Lew，2014）根据两个关键变量提出了以下社区旅游规划模型：1）环境或社会现象变化率；2）人类反应的规模（图13.1）。有些环境变化是快速和突发的，如暴风雨或飓风洪水对旅游资源具有很大的破坏性，也有一些变化是缓慢细微的，如物种随着气候的变化而逐渐迁移聚居地。社会变化也同样，包括政变和突发经济危机等颠覆性变化，以及文化和经济全球化带来的人们行为和传统知识更迭的缓慢变化。人们对变化的反应也包括从私人旅游企业家更关注保持服务水平，满足客户需求，到较广义的文化自然资源管理和灾害预警。

麦金农和德里克森对社区开发弹性方法近来有所增长的情况提出批判（MacKinnon & Derickson，2013），指出将生态方法应用于社区可以提高政治和社会保守价值，因其假设当前各系统就应当如此而无须仔细审视。他们还指出这是自上而下的方法，由外部专家强加给社区，而且通过侧重基于社区的行动，弹性法忽略了更重要的全球资本主义对社区的影响和干扰程度。

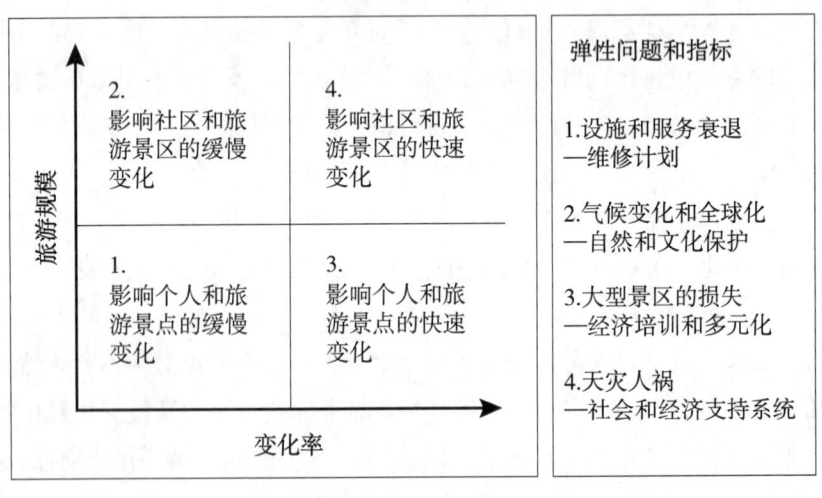

图13.1 旅游的规模、变化和弹性

资料来源：Lew（2014）。

3. 政治生态和人类纪

第三个概念——政治生态，已经存在很长时间，但近来在旅游研究中作为一种重要范式重新出现。政治生态在政治经济学上是用于理解社会权力与存在于人类社会和自然世界的生态系统变化之间的关系（Gössling，2003）。政治生态寻求的是权力关系的不平衡，这种关系会影响环境资源的所有权、掌控和分配（Bryant & Bailey，1997；Peet & Watts，2004）。环境伦理是政治生态的核心（Cole，2012）——比较广义的政治经济更甚——这能解决麦金农和德里克森（MacKinnon & Derickson，2013）所提出的对弹性研究的担忧。从宏观层面讲，它可以同时应用于北半球世界（资源消费方）和南半球世界（资源供给方）（Britton，1982），这可以缓解两个世界之间的紧张关系，包括旅游地中的生态旅游和探险旅游飞地度假区。政治生态学者也在探讨公众和隐形政策对人与环境关系的生产、再生产和改变的影响，包括环境的变化及其作用（Escobar，2008；Smith，2007）。

地理尤其适合政治生态解读，因为地理学的传统就是研究环境与社会结合的进程。自然资源的处理过程包括跨学科的历史、政治、社会和经济背景下的解读，而且是从社区到全球的不同规模（Zimmer & Bassett，2003；Robbins，2004）。

近年来，政治生态学在学术界又重新得到重视，主要是因为它有潜力帮助人们更宽泛地理解人类社会对全球环境造成的越来越大的影响。我们所处的这个星球已经进入地理纪元史中所谓的"人类纪"，即一般所指的18世纪工业革命以后的时代（Zalasiewicz et al.，2010）。在这个新的时代，人类文明和地球自然系统比以往任何时候都有更深入的交织。人类活动（包括旅游活动）已经成为一种新的地理自然推动力，甚至可能危及地球支撑生命能力的一种力量。证据显示人类活动的规模与密度会直接影响地理自然环境，甚至引发很多自然灾害，如旱灾和暴风雨（从天气变化角度看）、地震（从水力压裂角度看）和瘟疫。了解人类在这些环境进程中的作用（特别是人类的政治经济行为，这些行为又受经济全球化驱动，与土地使用密切结合）是政治生态学主要研究的内容。这也是用弹性法解决现代社会问题的基础（Martin & Sunley，2007）。

旅游研究有史以来就与政治生态问题紧密结合，因为很多研究是针对基于自然旅游的管理，如保护区和原住民（第二章），生态旅游开发（第十章），基于社区的旅游（第十二章）和可持续旅游（第五章）。政治生态学的研究方法与传统研究模式的区别在于前者用政治学理论去寻找一些隐蔽利益与冲突，以避免侵犯一些不发声的群体，包括穷人和自然环境。这方面涉及的研究课题包括现代化与加速变化，旅游开发和旅游者行为的环境伦理，以及旅游政治研究。

大部分旅游研究是基于应用商业视角，因此总体上支持和接受用新自由主义的经济全球化来看待发展。尽管政治生态学是20世纪90年代以来用以研究自然资源管理的一种主要的社会科学范式，但它在旅游方面的应用还远未普及（Stonich，1998；Gössling，2003是两个例外）。同样，人类纪的概念也只是在20世纪90年代以后才被较广地应用于社会科学领域，在旅游研究中的应用就更少了。

4. 语言、语言学和旅游

语言和交流对于人地互动、形象和体验的基础性作用几乎没有什么能比得上。语言及语言类型是文化遗产和地点形象的基本组成部分，通常是其旅游形象的根本。跟其他遗产形式一样，语言的真实性常受到挑战，它具有明显的社会等级和政治烙印（参Ashworth & Tunbridge，2004）。联合国教科文组织（UNESCO，2003：1）在其出版物中是这样描述濒危语言的：

（UNESCO）认识到语言在表达和传递现存遗产方面是至关重要的。所有非物质文化遗产领域……都依赖于语言进行日常实践和代际传递。在口语传统和表达方面，语言不仅是非物质遗产的载体，它本身就是非物质遗产的精髓。

除了遗产和宣传意义，语言也具有文化资本的作用。在旅游中，通过导游、翻译和其他语言传递者，旅游者与当地主人才能交流。对于旅游业中语言作用的研究，目前还处于非常初级的阶段，尽管语言本身在这方面比研究要活跃得多（Hall-Lew & Lew，2014）。对于旅游业中语言的研究可以从很多方面进行：

第十三章　旅游地理的现在与未来

（1）当前语言变化的社会和地理分布：语言和方言是最重要的地理特征之一，是一个地方区别于另一个地方的特征，也是使一个地方引起旅游者兴趣的特征。导游和其他一线旅游从业人员会被旅游者视为当地的"真实"代表，他们使用当地语和操当地口音本身就是他们传递给游客的一种文化资本。另外，旅游行业中不同的角色也使他们的语言表现有细微的差别，如餐厅里，餐厅老板、厨师、服务员、酒吧服务员和用餐的客人在表现上都有细微的差别。

每一种语言差异都会与一定的社会群体相关联，同一个群体有共同的语言符号，反映出经济阶层、民族和政见等群体标志的不同之处，而这些标志可能与旅游场地和景点相关（Hall-Lew et al., 2010）。有些差异还能明显区分圈内人和圈外人（Boudreau & White, 2004；Cohen, 2012），就像旅游的前台和后台标志（Goffman, 1959；Greathouse-Amador, 2005；Dörnyei & Csizér, 2005）。麦坎内尔（MacCannell, 1989）指出后台体验是大部分旅游动机背后的主要动机。

（2）语言在宣传和地点形象塑造方面的作用：目的地宣传组织仔细组织语言或口号，以期在市场上突出目的地核心形象。这样的例子包括：美妙泰国和不可思议的印度（突出其多彩的异国情调）；新西兰——100%纯，瑞士——收获自然（突出其自然风光）；还有吉尔吉斯斯坦——伟大丝路上的绿洲，葡萄牙——欧洲的西海岸（强调地理标志）。除了宣传意义外，词句和方言的选择也有重要的政治和权力意味，特别是在多民族国家，语言的使用及其真实性常是争议焦点（Bucholtz, 2003；Coupland, 2003）。

语言真实性的一个定义是根据历史记载现代语言与早期语言的相似程度。博物馆通常是一个地区少数民族文化特色的展示地，语言的变化是其中一个主要特色，而博物馆展示也是语言真实性的一种形式（Relph, 1976），类似历史和考古研究的展示（Law, 2010）。这种真实性是否有效本身也值得商榷（Lowenthal, 1985；Reisinger & Steiner, 2005）。与此相关的一种流行旅游形式是文学旅游（第七章）。历史文学旅游地通常也包括表现一些对历史语言的翻译解读，这带有一种真实感、怀旧感和异域感（Squire, 1994；Herbert, 2001；Earl, 2008）。这些表现多是感知的真实性或体验的真实性，而不是符合历史事实的真实。

（3）语言在移民旅游和身份方面的作用：现代化进程推动了20世纪50年代以后旅游业的迅速发展，这种发展既是交通和通讯技术发展的结果，也是越来越密切的全球经济交融和国际边界弱化的结果。这些因素提升了人们移动的能力，扩大了人们移动的范围，也推高了移民数量（Giddens，1990，1991）。现代性对于移民来说带来了不确定感和中心的丧失，以及无地域化和对于自身民族身份的焦虑和质疑（Ong，1999）。另一方面，随着现代通信和交通技术的发展，移民们还是能够保持与其种族家乡之间的密切联系。在这种情况下，现代移民甚至是移民家庭里的第二代、第三代可能已经形成一种跨国界家庭结构，融合了多元文化（Bhabha，1994；Ohmae，2000）。

到家乡或故国去旅游是移民保持与自己本民族紧密纽带的一种主要途径（Lew & Wong，2005；Drozdzewski，2011）。语言使用和语言学习也是旅游体验的一部分，是移民强化自身身份的另一种主要方式。特别是第二代和第三代移民，他们可能对自己的民族血缘和文化认识比较淡薄（Dörnyei & Csizér，2005）。语言学习也可能成为非移民旅游者身份构建的一部分，一个目的地的语言本身就具有明显的文化资本价值，基于旅游的语言学习可能会带来更多的就业机会（Coupland et al.，2005；Jaworski & Pritchard，2005）。反过来，会外语的人在旅游行业也有较高的就业价值。高（Gao，2012）所描述的桂林阳朔的情况就是这样一个例子。来到阳朔的外国旅游者成为当地外教，教中国学生英语，因为对于中国人来说，英语知识具有体现其身份地位的价值，"英语在中国已经获得一种新的独霸地位，成为一种时尚的中产生活方式，让人们愿意付出经济与文化代价去追求"（Gao，2012：39）。

5. 移动技术与地点

如果说工业革命（与作为其基础的启蒙运动和科学技术革命）开创了人类纪，那么有人认为以晶体管和微处理器为代表的数字革命则是将人类带进了信息时代。电子通信技术的广泛使用始于20世纪50年代（电话、电视和收音机的进步），数字技术已经形成了一种改变人类社会、文化和经济的力量，特别是20世纪90年代初互联网面向全球用户的全面开放。信息通信技术（ICT）从很多方面影响和改变着全球各地，特别是旅游业。下面我们主要讨论其中三个显著影响：

首先，时空的压缩（Harvey，1989）与全球化和流动性直接相关（第一章）。随着工业革命以来交通和通信技术的发达，商业活动日益频繁，世界变得越来越小。"二战"以后进入电子时代，这个进程进一步加速，新闻和信息可以瞬间传遍全球，波及全世界人口，有人甚至认为这是地理的终结（Greig，2002；Friedman，2005）。另一方面也有人指出这也让地理和地理意义凸显（Graham，1998），基于地点的信息技术成为现今技术革新的热点（Shoval et al.，2014）。

现代性和后现代性的差异日益明显，可能只有到未来回头来看才能确定信息时代是否如我们现在日常生活中所感受到的那样重要。对于旅游，技术的不断进步加速了阿莉娜·普恩（Auliana Poon）所谓的20世纪80年代的"新"后现代旅游：

新旅游经济与旧旅游完全不同——利润不再来源于规模经济和大众无差别市场。小规模经济、系统收益、市场细分和定制化度假越来越成为旅游业重要的利润点和竞争力（Poon，1989：93）。

这种趋于特殊、超细分和定制化旅游体验的趋势从20世纪80年代就出现了，而且波及越来越多的旅游者，并随着互联网的全球推广，这种旅游体验的经济可行性也越来越高。现在，规模很小，地理位置很偏的旅游服务机构利用网络的能力越来越大，例如柬埔寨的司机兼导游的个人也有自己的脸书主页（Facebook.com）或猫途鹰（TripAdvisor.com）主页。甚至有些传统上与旅游行业不相关的个人现在也可以通过网络出租自己家里的空闲房间或租车给游客，有时这些服务以易货形式交易。这种新的"共享经济"如果没有互联网是不可能实现的，只有互联网才能给这些最小的服务供应商进入市场的机会。

另外，电信技术也在迅速地改变着旅游体验，特别是移动科技和基于地点的信息系统（Shoval et al.，2014）。旅游者一般是社会上的较高收入阶层，特别是国际旅游者，这些人越来越多地在旅行中通过移动终端连接互联网。现在有很多技术公司为旅行者提供相关服务，如导航信息（一般是基于GPS和地图）、目的地及景点导览、餐厅和餐饮排名、最后一分钟住宿预订，以及一些连接交通设施和翻译的服务。这些已十分寻常，甚至出现了"零技术"

或"不插电"的度假市场。

皮尔斯和格雷茨（Pearce & Gretzel, 2012）使用焦点小组法进行研究，发现如今的"不插电"旅游者中存在四类张力：

（1）社会交流矛盾——旅行者意识到他们希望与社交网络和朋友保持连线的程度，这甚至可能会上瘾。相反，他们可能觉得这种在线社交关系有些无关紧要。

（2）工作交流矛盾——旅行者担心错过与工作相关的重要机会，工作会出问题，可能造成旅行回来后工作量激增。相反，无法连接网络是延迟回复工作相关问题的一个最好借口。

（3）安全和逃离矛盾——有些旅行者不联网就会对个人安全和健康产生焦虑，他们可能会越来越感觉处于一种离家的状态。不过这也能提供一种体验不同生活方式的自由感。

（4）即时性与保持连线的矛盾——"不插电"要求对地点和体验有更大的关注度。旅游者不可能依赖基于技术的信息系统回答问题，也不可能因为用手机查邮件或看新闻屏蔽他们对地点的体验。这甚至可能刺激旅游者身上新的或潜在的技能与兴趣。

这些矛盾至少说明技术在某些方面是旅游体验的媒介，以及他们与目的地和家乡关系的媒介。即使在度假，通信技术也能让很多旅游者与日常工作和家乡的朋友实时联系，这是后现代生活的症状（如第一章所述）。不过这种连接也会阻碍旅游者寻求更深的浸入感和当下的旅游体验。正因为意识到这些问题，现在有些旅游者的动机就是有意寻求"不插电"的、完全放松的旅行感觉，而另一些人则追求能确保其一路保持联系和放松的服务。

信息通信技术（ICT）和旅游的第三个研究领域（尤其对于地理学者）是移动技术可向我们揭示旅游者的哪些地理空间行为。(McKercher & Zoltan, 2014)。移动技术，特别是手机和社交网络的应用能提供丰富的地理空间用户数据，而这些数据以前是很难获得的现在，人迹追踪的精度已非常高，更加方便我们了解游客的行为及其对地方的体验（Shoval et al., 2014）。再结合社交媒体上的信息，如照片上的地点标签（如 Instagram.com 或 Flicker.com 照片）和博客（如 Twitter.com），我们就能看到第二层行为信息。

第十三章 旅游地理的现在与未来

插图 13.1 柬埔寨乡村农家院里也有免费无线网（刘德龄 摄）

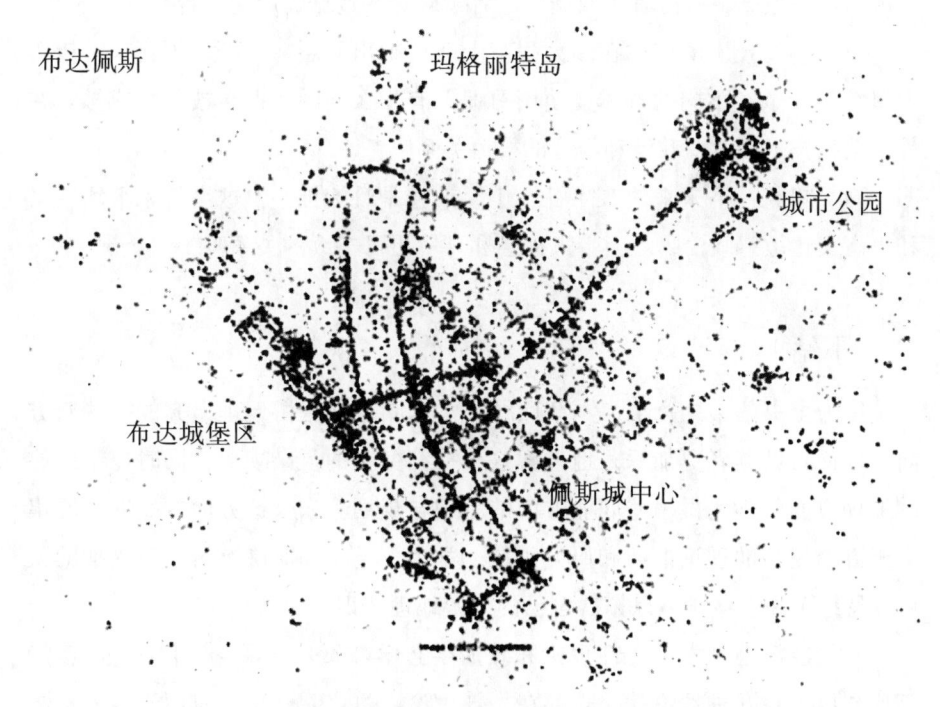

图 13.2 从地理定位照片看布达佩斯的旅游者与城市空间

卡达尔（Kádár 2014）指出有地理位置信息的照片可以用于对比旅游者在城市里的行为，但追踪每个个体旅游者的信息较难收集。图 13.2 就是对比在布达佩斯旅游者发布的照片（黑色点）和当地人发布的照片（灰色点）。尽管类似的旅游者分布图可以通过观察得出，但这种方式能提供定量数据，看看大众游客都集中在哪里，还能发现一些新的景点，以及游客在游览过程中的路径和可能遇到的障碍。

作为一种新兴和不断发展的现象，ICT 引发了一系列的研究问题，包括：

（1）移动科技会影响人们的态度和行为吗？例如，人们因为通信科技会对地点产生不同的看法或在当地有不同的行为表现吗？这会涉及隐私问题吗？

（2）研究人员如何平衡个人隐私与获得有效数据这两方面？谁拥有 ICT 生成的这些数据，旅游者（数据生产者）对这些数据的用途是否有发言权？

（3）移动技术的应用在多大程度上能反映出阶层、性别、国籍、种族等人口统计变量？不同的群体在使用习惯上有什么不同？谁会被包括或排除在外？信息技术能改变政治和经济的权力关系吗？

（4）想象一下未来的 ICT 社会中，谁会是政治推手？这会带来平均主义和生态文化敏感政治吗？会带来社会和环境更可持续的关系吗？

三、小结

作为全书的结尾章节，本章回顾了学术圈近期旅游地理研究的一些新方向，以便帮助读者更加深入地理解这个持续变化的复杂现象，同时也帮助旅游地理方面的学生做一些职业方面的考虑与规划。未来这方面的发展主要集中于五个新兴的理论框架和研究领域，学生、学者和对旅游研究有兴趣的人可以持续关注这些领域以拓展自己的旅游地理知识。

演化经济地理学、弹性理论和政治生态学都不是新理论，自 20 世纪 80 年代初以来这几种理论就一直存在，被讨论、争议、修正和应用于各种不同的领域。演化经济地理学发轫于进化经济，即把进化概念应用于人类社会。这是一种理解影响现代旅游的大背景和历史进程的新方式。弹性理论和规划源于进化论中的复杂适应系统，更多地应用于应对自然灾害的规划。近年来，这个理论也被推广应用于解决越来越严重的社会问题和环境变化。政治生态学把政治经济学处理人与生态系统关系的理论应用于旅游研究。该理论结合进化的思想，但更偏伦理和行动主义观点。因此政治生态学结合了理论和应用这两个方面。

语言学和信息通信技术在旅游中的应用并不新鲜，尽管其重要性20世纪90年代以来才显现和受到关注。语言是地点和个人身份认同的基础，因此有力的市场营销工具，也是意义和传播的载体，对旅游发展和体验非常重要。不过由于语言是太寻常的日常行为，因此常被人忽略。电子通信技术和交通运输技术的发展是近几十年来改变当今世界的最突出要素。要想跟上这种快速的发展步伐，旅游企业必须了解和管理其对旅游者和目的地影响才能获得成功。

社会科学理论和研究通过不同的声音和体验得以推进，这种推进首先源于亚学术领域和跨学科领域。对于各种预测我们必须谨慎对待，上述旅游地理研究的五个理论领域，在未来几年会越来越受关注，以应对越来越严重的全球社会问题和当前的旅游议题。只有深入分析这些进程对地点和地理学的影响，我们才能理解和应对当前面临的挑战。

讨论题：

1. 描述旅游区生命周期是如何阐释从演化经济地理学角度来理解旅游的。
2. 旅游弹性规划法对于自然灾害高危目的地和较少遭受自然灾害的目的地有什么不同的意义？
3. 为什么说政治生态学对旅游学术界意义更大？未来几十年会发生什么样的变化？
4. 从旅游角度看，语言变化在哪些方面分别对旅游有好处和坏处？
5. 鉴于信息通信技术（ICT）在过十年中对旅游发展产生的影响，这方面的变化在未来十年会对旅游地理有什么影响？
6. 与旅游地理有关的新思想如何涌现？我们如何知道上述任何新思想可

成为理解旅游空间和地点的具有影响力的范式？

延伸阅读

全世界有很多旅游地理专业团体，很多都有自己的电子邮件清单以方便学生参与。《旅游地理学》杂志的网站就是其中之一 http://www.tgjournal.com/associations.html。

深入介绍演化经济地理学在旅游方面应用的文献：

Brouder, P. (2014) 'Evolutionary economic geography: a new path for tourism studies?', *Tourism Geographies*, Vol. 16 (1): 2–7.

从广义角度和非旅游角度来回顾复杂性理论及其与演化经济地理学的文章：

Martin, R. and Sunley, P. (2007) 'Complexity Thinking and Evolutionary Economic Geography', Papers in Evolutionary Economic Geography (PEEG) 0703, Utrecht University, Section of Economic Geography, revised April 2007.

介绍弹性规划的前沿文章：

Davoudi, S. (2012) 'Resilience: a bridging concept of a dead end?', *Planning Theory and Practice*, Vol. 13 (2): 299–333, http://dx.doi.org/10.1080/14649357.2012.677124.

相对早期的比较全面介绍政治生态学在旅游业应用的文献：

Gössling, S. (2003) *Tourism and Development in Tropical Islands: Political Ecology Perspectives*, Cheltenham, UK: Edward Elgar.

具有很强地理学背景的关于语言及其在旅游业中作用的综述：

Hall-Lew, Lauren and Lew, Alan A. (2014) 'Speaking heritage: language, identity and tourism', in Lew, A.A., Hall, C.M. and Williams, A.M. (eds) *Blackwell Companion to Tourism*, second edition, Oxford: Blackwell, pp. 336–348.

介绍地理学家如何利用移动科技追踪和分析旅游者行为的文章：

Shoval, N., Isaacson, M. and Chhetri, P. (2014) 'GPS and smartphones and the future of tourism research', in Lew, A.A., Hall, C.M. and Williams, A.M.

(eds) *Blackwell Companion to Tourism*, second edition, Oxford: Blackwell, pp. 251-261.

关于旅游者流动的基础综述，是理解科技和交通影响的重要文献：

McKercher, B. and Zoltan, J. (2014) 'Tourism flows and spatial behavior', in Lew, A.A., Hall, C.M. and Williams, A.M. (eds) *The Wiley-Blackwell Companion to Tourism*, Oxford: Blackwell, pp. 33-44.

附录：在互联网上使用《旅游地理学》的指南

自本书第一版出版以来，互联网已经成为各类学生广泛使用的信息获取工具，尤其是利用互联网做项目和任务的本科生，因此有必要给学生读者如何使用互联网学习旅游地理提供一点指导。这里所提供的指南主要侧重于如何找到可靠的信息，而不是简单地罗列有用的网站，因为这里列出的链接网站都属于一些较小众的组织。由于网站更新比书快，因此个别网址可能有所变化。有些网站比较适合初学者，不过本文的目的主要是帮助学生了解如何通过网络搜索找到适合自己需求的个性化网页清单。

首先，我要提醒大家，网络是一个诱人的工作环境，也是一个不受监管的环境。任何人都可以在网上发布信息，不像专业期刊上录用的论文，网站上的信息并不保证准确、有效或可信。即使网站受到外部审查，如维基百科（Wikipedia）之类的机构，但仍然不能确保信息的可靠性。因此任何学术项目和文献在引用网上内容时都需要非常谨慎。

一、网站

最可靠的网站可能是政府机构和/或全球性区域性协会组织的官网。这些网站上有很多有用的信息，特别是数据，以及关于旅游或其他旅游相关要素的背景趋势。下面是一些例子：

- 联合国（www.un.org）网站上有很多数据，有些是关于旅游的，有些可能是一些重要的全球指标信息，如人口、贸易、工业产出、食品、农业和健康。

- 欧盟（www.europa.eu）网站上有欧盟政策概述与一些相关计划与支撑政策的数据信息。目前，这个网站里没有专门针对旅游的页面，但有相关主题的页面，如文化、环境和交通。
- 世界旅游组织（www.world-tourism.org）网站上有关于国际旅游和主要市场趋势的基础数据和相关指标。这些通常由在线刊物进行归纳汇总，这些汇总文章的节选版通常是免费的（包括《世界旅游晴雨表（World Tourism Barometer）》和《旅游亮点（Tourism Highlight）》），不过购买报告原本是要付费的，而且通常价格较高。
- 世界旅行及旅游理事会（www.wttc.org）是一个面向企业的组织，提供在线数据和对旅游行业的指导，特别是从经济角度。

在这些大型组织之下，很多政府也维护着自己的网站，提供统计数据和一些免费的在线报告。如英国针对乡村设立的政府机构——自然英格兰——就有自己的网站，上面有数百篇关于旅游（包括海岸和海水、指定旅游区、休闲、乡村规划和管理）的报告可以在线阅读或下载（www.naturalengland.org.uk）。国家级的旅游组织会定期更新网站，这些网站的主要功能是市场营销和宣传（向潜在旅游者推广目的地）而不是向旅游地理学生提供事实数据信息，但这些网站有时也会提供一些事实数据信息和报告，因此也是值得关注的。

政府部门、司法机构和国家旅游局是很多互联网的进入端口，此外还有大量的专业机构、贸易协会、商业和志愿者组织等也会提供一些旅游地理学所需信息的观点。从大量的网站中找到所需要的资源要求熟练使用搜索引擎。

二、搜索

互联网上有多个搜索引擎可用，当然市场领导者可能是谷歌（Google）。Google搜索以快捷高效著称。当然搜索的有效性更多地依赖于搜索的关键词，精准的搜索最好不要有太多的关键词。例如，如要寻找关于中国旅游的事实数据信息，要搜索"中国"（China）、"旅游（tourism）"和"统计数据（statistics）"等关键词，而不是"中国旅游（Chinese Tourism）"，因为后者搜到的可能更多是关于景点的链接。因此在搜索之前先想好关键词是很重要的，例如，如要找的是旅游数据，但如果搜索"数据（data）"可能找到的链接大部分都不是你想要的，但如果搜索"统计数据（statistics）"，可能结果要更接近你的期望。因为大量信息维护机构会把这方面的信息命名为"统计数据"而不是"数据"。因此如果初次搜索不成功的话，我们最好尝试不同的关键词重看搜索结果。

用谷歌这样的搜索引擎可能搜到数千条结果，通常来讲最相关的网站一般会出现在第1到第3页的搜索结果中，越往后相关度越低。当然谁也说不好你会在哪个网站找到有用的东西，但通常的原则是使用不同搜索指标重新搜索比扎进一个网站里找要有效得多。浏览器里的书签（收藏夹）功能也是一个很有用的工具，你可以利用这个工具把一些你觉得有用的网站链接存下来以方便下次访问，不过建议你定期清理所收藏的网站以确保所收藏网站仍有效。

通过谷歌等搜索引擎找到的数千个网站里，可能有些是提供事实数据信息的，有些能提供一些报告和观点文章供下载。不过如果想专门搜索与旅游相关的学术文章，谷歌学术（Google Scholar）可能是个更优的搜索选择。这是个特别有用的工具，因为它直接与类似 Science Direct（大部分高等院校现在都能访问这个链接）等在线期刊系统相连。互联网为旅游地理学习提供了大量的信息资源，但这些资源的使用需要非常谨慎，还要思考和辨别其真实性。

术 语 表

为了帮助那些背景不是社会科学的读者理解，下面对本书中出现的一些不常见术语进行进一步解释：

推进主义（Boosterism）：认为发展进程是具有先天好处的一种发展观，潜在负面影响常被忽略，而资源的侵占和利用被认为是发展的一部分。

棕地（Brownfield land）：以往一般指工业用地，这些工业用地已经过剩，因此现可用于新用途的重新开发。

商品化（Commodification）：商品是生产出来用于交换（如贸易）的物品，商品化是指有形物（如可见的货物和服务）和无形物（如体验）要素结合到产品或物品的生产中并被售卖的过程，如东非游猎度假中观看野生动物包价旅游的商品化。

文化资本（Cultural capital）：这个词来源于法国社会理论家布尔迪厄（Bourdieu），指通过某种文化行为展现个人或群体品位和/或判断，从而使个人（或群体）获得社会地位，体现个人和群体所属的社会阶层和区分出个人或群体属于哪个社会阶层。

去差异化（De-differentiation）：这是由社会学家拉希（Lash）和厄里（Urry）生造的词，用来形容把活动按领域区分（如工作和休闲），把参与情况按领域划分（如真实的和想象的），并组合成不再具有上述界限的新模式融合不同的领域。

存在主义（Existentialism）：一种哲学理论，强调个人的存在性和个人通过自决和自由意志形成自我意识的能力。据信，旅游的很多方面都有存在主义意义，因为人们具有通过旅游活动发现真我的明显能力。

自由无拘束（Footloose）：形容生产流程可以放在任何地方，因为这些生产过程所需的原材料或市场与某个特地点没有依赖关系。

福特主义/者（Fordism/Fordist）：一系列有组织的行为，最初源于汽车行业，由亨利·福特创建，基于大批量生产标准化产品的原则，以降低成本。这个词后来被广泛应用于适用于同样原则的其他领域，如旅游业中的大众旅游形式就被称为是福特主义原则的应用产物。

全球化（Globalisation）：组织在全球而非国家、地区或地方层面的（社会、文化、政治、经济，甚至是环境关系）变革过程。全球化也普遍与越来越高的生产与消费标准化相联系。

习性（Habitus）：该词被布尔迪厄（Bourdieu）用来形容一定社会群体有自己偏好的活动、行为和互动模式，这些社会群体以此来确定自己在社会大背景下的定位。从这个意义上讲，这个词也可以理解为偏好的生活方式。

霸权主义（Hegemony）：这个词来源于葛兰西（Gramsci）的著作，指统治团体对其他团体进行控制的能力（通过直接控制或强制以外的其他手段），并且被控制一方自愿接受另一方的控制，主动让权并认同控制方的意识形态和价值观。旅游者与社区关系的一些方面有时也用这个词来形容。

超现实（Hyper-reality）：生态学最初提出的这个词用来形容真实事物与想象事物的差别越来越模糊，而且后者甚至比前者显得更真实。例如，在迪士尼乐园，卡通形象最初只是出现在图画书里，现在却成为园中漫步的"真"人。

麦当劳化（McDonaldisation）：瑞泽尔（Ritzer）的一篇论文中用这个词形容以标准化、低成本、统一生产为特征的快餐行业的流程已经扩展到生活的其他部分。麦当劳快餐系统的主要贡献是产品生产、消费和分销过程中高效、可预见和可控性，瑞泽尔指出这种体系现在已经被广泛应用于很多领域，包括大众旅游。

市场细分（Market segmentation）：把整体购买群体分成不同的部分，并研发专门的产品分别针对不同的"细分"市场。

后福特主义/者（Post-Fordism/Post-Fordist）：生产体系和相关社会文化

体系围绕灵活生产构建，其产品迎合不同的市场需求。后福特主义生产通常是指小规模生产差异化产品，直接与福特主义的大众化、标准化生产和消费特征相对。

后现代主义（Pastmodernism）：一个有多种应用的复杂词，起源于建筑领域，最初指一种新的建筑设计风格：小规模、混搭的风格，反映当地传统，但会显得更有趣。这个词现在也用于其他领域来形容类似风格和现象。后现代最核心的理念是知识是由不同观点构成的，即所谓的"元叙述"，后现代是不可能认同所谓的普世性解释（如马克思主义），而更倾向于多元化的解释。

后旅游者（Post-tourists）：普恩（Poon）用这个标签来形容"新"旅游的参与者，其特点是有多重选择，大量的专业和超细分市场，强调个人对真实、自然或真实体验的追求，反对标准化的大众旅游形式。

实践（Praxis）：被接纳为约定俗成的习惯行为。

简化论（Reductionism）：将复杂现象分解为基本组件进行解释的一种方法。简化法的突出缺点是解释过程中可能丢掉实际重要的组件和/或信息。

自反性（Reflexivity）：指人们在知识、信息和经验不断变化的情况下系统性和批判性地审视一些事物，如信仰、价值观和行为。很多地方的旅游是为了迎合旅游者，如旅游营销和地点推广，游客对一个地点的印象可能与营销机构的推广目标相去甚远，因为人们的自反性反应与意愿目标是不同的。

调节论（Regulation theory）：这是理解资本主义体系运作的一种方法。该理论认为系统是围绕一系列主导原则而组织，并由这些原则调节系统以维持其存续。这些系统一般以对工资或货币兑换等事宜进行的国家或制度性控制或治理为核心。

模仿物（Simulacra）：拥有事物的外表形式，但没有事物实质的物品。这方面的例子包括宗教偶像。旅游行业这方面的例子有拉斯维加斯的很多度假酒店，还有一些最近出现的主题商厦，它们都是按照表演形式来模拟一定的时代或地域环境。

参考文献

Adventure Travel Trade Association (ATTA)(2010) *Adventure Tourism Market Report*, ATTA. Online at: http://www. adventuretravel. biz/wp-content/uploads/2010/09/adventure_travel_market082610. pdf.

Agarwal, S. (1994) 'The resort cycle revisited: implications for resorts', in Cooper, C. P. and Lockwood, A. (eds) (1994): 194–208.

——(1997) 'The resort cycle and seaside tourism: an assessment of its applicability and validity', *Tourism Management*, Vol. 18(1): 65–73.

——(2002) 'Restructuring seaside tourism: the resort life cycle', *Annals of Tourism Research*, Vol. 29(1): 25–55.

Agrwal, S. and Brunt, P. (2006) 'Social exclusion and Enlgish seaside resorts', *Tourism Management*, Vol. 27(4): 654–670.

Agnew, J. (1987)*Place and Politics: The Geographical Mediation of State and Society*, London: George Allen and Unwin.

Aitchison, C. (2001) 'Theorizing other discourses of tourism, gender and culture: can the subaltern speak (in tourism)?', *Tourist Studies*, Vol. 1(2): 133–147.

Aitchison, C., Macleod, N. and Shaw, S. (2001) *Leisure and Tourism Landscapes: Social and Cultural Geographies*, London: Routledge.

Albert-Pinole, I. (1993) 'Tourism in Spain', in Pompl, W. and Lavery, P. (eds) (1993): 242–261.

Alipour, H. (1996) 'Tourism development within planning paradigms: the case of Turkey', *Tourism Management*, Vol. 17(5): 367–377.

Ambrose, T. (2002) 'Cultural tourism opportunities in Morocco', *Locum Destinational Review*, Winter: 26–28.

Andrews, M. (1989)*The Search for the Picturesque: Landscape Aesthetics and Tourism in Britain, 1760—1800*, Aldershot: Scolar Press.

Arana, J. E. and Leon, C. J. (2008) 'The impact of terrorism on tourism demand', *Annals of Tourism Research*, Vol. 35(2): 299–315.

Archer, B. H. (1973)*The Impact of Domestic Tourism*, Bangor Occasional Papers in Economics No. 2, Cardiff: University of Wales Press.

——(1977)*Tourism Multipliers: The State of the Art*, Bangor Occasional Papers in Economics No. 11, Cardiff: University of Wales Press.

——(1982) 'The value of multipliers and their policy implications', *Tourism Management*, Vol. 3 (4): 236–241.

——(1989) 'Tourism and island economies: impact analysis', in Cooper, C. P. (ed.) (1989): 125–134.

——(1995) 'The importance of tourism for the conomy of Bermuda', *Annals of Tourism Research*, Vol. 22 (4): 918–930.

Arroba, T. (1977) 'Styles of decision-making and their use: an empirical study', *British Journal of Guidance and Counselling*, Vol. 5: 49–58.

Ashley, C. (2000) *The Impact of Tourism on Rural Livelihoods*, Working Paper No. 128, London: Overseas Development Institute.

Ashworth, G. J. and Voogd, H. (1994) 'Marketing and place promotion', in Gold, J. R and Ward, S. V. (eds) (1994): 39–52.

Ashworth, G. J. and Dietvorst, A. J. (eds) (1995) *Tourism and Special Transformations*, Wallingford: CAB International.

Ashworth, G. J. and Tunbridge, J. E. (2004) 'Whose tourist-historic city?localizing the global and globalizing the local', in Lew, A. A. et al. (eds) (2004): 210–222.

Association of Leading Visitor Attractions (ALAV) (2013) Visits made in 2012 to visitor attractions in membership with ALAV. Online at http://www. alva. org. uk/details, cfm?p=423.

Atljevic, I. (2000) 'Circuits of tourism: stepping beyond the "production/consumption" dichotomy', *Tourism Geographies*, Vol. 2(4): 360–388.

Atljevic, I. and Doorne, S. (2003) 'Culture, economy and tourism commodities: social relations of production and consumption', *Tourist Studies*, Vol. 3 (2): 123–141.

Atikinson, I. (1984) *Flexibility, Uncertainty and Manpower Management*, Institute of Manpower Studies Report No. 89, Falmer: University of Sussex.

Bachvarov, M. (1997) 'The end of the model? Tourism in post-Communist Bulgaria', *Tourism Management*, Vol. 18(1): 43–50.

Baggio, R., Scott, N. and Cooper, C. (2010) 'Improving tourism destination governance: a complexity science approach', *Tourism Review*, Vol. 65(4): 51–60.

Baidal, J. A. I. (2003) 'Regional development policies: an assessment of their evolution and effects on the Spanish tourist model', *Tourism Management*, Vol. 24(6): 655–

663.

——(2004) 'Tourism planning in Spain: evolution and perspectives', *Annals of Tourism Research*, Vol. 31(2): 313-333.

Balaz, V. (1995) 'Five years of economic transition in Slovak tourism: successes and shortcomings', *Tourism Management*, Vol. 16(2): 143-159.

Ballesteros, E. R. and Ramirez, M. H. (2007) 'Identity and community: reflections on the development of mining heritage tourism in southern Spain', *Tourism Management*, Vol. 28 (3): 677-687.

Barke, M., Towner, J. And Newton, M. T. (eds) (1996) *Tourism in Spain: Critical Issue*, Wallingford: CAB International.

Basala, S. L. And Klenosky, D. B. (2001) 'Travel-style preferences for visiting a novel destination: a conjoint investigation across the novelty-familiarity continuum', *Journal of Travel Research*, Vol. 40: 172-182.

Baudrillard, J. (1988) America, London: Verso.

Baum, T. (1994) 'The development and implementation of national tourism policies', *Tourism Management*, Vol. 15(3): 185-192.

——(1996) 'Unskilled work in the hospitality industry: myth or reality?', *International Journal of Hospitality Management*, Vol. 15(3): 207-209.

Bauman, Z. (1996) 'From pilgrim to tourist—a short history of identity', in Hall, S. and du Gay, P. (eds) (1996): 18-36.

Beard, J. And Ragheb, M. G. (1983) 'Measuring leisure motivation', *Journal of Leisure Research*, Vol. 15 (3): 219-228.

Becheri, E, (1991) 'Rimini and Co. : the end of a legend?' *Tourism Management*, Vol. 12(3): 229-235.

Beck, U. (1992) *Risk Society: Toward a New Modernity*, Thousand Oaks, CA: Sage.

Becken, S. (2002) 'Analysing international tourist flows to estimate energy use associated with airtravel ', *Journal of Sustainable Tourism*, Vol. 10 (2): 114-131.

Beder, Sharon (2006) 'The changing face of conservation: commodification, privatisation and the free market', in Lavingne, D. M. (ed), *Gaining Ground: In Pursuit of Ecological of Sustainability*, pp. 83-97. Geulph, Ontario: International Fund for Animal Welfare.

Beedie, P. (2003) 'Mountain guiding and adventure tourism: reflections on the choreography of experience', *Leisure Studies*, Vol. 22(2): 147-167.

Beedie, P. And Hudson, S. (2003) 'Emergence of mountain-based adventure tourism', *Annals of Tourism Research*, Vol. 30(3): 625-643.

Beloley, S. (1999) 'Short and sweet —the UK short-break market', *Insights*, Vol. 10 (B): 63-78.

Bell, D. and Valentine, G. (1997) *Consuming Geographies: We Are Where We Eat*, London: Routledge.

Bell, D. and Holiday, R. (2000) 'Naked as nature intended', *Body and Society*, Vol. 6 (3—4): 127-140.

Bentley, T. A. and Page, S. J. (2001) 'Scoping the nature and extent of adventure tourism accidents', *Annals of Tourism Research*, Vol. 28 (3): 705-726.

Bhabha, H. (1994) The Location of Culture, London: Routledge.

Billington, R. A. (1981) *Land of savagery, Land of promise: The Europe Image of the American Frontier in the Nineteenth Century*, New York: W. W. Norton.

Blank, U. (1996) 'Tourism in United States cities', in Law, C. M. (ed.) (1996): 206-232.

Blundell, V. (1993) 'Aboriginal empowerment and souvenir trade in Canada', *Annals of Tourism Research*, Vol. 20 (1): 64-87.

Boone, K., Kline, C., Johnson, L., Mulburn, L. and Reider, K. (2013) 'Development of visitors identity through study abroad in Ghana', *Tourism Geographies*, Vol. 15 (3): 470-493.

Boniface, B. G. and Cooper, C. P. (1987) The Geographies of Travel and Tourism, Oxford: Butterworth-Heinemann.

Boniface, P. and Fowler, P. J. (1993) *'Heritage and Tourism in the 'Global Village'*, London: Routledge.

Boorstin, D. J. (1961) *The Image: A Guide to Peseudo-Events in America*, New York: Harper and Row.

Borsay, P. (1989) *The English Urban and Renaissance: Culture and Society in the English Provincial Town, 1660—1770*, Oxford: Clarendon.

Boschma, R. A. and Martin, R. (2007) 'Constructing an evolutionary economic geography', Journal of Economic Geography, Vol. 7 (5): 537-548.

Boudreau, A. and White, C. (2004) 'Turing the tide in Acadian Nova Scotia: how heritage tourism is changing language practices and representations of language', *Canadian Journal of Linguistics/Revue canadienne de linguistique*, Vol. 49 (3/4): 327-351.

Bourdieu, P. (1984) *Distinctions: A Social Critique of the Judgement of Taste*, London: Routledge and Kegan Paul.

Bradley, A., Hall, T. And Harrison, M. (2002) 'Selling cities: promoting new imagines for meetings tourism', *Cities*, Vol. 19 (1): 61-70.

Bramwell, B. (2004) 'Partnership, participation and social science research in tourism planning', in Lew, A. A. et al. (eds) (2004): 541-554.

Bramwell, B. and Sharman, A. (1999) 'Collaboration in local tourism policy making',

Annals of Tourism Research, Vol. 26 (2): 392-415.

——(2000) 'Approaches to sustainable tourism planning and community participation: the case of the Hope Valley', in Hall. D. And Richards, G. (eds) (2000): 17-35.

Bernnan, F. and Allen G. (2001) 'Community-based ecotourism, social exclusion and the changing political economy of Kwazulu-Natal, South Africa', in Harrison, D. (ed.) (2001): 203-221.

Bristol City Council (2005) *Bristol Museum and Art Gallery Visitor Satisfaction Survey 2004*, Bristol: Bristol City Council.

British Travel Association (BTA) (1969) *Patterns of British Holiday Making, 1951—1968*, London: British Travel Association.

British Tourist Authority (BTA) (1995) *Digest of Tourist Statistics No. 18*, London: British Tourist Authority.

——(2001) *Digest of Tourist Statistics No. 24*, London: British Tourist Authority.

——(2003) Visits to Visitor Attractions 2002, London: British Tourist Authority.

Britton, S. (1982) 'The political economy of tourism in the Third World', *Annals of Tourism Research*, Vol. 9 (3): 331-358.

——(1989) 'Tourism, dependency and development: a mode of analysis', in Singh, T. V. et al. (eds) (1989): 93-116.

——(1991) 'Tourism, capital and place: towards a critical geography', *Environment and Planning D: Society and Space*, Vol. 9 (4): 451-478.

Brouder, P. (2013) 'Evolutionary economic geography: a new path for tourism studies?', *Tourism Geographies*, Vol. 16 (1): 2-7.

Brouder, P. And Eriksson. R. H. (2013a) 'The evolution of the tourism economy: latent synergies of evolutionary economic geography and tourism studies', *Annals of Tourism Research*, Vol. 43 (October): 370-389.

——(2013b) 'Staying power: what influences micro-firm survival in tourism?', *Tourism Geographies*, Vol. 15 (1): 124-143.

Bruner, E. M. (1991) 'Transformations of the self in tourism', A*nnals of Tourism Research*, Vol. 18 (2): 238-250.

——(1994) 'Abraham Lincoln as authentic reproduction: a critique of postmodernism', *American Anthropologist,* Vol. 96: 397-415.

Brunt, P. and Courtney, P. (1999) 'Host perceptions of socio-cultural impacts', *Annals of Tourism Research*, Vol. 26 (3): 493-515.

Bruwer, J. (2003) 'South African wine routes: some perspectives on the wine tourism industry's structural dimensions and wine tourism product'. *Tourism Management*, Vol. 24 (4): 423-435.

Bryant, R. L. and Bailey, S. (1997) *Third World Political Ecology*, Routledge: New York.

Bryman, A. (1995) *Disney and His Worlds,* London: Routledge.

Bucholtz, M. (2003) 'Sociolinguistic nostalgia and the authentication of identity', *Journal of Sociolinguistic*s, Vol. 7: 398-416.

Buckingham, D. (2001) 'United Kingdom: Disney dialectics-debating the politics of children's media culture', in Wasko, J. et al. (eds) (2001): 269-296.

Buckley, R. (1999) 'An ecological perspective on carrying capacity', *Annals of Tourism Research,* Vol. 26(3): 705-708.

——(2007) 'Adventure tourism products: price, duration, size, skill, remoteness', *Tourism Management*, Vol. 28(6): 1428-1433.

Buhalis, D. (1998) 'Strategic use of information technologies in the tourism industry', *Tourism Management*, Vol. 19(5): 409-421.

Bull, P. (1997) 'tourism in London; policy changes and planning problems', *Regional Studies*, Vol. 31(1): 82-86.

Bunce, M. (1994) *The Countryside Ideal: Anglo-American Images of Landscap*e, London: Routledge.

Burns, P. (1999) 'Paradoxes in planning: tourism elitism or brutalism?'. *Annals of Tourism Research*, Vol. 26 (2): 329-348.

Burns, P. And Sancho, M. M. (2003) 'Local perceptions of tourism planning: the case of Cuellar, Spain', *Tourism Management*, Vol. 24(3): 331-339.

Butenshaw, D., Bateman, M. and Ashworth, G. J. (1991) *The City in Western Europe,* London: David Fulton.

Burton, R. (1991) *Travel Geography,* London: Pitman.

——(1994) 'Geographical patterns of tourism in Europe', in Cooper, C. P. and lock wood, A. (eds) (1994): 3-25.

Busby, G. and Rendle, S. (2000) 'The transition from tourism on farms tourism to farm tourism', *Tourism Management*, Vol. 21(6): 635-642.

Business Tourism Partnership (2003) *Business Tourism Briefing: An Overview of the UK's Business Tourism Industry,* London: BTP.

——(2005) *Business Tourism Leads the Way,* London: BTP.

Bulter, J. (1993) *Bodies That Matter: On the Discursive Limits of 'Sex'*, London: Routledge.

Butler, R. (1980) 'The concept of a tourist area cycle of evolution: implications for management of resources', *The Canadian Geographer*, Vol. 24(1): 5-12.

——(1985) 'Evolution of tourism in the Scottish highlands', *Annals of Tourism Research*, Vol. 12: 371-391.

——(1990) 'The influence of the media in shaping international tourism patterns', *Tourism Recreation Research*, Vol. 15 (2): 46-53.

——(1991) 'Tourism, environment and sustainable development', *Environmental Conservation,* Vol. 18 (3): 201-209.
——(1994) 'Alternative tourism: the thin end of the wedge', in Smith, V. L. and Eadington, W. R. (eds) (1994): 31-46.
——(2004) 'Geographies research on tourism, recreation and leisure: origin, eras and directions', *Tourism Geographies*, Vol. 6 (2): 143-162.
Butler, R., Hall, C. M. and Jenkins, J. M. (eds) (1999) *Tourism and Recreation in Rural Areas*, Chichester: John Wiley.
Byme, E. and McQuillan, M. (1999) *Deconstructing Disney*, London: Pluto.
Campbell, C. (1995) 'The sociology of consumption', in Miller, D. (ed.) (1995): 86-124.
Carl, C., Kindon, S. and Smith, K. (2007) 'Tourist experiences of film locations: New Zealand as "Middle-Earth" ', *Tourism Geographies*, Vol. 9 (1): 49-63.
Carmichael, B. A. (2005) 'Understanding the wine tourism experience for winery visitors in the Niagara region, Ontario, Canada', *Tourism Geographies*, Vol. 7 (2): 185-204.
Carr, N. (2002) 'The tourism-leisure behavioural continuum', *Annals of Tourism Research*, Vol. 29(4): 972-986.
Castells, M. (1996) *The Rise of the Network Society,* Oxford: Blackwell.
——(1997) *The Power of Identity*, Oxford: Blackwell.
Castree, N. (2003) 'Place: connections and boundaries in an interdependent world', in Holloway, S. L. et al. (eds) (2003): 165-185.
Catlin, G. (1841) *Letters and Notes on the Manners, Customs, and Condition of the North American Indians*, Piccadilly, London: Egyptian Hall.
Charters, S. and Ali-Knight, J. (2002) 'Who is the wine tourist?', *Tourism Geographies*, Vol. 23 (3): 311-319.
Chartterton, P. and Hollands, R. (2003) *Urban Nightscapes: Youth Culture, Pleasure Spaces and Corporate Power*, London: Routledge.
Chen, J. S. (1998) 'Travel motivations of heritage tourism', *Tourism Analysis*, Vol. 2 (3/4): 213-215.
Cheong, S. and Miller, M. L. (2000) 'Power and tourism: a Foucauldian observation', *Annals of Tourism Research*, Vol. 30 (3): 702-719.
Child, D. (2000) 'The emergence of "no-frills" airlines in Europe: an example of successful marketing strategy', *Travel and Tourism Analyst*, Vol. 1: 87-121.
China National Tourism Office (CNTO) (2006) *China Tourism Statistics*. Online at: www. cnto. org.
Choy, D. (1995) 'The quality of tourism employment', *Tourism Management*, Vol. 16 (2): 129-137.

Church, A. (2004) 'Local and regional tourism policy and power', in Lew, A. A. et al. (eds) (2004): 555-568.

Church, A. Frost, M. (2004) 'Tourism, the global city and the labour market in London', *Tourism Geographies*, Vol. 6 (2): 208-228.

Clammer, J. (1992) 'Aesthetics of the self: shopping and social being in contemporary Japan', in Shields, R. (ed.) (1992): 195-215.

Clarke, J. (1997) 'A framework of approaches to sustainable development', *Journal of Sustainable Tourism*, Vol. 5 (3): 224-233.

Cobbett, W. (1830) *Rural Rides*, London: Penguin. (This edition published in 1967.)

Coccossis, H. (1996) 'Tourism and sustainability: perspectives and implications', in Priestley, G. et al. (eds) (1996): 1-21.

Cohen, Emma (2012) 'The evolution of tag-based cooperation in humans: the case for accent', *Current Anthropology*, Vol. 53 (5): 558-616.

Cohen, E. (1972) 'Towards a sociology of international tourism', *Social Research,* Vol. 39: 164-182.

——(1979) 'A phenomenology of tourist experiences', *Sociology*, Vol. 13: 179-201.

——(1988) 'Authenticity and commodification in tourism', *Annals of Tourism Research*, Vol. 15 (2): 371-386.

——(1993) 'Open-ended prostitution as a skillful game of luck: opportunity, risk and security among tourist-oriented prostitutes in Bangkok *soi*', in Hitchcock et al. (eds) (1993): 155-178.

Cohen, E. and Cooper, R. L. (1986) 'Language and tourism', *Annals of Tourism Research*, Vol. 13 (4): 533-563.

Cohen, E. and Avieli, N. (2004) 'Food in tourism: attraction and impediment', *Annals of Tourism Research*, Vol. 31 (4): 755-778.

Cohen-Hattab, K. and Shoval, N. (2010) 'The decline of Israel's Mediterranean resorts: life cycle change versus national tourism master planning', *Tourism Geographies*, Vol. 6 (1): 59-78.

Cole, S. (2012) 'A political ecology of water equity and tourism: a case study from Bali', *Annals of Tourism Research*, Vol. 39 (2): 1221-1241.

Coles, T. (2004) 'Tourism and leisure: reading geographies, producing knowledge', *Tourism Geographies*, Vol. 6 (2): 135-142.

Compton, J. L. (1979) 'Motivations for pleasure vacation', A*nnals of Tourism Research*, Vol. 6 (4): 408-424.

Cooper, C. P. (ed.) (1989) *Progress in Tourism, Recreation and Hospitality Management Vol. 1*, London: Belhaven.

——(ed.) (1990a) *Progress in Tourism, Recreation and Hospitality Management Vol. 2,*

London: Belhaven.
——(1990b) 'Resort in decline: the management response', *Tourism Management*, Vol. 11 (1): 63-67.
——(ed.) (1991) *Progress in Tourism, Recreation and Hospitality Management Vol. 3*, London: Belhaven.
——(1995) 'Strategic planning for sustainable tourism: the case of offshore islands of the UK', *Journal of Sustainable Tourism*, Vol. 3 (4): 191-207.
——(1997) 'Parameters and indicators of decline of the British seaside resort', in Shaw, G. and Williams, A. M. (eds) (1997): 79-101.
Cooper, C. P. And Jackson, S. (1989) 'The destination areas life cycle: the Isle of Man case Study', *Annals of Tourism Research*, Vol. 16 (3): 377-398.
Cooper, C. P. and Lockwood, A. (eds) (1992) *Progress in Tourism, Recreation and Hospitality ManagementVol. 4*, Chichester: John Wiley.
Corbin, A. (1995) *The lure of the Sea*. London: Penguin.
Couch, C. and Farr, S. (2000) 'Museums, galleries, tourism and regeneration: some experiences from Liverpool', *Built Environment*, Vol. 26 (2): 152-163.
Coupland, N. (2003) 'Sociolinguistic authenticities', *Journal of Sociolinguistic*, Vol. 7 (4): 417-431.
Coupland, N., Garrent, P. and Bishop, H. (2005) 'Wales underground: discursive frames and authenticities in Welsh mining heritage tourism events', in Jaworski, A. and Pritchard, A. (eds), *Discourse, Communication and Tourism*, pp. 199-222, Clevedon: Channel View Publications.
Craig-Smith, S. J. and Fagence, M. (1994) 'A critique of tourism planning in the Pacific', in Cooper, C. P. and Lockwood, A. (eds) (1994): 92-110.
Craik, J. (1991) *Resorting to Tourism: Cultural Policies for Tourist Development in Australia*, Sydney: George Allen and Unwin.
Craik, W. (1994) 'The economics of managing fisheries and tourism in the Great Barrier Reef Marine Park', in Munasinghe, M. and McNeely, J. (eds) (1994): 339-348.
Crang, M. (1997) 'Picturing practice: research through the tourist gaze', *Progress in Human Geography*, Vol. 21 (3): 359-374.
——(1998) *Cultural Geography*, London: Routledge.
——(2004) 'Cultural geographies of tourism', in Lew, A. A., Hall, C. M. and Williams, A. M. (eds) (2004): 74-84.
Crang, P. (2005) 'Consumption and its geographies', in Daniels, P. et al. (eds) (2005): 359-378.
Crawshaw, C. and Urry, J. (1997) 'Tourism and the photographic eye', in Rojek, C. and Urry, J. (eds) (1997): 176-195.

Cross, G. (ed.) (1990) *Worktowners at Blackpool: Mass Observation and Popular Leisure in the 1930s,* London: Routledge.

Crossley, E. (2012) 'Poor but happy: volunteer tourists' encounters with poverty', *Tourism Geographies,* Vol. 14 (2): 325-353.

Crouch, D. (ed.) (1999) *Leisure Tourism Geographies,* London: Routledge.

Crouch, D. and Desforges, L, (2003) 'The sensuous in the tourist encounter: the power of the body in tourist studies', *Tourist Studies,* Vol. 3 (1): 5-22.

Crouch, D., Aronsson, L. and Washlstrom, L. (2001) 'Tourist encounters', *Tourist Studies, Vol. 1* (3): 253-270.

Csikszentmihalyi, M. (1990) *Flow: The Psychology of Optimal Experience,* New York: Harper and Row.

——(1992) *The Psychology of Happiness,* London: Rider.

Daniels, P., Bradshaw, M. Shaw, D. and Sidaway, J. (eds) (2005) *An Introduction to Human Geography: Issues for the 21 Century,* Harlow: Prentice Hall.

Dann, G. M. S. (1981) 'Tourist motivation: an appraisal', *Annals of Tourism Research,* Vol. 8 (2): 187-219.

——(1996) 'The people of tourist brochures', in Selwyn, T. (ed.) (1996): 61-81.

Dann, G. and Jacobsen, J. K. S. (2003) 'Tourism smellscapes', *Tourism Geographies,* Vol. 5: 3-25.

Dartmoor National Park Authority (DNPA) (2002) *Dartmoor National Park Local Plan, First Review: 1995—2011,* Newton Abbott: DNPA.

Davidson, R. (1992) *Tourism in Europe,* London: Pitman.

Davidson, R. and Maitland, R. (1997) *Tourism Destinations,* London: Hodder and Stoughton.

Davis, M. (1990) *City of Quartz: Excavating the Future in Las Angeles,* London: Verso.

Davis, S. G. (1996) 'The theme park: global industry and cultural form', *Media, Culture & Society,* Vol. 18 (3): 399-422.

Davoudi, S. (2012) 'Resilience: a bridging concept pf a dead end?', *Planning Theory and Practice,* Vol. 13 (2): 299-333.

Dear, M. and Flusty, S. (1998) 'Postmodern urbanism', *Annals of the Association of American Geographers,* Vol. 88(1): 50-72.

Defoe, D. (1724) *A Tour Through the Whole Island of Great Britain,* London: Penguin. (This edition published in 1971)

de Kadt, E. (1979) *Tourism: Passport to development?,* Oxford: Oxford University Press.

Demars, S. (1990) 'Romanticism and American national parks', *Journal of Cultural Geography,* Vol. 11 (1): 17-24.

Demetriadi, J. (1997) 'The golden years: English seaside resorts 1950-1974', in Shaw,

G. and Williams, A. (eds) (1997): 49-75.

de Oliveira, J. A. P. (2005) 'Tourism as a force for establishing protected areas: the case of Bahia, Brazil', *Journal of Sustainable Tourism*, Vol. 13 (1): 24-49.

Desforges, L. (2000) 'Traveling the world: identity and travel biography', *Annals of Tourism Research*, Vol. 27 (4): 926-945.

Diagne, A. K. (2004) 'Tourism development and its impacts in the Senegalese Petite Cote: a geographical case study in centre-periphery relations', *Tourism Geographies*, Vol. 6 (4): 472-492.

Dieke, P. U. C. (1994) 'The political economy of tourism in the Gambia', *Review of African Political Economy*, Vol. 62: 611-627.

——(2002) 'Human resources in tourism development: African perspectives', in Harrison, D. (ed.) (2002): 61-75.

Dilley, R. S. (1989) 'Tourist brochures and tourist images', *The Canadian Geographer*, Vol. 30 (1): 59-65.

Donne, M. (2000) 'The growth and long-term potential of low-cost airlines', *Travel and Tourism Analyst*, Vol. 4: 1-15.

Dömyei, Z. and Csizér, K. (2005) 'The effects of intercultural contact and tourism on language attitudes and language learning motivation', *Journal of Language and Social Psychology*, Vol. 24: 327-357.

Douglas, M. (1992) *Risk and Blame: Essays in Cultural Theory*, London, New York: Routledge.

Douglass, W. A. and Raento, P. (2004) 'The tradition of invention: conceiving Las Vegas', *Annals of Tourism Research*, Vol. 31 (1): 7-23.

Dowling, R. K. (1992) 'Tourism and environmental integration: the journey from idealism to realism', in Cooper, C. P. and Lockwood, A. (eds) (1992): 33-44.

Drozdzewski, D. (2011) 'Language tourism in Poland', *Tourism Geographies*, Vol. 13 (2): 165-186.

Dudley, N. (ed.) (2008) *Guidelines for Applying Protected Area Management Categories*, Gland, Switzerland: IUCN.

du Gay, P. (ed.) (1997) *Production of Culture/Cultures of Production*, London: Sage/Open University.

du Gay, P., Hall, S., Jane, L., Mackay, H. and Negus, K. (1997) *Doing Cultural Studies: The Story of the Sony Walkman*, London: Sage.

Dunford, M. (1990) 'Theories of regulation', *Society and Space*, Vol. 8: 297-321.

Durie, A, J. (1994) 'The development of the Scottish coastal resorts in the central Lowlands circa 1770—1880: from Gulf Stream to golf stream', *The Local Historian*, Vol. 24 (4): 206-216.

Dürr, E. (2012) 'Encounter over garbage: tourist and lifestyle migrants in Mexico', *Tourism Geographies*, Vol. 14 (2): 339–355.

Eadington, W. R. (1999) 'The spread of casinos and their role in tourism development', in Pearce, D. G. and Butler, R. W. (eds) (1999): 127–142.

Earl, B. (2008) 'Literary tourism: constructions of value, celebrity and distinction', *International Journal of Cultural Studies,* Vol. 11 (4): 401–417.

Eco, U. (1986) *Travels in Hyperreality*, London: Picador.

Economic Intelligence Unit (EIU) (1995) 'Thailand', *International Tourism Report*, No. 3: 67–81.

——(1997) 'Spain', *International Tourism Report*, No. 2: 54–77.

Edensor, T. (1998) *Tourists at the Taj: Performance and Meaning at a Symbolic Site*, London: Routledge.

——(2000a) 'Staging tourism: tourist as performers', *Annals of Tourism Research*, Vol. 27(2): 322–344.

——(2000b) 'Walking in the British countryside: reflexivity, embodied practices and ways of escape', *Body and Society*, Vol. 6(3/4): 81–106.

——(2001) 'Performing tourism, staging tourism: (re)producing tourist spaces and practices', *Tourist Studies*, Vol. 1(1): 59–81.

English Heritage (2008) *Profile of Visitors to English Heritage Properties*. Online at: www.english-heritage.org.

English Tourist Board (1991) *The Future of England's Small Seaside Resorts*, London: English Tourist Board.

Escobar, A. (2008) *Territories of Difference: Place, Movements, Life, Redes,* Durham, NC: Duke University Press.

Essex, S., Kent, M. and Newnham, R. (2004) 'Tourism Development in Mallorca: is water supply a constraint?', Journal of Sustainable Tourism, Vol. 12 (1): 4–28.

European Environment Agency (EEA) (2006) Bathing Water Quality 2004. Online at: http://themes.eea.europa.eu.

Fainstein, S. S, and Gladstone, D. (1999) 'Evaluating urban tourism', in Judd, D. R. and Fainstein, S. S. (eds) (1999): 21–34.

Fainstein, S. S. and Judd, D. R. (1999a) 'Cities as places to play', in Judd, D. R. and Fainstein, S. S. (eds) (1999): 261–272.

——(1996b) 'Global forces, local strategies and urban tourism', in Judd, D. R. and Fainstein, S. S. (eds) (1999): 1–17.

Falk, P. and Cambell, C, (eds) (1997) *The Shopping Experience*, London: Stage.

Farrell, B. H. and Runyan, D. (1991) 'Ecology and tourism', *Annals of Tourism Research*, Vol. 18 (1): 26–40.

Farrell, B. H. and Twining-Ward, L. (2004) 'Reconceptualizing tourism', *Annals of Tourism Research*, Vol. 31 (2): 274-295.

Eaulkner, B., Moscardo, G. and Laws, E. (eds) (2000) *Tourism in the Twenty-First Century: Reflections on experience*, London: Continuum.

Featherstone, M. (1991) *Consumer Culture and Postmodernism*, London: Sage.

Feifer, M. (1985) *Going Places*, London: Macmillan.

Fennell, D. (1999) *Ecotourism: An Introduction*, London: Routledge.

Fisher, D. (2004) 'The demonstration effect revisited', *Annals of Tourism Research*, Vol. 31(2): 428-446.

Fisher, S. (ed.) (1997) *Recreation and the Sea*, Exeter: Exeter University Press.

Fjellman, S. M. (1992) *Vinyl Leaves: Walt Disney World and America*, Boulder: Westview.

Fowler, P. J. (1992) *The Past in Contemporary Society: Then, Now*, London: Routledge.

Franklin, A. (2004) *Tourism: An Introduction*, London: Sage.

Franklin, A. and Crang, M. (2001) 'The trouble with tourism and travel theory', *Tourist Studies*, Vol. 1 (1): 5-22.

Freethy, R. and Freethy, M. (1997) *The Wakes Resorts*, Bury: Aurora.

Freitag, T. G. (1994) 'Enclave tourism development: for whom the benefits roll?', *Annals of Tourism Research*, Vol. 21 (3): 538-554.

Frenkel, S. and Walton, J. (2000) 'Bavarian Leavenworth and the symbolic economy of a theme town', *The Geographies Review*, Vol. 90 (4): 559-584.

Frenzel, F. and Koens, K. (2012) 'Slum tourism: developments in a young field of interdisciplinary tourism research', *Tourism Geographies*, Vol. 14 (2): 195-212.

Friedman, T. (2005) *The World Is Flat: A Brief History of the Twenty-First Century*, New York: Farrar, Straus and Giroux.

Gale, T. (2005) 'Modernism, post-modernism and the decline of British Seaside resorts as long holidays destinations: a case study of Rhyl, North Wales', *Tourism Geographies*, Vol. 7 (1): 86-112.

Gant, R. and Smith, J. (1992) 'Tourism and national development planing in Tunisia', *Tourism Management*, Vol. 13 (3): 331-336.

Gao, S. (2012) 'The biggest English corner in China', *English Today*, Vol. 28 (3): 34-39.

Garcia, G. M., Pollard, J. and Rodriguez, R. D. (2003) 'The planing and practice of coastal zone management in southern Spain', *Journal of Sustainable Tourism*, Vol. 28 (1): 12-22.

Garin Munoz, T. (2007) 'German demand for tourism in Spain', *Tourism Management*, Vol. 28 (1): 12-22.

Getz, D. (1986) 'Models of tourism planing: towards integration of theory and practice', *Tourism Management*, Vol. 7 (1): 21-32.

Getz, D. and Brown, G. (2006) 'Critical success factors for wine tourism regions: a demand analysis', *Tourism Management*, Vol. 27 (1): 146-158.

Giddens, A. (1990) *The Consequence of Modernity*. Stanford, CA: Stanford University Press.

Giddens, A. (1991) *Modernity and Self-identity: Self and Society in the Late Modern Age*, Cambridge: Polity.

Gilbert, D. C. (1990) 'Conceptual issues in the meaning of tourism', in Cooper, C. P. (ed.) (1990): 4-27.

Gilbert, E. (1939) 'The growth of inland and seaside health resorts in England', *Scottish Geographical Magazine*, Vol. 55(1): 16-35.

——(1975) *Brighton: Old Ocean's Banble*, Hassocks: Flare Books.

Gill, A. M. and Williams, P. W. (2011) 'Rethinking resort growth: understanding evolving governance strategies in Whistler, B. C.', *Journal of Sustainable Tourism*, Vol. 19 (4—5): 629-648.

Gillmor, D. A. (1996) 'Evolving air-charter ourism patterns: change in outbound traffic from the Republic of Ireland', *Tourism Management*, Vol. 17 (1): 9-16.

Go, F. M. (1992) 'The role of computer reservation systems in the hospitality industry', *Tourism Management*, Vol. 13 (1): 22-26.

Go, F. M. and Jenkins, C. L. (eds) (1998) *Tourism and Economic Development in Asia and Australasia*, London: Pinter.

Goatcher, J. and Brunsden, V. (2011) 'Chernbyl and the sublime tourist', *Tourist Studies*, Vol. 11 (2): 115-137.

Goffman, E. (1959) *The Presentation of Self in Everyday Life*, New York: Doubleday.

Gold, J. R. and Ward, S. V. (eds) (1994) *Place Promotion: The Use of publicity and Marketing to Sell Towns*, Chichester: John Wiley.

Goodrich, J. N. (2002) 'September 11 2001 attack on America: a record of the immediate impacts and reactions in the USA travel and tourism industry', *Tourism Management*, Vol. 23 (6): 573-580.

Goodwin, H. and Santilli, R. (2009) 'Community-based tourism: a success?', ICRT Occasional Paper 11, German Development Agency (GTZ). Online at: http://www.andamandiscoveries.com/press/press-harold-goodwin.pdf.

Gordon, C. (1998) 'Holiday centres: responding to the consumer', *Insights*, Vol. 9 (B): 1-11.

Gospodini, A. (2001) 'Urban waterfront development in Greek cities', *Cities*, Vol. 18 (5): 285-295.

Goss, J. (1993) 'The "Magic of the Mall": an analysis of form, function and meaning in the contemporary retail built environment', *Annals of Association of American Geographers*, Vol. 83 (1): 18–47.

——(1999) 'Ocean-on-a-time in the commodity world: an unofficial guide to Mall of America', *Annals of Association of American Geographers*, Vol. 89 (1): 45–75.

Gössling, S. (2003) *Tourism and Development in Tropical Islands: Political Ecology Perspectives*, Cheltenham, UK: Edward Elgar.

Gottdiener, M., Collins, C. C. and Dickens, D. R. (1999) *Las Vegas: The Social Production of an All-American City*, Oxford: Blackwell.

Graburn, N. (1983a) 'The anthropology of tourism', *Annals of Tourism Research*, Vol. 10 (1): 9–33.

——(1983b) 'Tourism and prostitution', *Annals of Tourism Research*, Vol. 10 (3): 437–442.

Graham, B., Ashworth, G. J. and Tunbridge, J. E. (2000) *A Geography of Heritage*, London: Arnold.

Graham, S. (1998) 'The end of geography or the explosion of place? Conceptualizing space, place and information technology', *Progress in Human Geography*, Vol. 22 (2): 165–185.

Grant, R. (1991) *The Royal Forests of England*, Wolfeboro Falls, NH: Alan Sutton.

Gratton, C. and van der Straaten, J. (1994) 'The environment impact of tourism in Europe', in Cooper, C. P. and Lockwood, A. (eds) (1994): 147–161.

Greathouse-Amador, L. M. (2005) 'Tourism and policy in preserving minority languages and culture: the Cuetzalan experience', *Review of Policy Research*, Vol. 22 (1): 49–58.

Green, N. (1990) *The Spectacle of Nature: Landscape and Bourgeois Culture in Nineteenth Century France*, Manchester: Manchester University Press.

Greig, J. M. (2002) 'The end of geography? Globalization, communications, and culture in the international system', *The Journal of Conflict Resolution*, Vol. 46 (2): 225–243.

Grumbine, R. E. (1994) 'Wildness, wise use, and sustainable development', *Environmental Ethics*, Vol. 16 (3): 227–249

Gunn, C. A. (1994) *Tourism Planning*, New York: Taylor and Francis.

Guo, Y., Samuel, K. S., Timothy, D. and Kuo-Ching, W. (2006) 'Tourism and reconciliation between mainland China and Taiwan', *Tourism Management*, 27 (5): 997–1005.

Hagermann, C. (2007) 'Shaping neighbourhoods and nature: urban political ecologies of urban waterfront transformations in Portland, Oregon', *Cities*, Vol. 24 (4): 285–

297.

Hale, A. (2001) 'Representing the Cornish: contesting heritage interpretation in Cornwall', *Tourist Studies*, Vol. 1 (2): 185-196.

Halewood, C. and Hannam, K. (2001) 'Viking heritage tourism: authenticity and commodification', *Annals of Tourism Research*, Vol. 28 (3): 565-580.

Hall, C. M. (1992) 'Sex tourism in South-East Asia', in Harrison, D. (ed.) (1992): 64-74.

——(1996) 'Gender and economic interests in tourism prostitution: the nature, development and implications of sex tourism in South-East Asia', in Kinnaird, V. and Hall, D. (eds) (1996): 142-163.

——(2000) *Tourism planning: Policies, Processes, and Relationships*, Harlow: Prentice Hall.

——(2005) *Tourism: Rethinking the Social Science of Mobility*, Harlow: Prentice Hall.

Hall, C. M. and Jenkins, J. M. (1995) *Tourism and Public Policy*, London: Routledge.

Hall, C. M. and Lew, A. A. (eds) (1998) *Sustainable Tourism: A Geographical Perspective*, London: Addison Wesley Longman.

Hall, C. M. and Macionis, N. (eds) (1998) 'Wine tourism in Australia and New Zealand', in Butler, R. W., Hall, C. M. and Jenkins, J. M. (eds) (1999): 197-221.

Hall, C. M. and Page, S. J. (eds) (2005) '*The Geography of Tourism and Recreation: Environment, Place and Space*, London: Routledge.

Hall, C. M. and Lew, A. A. (2009) *Understanding and Managing Tourism Impacts: An Integrated Approach*, Oxford: Routledge.

Hall, C. M., Mitchell, I. and Keelan, N. (1992) 'Maori culture and heritage tourism in New Zealand', *Journal of Cultural Geography*, Vol. 12 (2): 115-127.

Hall, C. M., Williams, A. M. and Lew, A. A. (2014) 'Tourism: conceptualisations disciplinarity, institutions and issues', in Lew, A. A., Hall, C. Michael. and Williams, Allen M. (eds), *The Wiley-Blackwell Companion to Tourism*, pp. 3-24, London: Blackwelll.

Hall, C. M., Sharples, L., Cambourne, B. and Macionis, N. (2000) *Wine Tourism Around the World*, Oxford: Butterworth-Heinemann.

Hall, D. and Richard, G. (eds) (2000) *Tourism and Sustainable Community Development*, London: Routledge.

Hall, S. (1996) 'Who needs identity?', in Hall, S. and du Gay, P. (eds) (1996): 1-17.

Hall, S. and du Gay, P. (1996) *Questions of Cultural Identity*, London: Sage.

Hall-Lew, L., Coppock, E. and Starr, R. L. (2010) 'Indexing political persuasion: variation in the Irap vowels', *American Speech*, Vol. 85 (1): 91-102.

Hall-Lew, L., and Lew, A. A. (2014) 'Speaking heritage: language, identity, and tourism', in Lew, A. A., Hall, C. M. and Williams, A. M. (eds), *The Wiley-Blackwell Companion to Tourism*, pp. 336-348, London: Blackwelll.

Hamilton, L., Rolhall, D., Brown, B., Hayward, G., and Keim, B. (2003) 'Warming winters and New Hampshire's lost ski areas: an integrated case study', *International Journal of Sociology and Social Policy*, Vol. 85 (1): 91-102.

Hamzah, A. and Hampton, M. P. (2013) 'Resilience and non-linear change in island tourism', *Tourism Geographies*, Vol. 15 (1): 43-67.

Hamzah, A. and Mohamad, N. H. (2011) 'The sustainability of community based ecotourism surrounding protected areas in the lower Kinabatangan Wildlife Sanctuary: critical success factors', *The Malaysian Forester*, Vol. 74: 1-21.

Hannigan, J. (1998) *Fantasy City: Pleasure and Profit in the Postmodern Metropolis*, London: Routledge.

Hardy, A. L. and Beeton, R. J. S. (2001) 'Sustainable tourism or maintainable tourism: managing resources for more than average outcomes', *Journal of Sustainable Development*, Vol. 9 (3): 168-192.

Harper, D. (2001) 'Comparing tourist' crime victimisation', *Annals of Tourism Research*, Vol. 28 (4): 1053—1056.

Harrison, D. (ed.) *Tourism in Less Developed Countries*, London: Belhaven.

——(ed.) (2001a) *Tourism in Less Developed World: Issues and Case Studies*, Wallingford: CAB International.

——(2001b) 'Less developed countries and tourism: the overall pattern', in Harrison, D. (ed.) (2001): 1-22.

——(2014) 'Tourism and development: from development theory to globalisation', in Lew, A. A., Hall, C. M., Williams, A. M. (eds), *The Wiley-Blackwell Companion to Tourism*, pp. 143-154, Oxford: Blackwelll.

Harrison, D. AND Hitchcock, M. (eds.) (2005) *The Politics of World Heritage: Negotiating Tourism and Conservation*, Clevedon: Channel View.

Harvey, D. (1989) *The Condition of Postmodernity: An Enquiry into the Origins of Cultural Change*, Oxford: Blackwell.

——(1996) *Justice, Nature, and the Geography of Difference*, Oxford: Blackwell.

——(2000) *Spaces of Hope*, Berkeley: University of California Press.

Hassan, J. (2003) *The Seaside, Health, Environment in England and Wales since 1800*, Aldershot: Ashgate.

Haworth, J. T. (1986) 'Meaningful activity and psychological models of non-employment', *Leisure Studies*, Vol. 5 (3): 281-298.

Haywood, M. K. (1986) 'Can the tourist area cycle of evolution be made operational?', *Tourism Management*, Vol. 7 (3): 154-167.

Held, D. (ed.) (2000) *A Globalizing World? Cultural, Economics, Politics*, London: Routledge.

Herbert, D. T. (ed.) (1995) Heritage, Tourism and Society, London: Mansell.

——(2001) 'Literary places, tourism and the heritage experience', *Annals of Tourism Research*, Vol. 28(2): 312—333.

Hewison, R. (1987) *The Heritage Industry: Britain in a Climate of Decline*, London: Methuen.

Higgons-Desbiolles, F. (2006) 'More than an "industry": the forgotten power of tourism as a social force', *Tourism Management*, Vol. 27 (6): 1192—1208.

Hill, J., Curtin, S. and Gough, G. (2014) 'Understanding tourist encounters with nature: a thematic framework', *Tourism Geographies*, Vol. 16 (1): 68-87.

Hiller, H. H. (2000) 'Mega-events, urban boosterism and growth strategies: an analysis of the objectives and legitimations of the Cape Town 2004 Olympic bid', *International Journal of Urban and Regional Research*, Vol. 24 (2): 439-458.

Hitchcock, M., King, V. T. and Parnwell, M. J. G. (eds) (1993) *Tourism in South East Asia*, London: Routledge.

Hodder, R. (2000) *Development Geography*, London: Routledge.

Hodgson, G. M. and Knudsen, T. (2010) *Darwin's Conjecture: The Search for General Principles of Social and Economic Evolution*, Chicago: University of Chicago Press.

Holden, R. (1989) 'British garden festivals: the first eight years', *Landscape and Urban Planning*, Vol. 18 (1): 17-35.

Holling, C. S. (1973) 'Resilience and stability of ecological systems', *Annual Review of Ecological Systems*, Vol. 4: 1-21.

Hollinshead, K. (1993) 'Encounters in tourism', in Khan, M. A. et al. (eds) (1993): 636-651.

Holloway, S. L., Rice, S. P. and Valentine, G. (eds) (2003) *Key Concepts in Geography*, London: Sage.

Honggen, X. (2006) 'The discourse of power: Deng Xiaoping and tourism development in China', *Tourism Management*, Vol. 27 (5): 803-814.

Honour, H. (1981) *Romanticism*, Harmondworth, UK: Penguin.

Hopkins, J. (1999) 'Commodifying the countryside: marketing myths of rurality', in Butler, R. et al. (eds) (1999): 139-156.

Horner, S. and Swarbrook, J. (1996) *Marketing Tourism, Hospitality and leisure in Europe*, London: International Thomson.

Huang, X., Bao, J. and Lew, A. A. (2001) 'Nature-based tourism resources privatization in China: a system dynamic analysis of opportunities and risks', *Tourism Recreation Research*, Vol. 36 (2): 99-111.

Hudson, J. (1992) *Walk Weeks: Memories of Mill Town Holidays*, Stroud: Alan Sutton.

Hughes, G. (1992) 'Tourism and geographical imagination', *Leisure Studies*, Vol. 11 (1): 31-42.

Hughes, H. L. (1998) 'Theatre in London and the inter-relationaship with tourism', *Tourism Management*, Vol. 19 (5): 445-452.

Huisman, S. and Moore, K. (1999) 'Natural languages and that of tourism', *Annals of Tourism Research*, Vol. 26 (2): 445-448.

Hunter, C. (1995) 'On the need to reconceptualise sustainable tourism development', *Journal of Sustainable Tourism*, Vol. 33 (3): 155-165.

——(1997) 'Sustainable Tourism as an adaptive paradigm', *Annals of Tourism Research*, Vol. 24 (4): 850-867.

Hunter, C. and Green, H. (1995) *Tourism and Environment: A Sustainable Relationship?*, London: Routledge.

Hunter, W. C. (2001) 'Trust between culture: the tourist', *Current Issues in Tourism*, Vol. 4 (1): 42-67.

Huse, M., Gustavsen, T. and Almedal, S. (1998) 'Tourism impact comparisons among Norwegian towns', *Annals of Tourism Research*, Vol. 25 (3): 721-738.

Hwang, T. H. and Fesenmaier, D. (2011) 'Unplanned tourist attraction visits by travellers', *Tourism Geographies*, Vol. 13 (3): 398-416.

Inglis, F. (2000) *The Delicious History of the Holiday*, London: Routledge.

Inskeep, E. (1991) *Tourism Planning: An Integrated and Sustainable Development Approach*, Chichester: John Wiley.

Instituto National de Estadistica (INE) (2006a) *Spain in Figures 2005*, Madrid: INE.

——(2006b) *Statistical Yearboook of Spain 2005*, Madrid: INE.

Ioannides, D. and Debbage, K. (1997) 'Post-Fordism and flexibility: the travel industry polyglot', *Tourism Management*, Vol. 18 (4): 229-241.

——(2014) 'Ecotourism geographies of tourism revisited: from theory to parctice', in Lew, A. A., Hall, C. M. and Williams, A. M. (eds), *The Wiley-Blackwell Companion to Tourism*, pp. 107-119, Oxford: Blackwelll.

Iso-Ahola, S. (1982) 'Towards a social psychology of tourism motivation', *Annals of Tourism Research*, Vol. 9 (2): 256-262.

Jackson, E. L. (1991) 'Shopping and leisure: implications of the West Edmonton Mall for leisure and for leisure research', *The Canadian Geographer*, Vol. 35 (3): 280-287.

Jackson, G. and Morpeth, N. (2000) 'Local Agenda 21: reclaiming community ownership in tourism or stalled process?', in Hall, D. and Richard, G. (eds) (2000): 119-134.

Jackson, J. (2006) 'Developing regional tourism in China: the potential for activating busniess clusters in a socialist market economy', *Tourism Management*, Vol. 27 (4): 695-706.

Jackson, P. and Thrift, N. (1995) 'Geographies of consumption', in Miller, D. (ed.) (1995): 204-237.

Jafari, J. (2001) 'The scientification of tourism', in Smith, V. L. and Brent, M. (eds) (2001): 28-41.

Jansen-Verbeke, M. (1986) 'Inner-city tourism: resources, tourists and promoters', *Annals of Tourism Research*, Vol. 13 (2): 79-100.

——(1995) 'A regional analysis of tourism flows within Europe', *Tourism Management*, Vol. 16 (1): 73-82.

Jaworsko, A. and Pritchard, A. (eds) (2005) *Discourse, Communication and Tourism*, Clevedon: Channel View.

Jayne, M. (2006) *Cities and Consumption*, Abingdon: Routledge.

Jeong, S. -O. and Park, S. -H. (1997) 'A cross-cultural application of the novelty scale', (Research Notes and Reports), *Annals of Tourism Research*, Vol. 24 (1): 238-240.

Jenkins, C. L. (1982) 'The effects of scale in tourism projects in developing countries', *Annals of Tourism Research*, Vol. 9 (2): 229-249.

Jenkins, O. H. (2003) 'Photography and travel brochures: the circle of representation', *Tourism Geographies*, Vol. 5 (3): 305-328.

Jett, Stephen C. (1990) 'Cultural and tourism in the Navajo Country', *Journal of Cultural Geography*, Vol. 11 (1): 85-107.

Jianakoplos, N. A. and Bernasek, A. (2007) 'Are Women more risk averse?', *Economic Inquiry*, Vol. 36 (4): 620-630.

Johnson, M. (2009) 'Czech and Slovak tourism: patterns, problems and prospects', *Tourism Management*, Vol. 16 (1): 21-28.

Johnson, R. (1986) 'The story so far, and for the transformations', in Punter, D. (ed.) (1986): 277-313.

Johnston, C. S. (2001) Shoring the foundations of the destination life cycle model, part 1: ontological and epistemological considerations', *Tourism Geographies*, Vol. 3 (1): 2-28.

Johnston, R. (1991) *A Question of Place, Exploring the Practice of Human Geography*, Oxford: Blackwell.

Jones, T. S. M. (1994) 'Theme parks in Japan', in Cooper, C. P. and Lockwood, A. (eds) (1994): 111-125.

Joseph, C. A. and Kavoori, A. P. (2001) 'Mediated resistance: tourism and the host community', *Annals of Tourism Research*, Vol. 28 (4): 998-1009.

Judd, D. R. (1999) 'Constructing the tourist bubble', in Judd, D. R. and Fainstein, S. S.

(eds) (1999): 35-53.

Judd, D. R. and Fainstein, S. S. (eds) (1999) *The Tourist City*, New Haven: Yale University Press.

Kádár, B. (2014) 'Measuring tourist activities in cities using geotagged photography', *Tourism Geographies*, Vol. 16 (1): 88-104.

Kane, M. J. and Tucker, H. (2004) 'Adventure tourism: the freedom to play with reality', *Tourist Studies*, Vol. 4 (3): 217-234.

Kane, M. J. and Zink, R. (2004) 'Package adventure tours: marketers in serious leisure careers', *Leisure Studies*, Vol. 23 (4): 329-345.

Keese, J. R. (2011) 'The geography of volunteer tourism: place maters', *Tourism Geographies*, Vol. 13 (2): 257-279.

Kellert, S. R. and Wilson, E. O. (1993) *The Biophilia Hypothesis*, Washington: Island Press.

Khan, H., Seng, C. F. and Cheong, W. K. (1990) 'Tourism multiplier effects on Singapore', *Annals of Tourism Research*, Vol. 17 (3): 408-418.

Khan, M. (1997) 'Tourism development and dependency theory: mass tourism vs ecotourism', *Annals of Tourism Research*, Vol. 24 (4): 988-991.

Khan, M. A., Olsen, M. D. and Var, T. (eds) (1993) *VNR's Encyclopaedia of Hospitality and Tourism*, New York: Van Nostrand Rheinhold.

Kingsbury, A. and Hayter, R. (2006) 'Business associations and local development: the Okanagan wine industry's response to NAFTA', *Geoforum*, Vol. 37: 596-609.

Kinnaird, V. and Hall, D. (eds) (1994) *Tourism: A Gender Analysis*, Chichester: John Wiley.

Knowles, T. and Garland, M. (1994) 'The strategic importance of CRSs in the airline industry', *Travel and Tourism Analyst*, Vol. 4 : 16.

Knowles, T., Diamantis, D. and El-Mourhabi, J. B. (2001) *The Globalization of Tourism and Hospitality: A Strategic Perspective*, London: Continuum.

Koning, U. and Abegg, B. (1997) 'Impacts of climate change on tourism in the Swiss Alps', *Journal of Sustainable Tourism*, Vol. 5 (1): 46-58.

Kun, L., Yiping, L. and Xuegang, F. (2006) 'Gap between tourism planning and implementation: a case of China', *Tourism Management*, Vol. 27 (6): 1171—1180.

Lanfant, M. -F., Allcock, J. B. and Bruner, E. M. (eds) (1995) *International Tourism: Identity and Change*, London: Sage.

Langman, L. (1992) 'Neon cages: shopping and subjectivity', in Shield, R. (ed.) (1992): 40-82.

Lash, S. (1990) *Sociology of Postmodernism*, London: Routledge.

Lash, S. and Urry, J. (1994) *Economies of Signs and Spaces*, London: Sage.

Lau, Raymond W. K. (2010) 'Revisiting authenticity: a social realist approach', *Annals of Tourism Research*, Vol. 37 (2): 478-498.

Lavoilette, P. (2001) *Extreme Landscapes of leisure: Not a Hap-Hazardous Sport*, Surrey: Ashgate.

Law, C. M. (1992) 'Urban tourism and its contribution to urban regeneration', *Urban Studies*, Vol. 29 (3/4): 599-618.

Law, C. M. (ed.) (1996) *Tourism in Major Cities*, London: International Thomson Press.

——(2000) 'Regenerating the city centre through leisure and tourism', *Built Environment*, Vol. 26 (2): 117-129.

——(2002) *Urban Tourism: The Visitor Economy and the Growth of Large Cities*, London: Continuum.

Lechner, F. J. and Boli, J. (2000) *The Globalization Reader*, Oxford: Blackwell.

Lee, T. H. and Crompton, J. (1992) 'Measuring novelty seeking in tourism', *Annals of Tourism Research*, Vol. 19: 732-751.

Lefebvre, H. (1991) *The Production of Space*, Oxford: Blackwell.

Leiper, N. (1989) 'Tourism and gambling', *Geo Journal*, Vol. 19 (3): 269-275.

——(1993) 'Defining tourism and related concepts: tourist, market, industry and tourism system', in Khan, M. A. et al. (eds) (1993): 539-558.

lennon, J. and Foley, M. (2000) *Dark Tourism: The Attraction of Death and Disaster*, London: Continuum.

Leontidou, L. (1994) 'Gender dimensions of tourism in Greece: employment, subcultures and restructuring', in Kinnaird, V. and Hall, D. (eds) (1994): 74-105.

Lepp, A. And Gibson, H. (2003) 'Tourist roles, perceived risk and international tourism', *Annals of Tourism Research*, Vol. 30 (3): 606-624.

Lew, A. A. (1987) 'A framework of tourist attraction research', *Annals of Tourism Research*, Vol. 14 (4) : 553-575.

——(1988) 'Tourism and place studies: an example of Oregon's older retail districts', *Journal of Geography*, Vol. 87 (4) : 122-126.

——(1989) 'Authenticity and sense of place in the tourism development experience of older retail districts', *Journal of Travel Research*, Vol. 27 (4) : 15-22.

——(1998) 'American Indians in state tourism promotional literature', in Lew, A. A. and Van Otten, G. (eds), *Tourism and Gaming on American Indian Lands*, pp. 15-32, Elmsford, NY: Cognizant Communications Corporation.

——(1999) 'Managing tourist space in Pueblo villages of the American Southwest', in Singh, Tej Vir (ed.), *Tourism Development in Critical Environments*, pp. 120-136, Elmsford, NY: Cognizant Communications Corporation.

——(2007) 'Tourism Planning and traditional urban planning theory: planners as agents of social change', *Leisure/Loisir: Journal of Canadian Association of Leisure Studies*, Vol. 31 (2): 383-392.

——(2008) 'Long tail tourism: new geographies for marketing niche tourism products', *Journal of Travel and Tourism Marketing*, Vol. 25 (3/4): 409-419.

——(2011) 'Tourism Incognita—the importance of the unexpected', Tourism Geographies Tourism Place (blog). Online at: http://tourismplace, blogspot.com/2011/03/tourism-incognita-importance-of.html.

——(2012) 'Adjectival, specialty and niche tourisms', Hubpages. Online at: http://alew.hubpages.com/hub/Adjectival-Tourism.

——(2014) 'Scale, change and resilience in community tourism planning', *Tourism Geographies*, Vol. 16 (1): 14-22.

Lew, A. A. and Chang, T. C. (1999) 'Where the world meets: regionalism and globalization in Singapore's convention industry', *Journal of Convention and Exhibition Management*, Vol. 1 (4): 17-36.

Lew, A. A. and Kennedy, C. L. (2002) 'Tourism and culture clash in American Indian country', in Krakover, S. and Gradus, Y. (eds), *Tourism in Frontier Areas*, pp. 259-283, Lexington: Lexington Books.

Lew, A. A. and Mckercher, B. (2002) 'Trip destinations, gateways and itineraries: the example of Hong Kong', *Tourism Management*, Vol. 23 (6): 609-621.

——(2006) 'Modeling the movement of tourist in a local destination', *Annals of Tourism Research*, Vol. 33 (2): 403-423.

Lew, A. A. and Wong, A. (2005) 'Existential tourism and the homeland seduction: the overseas Chinese experience', in Cartier, C. L. and Lew, A. A. (eds), *The Seduction of Place: Geographical Perspectives on Globalization and Touristed Landscapes*, pp. 286-300, London: Routledge.

Lew, A. A., Hall, C. M. and Williams, A. M. (eds) (2004) *A Companion to Tourism Geography*, Oxford: Blackwell.

Lew, A. A., Yu, L., Ap, J. and Zhang, G. (eds) (2003) *Tourism in China*, Haworth: New York.

Lickorish, L. J. and Jenkins, C. L. (1997) *An Introduction to Tourism*, Oxford: Butterworth-Heinemann.

Light, D. and Andone, D. (1996) 'The changing geography of Romanian tourism', *Geography*, Vol. 81 (3): 193-203.

Lingberg, K. and McCool, S. F. (1998) 'A critique of environmental carrying capacity as a means of managing the effects of tourism development', *Environmental Conservation*, Vol. 25 (4): 291-292.

Lingberg, K., McCool, S. F. And Stankey, G. (1997) 'Rethinking carrying capacity',

Annals of Tourism Research, Vol. 24 (2): 461-465.

Llewellyn Watson, G. and Kopachevesky, J. P. (1994) 'Interpreting tourism as a commodity', *Annals of Tourism Research*, Vol. 21 (3): 643-660.

Lockhart, D. G. (1993) 'Tourism to Fiji: crumbs off a rich man's table', *Geography*, Vol. 78 (3): 318-323.

Loverseed, H. (1994) 'Theme parks in north America', *Travel and Tourism Analyst*, Vol. 4: 51-63.

Lowenthal, D. (1995) *The Past is a Foreign Country*, Cambridge: Cambridge University Press.

Lowerson, J. (1995) *Sport and the English Middle Classes 1870—1914*, Manchester: Manchester University Press.

Lungren, J. O. J. (1973) 'Tourist Impact and Island Entrepreneurship in the Caribbean', unpublished paper presented to the Annual Conference of Latin American Geographers, cited in Mathieson, A. and Wall, G. (1982).

Lury, C. (1996) *Consumer Culture*, Cambridge: Polity.

Lyng, S. (1990) 'Edgework: a social psychological analysis of voluntary risk', *The American Journal of Sociology*, Vol. 95 (4): 851-886.

Lyon, K. D. and Wearing, S. (2008) 'Volunteer tourism as alternative tourism: journeys beyond otherness', in Lyon, K. D. and Wearing, S. (eds), *Journeys of Discovery in Volunteer Tourism*, pp. 3-11, Wallingford, UK: CAB International.

Ma, M. and Hassink, R. (2013) 'An evolutionary perspective on tourism area development', *Annals of Tourism Research*, Vol. 41: 89-109.

Mabogunje, A. L. (1980) *The Development Process: A Spatial Perspective*, London: Hutchinson.

McCain, G. and Ray, N. M. (2003) 'Legacy tourism: the search for personnel meaning in heritage travel', *Tourism Management*, Vol. 24 (6): 713-717.

MacCannell, D. (1973) 'Staged authenticity: arrangements of social space in tourist settings', *American Journal Sociology*, Vol. 79 (3): 589-603.

——(1989) *The Tourist*, London: Macmillan.

——(2001) 'Tourist agency', *Tourist Studies*, Vol. 1 (1): 23-37.

McCarthy, J. (2002) 'Entertainment-led regeneration: the case of Detroit; *Cities*, Vol. 19 (2): 105-111.

——(2002b) 'First World political ecology: lessons from the Wise Use movement', *Environment and Planning A*, Vol. 34 (7): 1281-1302.

McCool, S. F. and Lime, D. W. (2001) 'Tourism carrying capacity: tempting fantasy or useful reality?', *Journal of Sustainable Tourism*, Vol. 9 (5): 372-388.

MacEwan, A. and MacEwan, M. (1982) *National Parks: Conservation or Cosmetics?*,

London: George Allen and Unwin.

McGehee, N. G. (2002) 'Alternative tourism and social movements', *Annals of Tourism Research*, Vol. 29 (1) : 124-143.

McIntosh, R. W. and Goeldner, C. R. (1986) *Tourism: Principles, Practices, Philosophies*, Chichester: John Wiley.

McIntyre, G. (1993) *Sustainable Tourism Development: A Guide to Local Planners*, Madrid: World Tourism Organization.

McKercher, B. (1993a) 'Some fundamental truths about tourism: understanding tourism's social and environment impacts', *Journal of Sustainable Tourism*, Vol. 1 (1): 6-16.

——(1993b) 'The unrecognised threat to tourism: can tourism survive "sustainability"?', *Tourism Management*, Vol. 14 (2) : 131-136.

McKercher, B. and Lew, A. A. (2004) 'Tourist flows and the spatial distribution of tourists', in Lew, A. A., Hall, C. M. and Williams, A. M. (eds), *Companion to Tourism*, pp. 36-48, London: Blackwell.

McKercher, B. and Zoltan, J. (2014) 'Tourist flows and the spatial behavior', in Lew, A. A., Hall, C. M. and Williams, A. M. (eds), *The Wiley-Blackwell Companion to Tourism*, pp. 33-44, Oxford: Blackwell.

MacKinnon, D. and Derickson, K. D. (2013) 'From resilience to resourcefulness: a critique of resilience policy and activism', *Progress in Human Geography*, Vol. 37 (2) : 253-270.

McLuhan, T. C. (1985) *Dream Tracks: The Railroad and the American Indian 1890—1930*, New York: Harry, N. Abrams.

MacNaghten, P. and Urry, J. (2000) 'Bodies of nature', *Body and Society*, Vol. 6 (3/4) : 1-16.

——(eds) (2001) *Bodies of nature*, London: Sage.

McNally, S. (2001) 'Farm diversification in England and Wales', *Journal of Rural Studies*, Vol. 17 (2) : 247-257.

Mak, B. (2003) 'China's tourist transportation: air, land and water', in Lew, A. A. et al. (eds) (2003): 165-193.

Martin, R. and Sunley, P. (2007) 'Complexity thinking and evolutionary economic geography', Papers in Evolutionary Economic Geography (PEEG) 0703, Utrecht University. Section of Economic Geography, revised April 2007.

Maslow, A. (1954) *Motivation and Personality*, New York: Harper.

——(1967) 'Lessons from the peak experience', *Journal of Humanistic Psychology*, Vol. 2 (1) : 9-18.

Mather, A. S. (1992) 'The forest transition', *Area*, Vol. 24 (4) : 367-379.

Mathieson, A. and Wall, G. (1982) *Tourism: Economic, Physical and Social Impacts*,

Harlow: Longmans.

Matley, L. M. (1976) 'The geography of international tourism', Resource Paper 76-1, Association of American Geographer, Washington.

Moaiwa, J. E. (2005) Enclave tourism ans its socio-economic impacts in the Okavango Delta Botswana', *Tourism Management*, Vol. 26 (2) : 157-172.

Medina, L. K. (2001) Commoditizing culture: tourism and Maya identity', *Annals of Tourism Research*, Vol. 30 (2) : 353-368.

Meethan, K. (2001) *Tourism in Global Society*, Basingstoke: Palgrave.

Messerli, H. R. and Bakker, M. (2004) 'China', *Travel and Tourism Intelligence Country Reports*, No. 2: 1-43.

Meyer-Arendt, K. (2004) 'Tourism and the natural environment', in Lew, A. A., Hall, C. M. and Williams, A. M. (eds), *Companion to Tourism*, pp. 425-437, London: Blackwell.

Miles, W. F. S. (2002) 'Auschwitz: museum interpretation and darker tourism', *Annals of Tourism Research*, Vol. 29 (4) : 1175-1178.

Millers, D. (ed.) (1995) *Acknowledging Consumption: A Review of New Studies*, London: Routledge.

Millington, K. (2001) 'Adventure travel-global', *Travel and Tourism Analyst*, November, London: Mintel.

Milne, G. J. (1916) 'Greek and Roman tourists in Egypt', *The Journal of Egyptian Archaeology*, Vol. 3(2/3):76-80.

Milne, S. (1992) 'Tourism and development in South Pacific microstates', *Annals of Tourism Research*, Vol. 19 (2) : 191-212.

Milne, S. and Ateljevic, I. (2001) 'Tourism, economic development and the global-local nexus: theory embracing complexity', *Tourism Geographies*, Vol. 3 (4) : 369-393.

Minca, C. (2000) ' "The Bali Syndrome": the explosion and implosion of "exotic" tourist spaces', *Tourism Geographies*, Vol. 4 (2) : 389-403.

Minca, C. and Oakes, T. (2014) 'Tourism after the postmodern turn', in Lew, A. A., and Williams, A. M. (eds), *The Blackwell-Wiley Companion to Tourism*, pp. 425-437, London: Blackwell.

Mintel (2002) 'Short breaks abroad', *Leisure Intelligence*, May, London: Mintel.

——(2003a) 'No frills/ low cost airlines', *Leisure Intelligence*, February, London: Mintel.

——(2003b) 'Rural tourism in Europe', *Travel and Tourism Analyst*, August, London: Mintel.

——(2003c) 'European adventure travel', *Travel and Tourism Analyst*, October, London: Mintel.

Miossec, J. M. (1977) 'A model of the spaces of tourism', L'Espace Geographique, Vol. 6 (1) : 41-48 (in French).

Mission: Explore (2011) About us. Mission: Explore. Online at: http://missionexplore.net/aboutus.

Mitchell, L. and Murphy, P. (1991) 'Geography and tourism', *Annals of Tourism Research*, Vol. 18 : 57-70.

Mitchell, R. E. and Reid, D. G. (2001) 'Community integration: island tourism in Peru', *Annals of Tourism Research*, Vol. 28 (1) : 113-139.

Mitchell, A. and Esteban, A. (2006) 'Tourism brochures: usefulness and image', *Annals of Tourism Research*, Vol. 33 (4) : 1036-1056.

Molz, J. G. (2010) 'Performing global geographies: time, space, place, and pace in narratives of round-the-world travel', *Tourism Geographies*, Vol. 12: 329-348.

Momsen, J. H. (2005) 'Uncertain images: tourism development and the landscapes of the Caribbean', in Cartier, C. L. and Lew, A. A. (eds), *Seductions of Place: Geographical Perspectives on Globalization ant Touristed landscapes*, pp. 209-221, London: Routledge.

Morgan, N. (2004) 'Problematizing place promotion', in Lew, A. A. et al. (eds) (2004): 173-183.

Moroccan Ministry of Tourism (2005) 2010 *Version and Future*. Online at: www.tourisme. gov. ma.

Mowforth, M and Munt, I. (2003) *Tourism and Sustainability: Development and Tourism in the Third World*, London: Routledge.

Mullins, P. (1991) 'Tourism urbanization', *International Journal of Urban and Regional Research*, Vol. 15 (3): 326-342.

Munasinghe, M. and McNeely, J. (eds) (1994) *Protected Area Economics and Policy: Linking Conservation and Sustainable Development*, Washington, DC: World Bank.

Muroi, H. and Sasaki, N. (1997) 'Tourism and prostitution in Japan', in Sinclair, M. T. (ed.) (1997): 180-217.

Murphy, P. E. (1985) *Tourism: A Community Approach*, London: Routledge.

——(1994) 'Tourism and sustainable development', in Theobald, W. (ed.) (1994): 274-290.

Nash, C. (2000) 'Performativity in practice: some recent work in cultural geography', *Progress in Human Geography*, Vol. 24 (4): 653-664.

Nash, R. (1967) *Wilderness and the American Mind*, New Heaven, CT: Yale University Press.

——(1970) 'The American invention of national parks', *American Quarterly,* Vol. 22 (3): 726-735.

Natural England (2006) *England Leisure Visits: Report of the 2005 Survey*, Cheltenham: Natural England.

Nava, M. (1997) 'Modernity's disavowal: women, the city and the department store', in Falk, P. and Campbell, C. (eds) (1997): 56-91.

Nene, Y. L. (2012) 'Environment and spiritualism: integral parts pf ancient Indian literature on agriculture', *Asian Agri-History*, Vol. 16 (2): 123-141.

Nepal, S. K. (2005) 'Tourism and remote mountain settlements: spatial and temporal development of tourist infrastructure in the Mt Everest region, Nepal's, *Tourism Geographies*, Vol. 7 (2): 205-227.

Nicolson, M. H. (1962) *Mountain Gloom and Mountain Glory*, New York: Norton.

Norris, S. (1994) *Discovered Country: Tourism and Survival in the American West*, Albuquerque: Stone Ladder Press.

Noy, C. (2004) 'This trip really changed me: backpackers' narratives of self-change', *Annals of Tourism Research*, Vol. 31 (1): 78-102.

Ohmae, K. (2000) *The Invisible Continent: Four Strategic Imperatives of the New Economy*, New York: Harper Business.

Okello, M. M. (2005) 'A survey of tourist expectations and economic potential for a proposed wildlife sanctuary in a Maasai group ranch near Amboseli, Kenya', *Journal of Sustainable Tourism*, Vol. 13 (6): 566-589.

OIsen, K. (2001) 'Authenticity as a concept in tourism research: the social organization of the experience of authenticity', *Tourism Studies*, Vol. 2 (2): 159-182.

O'Neill, C. (1994) 'Windermere in the 1920s', *The Local Historian*, Vol. 24 (4): 217-224.

O'Neill, M. A. and Fitz, F. (1996) 'Northern Ireland tourism: what chance now?, *Tourism Management*, Vol. 17 (2): 161-163.

Ong, A. (1999) *Flexible Citizenship: The Cultural Logics of Transnationality*, Durham, North Carolina: Duck University Press.

ONS (Office of National Statistics) (2000) *Social Trends*, No. 30, London: The Stationery Office.

——(2003) *Social Trends*, No. 33, London: The Stationery Office.

——(2006) *Travel Trends 2004: A Report on the International Survey*, Basingstoke: Palgrave Macmillan.

Oppermann, M. (1992) 'International tourism and regional development in Malaysia', *Tijdschrift voor Economische en Sociale Geografie*, Vol. 83 (3): 226-233.

——(1999) 'Sex tourism', *Annals of Tourism Research*, Vol. 26 (2): 251-266.

Oppermann, M and Chon, K. S. (1997) *Tourism in Development Countries*, London: International Thomson.

Page, S. J. (1990) 'Sports areas development in the UK: its role in urban regeneration in London Dockland's, *Sport Place*, Vol. 4 (1): 3-15.

——(1995) *Urban Tourism*, London: Routledge.

——(1999) *Transport and Tourism*, Harlow: Addison Wesley Longman.

Page, S. J. and Thorne, K. J. (1997) 'Towards sustainable tourism planning in New Zealand: public sector planning response', *Journal of Sustainable Tourism*, Vol. 5 (1): 59-75.

Page, S. J. and Dowling, R. K. (2002) *Ecotourism*, Harlow: Prentice Hall.

Page, S. J. and Hall, C. M. (2003) *Managing Urban Tourism*, Harlow: Prentice Hall.

Page, S. J., Bentley, T. A. and Walker, L. (2005) 'Scoping the nature and extent of adventure tourism operations in Scotland: how safe are they?', *Tourism Management*, Harlow: Prentice Hall.

Palmer, C. (2000) 'Heritage tourism and English national identity, in Robinson, M. et al. (eds) (2000): 331-347.

Paradis, T. W. (2004) 'Theming, tourism, and fantasy city', in Lew, A. A., Hall, C. Mechael and Williams, Allan M. (eds) *A Companion to Tourism*, pp. 195-209, London: Blackwell.

Parker, R. E. (1999) 'Las Vegas: casino gambling and local culture, in Judd, D. R. and Fainstein, S. S. (eds) (1999): 107-123.

Peterson, M. (2006) *Consumption and Everyday Life*, Abingdon: Routledge.

Patmore, J. A. (1983) *Recreation and Resources: Leisure Patterns and Leisure Places*, Oxford: Blackwell.

Pearce, D. G. (1987) Tourism Today: A Geographical Analysis, Harlow: Longman.

——(1989) *Tourism Development*, Harlow: Longman.

——(1994) 'Alternative tourism: concepts, classifications and questions', in Smith, V. L. and Eadington, W. R. (eds) (1994): 15-30.

——(1997) ' Tourism and the autonomous communities in Spain', *Annals of Tourism Research*, Vol. 24 (1): 156-177.

——(1998) 'Tourist districts in Paris: structure and function', *Tourism Management*, Vol. 19 (1): 49-65.

Pearce, D. G. and Butler, R. W. (eds) (1993) *Tourism Research: Critiques and Challenges*, London: Routledge.

——(1999) *Contemporary Issues in Tourism Development*, London: Routledge.

Pearce, P. L. (1993) 'Fundamentals of tourist motivation', in Pearce, D. G. and Butler, R. W. (eds), *Tourism Research: Critiques and Challenges*, pp. 85-105, London: Routledge and Kegan Paul.

Pearce, P. L. and Gretzel, U. (2012) 'Tourism in technology dead zones: documenting experiential dimensions', *International Journals of Tourism Sciences*, Vol. 12 (2): 1-20.

Peet, R. and Watts, M. (2004) *Liberation Ecologies: Environment, Development, Social Movements*, New York: Routledge.

Perrottes, T. (2002) *Route 66AD*, New York: Random House.

Perry, A. (2006) 'Will predicted climate change compromise the sustainability of Mediterranean tourism?', *Journal of Sustainable Management*, Vol. 14 (4): 367-375.

Picard, M. (1993) 'Culture tourism in Bali: national integration and regional differentiation', in Hitchcock, M. et al. (eds) (1993): 71-98.

——(1995) ' Culture tourism in Bali', in Lanfant, M-F. et al. (eds) (1995): 44-66.

Pilgram, J. (1977) ' Beach resort morohology', *Habitat International*, Vol. 3 (5/6): 525-541.

——(1983) *Outdoor Recreation and Resource Management*, London: Cromm Helm.

——(1993) ' Planning for tourism in rural areas: bridging the policy implementation gap', in Pearce, D. G. and Butler, R. W. (eds) (1993): 156-174.

Pile, S. and Keith, M. (eds) (1997) *Geographies of Resistance*, London: Routledge.

Pimlott, J. A. R. (1947) *The Englishman's Holiday: A Social History*, London: Faber.

Pitchford, S. R. (1995) 'Ethnic tourism and nationalism in Wales, *Annals of Tourism Research*, Vol. 22 (1): 35-52.

Pizam, A. and Pokela, J. (1985) 'The perceived impact of casino gambling on a host community', *Annals of Tourism Research*, Vol. 12 (2): 147-165.

Pizam, A. and Mansfeld, Y. (eds) (1996) *Tourism, Crime and International Security Issues*, Chichester: John Wiley.

Pizam, A., Milman, A. and King, B. (1994) 'The perceptions of tourism employees and their families towards tourism: a cross-cultural comparison', *Tourism Management*, Vol. 15 (1): 53-61.

Plog, S. (1974) 'Why destination areas rise and fall in popularity', *The Cornell Hotell and Restaurant Administration Quarterly*, Vol. 14 (4): 55-58

Poirier, R. A. (1995) 'Tourism and development in Tunisia', *Annals of Tourism Research*, Vol. 22 (1): 157-171.

Pollard, J. and Rodriguez, R. D. (1993) ' Tourism and Torremolinos: recession or reaction to environment?', *Tourism Research*, Vol. 14 (4): 247-258.

Pomfret, G. (2006) 'Mountaineering adventure tourists: a conceptual framework for research', *Tourism Research*, Vol. 27 (1): 113-123.

Pompl, W. and Lavery, P. (eds) (1993) *Tourism in Europe: Structures and Developments*, Wallingford: CAB International.

Poole, R. (1983) 'Oldham Wakes', in Walton, J. K. and Walvin, J. (eds) (1983): 72-98.

Poon, A. (1989) 'Competitive strategies for "new tourism"', in Cooper, C. P. (ed.) (1989): 91-102.

Poria, Y., Atzaba-Poria, N. and Barrett, M. (2006A) 'The relationship between children's geographical knowledge and travel experience: an exploratory study', *Tourism Geographies*, Vol. 7 (4): 389-397.

Poria, Y., Butler, R. and Airey, D. (2003) 'The core of heritage tourism', *Annals of Tourism Research*, Vol. 30(1): 238-254.

Poria, Y., Reichel, A. and Biran, A. (2006b) 'Heritage site management: motivations and expectations', *Annals of Tourism Research*, Vol. 33 (1): 162-178.

Potter, R., Binns, J., Smith, D. and Elliott, J. (eds) (1999) *Geographies of Development*, Harlow: Longman.

Prentice, R. (1993) *Tourism and Heritage Attractions*, London: Routledge.

——(1994) Heritage: a key sector of the "new" tourism', in Cooper, C. P., and Lockwood, A. (eds) (1994): 309-324.

Prentice, R. and Anderson, V. (2007) 'Interpreting heritage essentialisms: familiarity and felt history', *Tourism Management*, Vol. 28 (3): 661-676.

Preston-Whyte, R. (2004) 'The beach as a liminal space', in Lew, A. A. et al. (eds) (2004): 349-359.

Price, M. F. (ed.) (1996) *People and Tourism in Fragile Environments*, Chichester: John Wiley.

Prideaux, B. (1996) 'The tourism crime cycle: a beach destination case study', in Pizam, A. and Mansfeld, Y. (eds) (1996): 59-75.

——(2000) 'The resort development spectrum: a new approach to modelling resort development', *Tourism Management*, Vol. 21 (3): 225-240.

——(2004) 'The resort development spectrum: the case of the Gold Coast, Australia', *Tourism Geographies*, Vol. 6 (1): 26-48.

Priestley, G. and Mundet, L. (1998) 'The post-stagnation phase of the resort life cycle', *Annals of Tourism Research*, Vol. 25 (1): 85-111.

Priestley, G., Edwards, J. and Coccossis, H. (eds) (1996) *Sustainable Tourism? European Experiences*, Wallingford: CAB International.

Pritchars, A. and Morgan, N. (2001) 'Culture, identity and tourism representation: marketing Cymru or Wales?', *Tourism Management*, Vol. 22 (2): 167-179.

Prutti, S. and Lafont, S. (1995) 'For love and money: romance tourism in Jamaica', *Annals of Tourism Research*, Vol. 25 (1): 422-440.

Punter, D. (ed.) (1986) *Introduction to Contemporary Cultural Studies*, London: Longman.

Pyne, S. J. (1998) *How the Canyon Became Grand*, New York, Penguin Books.

Qian, W. (2003) 'Travel agencies in China at the turn of the Millenium', in Lew, A. A. et al. (eds) (2003): 143-164

Reid, D. G. and Mannell, R. C. (1994) 'The globalization of the economy and potential new roles of work and leisure', *Loisir et Societe*, Vol. 17 (1): 251-266.

Reisinger, Y. And Steiner, C. J. (2005) 'Reconceptualizing obeject authenticity', *Annals of Tourism Research*, Vol. 33 (1): 65-86.

Relph, E. (1976) *Place and Placelessness*, London: Pion.

——(1987) *The Modern Urban Landscape*, London: Cromm Helm.

Reynolds, P. C. and Braithwaite, R. (2001) 'Towards a conceptual framework for wildlife tourism', *Tourism Management*, Vol. 22 (1): 31-42.

Richard, G. (ed.) (1996) *Cultural Tourism in European*, Wallingford: CAB International.

——(ed.) (2000) *Cultural Attractions and European Tourism*, Wallingford: CAB International.

——(2001) 'The market for cultural attractions', in Richard, G. (ed.) (2000): 31-53.

Riley, M., Ladkin, A. and Szivas, E. (2002) *Tourism Employment: Analysis and Planning*, Clevedon: Channel View.

Ringer, G. (ed.) (1998) *Destinations: Cultural Landscapes of Tourism*, London: Routledge.

Ritzer, G. (1998) *The McDonaldization Thesis*, London: Sage.

Ritzer, G. and Liska, A. (1997) ' "MacDisneyization" and "post-tourism": complementary perspectives on comtemporary tourism', in Rojek, C. and Urry, J. (eds) (1997): 96-112.

Robbins, P. (2004) *Political Ecology: A Critique Introduction*, Malden, MA: Blackwell.

Roberts, M. (2006) ' From " creative city" to "no-go areas" -the expansion of the night-time economy in British towns and city centres', *Cities*, Vol. 23 (5): 331-338.

Roberts, R. (1983) 'The corporation as impresario: the municipal provision of entertainment in Victorian and Edwardian Bournemouth, in Walton, J. K. and Walvin, J. (eds) (1983): 138-157.

Robins, K. (1997) 'What in the world is going on?', in du Gay, P. (ed.) (1997): 12-47.

Robinson, M. (1999) 'Tourism development in de-industrialization centres of the UK: change, culture and conflict', in Robinson, M. and Boniface, P. (eds) (1999): 129-159.

Robinson, M. and Boniface, P. (eds) (1999) *Tourism and Cultural Conflicts*, Wallingford: CAB International.

Robinson, M., Evans, N., Long, P., Sharpley, R. and Swarbrooke, J. (eds) (2000) *Tourism and Heritage Relationship: Global, National and Local Perspectives*, Sunderland:

Business Education.

Rojek, C. (1993a) 'De-differentiation and leisure', *Loisir et Societe*, Vol. 16 (1): 15-29.

——(1993b) *Ways of Escape: Modern Transformations in Leisure and Travel*, London: Macmillan.

——(1997) *Decentring Leisure: Rethinking Leisure Theory*, London: Sage.

Rojek, C. and Urry, J. (1997) 'Transformation in travel theory', in Rojek, C. and Urry, J. (eds) (1997): 1-19.

——(eds) (1997) *Touring Cultures: Transformation in Travel theory*, London: Routledge.

Romeril, M. (1985) 'Tourism and environment: towards a symbiotic relationship', *International Journal of Environmental Studies*, Vol. 25 (4): 215-218.

Rothman, H. (2002) *Neon Metropolis: How Las Vegas Started the Twenty-First Century*, London: Routledge.

Rudel, T. K., Schneider, L. and Uriarte, M. (2010) 'Forest transitions: an introduction', *Land Use Policy*, Vol. 27 (2): 95-97.

Ruhanen, L. (2004) 'Strategic planning for local tourism destinations: an analysis of tourism', *Tourism and Hospitality Planning and Development*, Vol. 1 (3): 1-15.

Ryan, C. (1997) *Recreational Tourism: A Social Science Perspective*, London: Routledge.

——(1993) Tourism and Crime: an instinct or accidental relationship?', *Tourism Management*, Vol. 14 (3): 173-183.

——(1997) *The Tourist Experience: A New Introduction*, London: Cassells.

Ryan, C. and Crotts, L. (1997) 'Carving and tourism: a Maori perspective', *Annals of Tourism Research*, Vol. 24 (4): 898-918.

Ryan, C., Page, S. and Aitken, M. (eds) (2005) *Taking Tourism to the Limits: Issues, Concepts and Managerial Perspectives*, Oxford: Elsevier.

Scarborough Borough Council (1994) *Scarborough Local Plan-Tourism*, Scarborough: Scarborough Borough Council.

Schyvens, R. (2002) *Tourism for development*, Harlow: Prentice Hall.

Schouten, F. F. J. (1995) 'Heritages as historical reality', in Herbert, D. T. (ed.) (1995): 21-31.

SCPR (Social and Community Planning Research) (1997) *UK Day Visits Survey-Summary Findings*, London: SCPR.

Sears, J. F. (1989) *Sacred Places: American Tourist Attractions in the Nineteenth Century*, Oxford: Oxford University Press.

Selby, M. (2004) *Understanding Urban Tourism: Image, Culture and Experience*, London: I. B. Tauris.

Selwyn, T. (ed.) (1996) *The Tourist Image: Myths and Myth Making in Tourism*, Chichester: John Wiley.

Shao, X. (2003) 'Short- and long-haul international tourism to China', in Lew, A. A. et al. (eds) (2003): 237-261.

Sharpley, R. (2000) 'Tourism and sustainable development: exploring the theoretical divide', *Journal of Sustainable Tourism*, Vol. 8 (1): 1-19.

——(2005) 'Travels to the edge of the darkness: towards a typology of dark tourism', in Ryan, C. et al. (eds) (2003): 237-261.

Shaw, G. and Williams, A. M. (1994) *Critical Issues in Tourism: A Geographical Perspective*, Oxford: Blackwell (first edition).

——(eds) (1997) *The Rise and Fall of British Coastal Resorts*, London: Pinter.

——(2002) *Critical Issues in Tourism: A Geographical Perspective*, Oxford: Blackwell (second edition).

——(2004) *Tourism and Tourism Spaces*: London: Sage.

Sheller, M. and Urry, J. (2004) *Tourism Mobilities: Places to Play, Places in Play*, London: Routledge.

Sherlock, K. (2001) 'Revisiting the concept of hosts and guests', *Tourist Studies*, Vol. 1 (3): 271-295.

Shiebler, S. A., Crotts, J. C. and Hollinger, R. C. (1996) 'Florida tourists' vulnerability to crime', in Pizam, A. and Mansfeld, Y. (eds) (1996): 37-58.

Shields, R. (1990) *Places on the Margin: Alternative Geographies of Modernity*, London: Routledge.

——(ed.) (1992) *Lifestyle shopping: The Subject of Consumption*, London: Routledge.

Shirato, T. and Webb, J. (2003) *Understanding Globalization*, London: Sage.

Shoval, N., Isaacson, M. and Chhertri, P. (2014) 'GPS and smartphones and the future of tourism research', in Lew, A. A., Hall, C. M. and Williams, A. M. (eds), *The Wiley-Blackwell Companion to Tourism*, pp. 251-261, Oxford: Blackwell.

Shulz, K. (2011) On being wrong. TED Conservations. Online at: http://www.ted.com/talks/kathryn_schulz_on_being_wrong.html.

Shurmer-Smith, P. and Hannanm, K. (1994) *Worlds of Desire: Realms of Power. A Cultural Geography*, London: Edward Arnold.

Sidaway, R. (1995) 'Managing the impacts of recreation by agreeing the limits of acceptable change', in Ashworth, G. J. and Dietvorst, A. G. J. (eds) (1995): 303-316.

Simpson, K. (2001) 'Strategic planning and community involvement as contributors to sustainable tourism development', *Current Issues in Tourism*, Vol. 4 (1): 3-41.

Simpson, P. and Wall, G. (1999) 'Consequences of resort development: a comparative study', *Tourism Management*, Vol. 20 (3): 283-296.

Sinclair, M. T. (ed.) *Gender, Work and Tourism*, London: Routledge.

Sinclair, M. T. and Stabler, M. (1997) *The Economics of Tourism*, London: Routledge.
Sindiga, I. (1999) 'Alternative tourism and sustainable development in Kenya', *Journal of Sustainable Tourism*, Vol. 7 (2): 108-127.
Singh, T. V., Theuns, H. L. and Go. F. M. (eds) (1989) *Towards Appropriate Tourism: The Case of Developing Countries*, Frankfurt am Mein: Peter Lang Publishing.
Smith, A. J. and Newsome, D. (2002) 'An integrated approach to assessing, managing and monitoring campsite impacts in Warren National ark, Weatern Australia', *Journal of Sustainable Tourism*, Vol. 10 (4): 343-359.
Smith, C. and Jenner, P. (1989) 'Tourism and the environment', *Travel and Tourism Analyst*, Vol. 10: 68-86.
Smith, M. K. (2003) *Issues in Cultural Tourism Studies*, London: Routledge.
Smith, N. (2007) 'Nature as accumulation strategy', *Socialist Register*, Vol. 16: 1-21.
Smith, R. A. (1991) 'Beach resorts: a model of development evolution', *Landscape and planning*, Vol. 21: 189-210.
Smith, V. L. (1997) *Hosts and Guests: The Anthropology of Tourism*, Philadelphia: University of Pennsylvania Press.
——(1996) 'The Inuit as hosts: heritage and wilderness tourism in Nunavut;, in Price, M. F. (ed.) (1996): 33-50.
Smith, V. L. and Eadington, W. R. (eds) (1994) *Tourism Alternatives: Potentials and Problems in the Development of Tourism*, Chichester: John Wiley.
Smith, V. L. and Brent, M. (eds) (2001) *Hosts and Guests Revisited*, New York: Cognizant Communications.
Smith, W. W., Pan, B., Li, X. and Zhang, G. (2009) 'Conceptualizing the impact of geographical ignorance on online trip planning', *Tourism Geographies*, Vol. 11 (3): 350-368.
Soane, J. V. N. (1993) *Fashionable Resort Regions: Their Evolution and Transformation*, Wallingford: CAB International.
Society of London Theatres (SLT) (2007) Box Office Date Report 2006. Online at: www.officiallondontheatre. co. uk.
Sofield, T. H. B. and Fung, M. S. L. (1998) 'Tourism development and cultural policies in China', *Annals of Tourism Research*, Vol. 25 (2): 362-392.
Soja, E. W. (1989) *Postmodern Geographies: The Reassertion of Space in Critical Social Theory*, London: Verso.
——(1995) 'Postmodern urbanization: the six restructurings of Los Angeles', in Watson, S. and Gibson, K. (eds) (1995): 125-137.
——(1996) *Thirdspace: Journeys to Los Angeles and Other Real and Imagined Places*,

Oxford: Blackwell.

——(2000) *Postmetropolis: Critical Studies of Cities and Regions*, Oxford: Blackwell.

Soomes, S. F. (1998) 'Tourism, terrorism and political instability', *Annals of Tourism Research*, Vol. 25 (2): 416-456.

Soomes, S. F. and Graefe, A. R. (1998) 'Influence of terrorism risk on foreign tourism demand', *Annals of Tourism Research*, Vol. 25 (1): 112-144.

Sparks, B. (2007) 'Planning a wine tourism vacation? Factors that help to predict tourist behavioural intentions', *Tourism Management*, Vol. 28 (4): 1180-1192.

Squire, S. J. (1993) 'Valuing countryside: reflections on Beatrix Potter tourism', *Area*, Vol. 24 (1): 5-10.

——(1994) The cultural values of literary tourism', *Annals of Tourism Research*, Vol. 21: 103-120.

Stebbins, R. (1982) 'Serious leisure: a conceptual statement', *Pacific Sociological Review*, Vol. 25 (1): 251-272.

Stone, P. and Sharpley, R. (2008) 'Consuming dark tourism: a thanatological perspective', *Annals of Tourism Research*, Vol. 35 (2): 574-595.

Stonich, S. C. (1998) 'Political ecology of tourism', *Annals of Tourism Research*, Vol. 25: 25-54.

Sunderline, W. D., Dewi, S., Puntodewo, A., Muller, D., Anglsen, A. and Epprecht, M. (2008) 'Why forest are important for global poverty alleviation: a spatial explanation', *Ecology and Society*, Vol. 13 (2): 24.

Sunley, P. and Martin, R. (2007) 'Complexity thinking and evolution economic geography', *Journal of Economic Geography*, Vol. 7 (5): 573-601.

Svoronou, E. and Holden, A. (2005) 'Ecotourism as a tool for nature conservation: the role of WWF Greece in the Dadia-Lefkimi-Soufli Forest Reserve in Greece', *Journal of Sustainable Tourism*, Vol. 13 (5): 456-467.

Sweet, J. (1989) 'Burlesquing "the other" in Pueblo performance', *Annals of Tourism Research*, Vol. 16: 62-75.

Themed Entertainment Association (TEA) (2013) *Theme Index: The Global Attractions Attendance Report.* Burbmk, CA: TEA/AECOM.

Theobald, W. (ed.)(1994) *Global Tourism: The Next Decade*, Oxford: Butterworth-Heinemann.

Thomas, B. and Townsend, A. (2001) 'New trends in the growth of tourism employment in the UK in the 1990s, *Tourism Economics*, Vol. 16: 62-75.

Thomas, C. (1997) 'See your own country first: the geography of a railway landscape', in Westland, E. (ed.) (1997): 107-128.

Thornton, P, (1997) 'Coastal tourism in Cornwall since 1900', in Fisher, S. (ed.) (1997): 57–83.

Thrift, N. J. (1996) *Spatial Transformations*, London: Sage.

——(1997) 'The still point: resistance, expressive embodiment and dance', in Pile, S. and Keith, M. (eds) (1997): 124–151.

Thurlow, Crispin and Jaworski, Adam (2010) *Tourism Discourse: Language and Global Mobility*, Basingtoke, UK: Palgarve Macmillan.

Tickell, A. and Peck, J. A. (1992) '*Accumulation, regulation and the geographies of post-Fordism: missing links in regulationist research*', Progress in Human Geography, Vol. 16 (2): 190–218.

Timothy, D. J. (1999) 'Participatory planning: a view of tourism in Indonesia', *Annals of Tourism Research*, Vol. 26 (2): 371–391.

——(2001) *Tourism and Political Boundaries*, London: Routledge.

Timothy, D. J. And Boyd, S. W. (2003) *Heritage Tourism*, Harlow: Prentice Hall.

Tobin, G. A. (1974) 'The bicycle boom of the 1890s: the development of private transportation and the birth of the modern tourist', *Journal of Popular Culture*, Vol. 7 (4): 838–848.

Tosun, C. and Jenkins, C. L. (1996) 'Regional planning approaches to tourism development: the case of Turkey', *Tourism Management*, Vol. 17 (7): 519–531.

Tourism Concern (TC) (2014) Orphanages: there is a better way to help. Tourism Concern: Campaigns. Online at: http://www.tourismconcern.org.uk/index.php/news/327/61/Orphanages-there-is-a-better-way-to-help.html.

Towner, J. (1996) *A Historical Geography of Recreation and Tourism in the Western World, 1540—1940*, Chichester: John Wiley.

Towner, J. and Wall, G. (1991) 'Historical and tourism', *Annals of Tourism Research*, Vol. 18 (1): 71–84.

Travis, J. (1997) 'Continuity and change in English sea-bathing, 1730—1900: a case of swimming with tide', in Fisher, S. (ed.) (1997): 8–35.

Trejos, B. and Chiang, L. -H. N. (2009). Local economic linkages to community-based tourism in rural Costa Rica, *Singapore Journal of Tropical Geography*, Vol. 30: 373–387.

Tsartas, P. (1992) 'Socio-economic impact of tourism on two Greek isles', *Annals of Tourism Research*, Vol. 19 (3): 516–533.

Tuan, Y. -F. (1977) *Space and Place: The Perspective of Experience*, Minneapolis: University of Minnesota.

Tuan, Yi-fu (1979) *Landscapes of Fear*, New York: Pantheon.

Turner, l. and Ash, J. (1975) *The Golden Hordes: International Travel and the Pleasure Periphery*, London: Constable.

Tversky, A. and Kahneman, D. (1974) 'Judgment under uncertainty: heuristics and biases', *Science*, Vol. 185 (4157): 1124–1131.

UK Heritage Railway Association (2008) *UK Heritage Railways: Facts and Figures*. Online at: www. ukhrail. uel. ac. uk.

United Nations Educational, Scientific and Cultural Organization (UNESCO) (2003) 'Linguistic diversity in selected UNESCO's normative texts', Online at: http://www. unesco. org/new/en/culture/themes/endangered-languages/linguistic-diversity-in-unesco-normative-texts.

U. N. World Tourism Organization (UNWTO) (1993) *National and Regional Tourism Planning*, London: Routledge.

——(1994) *Tourism to the year 2000: Recommendations on tourist Statistics*, Madrid: UNWTO.

——(1995) *Compendium of Tourism Statistics*, Madrid: UNWTO.

——(2001) *Tourism 2010 Vision*, Madrid: UNWTO.

——(2005a) *Tourism Highlights 2005*, Madrid: UNWTO.

——(2005b) *World Tourism Barometer*, Vol. 3, No. 2, Madrid: UNWTO.

——(2005c) *World Tourism Barometer*, Vol. 3, No. 3, Madrid: UNWTO.

——(2006) *World Tourism Barometer*, Vol. 4, No. 1, Madrid: UNWTO.

——(2007) *Tourism Highlights 2007*, Madrid: UNWTO.

——(2008) *World Tourism Barometer*, Vol. 6, No. 1, Madrid: UNWTO.

——(2013a) *UNWTO Tourism Highlight, 2013 Edition*, Madrid: UNWTO.

——(2013b) *Tourism Towards 2030: Global Overview*, Madrid: UNWTO.

Urierly, N. (2005) 'The tourist experience: conceptual developments', *Annals of Tourism Research*, Vol. 32 (1): 199–217.

Urry, J. (1990) *The Tourist Gaze: Leisure and Travel in Contermporary Societies*, London: Sage.

——(1991) The sociology of tourism, in Cooper, C. P. (ed.) (1991): 48–57.

——(1994a) *Consuming places*, London: Routledge.

——(1994b) 'Tourism, travel, and the modern subject', in Urry, J. (1994a): 141–151.

——(1994c) 'The making of the English Lake District', in Urry, J. (1994a): 193–210.

——(2000) *Sociology Beyond Societies: Mobilities for the 21st Century*, London: Routledge.

Urry, J. And Larson, J. (2011) *The Tourist Gaze 3.0*, London: Sage (third edition).

U. S. Department of Commerce (2002) *The United States National Data Book 2002*, Austin: Hoover Business Press.

——(2012) *National Travel and Tourism Strategy*, Office of Travel and Tourism Industries. Online at: travel. trade. gov/pdf/national-travel-and-tourism-stratagy. pdf.

U. S. National Park Service (USNPS) (2005) National parks system areas listed in chronological order of date authorized under DOI. Washington, DC: UNNPS. Online at: http://www. nps. gov/applications/budget2/documents/chronop. pdf.

Veblen, T. (1994) *The Theory of the Leisure Class*, Harmondsworth: Penguin (first published in 1924).

Veijola, S. and Jokinen, E. (1994) 'The body in tourism', *Theory, Culture and Society*, Vol. 11 (3): 125-151.

Visit Britain (2003) *Visits to Visitor Attractions 2002*, London: Visit Britain.

——(2006) Visitor Attraction Trends in England 2005, London: Visit Britain.

——(2007) Visitor Attraction Trends in England 2006, London: Visit Britain.

Visit London (2007) *Accommodating Growth: A Guide to Hotel Development in London*, London: Visit London.

Vukovic, B. (2002) 'Religion, tourism and economics: a convenient symbiosis', *Tourism Recreation Research*, Vol. 27 (2): 59-64.

Wager, J. (1974) 'Recreational carrying capacity reconsidered', *Journal of Forestry*, Vol. 72 (5): 274-278.

Wahab, S. and Pigram, J. J. (eds) (1997) *Tourism, Development and Growth: The Challenges of Sustainability*, London: Routledge.

Waitt, G. (1999) 'Naturalizing the "primitive": a critique of marketing Australia's indigenous peoples as "hunter-gathers"', *Tourism Geographies*, Vol. 1 (2): 142-163.

——(2000) 'Consuming heritage: perceived historical authenticity', *Annals of Tourism Research*, Vol. 27 (4): 835-862.

Wakefield, S. (2007) 'Great expectations: waterfront redevelopment and the Hamilton Harbour Waterfront Trail', *Cities*, Vol. 24 (4): 298-310.

Waler, B. H., Carpenter, S. R., Rockstrom, J., Crépin, A. -S. and Peterson, G. D. (2012) 'Drivers, "slow" variables, "fast" variables, shocks, and resilience', *Ecology and Society*, Vol. 17 (3): 30.

Walker, H. (1985) 'The popularisation of the Outdoor Movement, 1900-1940', *British Journal of Sports History*, Vol. 2 (2): 140-153.

Wall, G. (1997)' Is ecotourism sustainable?', *Environmental Management,* Vol. 21 (4): 483-491.

Wall, G. and Mathieson, A. (2006) *Tourism: Change, Impacts and Opportunities*, Harlow:

Prentice Hall.

Wallace, G. And Pierce, S. (1996) 'An evaluation of ecotourism in the Amazon, Brazil, *Annals of Tourism Research*, Vol. 23 (4): 843-873.

Walsh, K. (1992) *The Representation of the Past: Museums and Heritage in the Postmodern World*, London: Routledge.

Walton, J. K. (1981) 'The demand for working class seaside holidays in Victorian England', *Economic History Review*, Vol. 34 (2): 249-265.

——(1983a) *The English Seaside Resort: A Social History*, Leicester: Leicester University Press.

——(1983b) 'Municipal government and the holiday industry in Blackpool, 1976-1914', in Walton, J. K. and Walvin, J. (eds) (1983): 160-185.

——(1994) 'The re-making of a popular resort: Blackpool Tower and the boom of the 1890s', *The Local Historian*, Vol. 24 (4): 194-205.

——(1997a) 'The seaside resorts of Western Europe, 1750-1939', in Fish, S. (1997): 36-56.

——(1997b) 'The seaside resorts of England and Wales, 1900-1950: growth, diffusion and the emergence of new forms of coastal tourism', in Shaw, G. and Williams, A. M. (eds) (1997): 21-48.

——(2000) *The British Seaside: Holidays and Resorts in the Twentieth Century*, Manchester: Manchester University Press.

Walton, J. K. and Walvin, J. (eds) (1983) *Leisure in Britain 1780-1939*, Manchester: Manchester University Press.

Walton, J. K. and Smith, J. (1996) 'The first century of beach tourism in Spain: San Sebastian and the playas del Norte from the 1830s to the 1930s', in Barke, M. et al. (eds) (1996): 35-60.

Walvin, J. (1978) *Beside the Seaside: A Social History of the Popular Seaside*, London: Allen Lane.

Wang, N. (1999) 'Rethinking authenticity in tourism experience', *Annals of Tourism Research*, Vol. 26 (2): 349-370.

Wang, X. (2003) 'China in the eyes of Western travellers, 1860-1900', in Lew, A. A. et al. (eds) (2003): 35-50.

Ward, C. and Hardy, D. (1986) *Goodnight Campers! The History of the British Holiday Camp*, Mansell: London.

Ward, S. V. and Gold, J. R. (1994) 'Introduction', in Gold, J. R. and Ward, S. V. (eds) (1994): 1-17.

Wasko, J. (2001) 'Is it a small world, after all?', in Wasko, J. et al. (eds) (2001): 3-28.

Wasko, J., Philips, M. and Meehan, E. R. (eds) (2001) *Dazzled by Disney? The Global Disney Audiences Project*, London: Leicester University Press.

Watson, S. and Gibson, K. (eds) (1995) *Postmodern Cities and spaces*, Oxford: Blackwell.

Weaver, D. (1998) 'Peripheries of the periphery: tourism in Tobago and Barbuda', *Annals of Tourism Research*, Vol. 25 (2): 292–313.

——(2000) Sustainable tourism: is it sustainable?', in Faulkner, B. et al. (eds) (2000): 300–311.

Weber, K. (2001) 'Outdoor adventure tourism: a review of research approaches', *Annals of Tourism Research*, Vol. 28(2): 360–377.

Westland, E. (ed.) (1997) *Cornwall: The Cultural Construction of Place*, Penzance: Pattern Press.

Wheeller, B. (1994) 'Ecotourism: a ruse by any other name', in Cooper, C. P. and Lockwood, A. (eds) (1994): 3–11.

White, P. E. (1974) *The Social Impact of Tourism on Host Communities: A Study of Language Change in Switzerland*, School of Geography Research Paper No. 9, Oxford: Oxford University.

Whyte, I. (2002) 'Whose Lake District? Contested landscapes and changing sense of place', *North West Geography*, Vol. 2 (2): 1–11.

Wilkinson, P. F. (1987) 'Tourism in small island nations: a fragile dependence', *Leisure Studies*, Vol. 6 (2): 127–146.

Williams, A. M. (1996) 'Mass tourism and international tour companies', in Barke, M. et al. (eds) (1996): 119–136.

——(2011) 'Tourism Risk and Uncertainty: Theoretical Perspective', paper presented at the biennial meeting of the International Academy for the Study of Tourism, Chiayi, Taiwan, 5–9 June, 2011.

Williams, A. M. and Shaw, G. (1995) 'Tourism and regional development: polarization and new forms of production in the United Kingdom', *Tijdschrift voor Economische en Sociale Geografie*, Vol. 86 (1): 50–63.

——(eds) (1998) *Tourism and Economic Development: European Experiences*, Chichester: John Wiley.

Williams, S. (1998) *Tourism Geography*, London: Routledge.

——(2003) *Tourism and Recreation*, Harlow: Prentice Hall.

——(2004a) 'General introduction', in Williams, S. (ed.) (2004b): 1–21.

——(ed.) (2004a) *Tourism: Critical Concepts in the Social Science Vol. 1*, London: Routledge.

Winchester, H. P. M., Kong, L. and Dunn, K. (2003) *Landscapes: Ways of Imagining the world*, Harlow: Prentice Hall.

Wong, J. -Y and Yeh, C. (2008) 'Tourist hesitation in destination decision making', *Annals of Tourism Research*, Vol. 36 (1): 6-23.

Woodside, A. and Sherrell, D. (1977) 'Traveller evoked, inept and insert sets of vacation destinations', *Journal of Travel Research*, Vol. 6 (1): 14-18.

World Commission on Environment and Development (WCED) (1987) *Our Common Future*, Oxford: Oxford University Press.

World Travel and Tourism Council (WTTC) (2013) *Economic Impact of Travel and Tourism 2013 Annual Update: Summary*. London: WWTC. Online at: http://www.wttc.org/site_media/uploads/downloads/Economic_Impact_of_TT_2013_Annual_Update-Summary.pdf.

Worster, D. (2008) *A Passion for Nature: The Life of John Muir*, Oxford: Oxford University Press.

Wright, J. K. (1947) 'Terrae incognitae: the place of the imagination in geography', *Annals of the Association of American Geographers*, Vol. 37 (1): 1-15. Online at: http://www.colorado.edu/geography/giw/wright-jk/1947_ti/1947_ti.html.

Xiao, H. (2006) 'The discourse of power: Deng Xiaoping and tourism development in China', *Tourism Management*, Vol. 27 (5): 803-814.

Yu, L., Ap, J., Zhang, G. and Lew, A. A. (2003) 'World trade and China's tourism: opportunities, challenges and strategies', in Lew, A. A. et al. (eds) (2003): 297-307.

Yuksel, A. and Akgul O. (2007) 'Postcards as affective image makers: an idle agent in destination marketing', *Tourism Management*, Vol. 28 (3): 714-725.

Zalasiewicz, J., Williams, M., Steffen, W. and Crutzen, P. (2010) 'The new world of the anthropocene', *Environment Science & Technology*, Vol. 44 (7): 2228-2231. Bibcode: 2010EnST...44.2228Z. doi: 10.1021/es903118j.

Zhang, G. (1997) 'China's domestic tourism: impetus, development and trends', *Tourism Management*, Vol. 18 (8): 565-571.

——(2003) 'China's tourism since 1978: policies, experiences and lessons learned', in Lew, A. A. et al. (eds) (2003): 13-34.

Zhang, G. And Lew, A. A. (2003) 'China's tourism boom', in Lew, A. A. et al. (eds) (2003): 1-11.

Zhang, H. Q., King, C. and Ap, J. (1999) 'An analysis of tourism policy development in modern China', *Tourism Management*, Vol. 20 (4): 471-485.

Zhang, P. (2007) *Culture and Ideology at an Invented Place*, Newcastle: Cambridge Scholars Publishing.

Zilinger, M. (2007) 'Tourist routes: a time-geographical approach on German car-tourists in Sweden', *Tourism Management*, Vol. 9 (1): 64-83.

Zimmerer, K. S. and Bassett, T, J. (2003) *Political Ecology: An Integrative Approach to Geography and Environment-Development Studies*, New York: Guilford Press.

Zube, E. H. and Galante, J. (1994) 'Marketing landscapes of the Four Corner states', in Gold, J. R. and Ward, S. V. (1994) (eds): 213-232.

后　　记

　　我很荣幸能有机会为知名度很高的斯蒂芬·威廉斯（Stephen Williams）的《旅游地理学》出第三版。感谢威廉斯教授给我这个机会，继续把旅游地理带给新一代学生。本版保留了前一版的很多插图，感谢他们系的制图师（Rosie Duncan）为本书提供很多地图和图表。感谢劳特雷奇（Routledge）的支持及四位匿名审稿人，他们为本书的修订提出了很多建议。我希望这些改进能被实践证明是对学生有益的。最后我要感谢北亚利桑那大学地理、规划与休闲系的同事们，感谢他们在我写作本书及其他著作期间给予的支持。

图书在版编目(CIP)数据

旅游地理学:地域、空间和体验的批判性解读/(英)斯蒂芬・威廉斯(Stephen Williams),(美)刘德龄(Alan A.Lew)著;张凌云译.—3版.—北京:商务印书馆,2018
(当代旅游研究译丛)
ISBN 978-7-100-16565-5

Ⅰ.①旅… Ⅱ.①斯… ②刘… ③张… Ⅲ.①旅游地理学—研究 Ⅳ.①K901.7

中国版本图书馆 CIP 数据核字(2018)第 192492 号

权利保留,侵权必究。

当代旅游研究译丛
旅游地理学
地域、空间和体验的批判性解读
(第三版)

〔英〕斯蒂芬・威廉斯(Stephen Williams) 著
〔美〕刘德龄(Alan A. Lew)
张凌云 译

商 务 印 书 馆 出 版
(北京王府井大街36号 邮政编码100710)
商 务 印 书 馆 发 行
北京市艺辉印刷有限公司印刷
ISBN 978-7-100-16565-5

2018年9月第1版　　开本 787×960　1/16
2018年9月北京第1次印刷　印张 24
定价:62.00元